CURSO DE DIREITO PROCESSUAL CIVIL

FLÁVIO LUIZ YARSHELL

CURSO DE DIREITO PROCESSUAL CIVIL

Vol. I

Marcial Pons

MADRI | BARCELONA | BUENOS AIRES | SÃO PAULO

Curso de direito processual civil – vol. I
Flávio Luiz Yarshell

Capa
Nacho Pons

Preparação e editoração eletrônica
Ida Gouveia / Oficina das Letras®

CIP-Brasil. Catalogação na Publicação
Sindicato Nacional dos Editores de Livros, RJ

Y33c

Yarshell, Flávio Luiz
Curso de direito processual civil / Flávio Luiz Yarshell. - 1. ed. - São Paulo : Marcial Pons, 2014.

ISBN 978-85-66722-17-8

1. Direito processual civil. I. Título.

14-09590 CDU: 347.91/.95(81)

Av. Brigadeiro Faria Lima, 1461, conj. 64/5, Torre Sul
Jardim Paulistano CEP 01452-002 São Paulo-SP
☎ (11) 3192.3733
www.marcialpons.com.br

Impresso no Brasil [04-2014]

A meu pai, Aldo Bruno Yarshell (*in memoriam*),
cuja mão segura e firme manteve no caminho certo.

AGRADECIMENTOS

Se, como já se disse com sabedoria, a gratidão é a mãe de todas as virtudes, agradecer é indispensável. Mas, considerando que este livro é resultado de diferentes atividades realizadas ao longo de décadas, reputo impossível cobrir todo essa extensão de tempo e tal complexidade de conteúdo para aí identificar tudo e todos aos quais devo meu reconhecimento. Portanto, a limitação é inevitável.

Agradeço inicialmente ao Doutor Marcelo Porciuncula que, em nome da Editora, fez o convite para a empreitada. Sou grato pela fé na consecução do trabalho, pela gentileza e pela paciência que sempre me dedicou. Espero poder retribuir dando sequência aos próximos volumes, para complementar o projeto do Curso.

Agradeço também aos Doutores Guilherme Setoguti Pereira e Viviane Siqueira Rodrigues. Estamos juntos desde seu curso de graduação, quando tive a oportunidade de lhes ministrar aulas de Processo Civil. Continuamos hoje juntos nas atividades de pós-graduação e em outras tarefas acadêmicas. Sem eles, não teria sido possível realizar este trabalho. Eles foram responsáveis pelo levantamento dos textos que eu houvera produzido e divulgado por diferentes canais. Mais do que isso, sua ajuda na atualização e na pesquisa foi indispensável. Os debates que travamos e a revisão final da obra me levaram a repensar ou a consolidar posições. Espero que o tempo ainda nos reserve muito mais trabalho e, portanto, convívio gratificante. Conto com eles na continuação.

Agradeço a meus Mestres, constante fonte de inspiração, consciente ou não. Naturalmente, eles foram muitos ao longo do tempo. Faço-o, primeiramente, na pessoa do Professor Antonio Junqueira de Azevedo, de saudosa memória e que, embora não sendo exatamente um processualista, deixou marca indelével na minha formação jurídica, pelos quatro anos em que fui seu aluno no curso de graduação. Também agradeço na pessoa dos três processualistas que são minha mais importante referência: Antonio Carlos de Araújo Cintra, meu primeiro professor de Processo; Ada Pellegrini Grinover, minha mais fiel e presente companheira de vida acadêmica (sem embargo de considerá-la também minha professora); e Cândido Rangel Dinamarco, meu orientador nos cursos de Mestrado e Doutorado, cujo pensamento é seguramente minha maior fonte de inspiração. Espero que este livro, se não puder lhes ser fonte de gratificação ou de orgulho, que ao menos não lhes cause desapontamento. Peço que eles vejam a confissão que está lançada nas páginas seguintes, de assumida imaturidade intelectual para uma obra como a presente. Mas, como disse ali, é preciso começar um dia...

Agradeço, ainda, a meus Colegas, na pessoa dos dois Titulares do Departamento da Faculdade de Direito: José Rogério Cruz e Tucci e José Roberto Bedaque, cujo trabalho e pensamento admiro e respeito sinceramente; e com quem pretendo sempre trabalhar pela unidade e harmonia de nossa Escola. Na pessoa desses dois Colegas homenageio em particular os Professores do meu Departamento.

Agradeço a meus Alunos, onde quer que tenham acompanhado minhas aulas. Na verdade, agradeço a todos os que eventualmente vejam em mim aquela condição: professor não é apenas quem se propõe a ensinar, mas aquele que seus interlocutores reconhecem como tal.

Agradeço aos amigos que, de alguma forma apoiaram a empreitada. Não são tantos assim, porque verdadeiros amigos são como tesouros e, portanto, são escassos. Agradeço a todos eles, nas pessoas de dois amigos queridos: Rubens Pimentel Scaff Junior e Maise Gerbasi Morelli.

Agradeço finalmente a minha família, abrangidos aí meus entes mais próximos: Flávia, Fernanda, Vera, Clélia, Aldo, Rosângela, Juliana, Daniel, Lucas, Fábio e Luna. Santo de casa às vezes faz milagre sim...

SUMÁRIO

CAPÍTULO III
Fontes, interpretação e eficácia da norma processual

TÍTULO II
Princípios do Direito Processual Civil

CAPÍTULO I
Os princípios, a jurisdição e a Constituição

Capítulo II
Princípio da inafastabilidade do controle jurisdicional
(ou da tutela jurisdicional)

Capítulo III
Princípio da imparcialidade

TÍTULO III
Os institutos fundamentais do processo civil: jurisdição

CAPÍTULO I
Conceito e escopos

CAPÍTULO II
Princípios da jurisdição

CAPÍTULO III
Espécies de jurisdição

Capítulo VII
Competência absoluta e relativa

Capítulo VIII
Conflito e reconhecimento de incompetência

Título IV
Os institutos fundamentais do processo civil: ação e exceção

Capítulo I
Aspectos conceituais da ação

Capítulo II
Classificação das ações

Capítulo III
Condições da ação

Capítulo III
Atos processuais

Capítulo IV
Relação jurídica processual

IMPRESCINDÍVEIS PALAVRAS AO LEITOR DESTA OBRA

Quando um professor está pronto para oferecer ao público um Manual?

Essa sempre me pareceu uma pergunta relevante e de difícil resposta. Trabalho com tal perfil, não há dúvida, exige relevante acúmulo de experiência; o que, por seu turno, demanda tempo. É preciso mais do que simples conhecimento do conteúdo; é necessário tratá-lo de forma didática, atualizada, abrangente, sistemática e, de preferência, crítica. É preciso enxergar e mostrar as árvores, mas também a floresta.

Trabalho dessa ordem traz consigo uma considerável carga de responsabilidade: primeiro, perante os alunos, porque se propõe a guiá-los em assuntos usualmente novos – e, portanto, de alguma maneira se propõe a participar de sua formação; segundo, perante os pares do meio acadêmico que, compreensivelmente, costumam ter expectativas elevadas e rigorosas diante de uma obra que pretenda ter tal elastério; terceiro, perante os profissionais do foro que, por seu turno e com perspectiva diversa, esperam que a teoria lhes forneça resposta adequada para os problemas «práticos» que lhes traz o cotidiano.

Para um Curso ou Manual é preciso, enfim, maturidade; atributo que, apesar da idade e dos anos de trabalho intenso, reputo, sem qualquer falsa modéstia, não ter ainda de forma suficiente. Sem embargo disso, entre o risco de oferecer um trabalho ainda imaturo, de um lado, e o de perder a oportunidade de apresentar algo que pudesse ser mais um recurso à disposição do aluno (e, quem sabe, de outro tipo de público), acabei cedendo ao primeiro.

O risco é consciente: esta não é ainda a íntegra do Manual que gostaria de escrever. Mas talvez este seja o primeiro passo; ou mais um passo no processo de amadurecimento, que poderá resultar do acúmulo de mais experiência e da crítica construtiva daqueles que porventura se valham deste trabalho. Sirvo-me aqui do conselho de um Colega (de outra área do Direito) mais experiente na arte de escrever livros com o perfil aqui almejado: «a primeira edição de todo Manual é sempre um rascunho...». É um conselho sábio, não porque consinta em liberar as barreiras da autocrítica responsável e equilibrada; mas porque encerra postura de humildade intelectual. Sempre será possível e necessário melhorar. Mas é preciso dar o primeiro passo. Então, aqui vai o «rascunho» de uma obra que pretende ser o primeiro volume de uma série cuja extensão é ainda indeterminada para mim (embora a intenção inicial fosse a de concentrar toda a matéria num só volume).

Nesse contexto, a presente obra é o resultado do exercício de vinte e cinco anos de docência, aliado a reflexões extraídas – por tempo ainda superior – de palestras, conferências, bancas de concurso e de exames de tese, peças processuais, votos, pareceres, artigos esparsos e até mesmo de precedentes obras dedicadas a assuntos específicos. Nesse ambiente, este trabalho foi pensado e escrito essencialmente para aqueles que iniciam o estudo do Direito Processual, conquanto se proponha a ser crítico e, nessa medida, eventualmente possa aproveitar aos acadêmicos de outros patamares e, conforme acima foi mencionado, até aos profissionais que militam no foro.

O trabalho tem como referência fundamental o direito positivo brasileiro, descrito e pensado essencialmente à luz da doutrina e da jurisprudência pátrias, com referências ocasionais a fontes estrangeiras. Por ser o resultado também da experiência acumulada no exercício da docência e por ter escopo didático, a obra, embora contenha indicações bibliográficas e ocasionais referências a autores, não apresenta remissões próprias de trabalhos como dissertações e teses.

Fica a sugestão de que a leitura seja acompanhada da constante consulta aos textos legais. Eles foram referidos nesta obra com o objetivo de ilustrar os conceitos e, ao mesmo tempo, permitir, tanto quanto possível, visão mais abrangente do ordenamento. A alusão a dispositivos da lei, quando ainda são tratados temas essencialmente conceituais, pode até soar metodologicamente inadequada por ser prematura. Estou convencido do contrário: o aprendizado será tanto melhor quanto mais rapidamente o aluno puder associar o conceito ao modo pelo qual ele foi tratado pela lei. Ainda que a compreensão seja incompleta no primeiro momento, a combinação de conceito e de referência legal tende a ser construtiva, sem amesquinhar o ensino da disciplina a pretexto de ser positivista.

Mas o trabalho evita – embora sem excluir totalmente – a transcrição dos dispositivos porque sua leitura está ao alcance do leitor sem a necessidade de intermediação. Com isso se quis evitar ociosas repetições que tornam o texto artificialmente alentado, sem ganho pedagógico relevante. O que a obra pretende, nesse particular, é tratar daquilo que não se contém na literalidade dos textos legais, embora seja imprescindível sublinhar que o contato tão frequente quanto possível com essas fontes – no caso dos estudantes – tenda a contribuir de forma relevante para o aprendizado. Portanto, o que se propõe é que a leitura desta obra provoque a ida frequente aos textos legais e que sirva como uma espécie de guia para sua leitura ordenada e crítica.

Ao leitor estudante de graduação, um conselho que nada pretende ter de polêmico: de preferência, na fase do aprendizado, ideal é que os textos legais não sejam daqueles anotados com jurisprudência. Não que ferramentas dessa ordem não sejam úteis. Muito pelo contrário, pouca coisa é tão eficiente para um profissional do Direito quanto um código repleto de pertinentes e atualizadas referências às decisões dos tribunais. Obras como essa são sucessos editoriais e prestam relevantes serviços. Mas é justamente o relativo conforto – na falta de palavra melhor – das fórmulas cristalizadas em tais anotações que pode, paradoxalmente, gerar o risco de amesquinhar o estudo, justamente num momento em que ele precisa ser expandido ao máximo. A formação do estudante com apoio apenas nesses enunciados – que tendem a simplificar o que é essencialmente complexo – pode prejudicar o raciocínio lógico e jurídico, além do espírito crítico; todos eles indispensáveis para o verdadeiro aprendizado.

Aliás, aí está o ponto mais importante: de nada vale o conhecimento dos textos legais se ele não considerar sua inserção no sistema e se não for feito de forma crítica. Resumos e fórmulas prontas – cuja leitura é de fato mais «doce», para usar apenas uma imagem – devem vir depois que estiverem sedimentadas as bases mais sólidas, resultantes de um estudo sistemático e crítico. Por isso, o aprendizado mediante o emprego de sinopses ou resumos – que podem até ter serventia em outro contexto – é simplesmente inviável.

Ainda ao leitor estudante de graduação, fica o conselho de que não há fórmula mágica para o verdadeiro aprendizado, que – feliz ou infelizmente – não pode ser instantâneo; embora o imediatismo pareça ser a marca contemporânea do contato com a informação, de um modo geral. Não é possível resumir ou sintetizar aquilo que não se apreendeu em essência. O aprendizado requer dedicação e – se não amor pela matéria – ao menos algum interesse. Há de existir alguma forma de gratificação nesse caminho, percorrido às vezes lentamente, em que o aluno é posto em contato com informações, sobre as quais reflete para que, algum tempo depois, as compreenda com inteireza e profundidade. É preciso deixar que a matéria penetre na mente como música, que se deixa entrar pelos ouvidos, ainda que não se possa perceber toda sua complexidade, riqueza e beleza num só e primeiro momento.

O ideal é que esse processo ocorra quando do curso de graduação. Relembro aqui o conselho do dileto Mestre Professor Antonio Junqueira de

Azevedo, segundo quem (se bem entendi suas palavras) sempre será mais difícil o aprendizado daquilo que não foi visto nos bancos da graduação. O exercício da profissão pode ser muito rico, mas não é o melhor ambiente para a formação do pensamento jurídico, justamente porque aquele primeiro exige esse último já desenvolvido. O estudo do caso concreto é sempre menor do que o estudo «puro» que se faz como aluno.

Ao leitor estudante pondero ainda que a leitura desta obra, como de resto a leitura de qualquer outra, pode e deve ser potencializada por outras atividades (sem pretender que esta fonte seja a mais importante, obviamente). Além da remessa aos textos legais que já foi enfatizada, estimula-se a leitura de outros livros com igual objetivo didático (a comparação de conteúdo e de estilos é frutífera). Além disso, potencializa o estudo o maior engajamento possível nas atividades realizadas em sala de aula (aulas expositivas, debates em seminários e outras que possam ser idealizadas). Depois que o aprendizado estiver feito, o recurso a obras de jurisprudência anotadas passa a ser uma ferramenta das mais úteis, conforme acima mencionado. A somatória amplificará a capacidade de aprendizado e tenderá a torná-lo ainda mais gratificante.

Finalmente, como acima alertado, esta obra congrega experiência de décadas de intensa atividade profissional (principalmente como advogado, mas também como juiz eleitoral) e acadêmica (que retroagem até mesmo aos tempos da graduação do próprio autor). Assim, muitas das ideias expostas podem ser incidentalmente encontradas em obras precedentes. O que se buscou aqui foi sistematizar o material resultante da conjugação de todas essas atividades, dirigindo-a principalmente ao público já mencionado.

TÍTULO I

CONCEITOS INTRODUTÓRIOS

CAPÍTULO I

SOCIEDADE E TUTELA JURÍDICA

1. Interesses e conflitos. É intuitivo que a vida em sociedade – quer pela diversidade dos indivíduos e dos grupos que a compõem, quer pela relativa escassez de bens aptos à satisfação de todas as pessoas – gera relações que exigem alguma forma de ordenação. Guardadas as peculiaridades próprias de diferentes culturas e momentos históricos, o que há de comum nessa busca de organização é que ela está assentada no exercício de determinada forma de *poder* e se traduz na edição de normas jurídicas, mesmo que não escritas. Essas normas, de um modo geral, procuram disciplinar a convivência de diferentes *interesses.*

Interesse é conceito em torno do qual gravitam importantes temas jurídicos e, em particular, institutos processuais. Ele pode ser entendido como aptidão de determinado bem ou pessoa a satisfazer a necessidade de outrem, de sorte a existir complementação ou *utilidade*. Interesses diversos podem conviver de forma harmoniosa e, em certa medida, é isso que busca o Direito. Os interesses são objeto de regulação antes e independentemente do processo. Mas, quando deixa de haver coexistência pacífica, surgem os *conflitos* e, com eles, a necessidade de mecanismos de solução.

Portanto, ao estudo do Direito Processual interessa essencialmente o fenômeno decorrente da insuficiência das normas que, de forma primária, buscam conciliar interesses divergentes. Assim, se apesar delas subsiste alguma forma de *conflito*, a superação desse estado de coisas se dá essencialmente por uma, dentre duas formas possíveis: ou a solução resulta do comportamento dos interessados (ou de algum deles); ou ela advém de terceira pessoa.

Conflito é terminologia abrangente e consideravelmente genérica, como convém a considerações ainda introdutórias. Quando se pensa no estado de insatisfação que possa resultar das relações estabelecidas em sociedade, outros vocábulos são usualmente empregados, tais como *controvérsias, disputas, crises, litígios e lides* – sendo essa última terminologia empregada com frequência pela doutrina, inspirada, conscientemente ou não, no peso que o conceito teve na obra de Carnelutti. Nesse contexto, *lide* pode ser entendida como *conflito de interesses qualificado por pretensão resistida* (ou insatisfeita). Esse conceito, contudo, é criticado por parte da doutrina por expressar fenômeno sociológico, e não exatamente jurídico, na medida em que nem sempre a intervenção do Estado, sob a forma de jurisdição, ocorrerá na presença de uma lide, tal qual definida pelo referido autor.

2. Caráter heterogêneo dos conflitos. O emprego de conceitos genéricos como os de *conflitos* ou *controvérsias*, conquanto corretos e usuais, deve, mesmo no início do aprendizado, ser visto com ressalvas. É que a homogeneidade que ali supostamente se contém não condiz com a complexidade das relações típicas da sociedade contemporânea. Não é metodologicamente útil simplesmente equiparar, por exemplo, conflitos de natureza *individual* e *coletiva* (em sentido lato); ou aqueles de natureza *empresarial* e os que envolvem o *direito de família*; ou aqueles entre entes *privados* e os que abrangem as pessoas de direito *público*.

De um lado, o tratamento homogêneo dos conflitos, justamente por não resistir à realidade das coisas, ignora que os modos de resolução das controvérsias, a resposta estatal e até mesmo o modo de ser do processo variam – e muito, em alguns casos – conforme a natureza do litígio. Disso podem resultar distorções importantes, por exemplo, quando se pretende tratar da ineficiência do processo, das causas de congestionamento e da morosidade do Poder Judiciário (problema tão recorrente que já merece ser tratado em obra com caráter institucional), sem que seja feita a necessária distinção entre espécies de conflitos, que reclamam soluções igualmente diversas.

> «Boa ilustração disso está na relação que não raro se procura fazer entre, de um lado, morosidade, e, de outro, excesso de recursos ou falta de *boa vontade* para transigir – ambos os fenômenos não raro associados incorretamente à atuação dos procuradores das partes. O que às vezes se interpreta como excesso de recursos decorre do grande número de processos, com presença marcante da Fazenda Pública em juízo, quer como autora, quer como ré. E, nesses casos,

> ou o reexame por tribunais é obrigatório (CPC, art. 475) ou os recursos devem ser interpostos pelos advogados no estrito cumprimento de dever funcional. Nesses processos, e aí entra o outro aspecto, a possibilidade de solução da controvérsia por transação ou não existe ou é diminuta, pela indisponibilidade do direito envolvido. Portanto, o que vale para certas controvérsias não vale para outras. O mapeamento da natureza das diferentes controvérsias é fundamental para adoção de soluções adequadas aos problemas do direito processual e de sua (apenas parcial) responsabilidade pela morosidade da Justiça.»

De outro lado e de forma paradoxal, esse tratamento homogêneo dos conflitos convive com disciplinas estanques – por exemplo, de um «processo coletivo», «arbitral», «empresarial», «de família» – como se houvesse diferentes «direitos processuais»; o que, sem o devido cuidado, pode ser um erro metodológico, com consequências práticas nocivas. A existência de subsistemas – caracterizados por conjunto de regras especiais – considera que os conflitos são diversos e que o modo de tratá-los deve ser diferente. Isso é correto. Contudo, isso não infirma a existência de um autêntico *sistema* processual. É preciso cautela para que, sob o argumento da especialidade, não se quebre a unidade do sistema e, pior, que se dê ensejo a soluções arbitrárias.

> «É até compreensível que, no «mercado» das profissões jurídicas (expressão usada por falta de outra melhor e por aderência à realidade das coisas), haja alguma tentativa de estabelecer «reservas» a partir da premissa de especialidades. Já na investigação científica isso não pode ocorrer e mesmo a especialidade deve se reportar ao geral, inclusive para que se confirme – ou não – a justificativa do tratamento especial.»

3. Crises. O emprego do vocábulo *crises* também aparece com frequência na doutrina recente e, de fato, ajuda a compreender a passagem do plano sociológico para o ambiente processual (sem que se chegue ainda aos conceitos de causa de pedir, de pedido e de objeto do processo), porque permite uma ideia sobre o modo pelo qual o conflito pode ser superado. O termo sugere – ainda que de forma genérica – o conteúdo da solução adequada ao problema: quem conhece a crise pode buscar o remédio para superá-la. Daí decorre a associação feita pela doutrina entre *crises* e correspondentes formas de *tutela* (infra n. 166).

Fala-se, portanto, em *crises de certeza*, para situações em que se busca eliminar dúvida objetiva acerca da existência ou modo de ser de relações jurídicas – como é o caso dos pleitos afirmativos ou negatórios de paternidade, ou da assim denominada ação de usucapião, por exemplo. Para essas situações, a resposta estatal será um ato com conteúdo meramente *declaratório*.

Fala-se também em *crises de adimplemento*, para designar controvérsias que envolvem uma prestação, ou, mais precisamente, obrigações ou deveres de dar (incluindo-se aí o pagamento de quantia), fazer e não fazer. Nesses casos, não basta a declaração: é preciso impor o dever de prestar – o que é comumente referido como *condenação* (que, em alguns casos, pode ser referido como *ordem*) – e, se necessário, atuar de forma prática o comando; o que se designa como *execução* ou *cumprimento*.

Há também casos em que a *crise* está em determinado estado jurídico cuja modificação se apresenta como remédio adequado – como ocorre na anulação de negócios jurídicos, resolução de contrato ou extinção do vínculo ou da sociedade conjugal, por exemplo. Nessa categoria, há situações nas quais pode não existir propriamente uma crise – se e quando entendida como sinônimo de controvérsia – porque, na realidade, a modificação do estado jurídico só pode ser obtida em juízo, ainda que concordes os envolvidos. Exemplo disso está na anulação de casamento: ainda que marido e mulher estejam totalmente de acordo sobre a invalidade do ato, é imprescindível a participação do Estado no desfazimento desse ato solene. Em todos esses casos, a intervenção estatal se dá sob a forma de provimentos *constitutivos* (positivos ou negativos).

4. Pretensão. No contexto acima, *pretensão* é termo que pode ser empregado para explicar o que ocorre no momento anterior ao processo, mas que também é aproveitável, embora com sentido diverso, no ambiente processual. Quando se fala em «pretensão resistida» (no conceito de lide), pensa-se no fenômeno pré-processual, em que aquela é apenas e genericamente um ato de exigência, oriundo de alguém que quer fazer prevalecer seu interesse sobre determinado bem, em relação a determinada pessoa. Mas esse ato de exigência se projeta para o processo sob a forma de um *pedido* que é deduzido, com base em determinados fundamentos. Daí *pretensão* ganha contornos «processuais» e passa a designar o *objeto do processo*, isto é, o pedido à luz de uma causa de pedir; isso é o que se entende por *mérito* (infra n. 217).

Parte da doutrina, apoiada em conceitos expostos por Pontes de Miranda, confronta e distingue *direito subjetivo, pretensão e ação* – sendo esse terceiro vocábulo empregado em sentido «material» (por oposição à «ação processual»). Enquanto o primeiro seria apenas a posição favorável de uma pessoa em relação à outra, por força do direito objetivo (estado inerte), a pretensão consistiria no poder de exigir a prestação, objeto do dever ou da obrigação. Já a «ação de direito material» corresponderia à investida do titular da posição de vantagem contra o respectivo sujeito passivo – o que parece corresponder ao conceito de autotutela (infra n. 7). Esse pensamento é complementado pelos conceitos de *direito subjetivo público* (posição que permitiria exigir do Estado o exercício da jurisdição), de *pretensão processual* (que seria a exigência não perante o obrigado, mas perante o Estado) e de *ação processual*.

A esse respeito, tem-se como procedente a crítica segundo a qual o conceito de «pretensão material» é conceito sincrético, que não se afina com a autonomia científica do direito processual. No sentido em que empregada pelos respectivos adeptos, pretensão seria o direito de perseguir o que se entende devido, numa tradução do que seria a *actio* do direito romano – que é conceito sincrético porque sobrepõe os conceitos de direito subjetivo, de um lado, e o direito de obter uma decisão judicial correspondente. O Código Civil vigente, conquanto não tenha reproduzido a fórmula sincrética contida no art. 75 do diploma anterior (segundo o qual a todo direito corresponderia uma ação a assegurá-lo), relaciona o fenômeno da prescrição ao da extinção da *pretensão*. Isso está enunciado na regra segundo a qual, «violado o direito, nasce para o titular a pretensão» (CC, art. 189); que, de outro lado, teria como uma espécie de contraposto a «exceção» – que se extingue (por prescrição) no «mesmo prazo em que a pretensão» (CC, art. 190).

> «A projeção disso para o campo da prova – que é desdobramento da ação e da defesa – poderia levar a concebê-la como uma contrapartida necessária (talvez um apêndice) do direito subjetivo material. Na esteira do art. 75 do Código Civil anterior, dir-se-ia que "a todo direito, quanto aos fatos que lhe dão suporte, corresponde uma prova que o assegure". O direito à prova, nessa ótica, talvez pudesse ser entendido como um elemento da pretensão. Não se aceita esse raciocínio e esse paralelismo apenas evidencia que pretensão material é conceito sincrético, não apenas desajustado à concepção de autonomia do processo, mas sem relevante serventia metodológica.»

5. Relação entre pretensão e interesse processual. A exigibilidade, sob a ótica processual, está associada ao *interesse de agir* (infra n. 205). Assim, se desde logo é possível constatar que, mesmo em tese, a prestação é inexigível (porque ainda não se operou o termo ou condição a que sujeita a liberação da eficácia do dever), então não há utilidade no ingresso em juízo. E, não havendo interesse, não há como se falar em prescrição (ou decadência) antes que surja esse elemento, que é uma das condições da ação (infra n. 196 e seguintes).

Senso contrário, quando se reconhece a presença do interesse de agir, isso significa dizer que o exercício do direito de ação já era viável e, nesse caso, é coerente e razoável submeter-se o interessado às regras de prescrição e de decadência. Na doutrina civilista, o desenvolvimento do tema se dá sob a ótica da assim denominada *actio nata*, que é a primeira condição para que se possa falar em prescrição. Se a obrigação estiver sujeita a termo ou condição, a prescrição somente se inicia a partir de tal ocorrência.

6. Formas de solução de conflitos. Quando a solução de um conflito de interesses resulta do comportamento dos interessados (ou de algum deles), quatro alternativas se apresentam: ou um deles se impõe ao outro por sua própria força, o que pode ser denominado de *autotutela*; ou um deles se submete voluntariamente à pretensão do outro, o que significa *submissão*; ou, ainda, um deles abre mão de sua pretensão, em ato de *renúncia*; ou, finalmente, os envolvidos fazem concessões recíprocas, o que aparece sob a forma de *transação*. À exceção da primeira dessas hipóteses, as três outras estão previstas no art. 269 do CPC, quando trata da resolução do mérito: no inciso II, a submissão aparece sob a forma do reconhecimento da procedência da demanda; no inciso IV está a renúncia ao direito em que se funda a demanda; e no inciso III está prevista a transação.

Já quando a solução advém da intervenção de terceira pessoa, ela se dá ou mediante *arbitragem* – em que os interessados voluntariamente confiam a sujeito privado a solução do conflito a respeito de direitos patrimoniais disponíveis – ou se dá mediante a intervenção do Estado, isto é, por meio da *jurisdição estatal*. A essas duas formas, na esteira de parte expressiva da doutrina, reconhece-se caráter jurisdicional (infra n. 47). No Código de Processo Civil, a solução adjudicada do conflito por um terceiro encontra correspondência no inciso I do art. 269, que prevê a resolução do mérito pelo acolhimento ou rejeição do pedido do autor.

> «Sem prejuízo, nessa mesma ordem de ideias, é preciso considerar que, eventualmente e de forma patológica, centros de poder podem se constituir paralelamente àquele legalmente constituído. Embora o fenômeno – a ser mais bem estudado sob o enfoque da sociologia ou de outras matérias que não o Direito Processual – deva ser combatido, e até para que isso ocorra, é preciso considerar sua eventual existência que, em última análise, não foge do esquema segundo o qual a superação do conflito se dá por terceiro e não pelos próprios protagonistas.»

A adoção desta ou daquela forma de solução de conflitos depende, em boa medida, da respectiva natureza e das normas jurídicas que os regulam de forma primária, isto é, no plano do direito substancial. Nos casos de direitos indisponíveis, para ilustrar, as possibilidades de autocomposição, embora não fiquem totalmente excluídas, sofrem limitações, justamente porque não é dado aos titulares da relação controvertida integral e incondicionada possibilidade de disposição de seus direitos ou posições jurídicas de vantagem.

7. Autotutela. No contexto de poder centralizado (notadamente pela figura do Estado), são limitadas as hipóteses de autotutela. É que a ampliação do poder de um indivíduo (ou entidade) de solucionar, por suas próprias forças, um determinado litígio, representaria, em termos práticos, forma de desvirtuamento análoga àquela acima mencionada, com a vigência de uma ordem paralela à legalmente constituída. Por isso é compreensível que, dentre as (escassas) hipóteses admitidas no ordenamento brasileiro, tenham maior relevo as condutas da Administração Pública (isto é, do próprio Estado) no repúdio a práticas reputadas ilegais dos administrados; o que se justifica na premissa de que os atos da Administração presumem-se legais e legítimos.

«É pensar nos casos de embargo de obra por violação a posturas municipais edilícias, ou interdição de estabelecimentos comerciais que não atendam condições de segurança ou de higiene, ou a apreensão de mercadoria comercializada de forma ilegal. Por outro lado, são exemplos de autotutela no ordenamento brasileiro, além daquela a cargo da Administração, as previstas pelos arts. 249, parágrafo único, 251, parágrafo único, e 1.210, § 1.º, todos do CC. Além disso, há situações em que o titular de determinada posição jurídica pode, de forma unilateral, declarar vontade e produzir efeitos jurídicos constitutivos de novas posições. São exemplos no ordenamento brasileiro as situações reguladas pelos arts. 473 e 474 do Código Civil, no tocante à extinção dos contratos. Da mesma forma, ilustram o conceito as hipóteses previstas pelos arts. 57 e 1.085 do CC, quando permitem, tanto que observado o contraditório, a exclusão de associado ou de sócio (respectivamente) pelo próprio corpo social.»

Nos casos em que o ordenamento admite a autotutela, será lícito àquele que a ela estiver submetido socorrer-se da jurisdição (estatal ou arbitral), para controle – repressivo ou até preventivo – da legalidade dos atos ou dos efeitos jurídicos a ele impostos pelo adversário. Sob o ângulo inverso, também não deve ser excluída, em tese, a invocação da jurisdição (estatal ou mesmo arbitral) por parte daquele a quem o sistema já consente a autotutela. Vale dizer, mesmo autorizado a valer-se de suas próprias forças, o titular do direito pode invocar, de forma preventiva, a intervenção jurisdicional (do Judiciário ou arbitral, conforme o caso), como forma de obtenção do resultado desejado e que seria produzido mercê de sua conduta. O interesse – entendido como utilidade – para a intervenção de sujeito imparcial está em submeter-se desde logo a controvérsia à técnica da substituição, em contraditório.

«Tomando-se alguns dos exemplos acima lembrados: a autotutela consentida pelo art. 1.210, § 2.º, do CC não exclui o controle estatal sobre a legalidade da conduta, para saber se ficou no limite do «indispensável» à manutenção ou à restituição da posse; nem afasta a possibilidade da propositura de medida para fazer cessar a turbação ou para obter a reintegração da posse (CPC, arts. 920 e seguintes do CPC), abrindo-se mão da autotutela. De forma análoga, a possibilidade de exclusão de associado ou de sócios (CC, arts. 57 e 1.085) não impede o controle preventivo da legalidade do ato (até como medida para impedir a deliberação coletiva), nem impede que, abrindo mão da produção do efeito jurídico fora de juízo, a exclusão seja pedida em juízo – ambiente no qual, com maior segurança até, preservar-se-á o contraditório, como querem aqueles dispositivos legais.»

8. Autocomposição. Embora a solução estatal dos conflitos possa e deva ser vista como pilar do sistema (CF, art. 5.º, XXXV), inclusive pela limitação à justiça que os interessados possam fazer pelas próprias mãos, é possível detectar tendência para que ela seja encarada como forma subsidiária, se consideradas as demais alternativas. Assim, sem prejuízo da premissa de que o controle jurisdicional estatal não pode ser afastado, o próprio Estado estimula, cada vez mais, que a decisão a ser por ele adjudicada seja precedida de efetiva tentativa de solução por alguma das formas de autocomposição. Exemplos desse estímulo podem ser detectados na regra do art. 125, IV, do CPC, que impõe ao juiz o dever de «tentar, a qualquer tempo, conciliar as partes»; e nos arts. 21/24 da Lei 9.099/1995, que dão ênfase para a tentativa de conciliação e preveem a possibilidade de instauração de juízo arbitral (art. 24) perante os Juizados Especiais.

> «Há ordenamentos que estabelecem mediação prévia obrigatória, tais como o argentino (Lei 26.589/2010) e o chileno (Lei 19.968/2004).»

Política dessa ordem, contudo, deve considerar que a solução consensual deve se dar em ambiente de liberdade de escolha. Ela não deve configurar negação, por vias oblíquas, do dever estatal de prestar jurisdição. O apelo aos assim denominados «meios alternativos» de solução de controvérsias não pode, enfim, encontrar justificativa na eventual incapacidade do Estado de ofertar a prestação jurisdicional adequada e tempestiva. As partes têm direito à tutela estatal e a quem insistir em pretensão ou defesa depois tida como infundada ficam reservadas as consequências previstas pelo direito material, os encargos processuais decorrentes da derrota (ou de ter dado causa ao processo) e eventualmente sanções por conduta processual ímproba ou desleal (vide infra ns. 76 e 77).

Além disso, essa forma de solução dos conflitos também encontra limites: nem todas as posições jurídicas de vantagem são passíveis de disposição voluntária e isso representa um limite àqueles expedientes. Há casos em que os efeitos jurídicos pretendidos só podem ser produzidos por decisão judicial, ainda que não haja controvérsia entre as partes. Nesses casos, fala-se em *processo necessário* (infra n. 111).

CAPÍTULO II

DIREITO MATERIAL E DIREITO PROCESSUAL

9. Dois diferentes planos. As considerações precedentes sugerem distinção que, de fato, é básica no estudo do direito processual. O ordenamento está assentado em dois planos: o do direito material (ou substancial) e o do direito processual.

Embora a delimitação conceitual seja imprescindível, a diferenciação é quase intuitiva: as relações humanas são reguladas por normas que estabelecem a prevalência do interesse desta ou daquela pessoa (ou grupo de pessoas) no tocante a determinados bens materiais ou imateriais – referidos usualmente em doutrina como «bens da vida». Normalmente, essas regras são suficientes ao convívio social e garantem a harmonização das relações entre as pessoas, ainda que formalmente. Elas correspondem ao que se entende por direito material.

> «A ilustração dos diferentes ramos do direito material pode ser feita a partir dos diferentes incisos do art. 22 da CF (com a exclusão, naturalmente, da figura do direito processual, prevista no inciso I).»

O direito processual, ao menos para efeito de primeira abordagem, surge por exclusão. Ele disciplina as relações desencadeadas pela atividade tendente à superação dos conflitos (que não puderam ser solucionados pela ordinária incidência das regras precedentes). O elemento diferencial está no objeto: ele disciplina as posições jurídicas estabelecidas entre o Estado (ou o órgão arbitral) e os sujeitos da controvérsia – direitos, poderes, ônus, faculdades, sujeições, deveres – no desenrolar daquela atividade, assim como os atos que são praticados no exercício dessas posições. Daí se dizer que as normas processuais disciplinam a *relação jurídica processual* e o *procedimento* – categorias que, somadas, servem para explicar o conteúdo do processo (infra n. 27).

«Exemplos de posições jurídicas são: o *direito (ou poder)* do autor de postular em juízo; o ônus do réu de contestar o pedido do autor, sob pena de revelia; o *poder* do juiz de determinar de ofício a produção de prova; a *faculdade* de recorrer que cabe ao vencido; o *dever* do terceiro de informar ao juiz os fatos e circunstâncias de que tenha conhecimento ou de exibir coisa ou documento que esteja em seu poder; e a *sujeição* das partes às ordens judiciais.»

Também é possível atribuir natureza processual às normas que disciplinam atividades cujo objeto é, de alguma forma, estimular as partes a resolverem a controvérsia por autocomposição. Se dessa atividade participarem o Estado ou o órgão arbitral – como ocorre nos órgãos que atuam na tentativa de conciliação – é correto entender que a relação jurídica então estabelecida se encaixa nos moldes acima examinados. Ainda que o escopo da atividade não seja a atuação do direito no caso concreto, o objetivo de eliminação da controvérsia (com consequente pacificação social) se insere no conceito de jurisdição.

10. Distinção a partir do «bem da vida». O tradicional recurso à ideia de «bem da vida» é útil, mas deve ser entendido com alguma reserva. Ele é válido na medida em que procura enfatizar o caráter instrumental do processo e, portanto, das normas que o disciplinam. Isso é bem ilustrado pela clássica e didática distinção entre pedido *imediato* e *mediato*: aquele se refere ao provimento jurisdicional e o outro ao bem ao qual se chegue pelo anterior (infra n. 216).

«Para exemplificar: a quantia de dinheiro que pretende o credor é o bem da vida almejado e que corresponde ao pedido mediato; ao qual se chega pelo pedido imediato, de condenação (imposição do dever de prestar) do réu, caso procedente a demanda; e o imóvel que o autor alega ter usucapido é o bem da vida, objeto mediato ao qual se chega pela declaração (ato estatal) de que a aquisição por usucapião efetivamente se consumou.»

Mas ao regular o exercício da atividade – estatal ou privada – para a solução imperativa (ou mesmo consensual) de conflitos, a norma processual garante bens imateriais relevantes, a começar pela possibilidade de participação efetiva, que é ínsita ao exercício do poder em ambiente democrático, e que se traduz no contraditório (CF, art. 5.º, LV). Além disso, a norma processual tutela bens como a igualdade, liberdade, privacidade, segurança jurídica, intimidade, segurança e, em certa medida, até mesmo bens materiais; o que ocorre com o patrimônio, quando a lei de alguma forma limita os meios executivos. Essa tutela não é apenas instrumental, isto é, não se justifica apenas em função do resultado final, em que o direito material será aplicado. Esses bens também devem ser considerados «bens da vida», embora resguardados por normas processuais. Mesmo a parte que, sob a ótica do direito material, «não tem razão» no processo, é titular das referidas posições jurídicas.

> «O patrimônio do executado – portanto, daquele que está sujeito ao dever de prestar e que não é o titular do «bem da vida» reclamado pelo credor (exequente) – é tutelado por normas processuais como a do art. 594 do CPC, segundo a qual, o credor que estiver, por direito de retenção, na posse de coisa pertencente ao devedor, não poderá promover a execução sobre outros bens enquanto não excutida a coisa em seu poder; as dos arts. 595 e 596 do CPC, que estatuem a execução preferencial sobre bens do afiançado e da sociedade, respectivamente, em relação aos bens do fiador e do sócio; a do art. 615-A, § 4.º, do CPC, que protege o devedor de averbação indevida de execução ajuizada; aquela do art. 620 também do CPC, que estabelece que a execução, quando possível, deve ser feita da forma menos gravosa para o devedor; ou do art. 692 do mesmo diploma, quando veda que a expropriação forçada do patrimônio do devedor se dê por «preço vil». No caso de incapaz, essa expropriação só pode ocorrer pelo mínimo de oitenta por cento do valor da avaliação (CPC, art. 791). Além disso, o limite que a jurisprudência deu para a regra do art. 733 do CPC – conforme súmula 309 do Superior Tribunal de Justiça – é forma de tutela da liberdade do indivíduo (por limitar a hipótese única de prisão civil), ainda que sujeito a medidas de constrição patrimonial.

Convém também considerar que as normas processuais regulam a relação do indivíduo com o Estado, que, ao exercer a jurisdição, presta autêntico serviço público essencial. Portanto, não há como ignorar que o objeto dessa atividade é, em si mesmo, um objeto a ser garantido, independentemente do resultado que venha a ser favorável a um ou a outro dos litigantes. Todos eles são consumidores do serviço prestado pelo Estado, consistente na distribuição de justiça. Aliás, o reconhecimento do escopo social da jurisdição reforça a ideia segundo a qual no processo é tutelado o que se pode qualificar como «bens da vida», com especial ênfase para a segurança decorrente da superação da controvérsia e consequente pacificação social.

11. Direito material e evolução metodológica do direito processual. A distinção entre direito material e direito processual, por seu turno, está ligada à origem da ciência processual e à respectiva evolução metodológica.

> «A exposição que segue procura resumir o conteúdo de séculos de evolução e, por isso, é sabidamente imperfeita porque está inevitavelmente sujeita ao risco de simplificar fenômenos complexos. Contudo, desde que feita essa advertência, será possível ao menos entender como, partindo-se de uma visão privatista, chegou-se ao atual estado de desenvolvimento do direito processual.»

Costuma-se destacar em doutrina que, até meados do século XIX, o direito processual não existia como ciência autônoma e que parte dos institutos ligados ao processo era vista como uma espécie de apêndice do direito material. Daí falar-se em fase «civilista» ou, mais corretamente, em fase sincrética, isto é, aquela em que conceitos distintos eram tratados como se integrassem um único e mesmo fenômeno.

A *ação* era identificada com o direito material quando violado e, então, «armado para a guerra» (Clóvis Beviláqua). Daí a ideia, que até hoje vigora, de rotular as «ações» a partir do direito material afirmado pelo demandante, como uma espécie de herança romanista. A concepção de *processo* estava rebaixada à ideia de mero procedimento (apenas uma sequência de atos), isto é, ao aspecto formal, mais facilmente perceptível sob a ótica praxista e pragmática. Isso se refletia no emprego da denominação «direito judiciário», incorreta pela indevida redução do fenômeno processual. A jurisdição, na perspectiva do Estado liberal, era vista menos como função destinada a atuar o direito objetivo, e mais como forma de tutela de direitos dos contendores.

A superação dessa fase está associada a (pelo menos) dois fenômenos relevantes no plano científico. O primeiro foi célebre polêmica travada na Alemanha, na metade do século XIX, entre Windscheid e Muther, acerca da relação entre o conceito de *actio* no direito romano e o de *ação* no direito moderno. Essa disputa, em síntese, criou condições para que se fizesse a distinção entre os planos substancial e processual. O segundo evento – ao qual se associa o nascimento da ciência processual – foi a obra do alemão Oscar Büllow, na qual, a partir do estudo das exceções (defesas), sistematizou-se a ideia de uma relação jurídica processual, distinta da relação de direito material por seus objetos, pressupostos e sujeitos. Estavam, assim, lançadas as bases científicas para o desenvolvimento do direito processual.

Na fase «de autonomia», o conceito de *ação* foi progressivamente se desligando do direito material, para ganhar autonomia e abstração e para ser concebido como um direito – ou poder – que se exerce contra o Estado. Aceitou-se que o direito de ação existe mesmo que inexistente o direito material alegado pelo autor (casos de improcedência da demanda ou de declaração negativa) e que, por outro lado, pode haver direito material desprovido de ação (p. ex., no caso das obrigações naturais). Nem por isso se perdeu a perspectiva instrumental do direito de ação e, portanto, de sua necessária ligação com o direito material; o que, depois, veio a ser objeto de construção doutrinária que procurou estabelecer as corretas bases da relação entre direito de ação e direito material (teoria acerca das chamadas condições da ação, com as críticas e aperfeiçoamentos que a ela se seguiram – vide infra ns. 192 e 195).

Ainda nessa fase, ganhou corpo a perspectiva – nascida com a obra de Büllow – de processo como relação jurídica processual, isto é, como conjunto de vínculos ou de posições jurídicas a entrelaçar autor, Estado-juiz e réu. Isso não significou, contudo, a completa desconsideração da perspectiva de processo como procedimento, de tal modo que, mais adiante, a tendência foi, corretamente, a de considerar o processo com essa complexidade: formalmente como um procedimento e substancialmente como uma relação jurídica (vide infra n. 227).

Também a perspectiva de jurisdição se modificou em alguma medida. Nas primeiras décadas do século XX o Estado passou por transformações relevantes e a postura liberal cedeu progressivamente espaço à intervencionista. Esse novo contexto foi duplamente relevante. Primeiro, ele contribuiu para a superação da visão de processo como mero instrumento a serviço de partes e permitiu fosse dada maior relevância aos escopos públicos buscados no exercício da jurisdição. Segundo, a mudança de papel do Estado alargou seus campos de atuação, do que resultaram – guardadas as distinções entre diferentes países e culturas – consequências sociais e econômicas relevantes, com incremento de demanda por justiça.

Esses fenômenos contribuíram para que se atingisse a fase seguinte: a constatação de defasagem entre os reclamos e a efetiva prestação de justiça gerou progressivamente uma maior preocupação com os resultados e, em especial, com a adequação da técnica processual à consecução daqueles. Estavam lançadas as bases para o desenvolvimento da assim denominada fase instrumentalista. Nela, as conquistas havidas na fase de autonomia não se perderam, mas posturas excessivamente formais ou meramente conceituais passaram a ser objeto de crítica. As preocupações em boa medida se voltaram para temas ligados ao que se convencionou chamar de «acesso à Justiça» – expressão que, embora precise ser vista com cautela diante das diferenças entre o campo civil e o penal – pode ser compreendida como aspiração universal e, portanto, digna de ser enquadrada na teoria geral do processo. Essa fase, enfim, pode ser sintetizada na ideia de busca da *efetividade* do processo e da jurisdição, entendida como aptidão do instrumento à realização dos escopos desejados pelo sistema.

Embora a doutrina não qualifique o que ocorreu a partir de então como outra e nova fase, passou-se a falar com certa frequência na revisão (ou «revisita») dos institutos processuais, agora à luz das conquistas «instrumentalistas», norteada a investigação pela busca ainda mais acentuada de adequação entre técnica processual e consecução de resultados.

12. Os institutos fundamentais do direito processual (ação, exceção, jurisdição e processo). As referências feitas às linhas evolutivas do direito processual indicam que ele está assentado em institutos que configuram seu conteúdo essencial. É a partir deles – e certamente por sua concatenação – que se explica o fenômeno processual. Deles descendem os demais institutos, princípios e regras processuais, ainda que essas últimas sejam variáveis e fruto de opções legislativas.

Eles também atuam como uma espécie de guia metodológico, que orienta o exame e facilita a compreensão do direito processual, desde o início de seu aprendizado até o aprofundamento de seu estudo. Até mesmo o peso que se possa dar a cada um deles, no confronto com os demais, já reflete – conscientemente ou não – uma determinada postura metodológica. Por isso, com propriedade, convencionou-se denominá-los de *institutos fundamentais* do direito processual. São eles – arrolados sem preocupação, por ora, com sua importância e peso no sistema – a *ação*, a *defesa* (ou *exceção*), a *jurisdição* e o *processo*.

A *ação* é instituto que explica o desencadeamento da atividade jurisdicional (estatal ou arbitral). É pelo exercício do direito ou do poder de ação – mediante a propositura da demanda – que se invoca a intervenção do terceiro imparcial e a produção de determinados efeitos jurídicos dirigidos à relação material controvertida (ou, poder-se-ia dizer, a seus sujeitos). Por isso, a ação está ligada ao direito material de forma relevante e as suas diferentes concepções variam conforme a explicação dada à relação existente entre tal instituto e o plano substancial.

Sob uma perspectiva sintética é possível entender a ação como o direito (ou poder) de invocar um provimento apto a atuar o direito objetivo em determinado caso concreto e, assim, eliminar a controvérsia – o que traduz, respectivamente, os escopos jurídico e social da jurisdição. Sob uma ótica analítica, ela se traduz na somatória das posições ativas de que é titular o autor no curso de todo o processo, que se instaurou pela propositura da demanda.

A *exceção* – que pode ser entendida aqui como sinônimo de defesa – é usualmente destacada como a contrapartida do direito de ação. Ela consiste no direito (ou poder) do réu de ter levadas em conta na decisão os fatos e fundamentos contrapostos à pretensão deduzida pelo autor. Da mesma forma que a ação, ela comporta perspectivas sintética e analítica, tal como acima exposto. Aliás, parte da doutrina não lhe confere caráter autônomo porque a extrai do caráter bilateral da ação e do processo. Sob essa ótica, a ação não se limita ao poder outorgado ao demandante, mas necessariamente abrange a simétrica prerrogativa conferida ao demandado.

> «No caso da ação penal, esse aspecto talvez fique ainda mais claro: ela não é tradicionalmente vista como garantia em favor do demandado, exceto se for considerado que o exercício da ação garante a instauração do processo – sem o qual não se impõe pena – e, assim, da defesa.»

A *jurisdição*, nesta primeira abordagem, pode ser entendida como a atividade pela qual um terceiro – que pode ser o Estado, mas que também pode ser um órgão privado arbitral – opera de forma a substituir os protagonistas da controvérsia para, de forma imparcial, atuar o direito objetivo em dado caso concreto e pacificar (o que decorre da eliminação da controvérsia).

Finalmente, o *processo* pode ser entendido como o instrumento da jurisdição – e, mais do que isso, do poder. Ele é também um método empregado para resolução de controvérsias, quer pelo estímulo a soluções de autocomposição, quer pela solução heterocompositiva e adjudicada que o Estado venha a impor.

O processo é ente complexo. Ele é composto por um elemento formal, que é o *procedimento*; que, por seu turno, é uma sequência de atos encadeados para a produção de um resultado. Os atos do processo que integram o procedimento estão documentados nos autos, físicos ou eletrônicos. E o processo também contém um elemento substancial, que é a *relação jurídica processual*. Ela congrega as posições jurídicas de que são titulares o demandante, o demandado, o Estado e outros sujeitos que possam intervir na atividade jurisdicional. Ela engloba poderes, sujeições, faculdades, ônus e deveres.

Essas posições representam a disciplina positiva do princípio do contraditório. Daí ser correto dizer também que o processo é um procedimento em contraditório (infra ns. 109 e 227).

13. Direito material e processo: instrumentalidade e efetividade. O processo é essencialmente um instrumento a serviço do direito material e a efetividade (entendida como aptidão a gerar os resultados pretendidos) daquele, embora não exclusivamente, é medida pela capacidade de real atuação da vontade concreta do direito objetivo (substancial). O processo, conquanto tenha um relevante valor intrínseco, na medida em que é garantia de legalidade e meio de controle do exercício do poder, é concebido para socorrer os valores consagrados no plano substancial.

Por isso, é natural que, sem qualquer risco de retrocesso ao sincretismo (supra n. 11), o processo muitas vezes considere as peculiaridades da relação material controvertida. Assim, o estudo do direito processual à luz das situações concebidas pelo direito material dá àquele primeiro contornos menos abstratos e teóricos. O direito material é uma espécie de «banco de prova» para o direito processual (Dinamarco) e o diálogo entre ambos tende a ser rico. O estudioso do processo tem o dever de identificar e de refletir sobre as situações de direito material que mais diretamente possam ter relação com institutos processuais.

Mesmo quando o processo está a serviço do próprio processo, a instrumentalidade está presente. Com efeito, há casos em que medidas judiciais não têm por objeto a tutela de posições jurídicas situadas no plano substancial do ordenamento, mas daquelas que integram a relação jurídica processual. É o caso da tutela cautelar (infra n. 185), em que se busca preservar a utilidade e eficácia da decisão que terá por objeto a controvérsia de direito material. Também é possível que o processo busque exclusivamente preservar o direito à prova, que apenas indiretamente se relaciona com o direito material. Nesses casos, fala-se em *dupla instrumentalidade* porque o processo está a serviço do próprio processo (instrumento). Há, ainda, casos de medidas judiciais tendentes a preservar exclusivamente posições processuais, como é o exemplo do mandado de segurança impetrado por terceiro que deveria obrigatoriamente ter integrado dado processo (litisconsorte necessário) e dele permaneceu excluído.

14. Direito processual material? A distinção entre direito material e processual evidencia a autonomia entre os dois ramos. A relação disciplinada no plano substancial não se confunde com a que se estabelece quando desencadeada a atividade tendente à superação imperativa dos conflitos. São diversos os sujeitos, o objeto e os requisitos de cada qual (infra n. 17). Por isso, não é correto qualificar-se o direito processual como «adjetivo» e, a rigor, nem o direito material como «substantivo».

Contudo, há casos nos quais a proximidade é evidente. Alguns institutos são reivindicados pelo direito material e pelo processual, a ponto de se cogitar da existência de uma espécie de fusão, a ensejar a categoria do direito «processual material». É pensar nos temas da *prova* e da *responsabilidade patrimonial*, que são objeto de disciplina legal tanto pelo Código Civil, quanto pelo Código de Processo Civil (arts. 212 e seguintes e 391 e seguintes do CC, bem como arts. 332 e seguintes e 591 e seguintes do CPC). É pensar também nas condições da ação (especialmente a possibilidade jurídica do pedido e legitimidade), que, enfatizando o caráter instrumental do instituto, afastam-se de seu caráter abstrato e incondicionado, para ligá-lo ao direito material (infra n. 191).

Fala-se em «pontos de estrangulamento»; cuja existência é inegável, mas que não deixam de refletir alguma imprecisão conceitual. Se a dúvida se justifica pela proximidade de institutos próprios dos diferentes planos e pela influência que direito material possa ter sobre o processo, a incerteza deve, tanto quanto possível, ser afastada, se consideradas as repercussões práticas que decorrem da necessária distinção, examinadas na sequência.

Nesse contexto e não obstante a excelência de suas origens, refuta-se a existência de um «direito processual material». Se há normas processuais geradoras de situações «exteriores» ao processo, isso se explica porque não se pode entender aquela categoria como em oposição à outra, que exclusivamente regularia os «bens da vida» (as normas materiais). Então, ao invés de se buscar a distinção entre normas processuais «materiais» e «formais», é mais correto buscar um conceito adequado e único. Não há formalismo ou exagero na posição assim assumida. Pelo contrário, a concepção de um direito processual material parece equivocada porque fundada na premissa de que norma processual não regularia «bens da vida».

15. Normas processuais e efeitos substanciais. Pelo caráter instrumental do processo, há casos em que normas processuais geram efeitos substanciais relevantes; que poderiam até ser qualificados como «situações exteriores» ao processo (sem que seja preciso aceitar a categoria acima mencionada). Por exemplo, quando a lei processual determina que, na execução por quantia certa, o réu será citado para pagar ou nomear bens à penhora em três dias (CPC, art. 652), não se pode dizer que a norma tenha natureza material porque dilata o prazo do devedor para pagar. Mas diversamente disso, quando a lei prevê que, em certas condições, o devedor pode requerer seja admitido a pagar sua dívida em parcelas mensais (CPC, art. 745-A), não há como negar que a norma, por interferir diretamente com prazo de natureza obrigacional é, quando menos em parte, substancial; como são seus efeitos.

> «Ainda para ilustrar: em matéria de locação, o art. 74 da Lei 8.245/1991, em sua redação original, dispunha que, não sendo renovada a locação pretendida em ação renovatória, o prazo de desocupação seria de seis (6) meses a contar do trânsito em julgado da decisão. Assim, norma que interfere de forma relevante com o prazo de duração de um contrato não pode ser tida como de efeitos meramente processuais.
>
> Outra situação: quando a lei autoriza a penhora de percentual de faturamento de uma empresa (CPC, art. 655, VII) e o juiz, com a nomeação de um administrador (CPC, art. 655-A, § 3.º) a limita a valores que permitam a continuidade do empreendimento (o que guarda analogia com verdadeiro parcelamento), são inegáveis os efeitos substanciais – não apenas jurídicos, mas econômicos – da norma ou, nesse caso, da decisão que a aplica. Aliás, nesse caso, há a analogia com o regime de recuperação judicial estabelecido pela Lei 11.101/2005.»

Sob essa ótica, o tempo necessário para o processo tem, por si só, alguma repercussão substancial ou, para usar a terminologia empregada acima, é gerador de «situações exteriores». Sob a ótica do autor que tenha razão, o tempo do processo gera o que em doutrina se qualificou de «dano marginal»; que se procura atenuar, dentre outros, mediante antecipação da tutela, quando cabível a providência (infra n. 187). Sob a ótica do réu que não tem razão, o tempo do processo pode atuar como mais um elemento na administração de seus passivos; a Fazenda Pública que o diga.

> «A Fazenda Pública não está sujeita ao cumprimento de sentença conforme vigora para os demais devedores de quantia. Esses estão sujeitos à invasão de sua esfera patrimonial e, tratando-se de dinheiro, à penhora e à expropriação forçada de seus bens. Já o patrimônio da Fazenda é impenhorável. A «execução» contra esse ente se dá na forma dos arts. 100 da CF e 730 do CPC, mediante a expedição de ofícios requisitórios, que devem ser pagos segundo uma ordem cronológica. Mas a falta de pontualidade nos pagamentos – respaldada inclusive por sucessivas alterações da Constituição Federal – já se tornou institucional a ponto de merecer inserção numa obra com esse perfil, para que o iniciante no estudo do processo saiba como funciona esse relevante segmento de atuação do Judiciário.»

Inversamente, para o réu que tem razão, a pendência do processo pode ter efeitos econômicos e jurídicos relevantes (restrição a crédito, à participação em licitações ou prejuízo ao exercício de cargos públicos, por exemplo). Até mesmo o autor que não tem razão pode pretender extrair do processo algum benefício advindo da respectiva pendência e duração – é pensar, por exemplo, nos casos da assim denominada *sham litigation*, conceito invocado na tutela da concorrência.

> «A configuração desse instituto é associada à ideia de uma demanda (um conjunto delas) objetivamente desprovida de fundamento, isto é, em situação na qual o autor não pode razoavelmente esperar sucesso quanto ao mérito; além da intenção de interferir diretamente com a atuação de um concorrente. A instauração do processo, assim, buscaria incutir temor no demandado, a ponto de prejudicar a comercialização de seu produto. O diferencial estaria em ir a juízo sem fundamento, apenas para prejudicar o concorrente, mediante redução de sua demanda, de seus investimentos ou de sua produção.»

O processo exige tempo, mas é preciso cuidado para que sua duração não acabe funcionando, distorcidamente, como fonte geradora autônoma de posição de vantagem (jurídica ou econômica) no plano substancial, em prol daquele que não está amparado pelo direito objetivo. Por isso é que a garantia da inafastabilidade traz consigo a exigência de *duração razoável do processo*, hoje positivada no art. 5.º, LXXVIII, da CF (infra n. 52). Além disso, o resultado final deve, na medida do possível, proporcionar ao vencedor a integral recuperação das perdas que o processo – justamente pelo tempo que ocupou – possa ter gerado. Isso é o que inspira, por exemplo, a regra do art. 20 do CPC.

16. Normas processuais fora do Código de Processo Civil. A determinação do elemento conceitual de norma de processo faz irrelevante sua possível inserção em diploma que congregue normas de direito material. Isso ocorre no Código Civil e seguramente em leis extravagantes. Não é a topologia que define a natureza da norma, mas sim o objeto da disciplina por ela estabelecida.

Nos casos em que a mesma matéria seja objeto de disciplina concomitante, a convivência dos textos pode se traduzir em tarefa difícil. No terreno da prova – um dos «pontos de estrangulamento» de que se falou acima – isso aparece com clareza porque tanto o Código de Processo Civil quanto o Código Civil tratam de temas iguais. Por exemplo, um e outro arrolam os meios de prova; mas a lei civil inclui no rol a presunção, que não está no CPC e à qual a doutrina processual recusa (corretamente, por sinal) a natureza de meio de prova. Outro exemplo: as hipóteses de incapacidade, impedimento e suspeição de testemunhas do art. 228 do CC não correspondem exatamente ao rol do art. 405 do CPC. Fora do campo da prova, o CPC estabelece que a propositura da demanda, desde que a citação se consume de forma tempestiva, é interruptiva da prescrição (art. 219); já o Código Civil, aparentemente retrocedendo ao sistema do CPC de 1939, remeteu a interrupção ao primeiro despacho do juiz (art. 202, I).

> «Além disso, é considerável a quantidade de dispositivos do Código Civil que, adotando *conceitos vagos* ou *indeterminados*, remetem à integração por parte do juiz ou, de alguma forma, permitem que ele interfira no conteúdo do ato praticado pelas partes. A título meramente exemplificativo, podem ser lembradas as disposições dos arts. 156 (a propósito do "estado de perigo", fala em "grave dano" e "obrigação excessivamente onerosa"), 157 (ao tratar da "lesão", menciona "prestação manifestamente desproporcional ao valor da prestação oposta"), 187 (sobre o "abuso de direito", alude a ato que "excede manifestamente os limites impostos pelo seu fim econômico ou social, pela boa-fé ou pelos bons costumes"), 317 (menciona motivos "imprevisíveis" a gerar "desproporção manifesta", a permitir correção pelo juiz), 413 (sobre a cláusula penal, alude à redução equitativa pelo juiz, se o montante da penalidade for "manifestamente excessivo", tendo-se em vista a natureza e a finalidade do negócio), 478 (nos contratos de execução continuada ou diferida, estabelece que se a prestação de uma das partes se tornar "excessivamente onerosa, com extrema vantagem para a outra, em virtude de acontecimentos extraordinários e imprevisíveis", poderá o devedor pedir a resolução do contrato), 479 (refere-se à oferta do réu, a ser apreciada naturalmente pelo juiz, de "modificar equitativamente as condições do contrato"), 480 (alude novamente à "onerosidade excessiva"); art. 572 (no contexto da locação, fala em "indenização excessiva", remetendo ao juiz o poder de fixá-la em "bases razoáveis"), 575, parágrafo único (também na locação, cogita de arbitramento de aluguel "manifestamente excessivo", a ser reduzido pelo juiz) e 621 (na empreitada, também se vale da expressão "excessiva onerosidade").»

Em eventual conflito, a interpretação – por método lógico-sistemático – há que considerar a *especialidade* (infra n. 20): na premissa de que efetivamente se trate de norma processual (isto é, aquela que regula ou o procedimento ou a relação jurídica processual), haverá de prevalecer a primeira; como igualmente deveria ocorrer em eventual hipótese inversa.

17. Desdobramentos da distinção entre direito material e processual. A distinção entre os dois ramos é relevante para diferentes fins. Um dos mais relevantes diz com a competência legislativa.

Com efeito, a Constituição Federal impõe competência exclusiva da União para legislar sobre direito tributário, mas no art. 23 aceita a competência concorrente dos Estados e Distrito Federal para tratar de custas dos serviços forenses (inciso IV). Taxa judiciária é tributo; mas, ao mesmo tempo, o ônus de seu pagamento ou antecipação é regra constante da lei processual e é requisito para que o juiz dê andamento ao processo e para que o tribunal conheça dos recursos que lhe competem (CPC, arts. 268, 526, § 1.º, 500, parágrafo único, e 511). De forma análoga, embora seja privativa a competência da União para legislar sobre processo civil (CF, art. 23, I), o art. 24, XIII, tolera a concorrência na disciplina da assistência jurídica e da defensoria pública. Da determinação da natureza das normas depende, portanto, sua conformidade, ou não, com a Constituição Federal.

Outro tema relevante diz com a eficácia da norma no tempo. Normas processuais, salvo disposição expressa em contrário, aplicam-se imediatamente a processos pendentes; o que usualmente não é regra aplicável ao direito material, que preserva a incidência do direito vigente ao tempo da prática do negócio jurídico, ainda que seus efeitos se produzam ao longo do tempo (certo que com a ressalva do disposto no art. 2.035 do CC). Portanto, a distinção é relevante para a aplicação da lei nova no tempo e, mais do que isso, no espaço: conquanto o Judiciário brasileiro possa, a depender do caso, aplicar direito material estrangeiro, normas processuais serão exclusivamente as nacionais. Isso, contudo, não ocorre necessariamente no caso da jurisdição arbitral, dado seu caráter convencional, que permite a escolha das normas de processo, tanto que respeitados os princípios ou regras que integram o conceito de devido processo legal (tal como concebido pelo direito positivo).

A distinção entre norma de direito material e processual pode também ser relevante para efeito de interpretação (infra n. 19 e 20). Normas que regulam o processo (estatal ou arbitral) integram o direito público, ainda que a controvérsia submetida ao Judiciário seja de direito privado e que, eventualmente, envolva direitos patrimoniais disponíveis. Também por isso as possibilidades de convenção em matéria processual – ao contrário do que se passa no campo do direito substancial – são consideravelmente limitadas quando se trata de processo estatal. Já isso, uma vez mais, não ocorre no processo arbitral: conquanto as normas que o regulem não percam sua natureza processual, elas decorrem essencialmente da vontade das partes, que é elemento dos mais relevantes na interpretação da norma no aludido âmbito.

CAPÍTULO III

FONTES, INTERPRETAÇÃO E EFICÁCIA DA NORMA PROCESSUAL

18. Fontes da norma processual. Como se costuma apontar em doutrina, a expressão fontes do direito é equívoca: pode indicar tanto o sujeito do qual emanam as normas, como o mecanismo pelo qual são criadas. Daí se falar respectivamente em fontes *materiais* e *formais*. Aquelas são o Estado e, em última análise, a própria sociedade; já as outras correspondem às estruturas de poder (Miguel Reale) ou aos canais pelos quais as normas são constituídas e assumem relevância jurídica (Dinamarco).

A primeira e fundamental fonte formal das normas processuais é a *Constituição Federal*. É nela que estão as normas que estruturam o Poder Judiciário, estabelecem os mecanismos integrantes da assim denominada jurisdição constitucional das liberdades (infra n. 41) e disciplinam a tutela constitucional do processo.

Outra fonte formal está nos *tratados internacionais* dos quais o Brasil seja signatário. Quando relativos à tutela de direitos humanos eles têm *status* de emenda constitucional e, portanto, integram o ordenamento jurídico nacional (CF, art. 5.º, §§ 2.º e 3.º). Dentre eles destaca-se o assim denominado Pacto de São José da Costa Rica (Convenção Americana de Direitos Humanos), incorporado ao direito positivo pelo Decreto 678/1992. Dentre outras disposições, a Convenção já estabelecia o direito ao processo em tempo razoável (art. 8.º, 2, alínea *h*) – hoje também previsto no art. 5.º, LXXVIII, da CF. Sempre que um tratado internacional trouxer normas processuais, como é o caso das expostas acima, ele será fonte formal de normas dessa espécie.

Também é fonte formal das normas processuais a *lei,* entendendo-se como tal os textos normativos elaborados de acordo com a competência e o processo legislativo estabelecidos na Constituição e na legislação infraconstitucional que disciplina o tema, e com participação do Legislativo. A lei processual é de competência exclusiva da União (art. 22, I) e os Estados têm apenas competência concorrente em matéria de procedimento. Portanto, não são fontes formais das normas de processo os atos do Executivo, como regulamentos ou decretos, que não podem se sobrepor à lei que se limitam a regulamentar.

Igualmente fontes formais das normas processuais são os *regimentos internos* dos tribunais. No contexto da regra de autogoverno positivada no art. 99 da CF, as cortes têm competência normativa para disciplinar sua organização e funcionamento. Os regimentos, assim, são fontes formais porque contêm não apenas disposições sobre competência interna, mas recursos e atribuições administrativas e jurisdicionais de seus membros, dentre outros.

A esse respeito, convém lembrar que as normas de processo, em sentido lato, podem basicamente ser de três naturezas. Um primeiro grupo regula o *procedimento* e, portanto, são ditas procedimentais. A competência legislativa em matéria procedimental é concorrente entre União e Estados da Federação (art. 24, XI e parágrafos). A segunda categoria abrange as normas que disciplinam as posições emergentes da *relação jurídica processual*, e a competência para sua edição é exclusiva da União (art. 22, I, da CF). A terceira e última categoria abrange as normas que regulam a *organização judiciária.*

Isso não quer dizer, contudo, que regimentos internos se ocupem exclusivamente de normas de organização judiciária. Pelo contrário, embora a multiplicidade e a diversidade de regimentos internos impeçam assertivas muito categóricas, é lícito afirmar que as normas regimentais vão muito além da disciplina de seus órgãos internos. Elas efetivamente contêm normas procedimentais e processuais, sendo exemplo mais significativo disso o Regimento Interno do Supremo Tribunal Federal, conforme se anuncia em seu art. 1.º e se cumpre em várias de suas disposições seguintes.

> «Quanto ao STF, o § 3.º do art. 119 da CF de 1969 era expresso ao autorizar que o regimento interno contivesse normas processuais para os feitos de sua competência originária. Sob a égide da ordem constitucional precedente aquela Corte entendeu que tal diploma era equiparado à lei. Mas, mais adiante, entendeu também que eventual conflito entre normas legais e regimentais deveria considerar qual a matéria regulada, de tal sorte que a lei prevaleceria quanto a tema processual e o regimento no tocante ao funcionamento dos tribunais.
>
> A Constituição vigente não prevê autorização igual ou análoga. Mas isso não é motivo suficiente para dizer que as normas regimentais com conteúdo processual não foram recepcionadas. Afirmar que tais normas estariam revo-

> gadas seria, em relevante extensão, abrir lacuna na disciplina dos processos de competência originária daquela Corte. Ora, considerando que o remédio não poderia se tornar inacessível pela falta de regra processual, forçoso seria reconhecer que o STF – até que o Legislador pudesse estatuir disciplina diversa – teria a necessária prerrogativa de ditar as regras de processo; analogamente ao que ocorreu, durante algum tempo, no caso do mandado de injunção, apenas para ilustrar. Portanto, pragmaticamente acabaria mesmo por caber ao STF a disciplina processual diante da lacuna que pudesse resultar da não recepção das regras processuais contidas no regimento interno.
>
> Assim, firmada a premissa de que as normas do regimento do STF editadas sob aquela égide tenham *status* de lei, seu confronto com as normas editadas após pelo Legislador deve se pautar pelos mecanismos usuais de superação de conflito de normas no tempo. Não há qualquer razão para que seja diferente e qualquer outra solução (a privilegiar o regimento ou a Lei) soaria arbitrária. Dessa forma, ou bem a norma posterior revoga expressamente a anterior; ou bem a revogação só ocorrerá se a regra nova for incompatível com a antiga.»

Questão controversa diz com o fato de figurar a *jurisprudência* (infra n. 23) no rol das fontes formais do Direito.

De um lado, entende-se que ela não ostenta tal qualidade porque apenas o legislador tem o poder de emitir normas gerais e abstratas, enquanto a jurisdição tem por essência resolver conflitos em concreto. De acordo com essa visão, mesmo as decisões judiciais reiteradas num determinado sentido não têm caráter vinculante, mas meramente persuasivo; exercem algum grau de influência sobre os julgadores, mas não os vinculam. Enquanto a lei *determina*, a jurisprudência *sugere* (Dinamarco). De outro lado, há quem sustente que a jurisprudência é fonte formal do direito porque, ao apreciar um caso concreto, o julgador participa do processo de criação da norma.

Em alguma medida, o debate está relacionado a duas perspectivas diversas que se possa ter a respeito do ordenamento jurídico. De um lado, está a perspectiva *dualista*, segundo a qual, em síntese, o juiz não cria o direito, mas se limita a atuar norma pré-existente. De outro, a perspectiva *unitária*, que sustenta uma espécie de formação *gradual* do direito, com uma caminhada da norma abstrata incompleta até a definição do direito em cada caso concreto.

Para além desse relevante debate doutrinário, mas considerando que o ordenamento jurídico brasileiro positivou o princípio ou regra da legalidade (CF, art. 5.º, II) e que, em complemento, regulou a competência legislativa (CF, arts. 22 e 23), não parece correto dizer que a jurisprudência seja fonte formal do direito. Ainda que se veja na interpretação e na aplicação da lei um papel criativo do juiz, sua atuação – até do ponto de vista lógico – consiste na aplicação de uma regra pré-existente; ainda nos casos em que a regra não emane da lei em sentido estrito.

A propósito, não se deve desconhecer a tendência do sistema brasileiro para fortalecimento do *precedente* judicial. O entendimento reiterado dos tribunais pode ser cristalizado em *súmulas*, isto é, em enunciados que sintetizam certa interpretação sobre determinado tema. Embora em âmbito limitado, as súmulas editadas pelo STF podem ser vinculantes (CF, art. 103-A). Além disso, o precedente é prestigiado pelo sistema, dentre outros, no tratamento legal dado aos recursos repetitivos (CPC, arts. 534-B e 543-C).

Mas isso não é suficiente para fazer da jurisprudência fonte do Direito. À exceção das que tenham força vinculante, as súmulas são instrumentos postos a serviço da (desejável) uniformidade do entendimento dos diferentes tribunais, mediante mera sugestão. Diferentemente de outros países, nos quais o precedente está ligado à ideia de voluntária adesão (fundada em raízes culturais substancialmente diversas), entre nós ele não se desenvolveu como fonte do direito. No direito brasileiro, ele é mais um instrumento de gestão de processos do que uma forma de fazer autêntica justiça. Além disso, não há como sustentar que o precedente seria fonte de direito num sistema no qual ele não vincula os órgãos abaixo dos que são competentes para a uniformização; e no qual os julgamentos nos tribunais são cada vez mais feitos de forma singular pelos relatores (CPC, art. 557) – em eventual desacordo não apenas com entendimento de cortes superiores, mas de um mesmo tribunal.

19. Interpretação da norma processual. *Interpretar* é, antes de qualquer coisa, entender. Trata-se de operação intelectual de procura do sentido de algo. Seu objeto é algo materializado pelo espírito porque não se interpreta o quê não tenha de alguma forma sido objetivado. Ela envolve três elementos: a obra (a lei, o negócio jurídico ou a sentença, por exemplo), o jurista e o público: o intérprete se coloca entre o objeto e os destinatários da interpretação. No campo do direito, a interpretação não é apenas recognoscitiva (em que se busca conhecer por conhecer), mas ela se destina a uma finalidade: conhecer para agir ou para fruir (como, analogamente ocorre em relação à música ou ao teatro). Daí advém a ideia de que interpretar é clarificar o sentido contido no texto interpretado (Roubier). No direito, a interpretação busca fazer conhecer para que se regule determinada forma de comportamento.

De sorte a rever a máxima secular segundo a qual, diante da clareza do texto, cessa qualquer interpretação, a doutrina preconiza ser sempre necessário interpretar, por mais singelo e claro que seja o texto normativo. Interpretações literais devem ser vistas sempre com reserva, embora isso não signifique ter como autorizada interpretação contra a lei. O Direito se vale da linguagem e, portanto, não dispensa interpretação.

«Bom exemplo disso são os arts. 106 e 219 do CPC. Quando vistos em sua literalidade, não ensejam dúvida quanto ao critério que adotam para se ter como verificado o fenômeno da *prevenção*: o primeiro é literal ao dizer que se considera prevento o juiz «que despachou em primeiro lugar»; enquanto o segundo toma como critério a citação. Não apenas é preciso harmonizar os dois dispositivos, mas interpretar o que se entende por primeiro despacho (infra n. 156).»

Às vezes, diante da clareza do enunciado normativo, o esforço interpretativo será pequeno. Nessas hipóteses, a simples leitura do enunciado bastará, no mais das vezes, para que se chegue ao sentido da norma. Em outros casos o enunciado normativo não apresenta essa mesma clareza e caberá ao intérprete lançar mão de determinados critérios para que chegue ao sentido da norma.

«Isso vale para a sentença: apenas sua parte dispositiva é que contém a norma concreta ou o enunciado emitido pelo juiz para o caso concreto. Contudo, da mesma forma que as normas gerais e abstratas editadas pelo Legislador comportam interpretação, não raro se afigura necessário interpretar também a regra estabelecida pela sentença. Nesse mister, é necessário considerar (i) a motivação da sentença, (ii) o objeto do processo (pedido à luz da correspondente causa de pedir), (iii) as questões que a seu respeito as partes suscitaram e (iv) as normas pertinentes (de modo que se faça uma interpretação que não destoe da lei), dentre outras balizas.»

Os conceitos gerais construídos pela doutrina para a interpretação jurídica aplicam-se ao direito processual civil, bastando reconhecer que se trata de corpo de regras destinado a disciplinar o exercício do poder estatal (jurisdição); o que, portanto, situa o tema no campo do *direito público* (ainda quando a jurisdição seja exercida por órgão arbitral).

20. Classificação segundo o método. Quanto ao *método*, a doutrina indica quatro modalidades de interpretação: a *gramatical* (também chamada de *filológica*), que analisa as palavras do Legislador (ou empregada pelas partes no instrumento do negócio jurídico, ou pelo juiz na sentença) e busca alcançar o respectivo sentido; a *lógico-sistemática*, que procura considerar o objeto da interpretação em sua inserção no sistema, para que o entendimento se harmonize com o corpo de normas; a *histórica*, que busca a gênese da norma, para entendê-la à luz das razões que levaram a sua edição; e a *teleológica*, que considera os fins do direito, isto é, a *ratio legis*. Parte da doutrina alude ainda ao método *comparativo,* que busca o alcance de uma norma a partir do confronto com outros ordenamentos jurídicos.

Esses métodos devem ser aplicados de forma complementar e, no processo civil, a referência a eles enseja algumas observações.

Deve ter grande peso o método *teleológico*, não apenas porque o procedimento (que se contém no processo) é uma sequência de atos teleologicamente encadeados; mas porque, se o processo é instrumento da jurisdição, essa instrumentalidade só pode ser entendida à luz dos escopos dessa atividade. Então, havendo dúvida acerca da inteligência da lei ou do ato jurídico processual é preciso considerar quais os resultados almejados. O atributo de *efetividade* do processo está aí: na capacidade do instrumento de alcançar os fins desejados. A tarefa é complexa porque, conquanto os escopos jurídico e social do processo sejam complementares, eles também são contraditórios em alguma medida (infra n. 116). Por isso, nessa seara, é fundamental não incidir no equívoco consistente em se identificar efetividade com celeridade (apenas a serviço do escopo social, mas não do jurídico) porque isso pode levar a distorções.

«Exemplo significativo disso é o que se convencionou chamar de «jurisprudência defensiva» dos tribunais – que já se consolidou a ponto de merecer tratamento institucional, em obra como a presente. Tal jurisprudência está baseada em interpretações da lei processual que levam ao não conhecimento de recursos, muitas vezes por desproporcionais óbices de forma, quer se considerada a desconformidade com o modelo legal, quer se considerado que a função dos tribunais, ordinariamente, é julgar o mérito dos recursos. Exemplos disso estão em não conhecimento de recursos por haver cópias parcialmente ilegíveis nos autos, ou preenchimento equivocado de guias de recolhimento de taxas judiciárias, ou diferenças mínimas de valores no pagamento de tais taxas. Embora não explicitada, referida tendência tem em mira a redução, por vias oblíquas, do volume de recursos perante os tribunais, especialmente nas cortes superiores.»

A interpretação lógico-sistemática impõe sejam considerados os *princípios* do direito processual civil – que, como se verá mais adiante, são tidos como postulados que alicerçam todo o sistema. Isso não significa dizer que, em nome dos princípios, normas (cuja inconstitucionalidade não se possa afirmar) simplesmente deixem de ser aplicadas (infra n. 33). Nessa mesma linha de raciocínio, sendo o caso, é preciso extrair do texto legal sentido que o torne conforme as disposições constitucionais. O intérprete deve, tanto quanto possível, evitar extrair inconstitucionalidades do texto de lei. O mesmo pode ser dito quando se faz necessário interpretar a sentença ou a transação celebrada pelas partes.

«Isso ocorre, por exemplo, na interpretação (conforme) que o Supremo Tribunal Federal extraiu da regra do art. 296 do CPC (com a redação que lhe deu a Lei 8.952/1994), que trata da hipótese de indeferimento da petição inicial e, diante de eventual recurso do autor, dispensa a citação do réu. Essa última só pode ser admitida – sem que haja ofensa ao princípio do contraditório – na premissa de que, uma vez anulada a sentença pelo tribunal, os autos retornam ao grau originário e o réu, então citado, não fica vinculado ao que até então se decidiu. Dir-se-á que, sendo assim, a utilidade da regra fica diminuída. Mas, ainda que isso fosse correto, deveria prevalecer o princípio constitucional e, eventualmente, alterar-se o texto legal mediante processo legislativo adequado. Aliás, a regra do art. 285-A (conforme redação da posterior Lei 11.277/2006), que também trata de hipótese de indeferimento da inicial, foi mais feliz ao prever a citação, caso haja recurso do autor.

Exemplo de interpretação sistemática e teleológica – e que considera especialmente a regra da instrumentalidade das formas (CPC, arts. 244 e 249, § 1.º) está na denominada *teoria da ciência inequívoca*. Assim, o art. 241 do CPC – segundo o qual o prazo para contestar inicia-se da juntada aos autos do mandado de citação cumprido – deve ser entendido sem a exclusão de outras hipóteses em que a contagem do prazo pode se iniciar antes daquele ato processual (data em que apresentada procuração nos autos ou quando efetuada carga por advogado antes de formalizada a citação). Outro exemplo está na inadmissibilidade do mandado de segurança contra ato judicial, apesar do disposto no art. 5.º, II, da Lei 12.016/2009: se o sistema processual dispõe de mecanismos aptos à obtenção do efeito suspensivo aos recursos, não é correto empregar a medida para essa finalidade.»

Ainda quanto ao método lógico-sistemático, ele deve ser aplicado quando houver *antinomia*, isto é, conflito entre normas que contenham (ainda que aparentemente) proposições incompatíveis. Diante do conflito, ensina a doutrina que o intérprete deve, antes de tudo, desconfiar de si mesmo e presumir que a contradição resulta da sua falta de adequada compreensão; especialmente quando as regras estão contidas num mesmo diploma legal. É preciso descobrir o nexo oculto que concilia as disposições antinômicas (Carlos Maximiliano). Os critérios a adotar para a solução das antinomias são, nesta ordem, o da especialidade, o hierárquico e o cronológico: no caso de verdadeiro conflito, portanto, o especial derroga o geral; se ambas as normas forem especiais ou gerais, prevalece a de hierarquia superior (salvo no caso de contradição com a Constituição, em que obviamente não se aplica o raciocínio da generalidade *versus* especialidade); em último caso, prevalece a norma mais recente.

21. Segue: analogia e princípios gerais. Pela interpretação lógico-sistemática se chega à *analogia* e aos *princípios gerais*, como modo de integração do sistema diante da ausência de norma expressa – que não se resume à lei (supra n. 18). Isso quer dizer que, embora possa haver lacuna da lei, o sistema é, por definição, completo e nele deve ser possível encontrar solução para todas as situações.

Na *analogia*, diante da falta de norma específica, aplica-se outra que seja prevista para hipótese semelhante, com identidade do fundamento (*ratio*). A analogia não é propriamente um método de interpretação; nem seu resultado pode ser considerado fruto de interpretação extensiva (infra n. 24).

«Exemplo de analogia na interpretação de norma processual está na aplicação do art. 318 do CPC – que cuida da reconvenção –, ao pedido contraposto (CPC, art. 278, § 1.º), porque, nos dois casos, há uma demanda do réu em desfavor do autor (embora o pedido contraposto seja mais limitado, dada a concentração dos atos processuais, própria do procedimento comum sumário). Além desse, ilustram o emprego da analogia em matéria processual: aplicação ao recurso ordinário em mandado de segurança do art. 515, § 3.º, do CPC, que permite ao tribunal julgar mérito de causa «madura», em matéria exclusivamente de direito, quando o processo tenha sido extinto em primeiro grau sem resolução do mérito (art. 18 da Lei 12.016/2009); aplicação do art. 7.º, § 2.º, da Lei 9.868/1999 (que admite intervenção de *amicus curiae* no processo da ação direta de inconstitucionalidade), também ao processo das ações declaratória de constitucionalidade e de descumprimento de preceito fundamental, essa última regulada pela Lei 9.882/1999; aplicação da Súmula 266 de jurisprudência do STF ("não cabe mandado de segurança contra lei em tese") à ação popular, salvo nos casos de ato normativo com efeitos concretos.»

Quanto à incidência dos princípios, é preciso considerar que existem *princípios gerais de direito* e *princípios processuais* (infra n. 32 e ss.). Dessa forma, antes de ir aos princípios gerais é preciso considerar que o sistema processual guarda suas próprias características. Somente na eventual insuficiência é que se pode recorrer àqueles outros, ainda que se reconheça que uns e outros, porque se trata de um sistema, devem se harmonizar (infra n. 33).

Aliás, o confronto entre *geral* e *especial* sugere outra ordem de considerações. A interpretação *lógico-sistemática* deve ter em conta que o sistema estabelecido a partir do Código de Processo Civil convive com uma plêiade considerável de regras em diplomas extravagantes, muitos dos quais estabelecem o que se poderia qualificar como *subsistemas* ou *microssistemas*. Eles se caracterizam por regras próprias, concebidas para que o processo se ajuste às peculiaridades da situação substancial. Essas regras, na medida em que são *especiais*, derrogam as *gerais*.

Contudo, essas últimas são eventualmente aplicáveis desde que não haja uma norma especial a regular determinado tema específico. Nesse caso, a norma geral se aplica de forma *subsidiária* porque, sem contrariar a norma especial, apenas considera que o alcance da especialidade é limitado. A rigor, isso já ocorre dentro do próprio Código de Processo Civil, em que o Livro IV regula os procedimentos especiais, mas cuja disciplina, por não ser exaustiva, não dispensa a aplicação subsidiária das regras contidas no Livro I.

Mas vale frisar: primeiro, o *especial* derroga o *geral* – e não o inverso; segundo, o postulado geral se aplica subsidiariamente quando não conflite com a regra especial (portanto, na omissão da disposição especial). Qualquer tentativa em contrário abre margem para o arbítrio porque, considerando-se a diversidade dos destinatários (e, portanto, intérpretes) das normas, poderá alguém pretender a prevalência do geral sobre o especial para um determinado fim, mas não para outro; ou pretender uma espécie de mixagem de leis, a gerar, na prática, um terceiro diploma cuja autoria só se poderia mesmo atribuir ao respectivo aplicador; e não ao legislador.

«Ilustra bem o que está dito no texto o tema da aplicação das disposições do CPC aos Juizados Especiais: é incoerente defender a aplicação da súmula impeditiva de recursos (CPC, art. 518, com a redação que lhe deu a Lei 11.276/2006) aos Juizados e, ao mesmo tempo, recusar-se a ali aplicar a regra do § 2.º do art. 511 do CPC, para relevar a deserção e dar oportunidade de complemento no caso de mera insuficiência do preparo recursal. Note-se que nos Juizados não há o recurso de apelação e os Colégios Recursais não são o Supremo Tribunal Federal nem o Superior Tribunal de Justiça (literalidade do § 2.º do art. 518 do CPC). Além disso, a Lei 9.099/1995 não exclui a possibilidade de mera complementação do preparo existente, mas insuficiente (para não dizer que tal providência, pelo contrário, afina-se com os princípios inscritos no art. 2º dessa lei).

Outro exemplo está na eventual aplicação da regra *geral* contida no art. 738 do CPC (segundo a qual os embargos do devedor devem ser ofertados no prazo de quinze dias «contados da juntada aos autos do mandado de citação») ao processo – regido por regras *especiais* – da execução fiscal; particularmente pelo art. 16 da Lei de Execuções Fiscais (Lei 6.830/1980), cujo inciso III – na linha do que era a regra geral antes vigorante para o processo comum – manda contar o prazo da intimação da penhora.»

Assim, é preciso determinar se – e em que medida – essa ou aquela disciplina deve ser vista como «especial», diante do que seria a disciplina do processo. O discurso da especialidade como forma de exclusão precisa ser visto com rigor no campo científico. Nesse âmbito, aquele discurso não pode jamais funcionar como uma espécie de argumento de autoridade, como a limitar a interpretação do direito processual apenas aos «especialistas». O equilíbrio está no seguinte: nem subsistemas indevidamente submetidos a regras gerais que a eles não se aplicam; nem desvinculação mal justificada desses subsistemas a regras «gerais». A existência de regras especiais, por uma questão conceitual, não pode desnaturar o sistema processual.

«No campo da arbitragem, a invocação da especialidade fez nascer a categoria dos "arbitralistas". Não há dúvida de que a arbitragem tem relevantes notas de especialidade, que apartam o respectivo processo daquele que é instrumento da jurisdição estatal. Basta dizer que se trata de instituto fundado na vontade das partes, a gerar decisão cujo mérito não pode ser revisto pelo Poder Judiciário. Contudo, não é possível interpretar a lei que a regula como se fosse um corpo de normas desvinculado do exercício do poder conferido ao árbitro e como se esse não estivesse sujeito ao modelo processual «geral»; até para que se determinem os limites da especialidade e até onde ela derroga as regras gerais.

Também no âmbito do processo coletivo, é comum se acentuar a autonomia de sua disciplina legal no confronto com o da tutela individual. Isso é correto em termos: em qualquer caso, há poder e o processo é instrumento de seu exercício; e o contraditório está presente sob a forma da relação jurídica processual. Portanto, há um expressivo campo de disciplina comum a regular poderes, sujeições, faculdades, ônus e deveres das partes; seja individual ou coletivo o processo.»

22. Segue: método comparativo. Na seara processual, esse método tende a considerar essencialmente regras de ordenamentos estrangeiros, uma vez que, internamente, a lei processual é da competência normativa exclusiva da União. Portanto, não há propriamente como comparar a legislação de uma unidade federativa com a de outras – o que não é alterado de forma relevante nem mesmo pela competência concorrente que esses entes têm em matéria procedimental. Quando muito, é possível invocar e comparar decisões de diferentes tribunais, a propósito da interpretação da mesma norma federal. Mas esse expediente não pode ser considerado exatamente como um método de interpretação, já que o objeto é o mesmo (e, a rigor, o sistema quer a uniformidade na interpretação, tarefa afeta ao Superior Tribunal de Justiça, quanto ao direito federal).

Nesses limites, a comparação com ordenamentos de outras soberanias é ferramenta útil no âmbito acadêmico, para aprendizado e reflexão crítica sobre o direito positivo; inclusive como forma de estimular eventuais propostas legislativas. Isso é inclusive confirmado pela crescente edição de normas de alcance supranacional; quer sob a forma de tratados, quer sob a forma de propostas doutrinárias como aquela materializada no Código Modelo para Ibero América.

Mas a comparação também pode ser útil como método na interpretação do direito objetivo, para a resolução de conflitos. Para essa finalidade é preciso apenas ter cautela. Primeiro, é preciso que o intérprete se certifique – analogamente ao que ocorre no processo civil quando se aplica direito estrangeiro – sobre o teor e a vigência da regra estrangeira. Segundo, é preciso considerar as condições e a realidade em que editada e vigente a norma do outro ordenamento, para que não se pretenda a comparação entre realidades substancialmente distintas – fazendo-se valer a «regra de ouro» do direito comparado (René David). Disso poderá resultar a conveniência ou necessidade de se considerar a interpretação que a norma alienígena recebe da doutrina e da jurisprudência em sua própria origem. Terceiro, convém considerar que o método comparativo tem caráter subsidiário, no confronto com os demais: não se pode, a pretexto de que tal ou qual solução seja adotada por outro ordenamento, pretender-se que ela prevaleça diante de norma local com literalidade, antecedentes históricos, fundamento e objetivo diversos.

Coisa diversa do emprego do método comparativo é a existência de normas constantes de tratados internacionais e que, tendo recebido adesão na forma prevista pelo ordenamento interno, a esse tenham se incorporado. Se a norma foi incorporada à ordem jurídica interna, então não mais apenas uma referência para interpretação, ela é – ou deveria ser – um dado vinculante.

«Esse é o caso do já referido Pacto de São José da Costa Rica (promulgado internamente pelo Decreto 678/1992 e que explicita «garantias judiciais», dentre as quais a defesa, a duração razoável do processo e o juiz natural). Além dela podem ser lembradas, para ilustrar, as seguintes Convenções internacionais: (i) sobre prestação de alimentos no estrangeiro, firmada entre Estados membros da Organização das Nações Unidas (contendo regras sobre cartas rogatórias para ação de alimentos, internalizada pelo Decreto 56.826/1965); (ii) sobre obrigação alimentar (também com regras de cooperação internacional processual para cumprimento de obrigação alimentar, internalizada pelo Decreto 2.428/1997); (iii) sobre arbitragem comercial internacional (que disciplina o reconhecimento e execução de sentença arbitral, internalizada pelo Decreto 1.092/1996); (iv) sobre o reconhecimento e a execução de sentenças arbitrais estrangeiras (internalizada pelo Decreto 4.311/2002); (v) sobre cartas rogatórias, acrescida por protocolo adicional (objetos dos Decretos 1.899/1996 e 2.022/1996); além de tantos outros diversos tratados que disciplinam em sua maioria, no contexto das normas processuais, a denominada cooperação jurídica internacional (infra n. 121).»

23. Classificação segundo o agente. Embora com menos implicações que a classificação precedente, é possível analisar a interpretação pelo ângulo do intérprete.

Fala-se, assim, em interpretação *autêntica*, que é feita pelo próprio Legislador, mediante a criação de uma nova lei que busca explicitar o sentido da anterior (lei interpretativa). Quando se trata de interpretar sentença, fenômeno análogo ocorre ao ensejo dos *embargos de declaração* (CPC, art. 535), que é recurso dirigido, ao menos em princípio, ao mesmo juiz ou colegiado prolator da decisão embargada.

Não deve ser qualificada como interpretação autêntica aquela feita, no âmbito doutrinário, por quem tenha participado, de alguma forma, do processo legislativo (por exemplo, o autor ou autores de determinado Anteprojeto de lei), pela simples razão de que não é possível considerá-lo como algo pessoal. Ainda que considerações com tal origem possam ser consistentes e valiosas, elas continuam a ser não mais do que interpretação doutrinária. Nem mesmo os trabalhos preparatórios da lei podem ser tidos como forma de interpretação autêntica. Quando a lei é promulgada, ela se desprende da personalidade de quem participou do processo legislativo e ganha vida própria (Miguel Reale). Sem embargo disso, os antecedentes do ato legislativo não são absolutamente irrelevantes e podem ser considerados sob a ótica de interpretação histórica ou, eventualmente, teleológica. Algo análogo pode ser dito da *Exposição de motivos* que, conquanto não possa prevalecer sobre a literalidade do texto legal, pode concorrer de forma válida e útil para a interpretação da norma.

«Na jurisprudência há precedente que invocou a Exposição de Motivos – no caso, do CDC – para interpretar o alcance do direito do consumidor à informação. De forma genérica, a Exposição de motivos deste ou daquele diploma é eventualmente invocada sob o argumento de que retrata o objetivo da norma; o que indica a utilização do texto como elemento para interpretação teleológica (de qualquer modo, não se trata de interpretação autêntica).

No CPC de 1973, para o fim de determinação do recurso cabível, a Exposição de Motivos pode ser invocada como elemento para interpretar situações nas quais, embora resolvidas questões incidentes, o ato continuou a ser referido como sentença (CPC, arts. 361 e 395, por exemplo).»

Também se fala em interpretação *doutrinária* e *jurisprudencial*: aquela feita por juristas (em sentido abrangente de advogados, membros do Ministério Público, docentes, dentre outros) e a outra feita pelos tribunais.

Para o caso que se encontra sob julgamento, a decisão é imperativa. Mas a interpretação dada pela jurisprudência pode servir de influência, quer a inspirar outras decisões, quer a nortear a conduta de outras pessoas. A intensidade dessa influência varia conforme a força que dado sistema outorgue a um precedente judicial. Nos sistemas de *common law*, isso ocorre de forma acentuada; nos de *civil law*, ela é mais reduzida. Contudo, o sistema brasileiro, em particular, tem mecanismos que prestigiam a força vinculante dos precedentes, como ocorre no caso das súmulas vinculantes (CF, art. 103-A) e, embora de forma menos evidente, na técnica engendrada para recursos repetitivos (CPC, arts. 543-B e 543-C); e que invocam a jurisprudência «dominante» como forma de nortear decisões e, especialmente, restringir recursos – casos em que a influência vem acompanhada da ameaça da imposição de sanções para a parte que insistir em interpretação diversa (vide CPC, arts. 557, *caput* e § 1.º-A e 518, § 1.º).

«*Jurisprudência* é vocábulo que designa entendimento de um ou de mais tribunais a respeito de uma dada matéria. Ela não é sinônimo de acórdão. Portanto, não se deve empregar o vocábulo no plural («jurisprudências») para designar pluralidade de acórdãos, ainda que convergentes.»

Além disso, de um modo geral, a interpretação da norma está a cargo de todo e qualquer destinatário, com variação sobre os efeitos daí decorrentes. No direito processual, a jurisdição é exercida no ambiente da relação jurídica processual e dela participam profissionais presumivelmente conhecedores do direito – juiz, advogados (que, por regra, têm a capacidade postulatória) e membros do Ministério Público. Sendo assim, no ambiente processual a interpretação fica a cargo desses agentes. Isso não quer dizer que a parte não possa ela própria interpretar o texto normativo, para fazer juízos próprios sobre suas chances e riscos no processo, quando se cogita de superação da controvérsia por autocomposição. Ao advogado, como interlocutor da parte em juízo, cabe esclarecê-la e recusar a adoção de condutas baseadas em interpretações com as quais não esteja de acordo, quer porque contrárias aos interesses de seu patrocinado, quer porque contrárias ao direito ou à ética.

O Estatuto da Advocacia (Lei 9.806/1994) qualifica como infração disciplinar «advogar contra literal disposição de lei», mas presume a boa-fé quando o advogado estiver fundamentado «na inconstitucionalidade, na injustiça da lei ou em pronunciamento judicial anterior» (art. 34, inciso VI). Da mesma forma que o agente público (quando se examina a probidade de sua conduta), o advogado não pode ser responsabilizado por mera interpretação que, depois, venha a ser considerada equivocada. Tolher dessa forma a interpretação a cargo do advogado seria desconsiderar a contribuição criadora que ele desempenha na formação da jurisprudência. Além disso, responsabilização dessa ordem, por coerência, deveria levar à adoção de idênticos parâmetros para a interpretação feita por membros do Ministério Público e até mesmo por magistrados, quando seus pleitos viessem a ser rejeitados ou suas decisões reformadas, respectivamente.

24. Segue: classificação quanto ao resultado. Com base nesse critério, a doutrina indica três espécies de interpretação: a *extensiva*, na qual se parte da premissa de que o Legislador disse menos do que queria para, então, estender-se o texto legal; a *declaratória*, na qual a vontade do Legislador corresponderia ao que estabelece, sem necessidade de se ampliar ou se reduzir o alcance da lei; e a *restritiva* ou *estrita*, na qual se diz que o Legislador disse mais do que queria e é preciso restringir o sentido. Há também alusão a uma quarta espécie, que é a interpretação *ab-rogante*: pelo método lógico-sistemático, conclui-se pela impossibilidade de aplicação da norma porque absolutamente incompatível com outra (infra n. 28).

Em última análise, a interpretação extensiva e a estrita se referem mais à aplicação do direito do que à sua interpretação. Elas são formas prudentes de correção de deficiência e de excessos das normas legais, sem que se chegue aos extremos da interpretação *contra legem* (Miguel Reale). No caso da invocação da analogia (supra n. 20), não se trata de interpretação extensiva porque aquela se aplica diante da ausência de norma expressa e, portanto, não há como estender o que não existe.

> «Exemplo de interpretação extensiva – fruto do método lógico-sistemático (e quiçá, teleológico) – está na leitura que a doutrina faz da regra do art. 515, § 3.º, do CPC. A interpretação considera a regra do art. 330 para concluir que o julgamento do litígio do mérito diretamente pelo tribunal, na hipótese referida pelo art. 515, é possível quando a controvérsia for exclusivamente de direito *ou* a causa «estiver em condições de imediato julgamento» (situação referida como «causa madura») – quando a letra da lei exige a conjugação das duas circunstâncias.»

Quando o Legislador estabeleceu *exceções* a determinada regra ou princípio (suposto que a norma não padeça de inconstitucionalidade), a interpretação deve ser estrita: uma exceção já é uma restrição, que só deve valer para os casos expressamente referidos. Ampliar o rol de exceções seria contrariar sua própria essência e razão de ser.

> «Isso ocorre, por exemplo, quando a lei estabelece a regra de que a responsabilidade patrimonial está associada ao débito (CPC, art. 593), de tal sorte que as exceções – débito sem responsabilidade e vice-versa – não devem ser alargadas. Aliás, a fiança – contrato benéfico pelo qual alguém submete seu patrimônio à satisfação de dívida alheia – não admite interpretação extensiva (CC, art. 1.483); o que vale igualmente para a hipoteca e outras garantias.
>
> Ao tratar do *pedido*, o art. 293 do CPC estabelece que deve ser interpretado «restritivamente». Mas a norma – ela própria – merece interpretação restritiva: a interpretação justa das demandas não deve ser restritiva nem ampliativa, mas declarativa (Dinamarco). O juiz não pode restringir o alcance do que o autor pediu – salvo se for para julgar improcedente o pedido (mas isso é coisa diversa) – porque, ao assim fazer, estaria a denegar a devida tutela jurisdicional. Sem que se alargue o que o autor pretendeu, o princípio da inafastabilidade justifica interpretar o pedido em favor do autor porque não se presume que alguém proceda voluntariamente contra seu próprio interesse (Jorge Americano).»

Também devem ser interpretados de forma estrita os textos que estabelecem formalidades em geral, bem como os que fixam condições para os recursos (Carlos Maximiliano). No caso de normas sancionadoras ou que acarretam perda ou restrição de direitos, também não se admite interpretação extensiva. O entendimento segundo o qual, na dúvida, prevalece interpretação que favoreça quem se obrigou também se aplica ao direito processual.

> «Para ilustrar, veja-se a disposição contida no art. 18 do CPC: quando a lei fala que o juiz condenará «o litigante» de má-fé a pagar multa, indenização e outras verbas à «parte contrária» não é possível, mercê de interpretação extensiva, estender-se a condenação ao advogado; que pode até responder regressivamente perante seu constituinte, mas por fundamento diverso, em via própria, e não no mesmo processo em que praticada a conduta tida por ímproba.»

Quanto à ab-rogação, a abolição das disposições anteriores se dá nos limites da incompatibilidade. Se a lei nova cria, sobre determinada matéria, um sistema diverso e completo, o precedente se considera eliminado. Portanto, dá-se a ab-rogação quando a norma posterior cobre todo o conteúdo da antiga. E quando os princípios fundamentais da velha e os da nova regra se contradizem de forma absoluta, considera-se ab-rogada a primeira (Carlos Maximiliano).

25. Norma processual no tempo. A questão surge diante da entrada em vigor de norma processual nova, que discipline determinada matéria de forma diversa daquela regulada pela lei anterior. O problema é restrito aos processos em curso (=tanto que proposta a demanda) quando do início da vigência da lei nova, uma vez que, ao menos em princípio, não há dúvida de que a norma nova não se aplica aos processos já encerrados; e de que aos processos novos se aplica a regra nova.

Dessa forma, não se cogita da aplicação da regra processual vigente à época da ocorrência dos fatos trazidos a juízo como integrantes da causa de pedir da demanda, só por essa circunstância. Vale dizer: não se aplica a lei processual antiga (suposto tenha sido alterada) a pretexto de que um direito adquirido no plano material traria consigo os meios necessários para «fazê-lo valer em juízo». Semelhante raciocínio seria resquício de indevido sincretismo, expresso na fórmula do revogado art. 75 do Código Civil de 1916 (a todo direito corresponde uma ação que o assegura) e também estaria a confundir os conceitos de ação e processo.

> «Poderia haver dúvida sobre regra que criasse nova hipótese legal de ação rescisória (CPC, art. 485); que, por se destinar a desconstituir decisão de mérito transitada em julgado, pressupõe que o processo já tenha terminado. O que parece correto, nesse caso, é que a regra nova não pode retroagir para prejudicar a coisa julgada que se formou anteriormente.»

26. Segue: a regra do «isolamento» dos atos processuais. A regra no direito positivo é a de que, salvo disposição em contrário, a lei processual nova tem aplicação imediata aos processos pendentes (CPC, art. 1.211); respeitados os atos já praticados, por força da norma inscrita no inciso XXXVI do art. 5.º da CF.

A instauração de um dado processo (assim como o início de uma fase dele) não estabelece, por si só, um determinado regime legal – o anterior – a ser aplicado até o final. Em matéria processual, as soluções de direito intertemporal são diversas das que vigoram em direito privado e, em particular, em matéria contratual; em que, por regra, a relação é regida pelas normas vigentes quando da celebração da avença (ressalvada a disposição do art. 2.035 do CC). Em suma: no âmbito processual, descartam-se os sistemas da «unidade processual» ou de «fases processuais», adotando-se o do chamado «isolamento dos atos processuais», com integral preservação daqueles atos já consumados.

Mas o caráter complexo e dinâmico da relação processual (infra n. 262) pode trazer dificuldades adicionais para aplicação da regra. É que o processo abrange um aspecto substancial – a *relação jurídica processual* – e outro formal – o *procedimento*: quando um dos sujeitos exercita uma das posições emergentes daquela relação ele pratica um ato; que, por seu turno, faz nascer uma nova posição jurídica, que redunda na prática de outro ato, que novamente faz nascer outra posição jurídica, e assim por diante.

> «Para ilustrar: quando o réu é citado, isso se dá pela prática de um ato que, ao mesmo tempo, faz nascer o ônus (que também é uma faculdade) de responder; quando o réu contesta, ele pratica um ato, que faz nascer para o autor posição jurídica que lhe permite se manifestar sobre a defesa (CPC, arts. 326/327). Ou, ainda: quando o juiz exerce seu poder e profere sentença, pratica um ato e, ao mesmo tempo, faz nascer para as partes o poder (que também é, nesse caso, faculdade e ônus) de recorrer.»

Ora, se a posição jurídica tem origem no ato que a precedeu (e, a rigor, na posição anterior, cujo exercício levou à prática do ato), então a ideia de «isolamento» dos atos só pode ser vista com essa ressalva; do contrário, estar-se-ia a negar a preservação do ato já consumado. Vale dizer: o isolamento deve ser visto com a ressalva de que o ato subsequente guarda nexo causal com o precedente. Daí se dizer que os efeitos processuais ainda não verificados do ato ou fato já consumados permanecem regulados pela lei antiga.

> «No caso da prolação da sentença, acima mencionado, se houver modificação sobre a regra de preparo do recurso após a publicação da sentença (que lhe confere existência), aplicar-se a regra nova seria, a pretexto do isolamento dos atos processuais, desconsiderar a ligação acima mencionada. O mesmo pode ser dito no caso de regra nova que eventualmente suprima ou restrinja cabimento de recurso, mas após a publicação (=existência jurídica) da sentença ou acórdão.»

Por outro lado, não se pode estender a ideia de «efeito» se não para o ato subsequente. Do contrário, tendo em vista a interligação de todos os atos, reputar-se-ia que todos os seguintes (até final) seriam efeito do ato antecedente e, dessa forma, ficaria esvaziada a regra do isolamento. Por outras palavras, projetar indefinidamente a eficácia de um ato processual seria, por vias indiretas, consagrar a unidade – que, como já foi visto, não foi a opção legislativa. Assim, garantir o ato processual já consumado é preservar o efeito determinante do ato que lhe é imediatamente seguinte.

> «Para ilustrar, lembre-se que, na jurisprudência prevalece o entendimento de que norma superveniente que trate da forma de cálculo dos acessórios da condenação deve ser tratada como norma processual. Por isso, entende-se que novas regras de correção monetária e juros incidentes sobre a condenação em face da Fazenda Pública aplicam-se aos processos em curso, justamente com base na regra do art. 1.211 do CPC.»

27. Segue: atos processuais complexos. Com menor intensidade, alguma dificuldade também pode surgir se o *ato* processual for objetivamente *complexo*, isto é, se puder ser decomposto em outros atos. Essa não é a hipótese mais comum no processo civil, mas pode ocorrer no caso da audiência de instrução (CPC, arts. 444 e seguintes), que envolve uma somatória de atos, que começam com a tentativa de conciliação, passam pela colheita da prova e, eventualmente, por alegações finais e até prolação de sentença. Também os julgamentos colegiados – que são objetiva e subjetivamente complexos – estão sujeitos a modificação legislativa no respectivo curso; que, por exemplo, pode envolver a alteração de regra de competência ou supressão de recurso; ou, ainda, modificações de sua composição, decorrentes da saída de algum dos membros.

«Esse último aspecto é objeto de disciplina pelos regimentos internos dos tribunais. O art. 58 do RI do TJSP estabelece que, em caso de remoção e permuta de desembargador, com mudança na composição da Câmara, o magistrado removido que assume o acervo e as prevenções da nova cadeira permanece vinculado aos processos em que tiver lançado visto. Já o § 1.º do art. 102 dispõe que o afastamento dos juízes que participaram do julgamento anterior não rompe a prevenção da Câmara, assumindo a relatoria do processo o magistrado que substituir ou assumir a cadeira vaga. No STJ, o art. 71, § 1.º, do RI estabelece prevenção do órgão colegiado de que tenha eventual se desligado o anterior relator, seja por deixar o Tribunal ou por se transferir de Seção. De forma diversa, no STF, o § 3.º do art. 10 do RI preceitua que a prevenção da Turma cessa se dela não fizer parte nenhum dos Ministros que funcionaram em julgamento anterior ou se tiver havido total alteração da composição das Turmas.»

28. Segue: lei nova incompatível com atos já praticados. Finalmente, não obstante a regra de isolamento, não se aplica a lei nova aos atos por praticar que sejam regulados de forma inconciliável com aqueles já sedimentados.

Exemplo significativo pode ser extraído da modificação trazida pela Lei 11.232/2005, que acabou com a autonomia do processo de execução fundada em título judicial e instituiu mera «fase» de cumprimento de sentença. Suposto que, quando do advento da lei nova, já tivesse sido instaurado o processo de execução (entendendo-se como tal a demanda do credor, com apresentação de memória de cálculo e requerimento para que o devedor fosse citado em execução) não haveria como fazer incidir a regra do *caput* do art. 475-J do CPC, justamente porque se trata de disposição que pressupõe a quebra da autonomia (uma vez que parte da premissa de supressão do ato de citação). Nesse caso, tal aplicação parece indevida inclusive na medida em que a lei nova estabelece uma sanção adicional para o caso de não pagamento voluntário (multa de dez por cento), não parecendo possível que tal disposição tenha eficácia retroativa.

«O mesmo pode ser dito das regras contidas nos §§ 1.º, 3.º e 4.º do mesmo art. 475-J. Contudo, parecem ser compatíveis com a execução objeto de processo autônomo as regras contidas nos arts. 475-I, §§ 1.º e 2.º, 475-J, parágrafos (na medida em que se permite ao oficial proceder à avaliação), 475-L e 475-M (inclusive parágrafos) – suposto, quanto a esses dois últimos dispositivos, que não tenha ainda ocorrido intimação da penhora ao devedor porque, se já tiver havido, a partir daí se fixa o cabimento dos embargos do devedor; e não da impugnação ao cumprimento de sentença, figura prevista pela nova lei no lugar daquele outro remédio.»

29. Segue: lei nova e modulação de efeitos. A preservação dos atos processuais já praticados (e respectivos efeitos, nos limites apontados) se justifica diante da norma constitucional que assegura o direito adquirido (CF, art. 5.º, XXXVI) e, portanto, prestigia a segurança, a boa fé e a confiança legítima. Se a lei nova pudesse alcançar atos processuais já consumados, comprometido ficaria o devido processo legal. Mas as mesmas razões que inspiram e justificam a irretroatividade da lei nova também podem ser invocadas para eventualmente limitar sua aplicação aos atos vindouros de processo pendente, num fenômeno que pode ser qualificado como «modulação» de efeitos.

> «Em certo sentido, o período de *vacatio legis* não deixa de ser uma forma de modulação de efeitos porque considera, conforme as circunstâncias, um período de assimilação do novo regime pelos respectivos destinatários; período durante o qual a lei nova obviamente não se aplica.
>
> É preciso especial atenção com as reformas legislativas de maior extensão; nem sempre acompanhadas de *vacatio legis* proporcional ao grau das mudanças que irão operar. Diante da nova ordem, não se trata de tolerar o erro ou muito menos a má-fé; nem de postergar a aplicação das novas normas; nem de negar a regra de «isolamento dos atos processuais»; nem de dar às partes ou a quem quer que seja um tratamento condescendente. Mas é preciso considerar as incertezas que as alterações legislativas produzem, de tal sorte que, se os próprios tribunais vacilam e divergem na interpretação do novo corpo de leis, não é jurídico ou ético exigir das partes e advogados algo substancialmente diverso; menos ainda como pretexto para a contenção de recursos.»

No direito brasileiro, a *modulação* é expressamente prevista no controle concentrado de constitucionalidade: razões de «segurança jurídica ou de excepcional interesse social» podem autorizar o STF a restringir os efeitos da declaração de inconstitucionalidade ou decidir que ela «só tenha eficácia a partir de seu trânsito em julgado ou de outro momento que venha a ser fixado» (Lei 9.868/1999, art. 27). Mas, além disso, no âmbito da interpretação da lei, a modulação tem sido preconizada pela doutrina e encampada pela jurisprudência, embora em casos excepcionais, quando se trata de alteração de orientação jurisprudencial até então consolidada (o que, diga-se, também é admitido no âmbito da jurisprudência administrativa).

Certo que lei e jurisprudência são fontes distintas, mas o fundamento é essencialmente o mesmo: busca-se evitar que alterações normativas, que tomam situações já consolidadas, venham a gerar insegurança e, assim, frustrar legítimas expectativas geradas pelo próprio Estado. Pode ocorrer que a modulação – que se traduz em exceção à regra de imediata aplicação da lei nova – seja trazida pela própria lei; como ocorreu com a Lei 8.245/1991, que afastou expressamente sua incidência aos processos em curso, em matéria de locação (certamente pela respectiva relevância social). Mas pode ser que ela seja construída pela jurisprudência.

«Exemplo significativo de modulação ocorreu na aplicação da EC 45/2004, no tocante à ampliação da competência da Justiça do Trabalho, que passou a abarcar temas antes afetos à Justiça Comum. Consolidou-se entendimento nos tribunais superiores de que a nova regra não deveria ser aplicada aos processos nos quais já tivesse sido prolatada sentença (afastada, portanto, a aplicação da regra nova a esses processos pendentes). Aliás, quando se trata de lei nova em matéria de competência, a aplicação precisa considerar a garantia do juiz natural e consectários (infra ns. 136 e 158).

Exemplo de modulação por alteração de orientação jurisprudencial pode ser detectado no âmbito recursal, quando se conhece de um recurso no lugar de outro (fungibilidade recursal) se e enquanto perdurar dúvida razoável a respeito de qual seria o efetivamente cabível.

Outro caso de modulação ocorreu na aplicação do § 3.º do art. 542 do CPC, quando o Superior Tribunal de Justiça admitiu, por determinado tempo, a quebra da retenção do recurso mediante o emprego de medida cautelar (quando o correto, ao ver do tribunal, seria o recurso de agravo de instrumento).»

30. Segue: normas processuais sancionadoras. O direito processual civil – não apenas na esfera de direitos disponíveis – considera de forma relevante a posição jurídica do ônus; que é um encargo ou, em feliz expressão usada pela doutrina, *um dever do sujeito para consigo mesmo*. A falta de observância do ônus acarreta consequências (processuais) desfavoráveis e não gera propriamente uma *sanção*, entendida como penalidade; que é a consequência para as hipóteses de descumprimento de *deveres*. Esses últimos se referem principalmente à litigância leal e proba (CPC, art. 14), de tal sorte que a lei, em diferentes dispositivos, sanciona com penas pecuniárias (multas) o litigante que viola referidos deveres (infra ns. 76 e 77).

O art. 5.º da CF autoriza a aplicação retroativa da *lei penal* mais benéfica e a doutrina afirma que, para esse efeito, lei penal deve ser abrangente de todas as normas que impõem penalidades – não somente aquelas constantes das leis penais em sentido estrito; a abranger, portanto, a imposição de multas. Assim, lei processual nova que eventualmente seja mais benéfica nesse aspecto pode ser aplicada de forma retroativa, desde que o produto da multa não reverta em prol do adversário (como é o caso das regras dos arts. 18 e 601 do CPC), mas em proveito do Estado (como ocorre no caso do parágrafo único do art. 14 do CPC). É que, se a multa aproveita à parte lesada, e não obstante a lei também preveja indenização pelo mesmo fato, a sanção deixa de ter propriamente um caráter penal, ainda que em sentido amplo, situando-se exclusivamente na esfera patrimonial, pelo ganho que se agrega à parte prejudicada pela litigância ímproba.

31. Norma processual no espaço. Se a lei processual disciplina o exercício da jurisdição; se a jurisdição estatal é manifestação do poder soberano e, como tal, encontra limites no *território* do Estado (infra n. 121), é natural que a eficácia da norma processual esteja submetida aos mesmos limites. Dessa forma, quando se vê a questão sob o ângulo da jurisdição estatal, a lei processual brasileira não se aplica fora do território brasileiro, e vice-versa, de modo que aqui não há espaço para a incidência de normas processuais estrangeiras (CPC, art. 1.º, parte final); ao contrário do que pode ocorrer no plano do direito material, quando eventualmente o juiz brasileiro está autorizado, conforme o caso, a aplicar o direito vigente em outros Estados. Portanto, não há espaço para um direito internacional privado em matéria processual.

«A propósito, vide o art. 16 da Lei de Introdução às Normas do Direito Brasileiro (Decreto-lei 4.657/1942), antes chamada de Lei de Introdução ao Código Civil (LICC). Justamente por considerar a possibilidade de aplicação do direito material estrangeiro é que o art. 337 do CPC estabelece o respectivo ônus da prova.»

O direito processual estrangeiro (incluindo-se aí sua aplicação pelos respectivos tribunais) pode, eventualmente, ser considerado como ferramenta na interpretação da norma brasileira, quando se recorrer ao assim denominado método *comparativo* (infra n. 20); cujo alcance é, contudo, limitado e cede diante de outros que considerem nossa própria realidade e destinação da norma.

Naturalmente, como já se disse anteriormente, não se considera direito estrangeiro a norma que resulta da incorporação ao direito positivo brasileiro de tratado internacional. Ainda que a regra possa ser aplicável perante diferentes Estados soberanos que aderiram à convenção, mas na premissa de que o conteúdo normativo passou regularmente a integrar o ordenamento jurídico nacional, considera-se a regra como de direito nacional.

Internamente, como a competência legislativa para o direito processual é exclusiva da União (CF, art. 22, I), as normas processuais têm eficácia em todo o território nacional e não há margem para conflito nesse particular. Contudo, a interpretação das normas federais está a cargo dos diferentes tribunais dos Estados membros da Federação e, ainda, de tribunais federais que abarcam diferentes Estados, que compõem uma dada *região*. Por isso é que o sistema prevê um órgão – que é o Superior Tribunal de Justiça – cuja missão precípua é a de uniformizar a aplicação do direito federal em todo território nacional.

«Observação crítica: reservar a legislação federal para temas como direito civil, comercial, penal, processual, eleitoral, agrário, marítimo, aeronáutico, espacial, do trabalho e para tudo mais que consta dos outros vinte e oito incisos do art. 22 da Constituição Federal, de um lado; e limitar o acesso ao Superior Tribunal de Justiça (pelos inúmeros óbices impostos pela jurisprudência dessa Corte), de outro lado, é, por vias reflexas, negar substancialmente a distribuição de competências prevista pelo Constituinte: se os Estados não podem legislar sobre essas matérias, a interpretação que prevalece, paradoxalmente, é aquela ditada por seus tribunais. Por outras palavras: a União tem competência para legislar, mas os Estados – com as ressalvas acima – têm competência para, em termos concretos, dar a interpretação às normas federais.

Não se nega que a autonomia dos Estados é mais coerente com uma Federação. Mas, nesse contexto, parece mais coerente caminhar para dar aos Estados maior competência legislativa; não a de limitar a atuação dos tribunais superiores em seu papel uniformizador.»

É certo que os Estados têm competência normativa concorrente com a União em matéria de *procedimento* (elemento formal, integrante do conceito de processo, ao lado da relação jurídica processual – infra n. 227). Isso em tese autoriza aplicar a regra da territorialidade, de tal sorte que as normas eventualmente editadas nesses limites por um Estado membro têm a eficácia restrita ao respectivo território. Essa limitação ocorre nos casos de processo administrativo, quando houver legislação estadual a respeito.

Por outro lado, quando se trata de *arbitragem*, as normas processuais são eleitas pelas partes e, portanto, nada impede sejam aplicadas regras e institutos vigentes no direito estrangeiro, desde que isso seja aceito pelos interessados e, principalmente, tanto que observados os cânones do devido processo legal, aí sim conforme disposições contidas na nossa Constituição Federal.

«São exemplos de institutos importados do *common law* os seguintes: (i) oitiva de partes e testemunhas mediante inquirição direta pelos advogados das partes que as arrolaram (*direct examination*), bem como pelos advogados das demais partes (*cross examination*), com intervenção eventual do árbitro; (ii) admissão de prova oral acerca de questões técnicas relacionadas à controvérsia, mediante a oitiva das denominadas testemunhas técnicas (*expert witnesses*); (iii) admissão da técnica de *hot tubbing*, na qual os assistentes técnicos das partes são colocados frente a frente a fim de que possam debater pontos controvertidos.»

Autores referidos nos capítulos

Miguel Reale (1910-2006) – Filósofo e jurista, foi reitor da Universidade de São Paulo e professor catedrático da Faculdade de Direito da mesma instituição. Dentre suas maiores contribuições está a formulação da teoria tridimensional do direito, internacionalmente conhecida, segundo a qual o Direito é composto por três elementos: fato, valor e norma jurídica. Foi supervisor da Comissão que elaborou o anteprojeto do Código Civil de 2002. **Obras** (referência para este trabalho): *Fundamentos do direito; Lições preliminares de direito; Filosofia do direito; Teoria tridimensional do direito.*

Giuseppe Chiovenda (1872-1937) – Foi um dos fundadores da chamada Escola Italiana de Direito Processual, surgida no início do século XX. Estudioso do direito romano e da doutrina alemã, contribuiu para que se reconhecesse o direito processual enquanto ciência jurídica autônoma. Baseando-se na construção da doutrina alemã de fins do século XIX sobre os *direitos potestativos*, Chiovenda defendeu a ação como direito concreto e potestativo. Ferrenho defensor da oralidade, é dele a célebre máxima que, sintetizando a noção de efetividade processual, afirma que «o processo deve, na medida do que for possível, proporcionar a quem tem um direito tudo e exatamente aquilo a que tem direito de obter». Suas ideias influenciaram o Código de Processo Civil italiano de 1940 e a doutrina italiana posterior. **Principais obras**: *Principii di diritto processuale civile; Istituzioni di diritto processuale civile* (com tradução brasileira); *L'azione nel sistema dei diritti; e Romanesimo e germanesimo nel processo civile.*

Bibliografia recomendada

ALCALÁ-ZAMORA Y CASTILLO, Niceto. *Proceso, autocomposición y autodefensa: contribución al estudio de los fines del proceso*. 2. ed. Ciudad del Mexico: Unam, 1970.

AMERICANO, Jorge. *Applicação do direito*. Rio de Janeiro: Freitas Bastos, 1950.

BARBOSA MOREIRA, José Carlos. «Regras de experiência e conceitos juridicamente indeterminados». *Temas de direito processual.* 2ª série. 2. ed. São Paulo: Saraiva, 1988.

BEDAQUE, José Roberto dos Santos. *Direito e processo*. 5. ed. São Paulo: Malheiros, 2009.

BETTI, Emilio. *Interpretación de la ley y de los actos jurídicos*. Madrid: Editorial Revista de Derecho Privado, 1975.

BEVILAQUA, Clóvis. *Theoria geral do direito civil*. 4. ed. Rio de Janeiro: Francisco Alves, 1949.

CARNELUTTI, Francesco. *Diritto e processo*. Napoli: Morano, 1958.

_____. *Sistema del diritto processuale civile*, vol. I. Padova: Cedam, 1929.

_____. *Teoria generale del diritto*. Roma: Foro It., 1940.

CINTRA, Antonio Carlos de Araújo; DINAMARCO, Cândido Rangel; e GRINOVER, Ada Pellegrini. *Teoria geral do processo*. 29. ed., São Paulo: RT, 2013.

COUTURE, Eduardo J. *Fundamentos del derecho procesal civil*. 4. ed. Buenos Aires: BDEF, 2010.

_____. *Interpretação das leis processuais* (trad. Gilda Maciel Corrêa Russomano). São Paulo: Max Limonad, 1956.

DAVID, René. *Os grandes sistemas do direito contemporâneo* (trad. Hermínio A. Carvalho). 4. ed. São Paulo: Martins Fontes, 2012.

DIDIER JR., Fredie. *Reconstruindo a teoria geral do processo*. Salvador: Juspodivm, 2012.

DINAMARCO, Cândido Rangel. *A instrumentalidade do processo*. 15. ed. São Paulo: Malheiros, 2013.

_____. *Instituições de direito processual civil*, vol. I. 7. ed. São Paulo: Malheiros, 2013.

_____. «Os institutos fundamentais do direito processual». *Fundamentos do processo civil moderno*, t. I, 6. ed., São Paulo: Malheiros, 2010.

HABSCHEID, Walter. «As bases do Direito Processual Civil» (trad. Arruda Alvim), *RePro*, vol. 11/12, jul.-dez. 1978.

LACERDA, Galeno. *O novo direito processual civil e os feitos pendentes*. Rio de Janeiro: Forense, 1974.

LIEBMAN, Enrico Tullio. «Norme processuali nel Codice Civile». *Problemi del processo civile*. Napoli: Morani, 1962.

MAXIMILIANO, Carlos. *Hermenêutica e interpretação do direito*. 19. ed., Rio de Janeiro: Forense, 2007.

MOREIRA ALVES, José Carlos. «Direito subjetivo, ação e pretensão», *RePro*, vol. 47, jul.-set. 1987.

PONTES DE MIRANDA, Francisco Cavalcanti. *Tratado das ações*, t. I. São Paulo: RT, 1970.

RÁO, Vicente. *O direito e a vida dos direitos*. 5. ed. São Paulo: RT, 1999.

REALE, Miguel. *Lições preliminares de direito*. 27. ed. São Paulo: Saraiva, 2009.

ROCCO, Alfredo. *La interpretación de las leyes procesuales* (trad. Mariano Ovejero). Buenos Aires: El foro, s.d.

ROUBIER, Paul. *Le droit transitorie – conflits des lois dans le temps*. 2. ed. Paris: Dalloz et Sirey, 1960.

SCARPINELLA BUENO, Cássio. *Curso de direito processual civil sistematizado*, 8. ed., vol. 1. São Paulo: Saraiva, 2014.

SILVA, Ovídio Baptista da; GOMES, Fábio Luiz. *Teoria geral do processo civil*. 5. ed. São Paulo: RT, 2009.

TÍTULO II

PRINCÍPIOS DO DIREITO PROCESSUAL CIVIL

CAPÍTULO I

OS PRINCÍPIOS, A JURISDIÇÃO E A CONSTITUIÇÃO

32. Princípios e escopos da jurisdição. Como ocorre em outros campos da ciência jurídica, no Direito processual a doutrina dedica grande importância ao exame de seus assim denominados *princípios*.

Em boa parte da doutrina processual, identifica-se o conceito de princípio com postulados nucleares ou fundamentais, os quais inspiram e orientam as regras vigentes no sistema. A partir deles seria possível definir o *modelo* processual vigente. Contudo, nota-se expressiva variação terminológica e de conteúdo, com aparente e nem sempre construtiva tendência ampliativa do respectivo rol, não raramente desvinculada da distinção entre os conceitos de *princípio*s e de *regras*.

Sob essa ótica, em que os princípios são vistos mais genericamente como «vigas mestras» que dão sustentação ao sistema processual, a qualificação daqueles merece ficar reservada aos postulados que sejam indissociáveis dos escopos da jurisdição e do processo: sob o ângulo jurídico, a atuação do direito objetivo em concreto; sob o prisma social, a superação da controvérsia, da qual decorre a pacificação social.

Esses objetivos são complementares: pacifica-se mediante a atuação em concreto do direito e só se justifica a atuação do direito para pacificar – o que explica, por exemplo, a inércia da jurisdição. Contudo, em alguma medida esses escopos se repelem: enquanto o jurídico reclama tempo, o outro exige celeridade. De um lado, excessiva brevidade pode impedir haja cognição adequada e suficiente para que se cumpra, em concreto, a vontade do direito objetivo; de outro lado, quanto mais o litígio perdura no tempo sem solução, maior a insatisfação – individual e social – daí decorrente. Vale dizer: quanto mais abreviado o processo, maior o risco de prolação de decisões injustas; quanto mais dilatado o curso do processo, maiores os riscos decorrentes da subsistência dos litígios.

> «Exemplo disso pode ser pensado à luz do chamado efeito suspensivo dos recursos, que, *grosso modo*, suspende a eficácia da decisão recorrida enquanto não for julgado o recurso contra ela interposto. Especialmente no que diz respeito ao recurso de apelação, a regra é a de que ele conta com efeito suspensivo (CPC, art. 520), e, não exatamente de hoje, discute-se a conveniência da supressão desse efeito como regra geral, mediante alteração legislativa.
>
> A resistência a tal modificação está associada ao temor de se dar poder excessivo aos juízes de primeiro grau.
>
> A sociedade, porém, precisa enfrentar o dilema que aí se encerra e fazer uma opção consciente. Se existe a queixa de uma Justiça morosa, e se essa morosidade, entre outros fatores, decorre da circunstância de que recursos impedem o cumprimento imediato de decisões, então de duas uma: ou persiste a queixa sobre a morosidade, a pretexto de não se colocar a segurança em risco; ou se consagra uma regra que, afinal de contas, não será novidade no sistema e que, apenas para lembrar, já vigora nos processos que tratam de locação, entre outros.
>
> Não se trata de dar maiores poderes ao juiz, mas de assumir os riscos que mais celeridade processual acarreta. Não há como fugir do dilema: para fazer justiça, é preciso tempo para bem conhecer e aplicar o direito ao caso concreto; para eliminar a controvérsia e pacificar, é preciso presteza.
>
> Quanto mais rápido o processo, maior o risco de injustiças; quanto mais moroso, maior a sensação geral de ineficiência e de impunidade. Uma coisa é certa: não há solução fácil para um problema sabidamente complexo.»

A consciência acerca dessa contraposição é fundamental. O equilíbrio entre esses dois diferentes aspectos é busca constante e constitui o grande desafio do Legislador, cujas opções ora prestigiam o escopo jurídico, ora pendem para o escopo social. Naturalmente, esse conflito se projeta sobre o tema dos princípios: se os escopos são, em alguma medida, conflitantes, isso se refletirá no convívio dos princípios. Além disso, é preciso considerar que a dualidade de valores acima descrita leva o Legislador a fazer opções quando da edição de regras, que não podem ser simplesmente desconsideradas pela pura invocação de princípios; não ao menos sem eventual e prévio confronto entre eles.

33. Princípios e regras. Embora a compreensão dos princípios processuais acima exposta – como preceitos fundamentais do sistema, relacionados aos escopos da jurisdição e do processo – seja correta, ela soa incompleta se não vier acompanhada da distinção entre princípios e regras, conforme já mencionado. De fato, se as regras são inspiradas pelos princípios e, como eles, devem se alinhar à consecução dos escopos da jurisdição, a vinculação entre princípios e escopos acaba sendo insuficiente para explicar o fenômeno.

Distinção de tal ordem é necessária diante da superação do positivismo jurídico, em que a subsunção dá lugar à argumentação e ao convencimento. Nesse contexto, no qual o intérprete não se limita à revelação da norma, têm papel relevante os princípios que, como as regras, são normas. A diferença está nas respectivas estruturas e modo de atuação. Os princípios são «mandamentos de otimização» (Alexy), cujo conteúdo deve ser realizado na maior extensão possível, consideradas as circunstâncias fáticas e jurídicas de cada situação concreta. Eles são preceitos «abertos», dos quais não decorre imediatamente uma solução a que se possa chegar por subsunção. A eles se associa uma dimensão de peso. Já as regras são «deveres definitivos» e sua aplicação, mediante subsunção, se dá numa operação lógica de «tudo ou nada» (Dworkin).

Embora o critério distintivo – que considera a estrutura e a forma de aplicação da norma – seja claro (e propicie relevante contribuição, conforme exposto em seguida), ainda assim ele pode, ao menos na seara processual, ensejar dúvida sobre o que efetivamente seja um princípio ou apenas uma regra (infra n. 38/105, sobre o que se entende sejam os princípios processuais).

Sem prejuízo disso, a distinção também é relevante na busca de soluções para hipóteses de conflito. A esse respeito, guardadas as limitações desta obra, aceita-se o seguinte: a) o conflito entre *regras* se resolve por invalidação de uma delas, mediante recurso aos mecanismos de revogação, derrogação, ressalva de vigência, dentre outros; b) o conflito entre *princípios* – se deles efetivamente se tratar – se resolve por ponderação no caso concreto; c) o conflito entre *regra* e *princípio*, salvo se da inconstitucionalidade daquela se puder cogitar, resolve-se pela prevalência da primeira porque, do contrário, a atividade de interpretação iria para além da argumentação e tornaria inócua a vontade do Legislador e da opção feita por ele.

Quando se fala em conflito, parte-se da premissa de insuperável conciliação entre o enunciado de duas normas; o que é coisa diversa da possibilidade de interpretação de determinada regra, à luz de um princípio, sem que isso represente, na verdade, a pura e simples negativa de aplicação da regra. Isso ocorre inclusive no campo do controle de constitucionalidade, pelo recurso à técnica da «interpretação conforme», pela qual se preserva a validade da norma, em leitura consentânea com o texto constitucional.

> «Na seara processual, um exemplo está em interpretar a regra inscrita no art. 259, inciso V, em consonância com o princípio da inafastabilidade da tutela jurisdicional (vide infra n. 38), para reconhecer que o valor da causa (base de cálculo da taxa judiciária, que é condição para que o Estado atue) deve considerar a parcela do negócio jurídico que se quer invalidar. Outro bom exemplo é a interpretação restritiva aos casos de litisconsórcio necessário ativo (CPC, art. 47), para que não haja indevida limitação também do princípio da inafastabilidade.
>
> Além disso, é preciso considerar se aparente conflito entre regra e princípio não encerra, na verdade, conflito de princípios. Bom exemplo está na regra do § 2.º do art. 273, segundo a qual não se antecipa tutela caso haja «perigo de irreversibilidade». A doutrina dominante sustenta que o óbice não é intransponível ao argumento de que a irreversibilidade pode ser um risco tanto se concedida quanto se não concedida a antecipação; isto é, para o réu, mas também para o autor. Poder-se-ia dizer que, dentre as duas opções possíveis, o Legislador teria optado por sacrificar o autor e não o réu. Mas a solução doutrinária parece correta porque, na realidade, o que existe nesse caso é conflito entre princípios: ação e defesa (ou contraditório sob a ótica do réu).»

E quando se fala da ponderação, pensa-se na proporcionalidade; que, sem embargo da terminologia reiteradamente empregada pela doutrina, não deve ser vista como um princípio, mas como técnica de superação de conflito entre princípios ou, sob ótica diversa, como técnica de controle de constitucionalidade, mediante aplicação do tríplice critério da adequação, necessidade e proporcionalidade em sentido estrito ou vedação do excesso.

34. Princípios «gerais» do direito processual. Conquanto essa terminologia seja empregada correntemente pela doutrina, ela deve ser vista com alguma reserva. Primeiro, ela é mais apropriada no contexto da *teoria geral do processo*, que busca postulados comuns ao processo civil e ao penal. Mas essa não é a preocupação desta obra, que se limita aos postulados do processo civil. Segundo, fora do contexto acima referido, a qualificação de «geral» sugere redundância porque a característica da generalidade já é um aspecto conceitual do princípio; que, tanto quanto a regra, é uma norma (dotada de generalidade quiçá ainda mais acentuada). Terceiro, a ideia de princípios «gerais» pode contribuir, ainda que involuntariamente, para equívocos na relação entre princípios e regras, a ensejar indevida desconsideração de regras positivadas – e cuja constitucionalidade não se põe em dúvida – em nome da incidência de princípios «gerais». Esse tipo de desvirtuamento pode dar azo a não autorizados juízos de equidade, incorretamente sobrepostos a juízos de direito, com prevalência não da norma editada pelo Legislador, mas de norma que o intérprete gostaria que o Legislador tivesse editado, na esteira do que foi exposto no tópico precedente.

Não obstante tudo isso, é possível falar – e o sistema reiteradamente recorre a esse expediente – em «regras gerais», que orientam um corpo de regras e que se aplicam subsidiariamente, diante da ausência de regra especial. É usual que subsistemas – como é o caso dos Juizados Especiais (Lei 9.099/1995, art. 2.º) ou do Código de Defesa do Consumidor (Lei 8.078/1990) – adotem suas próprias regras «gerais», utilizadas (paradoxalmente) para marcar a especialidade da respectiva disciplina, no confronto com o restante do ordenamento. O tema, aliás, está relacionado ao da interpretação das normas processuais (supra n. 19).

35. Princípios constitucionais do processo. Essa terminologia, não raro, é associada à ideia de princípios «fundamentais», que não se confundem com a locução «direitos fundamentais». Naturalmente, a circunstância de um postulado estar positivado na Constituição é relevante porque aí se trata de saber se as regras editadas no plano legislativo estão em conformidade com o texto constitucional. Mas, sob o ângulo dos postulados que não estão incluídos expressamente na Constituição, o problema, em certa medida, remanesce. Basta lembrar que a Constituição precedente somente aludia ao contraditório em relação ao processo penal; nem por isso tal prerrogativa deixava de ser erigida como princípio do direito processual pela doutrina, em peso. Por outras palavras, remanesce a questão consistente em saber se há outros princípios processuais que não aqueles positivados na Constituição; e vice-versa, porque nem tudo o que está expresso na Constituição, em matéria processual, pode ser qualificado como princípio, mesmo que eventualmente o texto empregue essa terminologia – como é o caso do art. 93 da CF, que evidentemente não encerra princípios, mas meras regras.

Embora seja inviável o exame da natureza de cada uma dessas normas, é possível detectar regras de organização judiciária, aí incluídas normas sobre a estruturação da magistratura; algumas das quais vão além e preveem autênticos direitos subjetivos dos juízes (art. 93, I a VIII-A). Há também regras que podem ser consideradas processuais porque regulam posições emergentes da relação jurídica processual, como é o caso daquela que estabelece o dever de motivação (inciso IX); a que estatui o caráter ininterrupto da atividade jurisdicional (inciso XII); e a que traz o dever de imediata distribuição dos recursos nos tribunais (inciso XV).

Então, não é a sede da norma (constitucional, ou não) o quê determina se ela é, ou não, um princípio, embora, como dito, a inserção da norma na Constituição imponha a necessidade de correspondente adequação das normas de hierarquia inferior; o que pode ser objeto de controle concentrado de constitucionalidade. Em matéria processual, essa parece ser a função quase que exclusiva das normas constitucionais. Isso é dito a partir da constatação de que a reiterada jurisprudência do Supremo Tribunal Federal se recusa ao exame de questões processuais sob o enfoque constitucional ao argumento de que a regulação da matéria pela lei processual transfere para o âmbito da «processualística ordinária» – portanto, legislativo – o verdadeiro palco da questão; o que, quando muito, fica a cargo de controle pelo Superior Tribunal de Justiça, esse sim encarregado de uniformizar a interpretação da lei federal.

> «Para ilustrar, ainda que a CF estabeleça as garantias da inafastabilidade e do contraditório; assim como exija a motivação e a publicidade, nada disso comportaria exame sob o enfoque constitucional porque seria preciso examinar o tema à luz das regras processuais aplicáveis em cada caso.»

Sem prejuízo disso, na esteira do que foi exposto nos tópicos precedentes, sendo o caso de verdadeiros princípios inseridos na Constituição, como «mandamentos de otimização» que são, eles devem inspirar a interpretação a ser dada à regra processual (para que sejam realizados na maior extensão possível). Vale dizer: não sendo caso de simplesmente negar o que está expresso no texto legal, é preciso dele extrair o sentido mais fiel aos princípios (estejam ou não inseridos na Constituição).

36. Princípios constitucionais e direito processual constitucional. Não há dúvida da importância de estudar o direito processual – ramo do direito público e, portanto, corpo de regras que regula a atuação do poder (não apenas estatal) – a partir da Constituição. Ao longo de décadas, desde que o direito processual ganhou foros de autonomia, exame dessa natureza tem sido feito pela doutrina processualista civil, penal e de teoria geral, com relevantes ganhos já consolidados, a ponto de se falar em um «direito processual constitucional».

Segundo se reconhece, não se trata de objeto autônomo, mas de postura metodológica a partir da qual se busca sistematizar dois aspectos que podem ser assim sintetizados: primeiro, a assim denominada *tutela constitucional do processo*; segundo, a chamada *jurisdição constitucional*. Nesta obra, o primeiro desses temas será analisado ao ensejo do exame do que se reputa sejam os verdadeiros princípios do direito processual (vide infra n. 38 e seguintes). Ali serão tratados tópicos que usualmente são desenvolvidos pela doutrina sob aquela rubrica: devido processo legal, inafastabilidade do controle jurisdicional, acesso à Justiça, contraditório, imparcialidade, dentre outros. Já o tema da jurisdição constitucional será tratado ao ensejo do princípio acima mencionado, da inafastabilidade, uma vez que trata de um conjunto de «remédios» ou de medidas previstas pela Constituição – quer para a tutela da liberdade (*habeas corpus*, *habeas data*, mandado de segurança, mandado de injunção e ação popular), quer para o controle concentrado de constitucionalidade das leis – e que, em última análise, reportam-se ao mencionado princípio.

37. Princípios informativos do direito processual. Embora de forma mais escassa, essa terminologia também é empregada. São quatro os princípios designados por essa locução: *lógico*, a sugerir a adoção dos meios mais eficazes e rápidos para a descoberta da verdade; *jurídico*, a preconizar igualdade no processo e justiça na decisão; *político*, a determinar que se obtenha o máximo de garantia social com o mínimo de sacrifício individual; e *econômico*, a impor que o processo tenha o menor custo e duração possíveis. Contudo, sem embargo da excelência da respectiva origem doutrinária, é de se duvidar do alcance metodológico e prático dessa construção; que, desde logo, não se sabe ao certo se é dirigida ao Legislador ou ao aplicador da norma (ou se a ambos).

Primeiro, conquanto a ideia de lógica seja obviamente universal, o conteúdo acima apontado aparentemente não consegue ter esse atributo. A ideia de eficácia dos meios varia conforme a maior ou menor prevalência que se dê, em dado momento histórico, ao escopo jurídico ou social da jurisdição (que, embora se complementem, em certa medida se contrapõem) – o que bem pode ser ilustrado pelas alterações legislativas havidas entre nós nas últimas décadas, que prestigiaram os mecanismos de aceleração (por exemplo, a generalização da regra de antecipação de tutela, conforme arts. 273 e 461, e a adoção da ação monitória, consoante art. 1.102, todos do CPC). Além disso, o modo pelo qual cada sistema encara a busca da verdade varia conforme opções axiológicas e, nessa área, o sistema, sem comprometer o contraditório, pode trabalhar, com maior ou menor intensidade, com juízos de probabilidade (expressos, por exemplo, em presunções legais ou em técnicas como a do título executivo).

Segundo, a busca de igualdade e justiça no processo deve ser vista em harmonia com opções feitas no plano material. Embora a igualdade possa ser erigida como verdadeiro princípio processual (vide infra n. 88), identificá-la com o princípio informativo «jurídico» não parece ser exato porque o escopo da jurisdição (e do processo) – portanto, sob a ótica do resultado – não é exatamente o restabelecimento de desigualdades existentes no plano pré-processual. A parte mais fraca pode, no processo, não ter razão e o resultado por si só não é e não pode ser ditado pela busca de superação de desigualdades. De forma análoga, a justiça da decisão não pode ser erigida como princípio jurídico porque ela é – deseja-se que seja – o resultado de uma atividade que, como regra, considera opções feitas pelo Estado em outros planos, que não propriamente o jurisdicional.

Mesmo os princípios político e econômico precisam ser vistos com reservas. A relação entre o social e o individual varia conforme valores prestigiados num dado momento histórico e assim também ocorre, portanto, com a medida do sacrifício que se quer impor ao segundo em nome do primeiro. De outra parte, embora seja desejável reduzir custo e duração do processo, esse postulado precisa ser lido com prudência.

É certo que a economia pode ser vista como um desdobramento da moralidade e até da eficiência, postulados inscritos no art. 37, *caput*, da CF. Contudo, sem descartar que preceitos análogos vigorem para o juiz, é preciso considerar que aqueles outros foram instituídos e vigoram para a Administração, cujos escopos são diversos da atividade jurisdicional (exceto se e quando o juiz age como típico Administrador). No processo jurisdicional, a ideia de economia tem caráter rigorosamente subsidiário, sendo intolerável que, em nome dela, postulados verdadeiramente essenciais sejam preteridos. Não bastasse isso, respeitada a garantia de acesso à Justiça, o custo do processo – pela via da imposição de encargos financeiros – pode eventualmente ser manejado pelo Legislador como opção para desestimular a interposição de recursos (por exemplo, pela imposição gradual de honorários advocatícios, por instância).

No terreno das invalidades processuais, sem embargo de extensa doutrina em contrário, não é o argumento da economia que justifica o aproveitamento de atos praticados em desconformidade com o modelo legal. Outras são as razões que justificam, naquela seara, a manutenção de atos e respectivos efeitos. O processo e respectivos atos têm natureza instrumental. Se a finalidade é atingida, preservado o contraditório, não há utilidade na repetição do que proporcionou o resultado esperado pelo ordenamento (instrumentalidade das formas). Isso não tem qualquer fundamento na economia porque está assentado na ideia de ausência de finalidade e de possível prejuízo (ou inexistência dele).

Mesmo os mecanismos de cúmulo objetivo (CPC, art. 292) ou subjetivo (CPC, art. 46) e, ainda, de reunião de causas conexas para julgamento conjunto (CPC, art. 105) não são ditados pela economia, mas pela racionalidade dos trabalhos, pela busca de preservação da harmonia dos julgamentos e, quando muito, pela celeridade. A economia de recursos surge apenas como efeito colateral; tanto que dela sequer cogita a regra inscrita no parágrafo único do art. 46, quando trata da limitação do litisconsórcio facultativo. Em suma, se economia tem alguma serventia no processo, ela é a última a ser cogitada, justamente para que, em nome dela, não se reduza a pó a somatória de garantias que compõe o devido processo legal ou processo justo.

Autores referidos no capítulo

Ronald Dworkin (1931-2013) foi um autor norte-americano que se dedicou à filosofia e à teoria geral do direito. Sua produção voltou-se para, dentre outros temas, interpretação, relação entre direito e moral e ativismo judicial. Crítico do positivismo jurídico, defendeu a distinção entre princípios e regras, segundo a qual, dentre outras distinções, estas são aplicadas mediante subsunção, no ou tudo ou nada (*on all or nothing*), ao passo em que aqueles apresentariam uma dimensão de peso (*dimension of weight*) e seriam aplicados mediante uma análise feita no caso concreto entre os princípios pertinentes. **Principais obras**: *Uma questão de princípio; Levando os direitos a sério; O império do direito.*

Robert Alexy (1945-) é um influente filósofo do direito alemão e também um dos grandes juristas contemporâneos. Dedicou-se a temas como argumentação jurídica e direitos fundamentais, destacando-se em sua produção, também, a distinção entre princípios e regras, de acordo com a qual os princípios são mandamentos de otimização e, as regras, deveres definitivos. **Principais obras**: *Teoria dos direitos fundamentais; Teoria da argumentação jurídica; Conceito e validade do direito.*

CAPÍTULO II

PRINCÍPIO DA INAFASTABILIDADE DO CONTROLE JURISDICIONAL (OU DA TUTELA JURISDICIONAL)

38. Inafastabilidade e poder (ou direito) de ação. Não obstante o papel desempenhado pelos diferentes princípios e, especialmente, a relação que os une, o postulado aqui tratado antecede os demais, sob o prisma lógico. O mesmo Estado que impede a autotutela – salvo casos excepcionais – é aquele que deve garantir que nenhuma alegação de lesão ou ameaça de lesão a direito pode ser subtraída do conhecimento do Poder Judiciário (CF, art. 5.º, XXXV). Sem essa garantia não haveria como verdadeiramente chegar-se às demais porque o processo nasce pelo exercício do poder ou do direito de provocar o exercício da jurisdição.

Sob o ângulo do jurisdicionado, a posição jurídica de vantagem é qualificada de diferentes maneiras na doutrina. É possível falar em direito constitucional de ação ou direito de ação incondicionado – por oposição ao direito de ação visto sob a ótica «processual», cujo exercício fica sujeito às condições da ação, que nada mais fazem do que aproximar o direito de ação de uma dada relação de direito material, diante do caráter instrumental daquele (infra n. 191). Também se fala em direito à administração da Justiça, ou direito fundamental à jurisdição, ou direito de demandar, ou direito de ingressar em juízo, dentre outros. Em alguma medida, o princípio garante o acesso à Justiça, entendido como direito de recorrer ao Poder Judiciário. Eventualmente, há quem identifique o conteúdo dessa prerrogativa com o assim denominado *direito de petição* (CF, art. 5.º, XXXIV). Mas esse último tem conteúdo mais genérico e abrangente, que melhor se ajusta na relação entre a Administração Pública e os administrados: e, portanto, inconfundível com o direito de ação ou o direito à jurisdição. Quando muito e apenas para argumentar, o *direito de petição* poderia ser considerado um gênero do qual o direito de invocar um provimento jurisdicional seria espécie.

Conquanto seja mais usual falar-se em «direito de ação», parte da doutrina aponta ser mais correto falar em autêntico *poder*. É que o exercício dessa posição jurídica de vantagem não encerra o conflito de interesses que é típico da estrutura dos direitos subjetivos, na medida em que o Estado, na realidade, tem interesse na atuação, em concreto, do preceito que editou antes de forma geral e abstrata. Nessa ótica e diversamente do direito subjetivo, o exercício da ação geraria para o Judiciário estado de verdadeira sujeição: mesmo que o juiz possa eventualmente indeferir a petição inicial por ser inepta (CPC, art. 295), ainda não pode sonegar adequada resposta ao reclamo contido na demanda, ato resultante do exercício da ação. Assim, embora a preferência no uso da terminologia não a prestigie, afigura-se correta a locução *poder de ação*. Isso é relevante porque, sob a ótica analítica (e não sintética), o poder de ação não se esgota na mera instauração da atividade jurisdicional, mas se desdobra em variadas posições de vantagem ao longo do processo, isto é, numa gama de poderes; de que é ilustração o poder de provar.

> «Se por um lado, realmente não é o conflito de interesses que caracteriza o direito subjetivo, por outro, há algo de inexato na assertiva de que o exercício da ação gera a *sujeição* do Estado. Compreende-se a utilidade – metodológica, pedagógica e até ideológica – dessa perspectiva: quer-se deixar claro que não pode haver recusa do Estado em dar resposta ao pleito de tutela, por mais imperfeito que seja. Mas falar em sujeição diante do Estado, que é aquele que, em última análise, concentra o poder – e que, por isso, tem a prerrogativa de decidir e impor suas decisões – soa quando menos irrealista. Ou seja, no confronto do poder de ação e do poder do Estado que deve dar a resposta, não há dúvida de que acaba prevalecendo esse último; que, portanto e em termos mais rigorosos, não é objeto de sujeição.»

39. Inafastabilidade e tutela jurisdicional. A depender do conceito que se tenha de *tutela jurisdicional*, também é possível incluí-la no conteúdo do princípio aqui examinado. Com efeito, na premissa – aqui expressamente aceita – de que referida locução não se limita a designar o *resultado* favorável a uma das partes (aquela a quem se deu razão no processo); mas que ela seja igualmente abrangente dos *meios* predispostos para o exercício da jurisdição, então é correto falar na inafastabilidade não apenas sob a perspectiva do ingresso ou da provocação da atividade estatal. Sob essa ótica, de forma coerente com o reconhecido caráter bilateral da ação, é possível falar em tutela jurisdicional do demandado e até mesmo do vencido porque a tutela não está apenas no resultado do processo, mas nele próprio.

> «Embora a coisa julgada material não seja indissociável do exercício da jurisdição e não se preste a conceituá-la, fato é que a estabilidade dela decor-

> rente configura autêntica forma de tutela, não apenas para o vencedor, mas também para o vencido, se considerada a superação da controvérsia. Isso fica claro quando se associa o elemento «pacificação» ao conceito de jurisdição. Nesse contexto, não se pacifica apenas o vencedor, porque a ideia se relaciona à eliminação do litígio; conceito que deve valer, até por lógica, para vencedor e vencido.»

Com esse conteúdo mais abrangente, supera-se a ideia de que o princípio da inafastabilidade se limitaria apenas à ruptura da inércia da jurisdição; o que certamente o empobreceria. Mais ainda: com tal espectro, o princípio se completa porque o *direito à jurisdição* é igualmente o *direito ao processo*, que é o instrumento da jurisdição, abrindo-se campo para a conexão desse princípio aos demais. Ainda mais: a consideração dos *meios* supera a visão do princípio da inafastabilidade como mero exercício formal da jurisdição, tornando-o abrangente daquilo que parte da doutrina qualifica como «*processo justo*». A esse último só se pode chegar mediante o recurso à ideia dos *meios* que compõem o processo e, a partir deles, aos demais princípios que alicerçam o sistema processual. A justiça do processo, na verdade, não está propriamente no resultado, mas nos meios empregados para sua consecução. Dessa maneira, o princípio inscrito no art. 5.º, XXXV, da CF pode e deve ser lido como garantidor da tutela jurisdicional.

> «Embora a presente obra não seja de teoria geral do processo, enfoque sob esse prisma reforça o que está dito acima. No processo penal, a garantia da ação, o direito à jurisdição e o acesso à Justiça obviamente não têm a mesma perspectiva que possuem no processo civil. No processo penal, a tutela jurisdicional está efetivamente associada à garantia do processo, com base no postulado segundo o qual nenhuma sanção pode ser imposta fora desse ambiente. Portanto, mesmo eventual condenação do réu não afasta a tutela que lhe é conferida pelo fato de a sanção ser imposta no âmbito processual. Guardadas as devidas diferenças, a concepção de processo – *meios* na dicção acima – como integrante do conceito de tutela jurisdicional (não mais limitada ao resultado) pode e deve ser aproveitada para o processo civil.»

40. «Remédios» processuais e atipicidade da ação. No plano teórico e também no pragmático, emprega-se com alguma frequência a expressão *remédios processuais* – que, conquanto possa ter um significado técnico, não deixa de ser uma metáfora (que, não raramente, se busca explicar pelo recurso a outras metáforas, tal como «caminho» ou «via» processual). Na doutrina, a locução oscila entre a correspondência com o conceito de *ação* e o de *processo*; que, embora traduzam fenômenos distintos, relacionam-se intimamente: sob a ótica da tutela das situações substanciais (ou das pessoas que são suas protagonistas), é difícil isolar os fenômenos da estimulação da atividade jurisdicional (ação), de um lado, e do respectivo desenvolvimento (processo), de outro lado. Em qualquer uma dessas perspectivas, *remédio* se harmoniza com o conteúdo de *tutela jurisdicional*, que compreende os *meios* para a consecução dos *resultados* desejados pelo plano substancial do ordenamento.

Além disso, a existência de *remédios* processuais deve ser encarada sob o prisma da cobertura geral que se contém no princípio da inafastabilidade e, portanto, do poder ou direito de ação, com a marca da atipicidade que os caracteriza. Para usar a mesma imagem, o princípio da inafastabilidade estabelece um remédio de amplo espectro, apto a atingir as mais variadas situações substanciais carentes de tutela.

> «Nos sistemas de *common law* vigora a máxima de que «o remédio precede o direito». Os direitos são cristalizados em torno dos remédios. Guardadas as diferenças entre tais sistemas e os de *civil law*, tal modo de ver as coisas é útil para romper com a ideia de *tipicidade* de remédios que, por vezes, conduz a situações de perplexidade, em que se reconhece a existência do direito (no plano material), mas não se divisa o *meio* para que ele seja tutelado (declarado ou atuado).»

41. Segue: remédios constitucionais e jurisdição constitucional das liberdades. Nesse contexto estão inseridos os assim denominados «remédios constitucionais», integrantes da chamada *jurisdição constitucional das liberdades* (supra n. 36).

Aquela primeira locução designa os meios aptos a provocar a intervenção estatal para corrigir ilegalidade e abuso de poder. Quando esses remédios são meios de provocar a atividade jurisdicional, fala-se em *ações constitucionais*. Elas seriam espécies de garantias que, pelo seu caráter específico e por sua função saneadora, receberiam o nome de *remédios*; qualificados como *constitucionais* porque consignados na Constituição (José Afonso da Silva). Esses remédios constitucionais se prestam à tutela da liberdade – *habeas corpus*, *habeas data*, mandado de segurança (individual e coletivo), mandado de injunção – e ao controle concentrado de constitucionalidade das leis.

A esta altura da história e do desenvolvimento do direito processual, ninguém haverá de se bater contra a previsão constitucional desses «remédios», fazendo-o a pretexto de que ela seria desnecessária diante do princípio da inafastabilidade do controle jurisdicional e da cobertura geral dada pelo direito ou poder de ação. É preferível, até por razões práticas e pedagógicas, que a previsão expressa e específica permaneça, inclusive pela dignidade que o assento constitucional sugere aos aplicadores das normas.

Contudo, é preciso não esquecer que todos esses remédios são, na verdade, abrangidos pelo princípio e pelo direito já mencionados. Isso é importante pelo ângulo inverso: a previsão constitucional de alguns remédios não significa dizer que não haja outros que encontram fundamento na regra inscrita no inciso XXXV do art. 5.º da CF; há tantos «remédios» quantos forem necessários para que se dê adequada resposta às diferentes situações carentes de tutela no plano substancial.

42. Inafastabilidade e a defesa dos direitos difusos e coletivos. A inafastabilidade da tutela jurisdicional ficaria incompleta se pensada exclusivamente sob a ótica individual. Dessa forma, o princípio inscrito no inciso XXXV do art. 5.º da CF também alcança as alegações de lesão – ou de ameaça – a direitos que transcendam aquele âmbito: quer porque seus titulares sejam indeterminados, quer porque seu objeto seja indivisível. O sistema brasileiro fala em direitos ou interesses difusos, coletivos e individuais homogêneos (CDC art. 81). Nesse âmbito, inscreve-se a tutela do meio ambiente, do consumidor, do patrimônio artístico, estético e cultural, dentre outros (Lei 7.347/1985, art. 1.º). Estão aí inseridas controvérsias típicas da sociedade de produção e consumo de massa, que bem ilustram a migração de parte do processo civil do *individual* para o *coletivo.*

O verdadeiro obstáculo à vinda de controvérsias dessa natureza ao Poder Judiciário residia na estreiteza da legitimação ordinária, tal como concebida pelo art. 6.º do CPC. Assim, tratando-se de direito pertencente a uma pluralidade de pessoas, era inviável que apenas uma delas viesse a juízo para, em nome próprio, falar por direito que não era exatamente próprio, mas sim de uma pluralidade de pessoas (isto é, alheio). Portanto, a falta de previsão legal para a legitimação ativa funcionava como obstáculo para que tais conflitos pudessem chegar ao Judiciário, em sua dimensão coletiva (em sentido amplo).

> «Isso significa dizer que eventuais violações ao meio ambiente ou a outros bens tipicamente difusos até chegavam ao Poder Judiciário, mas na forma do pleito individual. Por exemplo, a demanda indenizatória da vítima de determinado agente poluente ou de consumidor afetado por prática abusiva (sobre a legitimação extraordinária, infra n. 201).»

A abertura para demandas que tivessem por objeto direitos coletivos (em sentido amplo) ocorreu progressivamente no Brasil. O primeiro passo foi dado com a Lei 4.717/1965, que permitiu a qualquer cidadão a defesa do patrimônio público, entendido como bens e direitos de valor econômico, artístico, estético, histórico e turístico (art. 1.º, § 1.º). Sobrevieram ainda a Lei 6.938/1981 (sobre a Política Nacional do Meio Ambiente), autorizando iniciativa do Ministério Público para reparação dos danos causados ao meio ambiente e a terceiros eventualmente afetados por ato lesivo; a Lei Orgânica do Ministério Público (Lei Complementar 40/1981), que previu como atribuição do referido órgão a propositura de ação civil pública; a Lei 7.913/1989, permitindo também ao Ministério Público a propositura de ação visando à reparação dos danos causados aos investidores no mercado de valores mobiliários. Relevantes nesse aspecto também foram: a Lei da Ação Civil Pública (Lei 7.347/1985), ampliando o rol de legitimados para a propositura de ação civil pública, nela incluindo a defesa do meio-ambiente, dos direitos do consumidor, de bens e direitos de valor artístico, estético, histórico, turístico e paisagístico, e à ordem urbanística.

Em seguida e de forma muito relevante, veio o Código de Defesa do Consumidor (Lei 8.078/1990) que, além de trazer normas de proteção ao consumidor individual, tornou possível a tutela coletiva dos assim denominados direitos individuais homogêneos; além de incluir no objeto da Lei da Ação Civil Pública a proteção «a qualquer outro interesse difuso ou coletivo». Na esteira da legislação – por mais paradoxal que isso possa ser – seguiram-se as disposições da Constituição Federal de 1988.

Esse arcabouço normativo compõe o assim denominado microssistema processual coletivo, que encontra também raízes na inafastabilidade do controle jurisdicional. Ele desempenha função relevante na propagação dos efeitos da tutela jurisdicional compatível com as dimensões das controvérsias próprias dessa seara.

43. Inafastabilidade e devido processo legal. Em parte expressiva da doutrina se encontra a ideia de que a locução *devido processo legal* enfeixa os princípios constitucionais que tutelam o processo. Devido processo legal seria uma espécie de síntese ou ponto de convergência desses postulados, dentre os quais usualmente são destacados o juiz natural, o acesso à Justiça, o contraditório, a motivação e a publicidade. Daí porque, eventualmente, fala-se também em devido processo *constitucional*, em razão do plano do ordenamento em que situados seus cânones fundamentais.

Ao contrário do que possa resultar da literalidade da expressão, não há relação necessária entre o que se entende por devido processo legal, de um lado, e *lei*, de outro. A origem histórica – inclusive pela diversidade entre os sistemas de *common law* e de *civil law* – parece confirmar a assertiva: o vocábulo *law* não corresponde exatamente ao nosso significado de *lei* (que melhor seria designada pela palavra *act*), mas sim a *direito*. Mas o que é relevante aí é que, embora a *legalidade* seja uma regra consagrada na Constituição Federal (art. 5.º, I), não se deve entender que esse postulado esteja inserido na locução devido processo legal; nem mesmo como um dos elementos que para ele convergem, conforme acima exposto. Até pelo contrário, a ideia de um processo justo remete à transcendência da mera legalidade, que não deixa de ser importante, mas que não pode ser erigida à condição de princípio processual.

Por esses motivos, é correto associar os conceitos de *tutela jurisdicional* – abrangente do resultado e dos meios processuais – e direito ao processo; que só pode ser entendido como o devido processo legal, isto é, composto pela somatória de princípios, que estão positivados na Constituição, ou que, não estando lá expressamente previstos, são indissociáveis do exercício e dos escopos da jurisdição. Em suma: o princípio da inafastabilidade só pode ser substancialmente entendido como princípio pelo qual o controle jurisdicional ocorre mediante o devido processo legal. E no devido processo legal, conforme exposto, há autêntica tutela jurisdicional.

44. Inafastabilidade e segurança. Na doutrina dedicada ao direito público de um modo geral, tem especial relevância o postulado da segurança jurídica, qualificada como verdadeiro princípio que protege o indivíduo no confronto com o Estado, a ensejar confiabilidade e previsibilidade. Sem propriamente negar que assim seja, no direito processual, contudo, não se pode dizer que segurança tenha conteúdo autônomo e possa ser considerada como princípio processual.

Segurança está ligada, sem dúvida, ao conceito de devido processo legal e de tutela jurisdicional, quando pensada nos *meios* predispostos para o exercício da jurisdição: os princípios que regem o direito processual – e que o tutelam – são, na verdade, geradores de segurança. Em certa medida, a garantia de que as controvérsias serão solucionadas mediante a intervenção de um terceiro imparcial (e não pela imposição do mais forte); e com a observância da igualdade, do contraditório e da publicidade (dentre outros) é determinante de segurança e, em alguma medida, geradora de pacificação – se não com o sentido de eliminação da controvérsia, ao menos como eliminação de dúvida quanto ao modo pelo qual o litígio há que ser resolvido. Não se sabe ainda o resultado, mas se sabe *como* a controvérsia será tratada e resolvida. Em suma: o cidadão tem a segurança do direito ao devido processo legal (ou «justo», na dimensão antes examinada).

> «A produção da certeza jurídica – apta a gerar confiança, exatidão e tranquilidade nas relações humanas – é resultado a ser proporcionado pelo processo civil. Não há razão plausível que exclua idêntico raciocínio quando se pensa no desenrolar do processo, que é o instrumento pelo qual o Estado exerce o poder. Embora a jurisdição atue para, com seu resultado final, superar crises existentes no plano substancial, crises também há dentro da relação jurídica processual e que, quando menos analogamente, são objeto de tutela. Só assim se pode entender o conteúdo de um processo «justo» porque a justiça do processo não pode ser medida – não ao menos exclusivamente – pelo resultado que ele proporciona.»

Mas a segurança está igualmente na resolução da controvérsia, isto é, no resultado final do processo; e nem poderia deixar de estar. Se o escopo da jurisdição é o de eliminar a controvérsia, há de haver alguma estabilidade na superação do litígio porque, do contrário, não é possível falar em pacificação. Essa estabilidade é proporcionada pela *coisa julgada material*, que leva à extinção do poder ou direito de ação. Diante dela, até mesmo em termos lógicos, não há mais que se falar em inafastabilidade porque o controle jurisdicional já se consumou.

É certo, de outra parte, que o instituto da coisa julgada não é absolutamente indissociável da jurisdição (infra n. 110): pode haver atividade substitutiva (e imparcial), com escopo de atuar a vontade do direito objetivo em concreto, sem que a decisão final se torne necessariamente imutável. Corretamente, a doutrina aponta que as decisões jurisdicionais estão sujeitas a diferentes graus de «imunização» (Dinamarco). Contudo, embora isso seja certo, o sistema só reabre a apreciação de uma controvérsia já decidida (por decisão irrecorrível) diante de fatos ou fundamentos novos (não importando aqui, por ora, discutir se são fatos surgidos depois da resolução da controvérsia ou mesmo ocorridos antes disso). Ora, se há fatos e fundamentos novos que não possam ser cobertos pela coisa julgada (na verdade, pela respectiva eficácia preclusiva, ditada pelo art. 474 do CPC), está-se diante de uma nova demanda; portanto, aí sim de volta à ideia da inafastabilidade, preservado o princípio segundo o qual as decisões devem ser estáveis, para gerar segurança (de que decorrem confiança e previsibilidade).

A segurança não decorre exclusivamente da coisa julgada material. Mas a intangibilidade dessa última está expressamente consagrada na Constituição Federal (art. 5.º, XXXVI). Vale dizer: a segurança é um valor consagrado no plano constitucional, independentemente do processo. A coisa julgada material é um instrumento para consecução da segurança que, conforme observado anteriormente, é um princípio. A coisa julgada só pode ser desconsiderada no âmbito do devido processo legal, no prazo previsto para a assim denominada ação rescisória (CPC, art. 485). Excepcionalmente, havendo conflito de princípios (isto é, da segurança e de algum eventual outro), poderá ser necessário recorrer ao mecanismo da proporcionalidade (supra n. 33).

45. Inafastabilidade e disciplina da competência. Em última análise, regras acerca da competência (infra n. 135) nada mais fazem que «regulamentar» o exercício da ação, na medida em que determinam perante *quem* se deve postular, em concreto, a tutela jurisdicional; e, consequentemente, quem pode e deve prestá-la. Vale dizer: as regras de competência integram o caminho que o interessado deve percorrer até o provimento final e, nessa medida, mantêm um ponto em comum com as regras de natureza procedimental. Por isso é que, como no âmbito do procedimento, há órgãos com competência *residual*, isto é, competentes quando outros, por regras especiais ou expressas, não o forem. Assim, ninguém ficará privado do controle jurisdicional em concreto, pela falta de um órgão competente.

46. Inafastabilidade e solução adjudicada da controvérsia. Entendida na dimensão acima preconizada, a inafastabilidade – que se traduz no direito à jurisdição e ao processo que é seu instrumento – é o direito à superação da controvérsia mediante a atuação da vontade do direito objetivo, mediante ato de poder, no ambiente do devido processo legal ou do «justo» processo. Por outras palavras, o princípio significa que a parte tem direito à solução adjudicada pelo Poder Judiciário; o que traz como desdobramento o direito da parte de não se submeter à pretensão do adversário e, a *fortiori*, de não transigir, ficando obviamente submetida aos riscos e aos encargos decorrentes de eventual insucesso.

Essa constatação é importante para que não se vislumbre na recusa à transação, só por si, eventual conduta temerária ou ímproba. Nem mesmo o apelo ao dever de colaboração (vide infra n. 76) altera esse dado, com a ressalva de eventual e equilibrada repressão à litigância de má fé. Qualquer forma de coação ou pressão imposta à parte para que abra mão do que entende ser seu direito conflita abertamente com o conteúdo do princípio ora examinado e, nessa medida, é intolerável; o que será tanto mais grave se a coação se der a pretexto da incapacidade de solução estatal tempestiva. Isso não quer dizer, por outro lado, que o Estado não possa e não deva estimular solução do litígio pelas próprias partes, mediante prestígio aos assim denominados meios alternativos de solução de controvérsias. A experiência mostra que a superação do conflito pelos próprios envolvidos é superior àquela decorrente da solução adjudicada pelo Estado.

Isso tudo não infirma as considerações feitas a propósito das formas de resolução de controvérsias, quanto à tendência de que solução estatal seja vista como forma subsidiária, se consideradas as demais alternativas. Reitere-se que, sem prejuízo da premissa de que a tutela jurisdicional não pode ser afastada, o próprio Estado estimula, cada vez mais, que a decisão a ser por ele adjudicada seja precedida de efetiva tentativa de solução por alguma das formas de autocomposição (supra n. 8). Mas isso deve ocorrer em ambiente de liberdade de escolha. Ela não deve configurar negação, por vias oblíquas, do dever estatal de prestar jurisdição (vide supra n. 38).

47. Inafastabilidade e (inexistência de) monopólio estatal da jurisdição: arbitragem. A arbitragem é meio de solução de controvérsias que resulta essencialmente da vontade das partes. A doutrina se referia ao instituto como «equivalente jurisdicional» (Carnelutti). Hoje, contudo, é correto dizer que ela encerra típica atividade jurisdicional: nos limites dos litígios que envolvem direitos patrimoniais disponíveis entre pessoas maiores e capazes, a arbitragem está a cargo de terceiro imparcial e, portanto, nela está presente o caráter de substituição. Ela se dá mediante atuação do direito objetivo no caso concreto com o escopo de eliminação da controvérsia (pacificação). Dessa forma, afasta-se o dogma segundo o qual a garantia da inafastabilidade confere ao Poder Judiciário o monopólio do exercício da jurisdição. O controle estatal sobre a decisão arbitral fica limitado à estrita observância do devido processo legal, mas o mérito da decisão não é passível de revisão.

Nesse e em todos os casos em que o Judiciário intervém para garantia do devido processo legal, fica ainda mais claro que existe autêntica *tutela jurisdicional* na preservação das posições processuais, que, nessas hipóteses, é justamente o resultado perseguido. Isso demonstra que não há tutela apenas no reconhecimento de direito material em prol de um dos contendores.

48. Inafastabilidade e jurisdição fora do Poder Judiciário. Por regra, a função jurisdicional estatal é exercida pelo Poder Judiciário. Excepcionalmente, ela pode ser atribuída a órgão estranho a esses quadros, como é o caso, no direito positivo brasileiro, do julgamento do Presidente da República, pelo Senado Federal, no caso de impedimento (CF, art. 86). Na premissa de que aí se trata de jurisdição, poder-se-ia falar na impossibilidade de – prévio ou posterior – controle de tal julgamento pelo Judiciário. Mas prevalece entendimento segundo o qual isso é possível para garantir a observância do devido processo legal, analogamente ao que se passa no controle da decisão arbitral.

49. Segue: comissões parlamentares de inquérito. O art. 58, § 3.º, da CF estabelece que as *comissões parlamentares de inquérito* – constituídas para apuração de «fato determinado e por prazo certo» – têm poderes de investigação «próprios das autoridades judiciais». Tais órgãos, sem embargo da equiparação a que alude o texto, decididamente não exercem função jurisdicional. É que, sob o prisma exclusivamente jurídico, seu ato culminante não contém atuação da vontade do direito objetivo. O relatório final – para além das consequências políticas que possa gerar – presta-se apenas a eventualmente subsidiar a adoção de outras medidas, conforme indica a parte final do dispositivo (que fala em encaminhamento ao Ministério Público, «para que promova a responsabilidade civil ou criminal dos infratores»).

Além disso, a equiparação à autoridade judicial está restrita a poderes de investigação, isto é, a medidas de instrução, dentre as quais aquelas que normalmente dependeriam de autorização do Poder Judiciário, como ocorre nos casos de quebra de sigilo. Mas, mesmo em relação à tomada dessas medidas, não está descartado o controle jurisdicional sobre a respectiva legalidade (por exemplo, para assegurar que a providência não extrapole o fato determinado justificador da criação da CPI).

Mais ainda, é duvidosa a eficácia da prova ali colhida em momento posterior, em juízo. Se no caso da prova documental, por sua natureza, não há maior problema, no caso da colheita de depoimentos não parece possível justificar decisão em posterior processo jurisdicional apenas com base em tais elementos. Para além da constatação realista de que as interferências políticas – próprias do ambiente das comissões – podem contaminar a colheita da prova, não há regras garantidoras da imparcialidade daqueles que presidem os trabalhos (ainda que se presuma, em relação a eles, a impessoalidade, até prova em contrário). Nessa medida, portanto, os elementos de prova colhidos pela CPI mais se assemelham aos do inquérito policial.

50. Segue: atividade desempenhada pelo Conselho Administrativo de Defesa Econômica (CADE). A Lei 12.529/2011 estatui que esse órgão – autarquia federal vinculada ao Ministério da Justiça – é «entidade judicante» com «jurisdição em todo território nacional»; o que, aliás, repete a dicção do art. 3.º da precedente Lei 8.884/1994. A função desse órgão, em essência, é a de reprimir o abuso do poder econômico e tutelar a livre concorrência; quer mediante políticas públicas, quer pela aplicação de sanções. Sobre sua natureza, não há uniformidade na doutrina, que ora alude a uma função «judicante administrativa», ora «quase» judicial.

Estruturalmente, a atividade desempenhada pelo CADE na repressão de ilícitos que atentam contra a livre concorrência é – como ocorre com outros «tribunais» administrativos – análoga, de fato, à jurisdicional. Nela se dá a atuação do direito objetivo em concreto, por terceiro (isto é, com caráter substitutivo). Contudo, em essência ela remanesce como atividade tipicamente administrativa, não apenas pelo aspecto orgânico. Primeiro, embora a atuação dos conselheiros deva observar a impessoalidade (CF, art. 37), não se pode dizer que as regras garantidoras de sua imparcialidade sejam idênticas às dos magistrados. Segundo, não há imutabilidade das decisões que podem ser revistas justamente por conta do princípio da inafastabilidade do controle jurisdicional.

Embora esse controle possa ter por objeto tanto aspectos de legalidade como de mérito, quanto a esse último é preciso considerar o elevado grau de especialização detido pelo CADE. Assim, a considerável complexidade que as controvérsias a ele submetidas apresentam não pode se resolver de forma simplista na nomeação de perito pelo juiz em processo judicial. Guardadas as peculiaridades de cada caso, substituir-se o exame técnico do CADE pelo de um perito judicial, na premissa de que o juiz não detém conhecimento técnico adequado, seria negar a função atribuída pela lei ao citado órgão, sem que propriamente houvesse um controle jurisdicional adequado.

> «Curioso observar, sob o ângulo da inafastabilidade do controle jurisdicional, que o § 4.º do art. 98 da Lei 12.529/2011 cria um ônus de alegação concentrado para o autor da demanda, que tem o encargo de apresentar todas as possíveis causas de pedir que possam justificar o pedido deduzido, sob pena de incidir espécie de eficácia preclusiva. A regra derroga o sistema do CPC, positivado em seu art. 474, e a limitação que traz ao princípio da inafastabilidade levanta dúvida sobre sua constitucionalidade.»

51. Segue: agências reguladoras e políticas públicas. A criação das agências reguladoras busca superar dificuldades estruturais e técnicas do Estado na normatização e fiscalização de setores específicos da atividade econômica. Elas assumiram papel de órgãos públicos dotados de especialização, autonomia e independência. Estão incumbidas da fiscalização da atividade econômica, com poder normativo e decisório – inclusive sancionador – sobre a atividade regulada. Quanto a esse último, há dúvida análoga àquela mencionada para a atividade desempenhada pelo CADE.

O problema que surge no contexto do princípio da inafastabilidade do controle jurisdicional está associado à autonomia e à especialização técnica. Esse controle deve considerar a exigência de eficiência e deve ser exercido com base na razoabilidade do ato, que abrange *adequação* aos fins propostos; verificação do êxito dos resultados e proporcionalidade dos meios com relação aos ônus impostos aos administrados. Fora desses limites, as decisões das agências devem ser prestigiadas, sob pena de insegurança resultante da prevalência do subjetivismo judicial sobre lícitas opções do Administrador.

Esses mesmos limites coincidem com aqueles que se impõem ao Judiciário para a implantação de *políticas públicas* – programas e ações do Poder Público para atingir os objetivos fundamentais do Estado. Nesse domínio, a intervenção do Judiciário para estabelecer, direta ou indiretamente, tais diretrizes só se justifica diante de ações ou omissões desprovidas de razoabilidade. Assim, o Poder Judiciário pode aferir a conformidade das políticas públicas aos objetivos fundamentais da República Federativa do Brasil (CF, art. 3.º) e deve considerar a garantia ao «mínimo existencial» e a «reserva do possível».

52. Inafastabilidade da tutela jurisdicional e duração razoável do processo. Embora positivado no ordenamento brasileiro de forma destacada (pela adesão do Brasil ao Pacto de São José da Costa Rica, e pelo inciso LXXVIII do art. 5.º da CF, conforme redação dada pela EC 45/2004), o direito à duração razoável do processo é decorrência necessária da inafastabilidade da tutela jurisdicional. Portanto, ele não pode e nem precisa ser visto como um princípio autônomo.

Só há sentido em se falar em direito à jurisdição e ao processo se a atuação estatal – quer sob a ótica de atuação dos meios, quer sob o prisma do resultado final proporcionado – for tempestiva. De nada adiantaria garantir a apreciação de alegação de lesão a direito se esse controle não fosse tempestivo. Não haveria espaço para processo «justo» se ele fosse tardio. A intempestividade da tutela jurisdicional prejudica o escopo jurídico e o escopo social da jurisdição. Ela também afeta negativamente a igualdade na medida em que a demora tende a prejudicar os mais fragilizados sob a ótica econômica, social e cultural. Conforme apontado pela doutrina, os critérios para a identificação do lapso «razoável» para a duração de dado processo são a natureza e a complexidade da causa, o comportamento dos litigantes e do juiz e até mesmo as condições regionais ou locais.

> «Quanto às condições locais, a razoabilidade da duração pode até levar em conta dados relativos à infraestrutura de fóruns e tribunais, disponibilidade de recursos materiais e humanos; ou, mais propriamente, a carência de tudo isso. Mas essas circunstâncias devem ser vistas com reserva: se por um lado elas até podem se prestar a escusar o magistrado oficiante, por outro, elas não podem servir de justificativa para o próprio Estado porque, do contrário, a regra estaria simplesmente anulada. Portanto, é dever do Estado suprir as deficiências que sejam as causas do indevido retardamento.»

53. Processo eletrônico, acesso à Justiça e inafastabilidade. O uso de meio eletrônico na tramitação de processos, autorizado pela Lei 11.419/2006, pode contribuir para o acesso à Justiça, quer pela ampliação dos canais para ingresso em juízo, quer pela melhoria na gestão dos processos existentes, do que deveria resultar mais eficiência e celeridade. Mas é preciso considerar que a tecnologia necessária para tanto nem sempre é plena ou facilmente acessível a todos. Portanto, é preciso evitar o paradoxo consistente em que uma ferramenta pensada para superar óbices de acesso à Justiça acabe por criar novas e relevantes dificuldades, criando mais um fator de ilegítima exclusão.

A lei se preocupa com o princípio da inafastabilidade (ou do acesso) ao estatuir, por exemplo: «Quando, por motivo técnico, for inviável o uso do meio eletrônico para a realização de citação, intimação ou notificação, esses atos processuais poderão ser praticados segundo as regras ordinárias, digitalizando-se o documento físico, que deverá ser posteriormente destruído» (art. 9.º, § 2.º). De forma análoga, a lei considera a eventual indisponibilidade do sistema quando preserva prazos (art. 10, § 2.º). Mas isso não basta: eventuais falhas, oscilações ou quedas do sistema eletrônico não podem, em hipótese alguma, prejudicar o acesso à Justiça, especialmente considerando as situações de urgência, em que tais imperfeições não podem retardar a resposta estatal; caso em que será imprescindível admitir-se imediatamente o retorno ao emprego da forma física.

«No § 3.º do art. 10 está dito que «Os órgãos do Poder Judiciário deverão manter equipamentos de digitalização e de acesso à rede mundial de computadores à disposição dos interessados para distribuição de peças processuais». Contêm disposições análogas o art. 12, § 2.º, o art. 14 – que preconiza o uso preferencial de «programas com código aberto, acessíveis ininterruptamente por meio da rede mundial de computadores, priorizando-se a sua padronização» – e o art. 15.»

A ferramenta eletrônica pode também contribuir para a duração razoável do processo, que, conforme acima observado, é decorrência necessária da inafastabilidade da tutela jurisdicional (supra n. 52). Pela melhoria na gestão dos processos ela pode reduzir o tempo em que os autos ficam inertes no aguardo de algum andamento ou de decisões («tempo morto», conforme expressão empregada ocasionalmente em doutrina). Contudo, a contribuição é relativa porque o meio eletrônico não pode suprir limitações em que a intervenção do operador – seja serventuário, seja especialmente o julgador – se faz indispensável.

54. Duração razoável, metas e produtividade dos órgãos judiciais. Não obstante a norma a ditar que o processo deve durar tempo razoável, o desafio de tornar mais ágil e célere a tramitação dos processos é complexo e não pode ser superado por soluções simplistas, comprometidas com metas e sem preocupação com a justiça no caso concreto.

Antes de tudo, é preciso considerar que a justiça não se resolve em estatísticas, ainda que elas possam ser uma ferramenta útil para o diagnóstico das causas da morosidade e, portanto, para que sejam encontradas soluções. O conceito de produtividade mal se ajusta à ideia de fazer justiça porque, por mais massificadas que tenham se tornado as relações na sociedade contemporânea, atrás de cada processo ainda há pessoas de carne e osso, a reclamar dedicação e empenho para que se faça justiça naquele caso concreto. Não se pode e não se deve, em suma, aplicar à solução de controvérsias pelo Judiciário uma espécie de lógica de guerra.

Também é preciso considerar que a busca de soluções equilibradas e efetivas para problema de tal dimensão encontra hoje pouco campo nas alterações legislativas, não obstante reiteradas expectativas sobre alteração das leis processuais. É preciso considerar que parte relevante do problema da Justiça está na disponibilidade e gestão de recursos materiais e humanos; menos do que nas deficiências das regras legais. Alterações na lei processual poderão até ajudar, mas é ilusório supor que resolverão problemas estruturais. Até pelo contrário, sucessivas alterações – ainda que a pretexto de tornar mais ágil o processo – tendem a gerar instabilidade que mais prejuízos do que ganhos podem causar.

Nesse contexto, compreende-se a fixação de metas para os órgãos integrantes do Judiciário, entendidas como limites de tempo fora dos quais se reputa que a resposta estatal desatende o comando constitucional. Mas é preciso cuidado para que, a pretexto de dar resposta à sociedade, não se perca o compromisso com o exame das peculiaridades do caso concreto, e, dentro do humanamente possível, nele seja feita verdadeira justiça.

> «O controle da produtividade dos magistrados é objeto da atuação do Conselho Nacional de Justiça. Para ilustrar, o tema está inserido nas metas nacionais de nivelamento dos tribunais estabelecidas anualmente nos Encontros Nacionais do Judiciário, que reúnem representantes dos diferentes tribunais do país. As primeiras metas surgiram no Encontro de 2009 (Belo Horizonte-MG). Em 2010, vieram outras metas: julgar quantidade igual à de processos de conhecimento distribuídos em 2010 e parcela do estoque, com acompanhamento mensal; julgar todos os processos de conhecimento distribuídos até 31.12.2006 e, quanto aos processos trabalhistas, eleitorais, militares e da competência do tribunal do Júri, até 31.12.2007; reduzir em pelo menos 10% o acervo de processos na fase de cumprimento ou de execução, e em 20% o acervo de execuções fiscais, tomando-se como referência o ano de 2009; lavrar e publicar todos os acórdãos em até dez dias após a sessão de julgamento; disponibilizar mensalmente a produtividade dos magistrados no portal do tribunal, em especial a quantidade de julgamentos com e sem resolução de mérito e homologatórios de acordos, subdivididos por competência. Em 2011 vieram outras, dentre as quais a de julgar quantidade igual a de processos de conhecimento distribuídos em 2011 e parcela do estoque, com acompanhamento mensal. Outras vieram em 2012: julgar mais processos de conhecimento do que os distribuídos em 2012; julgar, até 31.12.2012, pelo menos, 80% dos processos distribuídos em 2007, no STJ. Da mesma forma ocorreu em 2013: julgar quantidade maior de processos de conhecimento do que os distribuídos em 2013; julgar, até 31.12.2013, pelo menos, 80% dos processos distribuídos em 2008, no STJ; 70%, e por aí afora. Contudo, como está dito no texto, convém indagar se todas essas metas são factíveis e se estão respaldadas em estudo de incremento proporcional de meios (materiais e humanos); ou se são apenas uma tentativa de superar os indicadores do ano anterior e de dar uma resposta formal à sociedade – formal porque desvinculada da busca da justiça. Além disso, não parece possível simplesmente estabelecer metas sem considerar as particularidades locais, como se a realidade fosse igual em toda a Federação.»

55. Princípio da inafastabilidade e denegação da tutela jurisdicional. Por mais que repute inepta a petição inicial ou improcedente o pedido, o órgão judicial não pode deixar a demanda do autor sem resposta adequada. Se não houver óbice ao julgamento do mérito (que também precisa ser devidamente explicitado, se for o caso), recusa à apreciação de pedido e respectivos desdobramentos representa violação ao princípio aqui examinado.

Se o juiz deixar de apreciar *pedido* (não exatamente as questões suscitadas nos autos, porque aí o vício é de falta de adequada *motivação*), a sentença será qualificada como *citra* ou *infra petita*, entendendo-se como tal aquela que decidiu *menos* do que foi pedido. Ela não se confunde com a sentença de improcedência, em que o pedido é apreciado mas rejeitado. No primeiro caso, eventual erro será de procedimento (*error in procedendo*) e no segundo, se houver, será de julgamento (*error in judicando*).

Sob a ótica da técnica processual, tal decisão é, antes de qualquer coisa, *omissa* e enseja embargos de declaração (CPC, art. 535, II). Se esse recurso for acolhido, em princípio restará superado o vício; se for rejeitado (na premissa de que o vício realmente existe e que persiste), terá havido violação ao princípio da inafastabilidade.

Não sendo eliminada a omissão (quer porque os embargos sejam rejeitados, quer porque não tenham sido interpostos), abrem-se, em tese, duas alternativas, consectários do princípio da inafastabilidade: ou a decisão deve ser anulada pela instância superior, para que outra seja proferida; ou, se a omissão tiver sido parcial, remanesce o que foi decidido, com abertura para a propositura de nova demanda quanto ao pedido que não foi decidido; e que, portanto, não está sujeito à imutabilidade da coisa julgada material.

A solução depende do alcance da omissão: tratando-se de pedidos autônomos, em princípio a omissão sobre um deles não impede a remessa da parte para uma nova demanda. Contudo, se a omissão recai sobre pedido cujo acolhimento é antecedente lógico de outro, cumulado em ordem sucessiva, então, é caso de anulação. Essa última pode não ocorrer se o tribunal aplicar a regra do § 3.º do art. 515 do CPC e, nas condições ali previstas, apreciar diretamente o pedido não conhecido no grau de jurisdição inferior e, assim, atender ao princípio da inafastabilidade da jurisdição.

CAPÍTULO III

PRINCÍPIO DA IMPARCIALIDADE

56. Imparcialidade e jurisdição. Conforme resulta do conceito de jurisdição, dele é elemento indissociável a *substituição* das partes pelo Estado na solução do conflito. Dizer que o juiz ou o árbitro se substituem às partes é, por outras palavras, dizer que a jurisdição está assentada na imparcialidade. Se a solução da controvérsia resulta da vontade das próprias partes (por submissão, renúncia ou transação), em termos mais rigorosos não há atividade jurisdicional. Mas quando se trata de solução por terceira pessoa, é preciso que ela seja equidistante das partes e que seu compromisso seja exclusivamente com a garantia de um processo pautado pela Constituição e pela lei; e com uma decisão final ajustada aos parâmetros do direito objetivo e com os elementos submetidos ao contraditório. Além disso, a vedação à justiça de mão própria também justifica que o Estado garanta às partes um juiz imparcial.

Embora seja correto relacionar o caráter substitutivo da jurisdição e a imparcialidade do julgador, em termos lógicos eles são conceitos autônomos. A substituição está presente porque a controvérsia é resolvida pela intervenção de um terceiro, que se substitui às partes. Mas só isso não é garantia de imparcialidade, o que pode ser ilustrado nas hipóteses de processos administrativos (em que tanto uma das partes interessadas quanto o órgão julgador são a própria Administração), cujas decisões estão sujeitas ao controle jurisdicional. Vale dizer: em termos lógicos, é possível que haja substituição, mas que o terceiro (substituto) não seja – ao menos substancialmente falando – imparcial.

57. Imparcialidade e independência. A imparcialidade do juiz no processo tem como pressuposto sua *independência*, que é um dado anterior e, por assim dizer, externo ao processo. Se o juiz não é independente, sua imparcialidade no processo fica comprometida e é para preservação dessa liberdade que a Constituição Federal estabelece as garantias e as vedações constantes do art. 95, *caput* e parágrafo único.

Sem embargo dessas disposições, o problema é consideravelmente mais complexo porque a atuação dos juízes, de uma forma ou de outra, é reflexo da carga axiológica de que são portadores, fruto de sua formação e inserção social e econômica. Além disso, juízes de todos os graus estão expostos ao julgamento e à cobrança por diferentes segmentos da sociedade. Em especial, é preciso atenção com posições defendidas por – ou em – veículos de comunicação que, embora legítimas e adequadas ao convívio democrático, não devem tolher a liberdade do julgador, por mais contundentes ou rumorosas que sejam as razões que as subsidiam.

O mesmo pode ser dito de juízos ou assertivas feitas nas assim denominadas «redes sociais» que se valem da rede mundial de computadores, cujo poder de mobilização é relevante e cuja interação com os tradicionais veículos de comunicação parece ser ainda uma incógnita, até mesmo para a Imprensa. Juiz independente – e, portanto, imparcial – não julga segundo suposto *clamor popular*, mas fica apenas adstrito, como acima salientado, ao quanto debatido em contraditório e ao direito aplicável ao caso concreto, sem que isso seja negar os valores que estão à base da regra aplicável.

58. Independência e técnicas de uniformização da jurisprudência. De outra parte, a independência do juiz não chega ao ponto de impedir a adoção de técnicas pelas quais o magistrado fique vinculado a decisões proferidas por instâncias superiores, por força de hierarquia que vigora não apenas em matéria administrativa, mas também na esfera jurisdicional. Isso já ocorre em cada caso concreto, quando o tribunal conhece de recursos, por força do efeito substitutivo estabelecido no art. 512 do CPC: ainda que a decisão recorrida seja mantida, tecnicamente ela é substituída pela decisão do tribunal, que é a que passa então a vigorar. Porém, mais do que isso, juízes ficam jungidos ao teor de súmulas vinculantes (CF, art. 103-A) e de julgamentos em controle de constitucionalidade com eficácia *erga omnes* (CF, art. 102, § 2.º), sem que se possa dizer que sua independência tenha sido prejudicada.

Além disso, a independência do juiz não deve ser pretexto para que, em matéria de direito, ele deliberadamente contrarie orientação jurisprudencial firmada por tribunais para tanto competentes. Da mesma forma que o sistema, com base no conceito de «jurisprudência dominante», inibe a interposição de recursos sobre temas já pacificados (vide arts. 518, § 1.º, 544, § 4.º, II, *b*, e 557, *caput*, do CPC), afigura-se coerente que os órgãos de graus inferiores considerem a orientação firmada por instâncias superiores, notadamente as que detêm competência para uniformizar a interpretação da lei. Isso não impede que, em cada caso concreto, à luz do objeto do processo, o juiz tenha liberdade para decidir se os fatos se subsumem ao entendimento geral fixado pela jurisprudência.

59. Independência e controle (interno e externo) da Magistratura. Sob o ponto de vista estritamente jurisdicional, os atos dos juízes estão sujeitos a revisão pelo emprego de *recursos* – meios voluntários de impugnação dentro da mesma relação processual – e, eventualmente, das assim chamadas ações autônomas de impugnação. Em relação à Fazenda Púbica, há, ainda, o mecanismo do reexame necessário (CPC, art. 475, *caput*), que não é tecnicamente um recurso, mas que se presta também à revisão de decisões em determinadas hipóteses. Fala-se que os recursos *devolvem* a matéria impugnada ao conhecimento das instâncias superiores.

Mas, além do controle de seus atos jurisdicionais, os magistrados estão sujeitos a controle administrativo-disciplinar, tendo em vista os deveres jurídicos e éticos a que estão sujeitos (vide art. 35 da LC 35/1979). Nesse terreno, é comum dizer-se que o juiz deve manter comportamento irrepreensível, porque dele se exigem padrões de conduta superiores aos do homem comum, tudo para assegurar a confiança da sociedade naquele que tem o papel de julgá-la.

Tendo em vista a regra de autonomia positivada no art. 99 da CF, coube inicialmente às *corregedorias* dos tribunais o controle ético-disciplinar dos membros da Magistratura. Elas são incumbidas, em síntese, de instaurar investigações e processos administrativos disciplinares, tendentes à aplicação de sanções que podem consistir em advertência, censura, remoção compulsória, disponibilidade com vencimentos proporcionais ao tempo de serviço, aposentadoria compulsória com vencimentos proporcionais ao tempo de serviço ou demissão. Trata-se de um controle não jurisdicional porque não pretende examinar o acerto ou desacerto do convencimento do juiz, mas sim sua conduta enquanto servidor público e Magistrado; tanto na vida pública quanto na vida privada. Mas esse controle pode ser qualificado como *interno* na medida em que exercido por órgão formado a partir de membros da Justiça a cujos quadros o juiz pertence.

Além disso, com a Emenda Constitucional 45/2004, criou-se o Conselho Nacional de Justiça, (CF, art. 92, I-A), composto por representantes da magistratura nacional, membros do Ministério Público, da Advocacia e dois cidadãos de notável saber jurídico e reputação ilibada (CF, art. 103-B). Cabe ao CNJ, dentre outros, o controle do cumprimento dos deveres funcionais dos juízes (art. 103-B, § 4.º), quer de forma originária, quer mediante revisão (inciso V). Ainda que a Constituição defina o CNJ como órgão integrante do

Poder Judiciário, o controle por ele exercido – especialmente se considerada sua composição – pode ser qualificado de *externo*.

«Ao contrário do CNJ, o Conselho da Justiça Federal (CJF) não é qualificado pela Constituição como um órgão do Judiciário. A Carta da República diz que ele funciona «junto ao STJ»; o que aparentemente basta para qualificar o controle que o CJF exerce como *externo* é que referido órgão é composto por membros de diferentes tribunais (portanto, não apenas ou necessariamente do tribunal ao qual um juiz ou desembargador está vinculado, por exemplo). Ainda sobre ele, diante das atribuições exercidas por corregedorias locais e pelo Conselho Nacional de Justiça, é quando menos discutível sua atribuição em matéria disciplinar, especialmente diante da locução «supervisão administrativa» que a Constituição adotou a respeito.

Quanto ao CNJ, é até possível – diversamente do que está dito no texto acima – afirmar que se trata de controle interno, diante do argumento de que ele integra o Poder Judiciário, tal como disposto na Constituição Federal.

A assertiva de que os Conselhos exercem controle *externo* considera que eles são órgãos administrativos independentes do órgão jurisdicional ao qual o magistrado está vinculado. No caso do CNJ, em particular, ele tem composição mista, que abrange membros da Advocacia, do Ministério Público e também da sociedade; o que indica que o julgamento não é feito por pares.»

Diante da atribuição conferida às corregedorias locais e ao CNJ, há quem sustente que os órgãos podem atuar de forma concorrente. Contudo, a atuação do CNJ há que ser tida como subsidiária, isto é, ocorrer apenas diante de eventual inércia ou inoperância dos órgãos, como nos casos de eventual simulação investigatória, protelação indevida ou reconhecida incapacidade de atuação independente. E assim deve ser, não só porque ajustada à estrutura do Estado federal e à consequente autonomia administrativa dos tribunais, mas igualmente porque a coexistência de diferentes processos com idêntico objeto fere a razoabilidade. Naturalmente, o caráter subsidiário não pode, em hipótese alguma, servir de pretexto para esvaziamento da atribuição conferida ao CNJ.

Em qualquer dos casos (seja no âmbito das corregedorias ou perante o Conselho Nacional de Justiça), o controle administrativo não pode enveredar, ainda que indiretamente, para o controle jurisdicional, que é acometido exclusivamente aos tribunais, conforme regras do sistema recursal. O controle administrativo-disciplinar, desde que exercido nesses limites e sob a égide do devido processo legal, é legítimo e não infirma a independência de que deve desfrutar o magistrado. Por isso, no exercício da atividade estrita e tipicamente jurisdicional, os magistrados não apenas não estão submetidos a controle disciplinar, como não ficam sujeitos ao campo da abrangência da Lei 8.429/1992, de tal sorte que naquela esfera não é possível falar, sequer em tese, em improbidade administrativa.

60. Imparcialidade e juiz natural. Do princípio da imparcialidade se extrai o princípio do *juiz natural*, cujo conteúdo convém fixar. Modernamente, não há razão para equipará-lo à exigência de *investidura* (infra n. 120) – o que fazia sentido na perspectiva histórica do direito inglês, de aplicação de sanções pelo órgão legislativo (não por juízes), sem observância do devido processo. Presentemente, entende-se que julgamento proferido por agente não investido de jurisdição é exemplo clássico de ato inexistente, um vício que não está sujeito a qualquer tipo de preclusão. Mas, se não há tal identidade, a investidura se liga ao tema do juiz natural na medida em que, para determinar quais os órgãos aptos ao exercício da jurisdição, é preciso recorrer ao texto constitucional. Daí a correta assertiva de que, por força do princípio do juiz natural, órgãos jurisdicionais são aqueles estabelecidos pela Constituição. Há aí, portanto, uma espécie de reserva legal (ou, mais do que isso, constitucional).

Numa espécie de escalada, firmada a investidura do agente ou do órgão, do princípio do juiz natural decorre a garantia do *juiz competente*, conforme previsão contida no art. 5.º, LIII, da CF. Mas a competência aí aludida não pode ser vista sob a ótica de sua disciplina legal, que passa pelo Código de Processo Civil e chega a regras de organização judiciária. O conteúdo do princípio se limita a estabelecer que, dentre os órgãos previstos pela Constituição, suas competências são estabelecidas de forma taxativa; o que, naturalmente, implica a vigência de uma competência residual porque, pelo princípio da inafastabilidade, nenhuma alegação de lesão (ou ameaça de lesão) a direito pode ficar excluída do controle jurisdicional; menos ainda por falta de órgão competente.

No sistema brasileiro, a regra de competência originária é dos juízos singulares, de primeiro grau. Assim, tribunais – que são órgãos colegiados – têm, como regra, competência recursal, de tal sorte que sua competência originária não pode ser ampliada pelo intérprete. Sob a ótica inversa, isso quer dizer que órgãos de primeiro grau não podem exercer competências que são reservadas para os tribunais.

Finalmente, firmada a investidura e a competência (nos limites acima mencionados), o princípio do juiz natural significa óbice aos assim denominados *tribunais de exceção*. Usualmente se diz que ninguém pode ser julgado por órgão constituído após a ocorrência do fato. Embora isso seja correto, é possível ir além, para tornar mais precisa a assertiva.

Com efeito, o sistema prevê – sem qualquer mácula de inconstitucionalidade – hipóteses em que o julgamento da controvérsia fica sim sujeito a órgão cuja competência é criada não apenas após o fato, mas após a propositura da demanda. É pensar nas exceções previstas à regra da assim denominada perpetuação da competência (CPC, art. 89), quando ocorrer supressão do órgão ou, ainda, alteração de competência ditada pelo critério objetivo da matéria ou pelo critério funcional (que a lei refere como de «hierarquia»). É pensar ainda no entendimento firmado ao ensejo da EC 45/2004, na parte em que ampliou a competência da Justiça do Trabalho. Entendeu-se que apenas os feitos já sentenciados continuariam sujeitos à Justiça Comum e, portanto, todos os demais casos acabaram submetidos ao órgão estabelecido após o fato e após a propositura da demanda; inclusive nos casos em que a sentença proferida viesse a ser anulada.

Portanto, o que mais exatamente não se tolera é a criação do órgão de exceção (*ad hoc*), isto é, aquele constituído não apenas após o fato, mas em função dele, porque isso conduz a um julgamento meramente formal, cujo resultado já está de alguma forma determinado antes mesmo do processo.

61. Imparcialidade e princípio da demanda. A jurisdição, por regra, é inerte e sua movimentação depende da iniciativa do interessado (infra n. 93). Uma das justificativas para tanto, que foi amplamente destacada pela doutrina, é a preservação da imparcialidade. Trata-se do modelo acusatório, que se opõe ao inquisitivo: o órgão de cuja iniciativa resulta a instauração do processo reputa-se de alguma forma vinculado ao resultado do processo e, portanto, quem requer não julga. Isso é válido igualmente na esfera civil e nem mesmo a posterior observância do contraditório pode superar o vício de origem. Isso vale mesmo nas hipóteses de direitos indisponíveis.

Isso não significa dizer que seja vedado ao ordenamento prever que certos provimentos ou efeitos substanciais (isto é, não com eficácia meramente processual) possam ser impostos de ofício pelo magistrado; usualmente como consequência ou desdobramento de um pleito já deduzido. Havendo previsão legal, a parte não será surpreendida e tampouco se poderá dizer que o julgador terá assumido indevidamente o papel simultâneo de acusador e juiz.

62. Imparcialidade e providências de instrução determinadas de ofício. A doutrina brasileira, salvo exceções, repele a ideia segundo a qual o exercício do poder de instrução oficial, diante de prova não requerida pela parte interessada, poderia prejudicar a imparcialidade do juiz. Em síntese, entende-se que, não sendo caso de instauração do processo pelo juiz, não há como afrontar a imparcialidade porque o juiz não sabe a quem favorecerá a prova. Mas preocupação com a imparcialidade, nesse contexto, está presente na doutrina do *common law*, conquanto se reconheça que aí, jurídica e culturalmente, a relação estabelecida entre prova e iniciativa da parte seja consideravelmente diversa (mais intensa naquele sistema).

Sem embargo do entendimento dominante, a iniciativa da prova pelo juiz brasileiro, diante da inércia dos interessados, deve ter caráter subsidiário.

Apenas no contexto de desigualdades substanciais ou de direitos indisponíveis é que ela se justifica. Fora daí, iniciativa probatória deve se resolver pela ótica do ônus (CPC, art. 333), que inclusive pode ser objeto de presunções ou mesmo de regras de dispensa da prova à parte hipossuficiente (por exemplo, o art. 6.º, VIII, do Código de Defesa do Consumidor).

63. Imparcialidade: impedimento e suspeição. No plano legislativo, a garantia da imparcialidade se dá pelo estabelecimento de hipóteses de impedimento e de suspeição (CPC, arts. 134 e 135), situações nas quais há indesejável quebra da isenção esperada do órgão julgador. Diz-se que a primeira categoria seria mais grave do que a segunda, o que não deixa de encontrar respaldo no sistema: somente o impedimento do juiz é fundamento para a assim denominada ação rescisória, via excepcional para desconstituição de decisões de mérito transitadas em julgado (CPC, art. 485, II); segundo entendimento jurisprudencial, a alegação de suspeição exige outorga de mandato com poderes específicos ao advogado do requerente da exceção (excipiente), sob a pena de não conhecimento em caso de omissão.

Também se diz que o impedimento decorreria de fatores objetivos e que a suspeição estaria associada a vínculos subjetivos do magistrado com uma das partes. Isso se afigura correto quando são considerados os casos de impedimento (inclusive na hipótese do art. 136). Contudo, isso não vale em qualquer caso para a suspeição, que também pode decorrer de dados objetivos, como se dá nas hipóteses dos incisos II, III e IV do art. 135 CPC (naturalmente, desde que comprovados os fatos referidos pelas normas legais).

64. Caráter taxativo da previsão legal de impedimento e de suspeição? Diz-se ainda, em doutrina e em jurisprudência, que o rol das hipóteses de impedimento e de suspeição seria taxativo. A assertiva merece ser vista com reserva. Como visto, a imparcialidade do juiz é elemento presente no conceito de jurisdição e, em cada caso, é preciso considerar se os fatos trazidos pela parte, ainda que não exatamente previstos pelas normas legais referidas, não são comprometedores da imprescindível isenção que deve presidir o ofício do magistrado.

Não se nega que as hipóteses de impedimento e de suspeição devem ser tidas como excepcionais. Contudo, se a imparcialidade é um princípio, a norma é também um mandamento cujo conteúdo deve ser realizado na maior extensão possível. As regras dos arts. 134 e 135 não fixam expressamente um rol taxativo e, sem que se transforme a exceção em regra, aqueles preceitos legais devem ser interpretados à luz do princípio aqui mencionado.

65. Adiantamento de juízos de mérito. O momento adequado para resolução das questões de mérito e julgamento do pedido é o da sentença. Antes disso, juízos sobre o desfecho da controvérsia são indesejados, ainda que a pretexto de estimular a parte a transigir. Essa é a razão que inspira, por exemplo, a norma inscrita no inciso III do art. 134 do CPC e que gera relevantes dificuldades nos casos em que tribunais proferem julgamentos administrativos (especialmente de natureza disciplinar) e, em seguida, deparam com o mesmo objeto agora sob o enfoque jurisdicional.

De qualquer forma, é preciso considerar que a lei prevê a possibilidade de antecipação de tutela, cuja decisão – que deve necessariamente ser motivada – acabará por tratar de questões de mérito, sem que se comprometa, só por isso, a imparcialidade do julgador. Tal se justifica diante das hipóteses autorizadoras da antecipação e, principalmente, diante da ressalva de que a cognição é provisória e ainda não exauriente.

66. Imparcialidade e independência do árbitro. O árbitro é pessoa de estrita *confiança* das partes, que reputam ser pessoa idônea, independente, imparcial e tecnicamente qualificada (Lei 9.307/1996, art. 13). Por isso, a exigência de imparcialidade para ele vigora até mais rigorosa do que no processo estatal: as hipóteses de suspeição e de impedimento dos árbitros são diversas e mais abrangentes do que as dos magistrados, que são agentes estatais. O árbitro e a câmara que integra não podem manter relação de qualquer natureza com as partes, a ponto de se falar na exigência de sua «neutralidade». Para verificação desse pressuposto, os interessados devem ter acesso às informações relativas aos árbitros e que sejam pertinentes à arbitragem. O árbitro tem o dever de revelar fatos e informações que indiquem a perda (ainda que potencial) de sua imparcialidade.

67. Imparcialidade e outros partícipes do processo. A imparcialidade é exigida do juiz, mas não apenas dele. Primeiro, o atributo se exige das pessoas de cujo auxílio o magistrado dependa. Assim ocorre em relação aos serventuários, ao perito e ao intérprete (CPC, art. 138, II, II e IV) porque de nada adiantará a garantia de um juiz imparcial se sua decisão, de alguma forma, depender da contribuição de alguém que não se paute pelo mesmo princípio. Isso é particularmente relevante nos casos em que a controvérsia depende de conhecimento técnico ou científico e, portanto, enseja a assistência por perito (CPC, art. 145). Ainda que o juiz esteja autorizado a eventualmente julgar segundo regras de experiência comum ou mesmo técnica (CPC, art. 335); ainda que se repute que o juiz – por ser o «perito dos peritos» – não está adstrito às conclusões do laudo (CPC, art. 436), é fato que, nesse tipo de situação, a decisão depende de dados e de juízos trazidos pelo perito. Como dito, de nada adiantaria ter assegurada a imparcialidade do juiz, diante da constatação da parcialidade do experto.

Nessa linha de raciocínio, no caso da prova testemunhal, conquanto não se possa falar mais rigorosamente em imparcialidade da testemunha, fato é que a lei também estabelece hipóteses de impedimento e de suspeição. É certo que a lei abre margem para oitiva de pessoas marcadas por tais óbices e que consagra a regra de persuasão racional (CPC, art. 131). Contudo, também é preciso considerar que de nada adiantaria garantir a imparcialidade do julgador se o julgamento tivesse como fundamento único ou relevante as declarações prestadas por pessoa não isenta.

Já do representante do Ministério Público a lei exige imparcialidade quando atua na condição de fiscal da lei (CPC, art. 82) e, mesmo quando autor de demanda, nos casos previstos pelos incisos I a IV do art. 135 do CPC. Sem embargo da dicção legal, mais adequado seria dizer que, nesses e em quais outros casos, o representante do Ministério Público deve agir com *impessoalidade*, nos termos do art. 37 da CF. Há equívoco em supor que essa instituição aja de forma imparcial no processo. Aliás, sob o ponto de vista lógico, seria difícil conciliar essa suposta imparcialidade e a livre apreciação do objeto do processo pelo Poder Judiciário; esse sim tecnicamente imparcial.

De qualquer forma, nas hipóteses referidas pela lei o impedimento de atuação é objetivo e deve ser observado. Mas isso não quer dizer que a impessoalidade não possa ser ofendida em outras situações, quando então será dado à parte recusar a atuação do membro do Ministério Público, valendo aqui, por analogia, as considerações feitas acima acerca do suposto caráter taxativo do rol previsto pelos arts. 134 e 135 do CPC (supra n. 64).

CAPÍTULO IV

PRINCÍPIO DO CONTRADITÓRIO

68. Contraditório e processo. Da mesma forma que o caráter substitutivo é elemento conceitual de jurisdição, o contraditório é indissociável do conceito de processo (infra n. 231). Sem o contraditório o que existe é apenas procedimento, como é o caso sempre lembrado do inquérito (penal ou mesmo civil). É o contraditório – quando menos em potência – que justifica a vinculação do destinatário ao ato de poder. Como já se disse em doutrina, o contraditório decorre da exigência política de participação e dela é a expressão jurídica (Dinamarco).

Por isso o contraditório se impõe em qualquer esfera – estatal ou não – em que se exerça alguma forma de poder. Exemplos disso são as previsões contidas no art. 5.º, LV, da CF, quando menciona também o processo administrativo; e nos arts. 57 e 1.085, parágrafo único, do CC, que garantem o contraditório ao membro de associação ou sócio que se pretende seja excluído, respectivamente. Além da previsão constitucional, o contraditório é objeto da lei processual, quando estabelece o tempo, a forma e o lugar dos atos e, mais do que isso, quando disciplina as posições contidas na relação jurídica processual (poderes, sujeições, ônus, faculdades, deveres).

69. Informação e reação. É clássica a definição de contraditório segundo a qual ele consiste na ciência bilateral dos atos e termos do processo, com a possibilidade de impugnação pelas partes (Canuto Mendes de Almeida). A doutrina determinou o conteúdo do princípio que, no processo civil, traduz-se em informação *necessária* e em reação *possível*.

O contraditório é princípio que não se limita à defesa do réu, sem embargo da dicção empregada pelo inciso LV do art. 5.º da CF. O contraditório pode ser extraído da garantia da ação (CF, art. 5.º, XXXV), especialmente quando vista de forma analítica, isto é, não apenas como o direito de ingressar em juízo ou de obter um provimento de mérito; mas como o conjunto das posições jurídicas de vantagem de que desfruta o autor ao longo do processo (o que inclui o direito de provar). O princípio também pode ser extraído do direito de defesa, que é a contrapartida da ação, cujo caráter bilateral, sob essa ótica, é comumente destacado pela doutrina. Assim, autor, réu e todos os demais integrantes da relação processual (por exemplo, o assistente, o denunciado, o chamado, dentre outros) são destinatários do princípio e, quando muito, «defesa» só pode ser entendida genericamente como sustentação de determinada posição no processo. Todos eles são qualificáveis como *partes*, justamente porque em contraditório perante o juiz.

70. Informação. A ciência dada às partes é regulada pela lei processual e se traduz na *citação* – que a lei processual define como ato pelo qual se chama a juízo o réu ou interessado para que se defenda (CPC, art. 213) e pelo qual se completa a relação jurídica processual –; e na *intimação* – que, mais uma vez, a lei se encarregou de definir como ato pelo qual se dá ciência a alguém dos atos e termos do processo, para que faça ou deixe de fazer alguma coisa (CPC, art. 234).

Eventualmente a lei processual civil emprega o termo *notificação*, como ocorre no caso da ciência dada à autoridade coatora no mandado de segurança (Lei 12.016/2009, art. 7.º, I). Em sentido diverso e mais abrangente, notificação – justaposta ao vocábulo interpelação – designa medida que a lei inclui no rol das cautelares (mas que tem autonomia), pela qual se formaliza declaração de vontade e eventualmente se insta outrem a prática ou abstenção de determinada conduta (CPC, art. 873).

Para que se atenda ao contraditório, a citação, por regra, deve ser pessoal. Mas a lei processual admite que, em processos já instaurados, essa convocação seja feita na pessoa do advogado, como se dá na reconvenção (CPC, art. 316), não obstante a lei fale em «intimação» (certamente na premissa de que, como acima destacado, trata-se de ato de comunicação em relação processual já instaurada). Em certos casos, a lei admite a assim denominada citação ficta – com hora certa (CPC, art. 227) e por edital (art. 231); casos em que, havendo revelia (CPC, art. 319), o contraditório é observado mediante a nomeação de um curador especial (art. 9.º).

No caso das intimações, elas são feitas por regra na pessoa do advogado constituído nos autos uma vez que, em virtude da exigência de capacidade postulatória, é ele quem, salvo exceções, pratica os atos. Se a intimação serve para cientificação a respeito de ordem para a prática de ato pela própria parte (ou conduta da qual deva se abster), parece lógico dizer que a intimação deva mesmo ser pessoal a ela, não bastando que o seja na pessoa do advogado. Embora essa ainda possa ser considerada como regra, há, contudo, casos relevantes nos quais, embora a intimação seja para a prática de ato a cargo da parte, permite-se a intimação na pessoa do advogado. Assim ocorre no caso de reconvenção (CPC, art. 316), não obstante ela tenha natureza de ação e acarrete o ônus de contestação, cuja falta de observância, em tese, pode levar à revelia e à confissão ficta daí decorrente. Algo semelhante ocorre na intimação do advogado para responder embargos de terceiro, se o embargado já tiver procurador constituído nos autos (CPC, art. 1.050, § 3.º). Além disso, na interpretação do art. 475-J do CPC, entende a jurisprudência que a intimação para pagamento de quantia certa – obviamente a cargo da parte (sujeita inclusive ao acréscimo de multa de dez por cento) e não do advogado – é feita na pessoa desse último.

> «*De lege ferenda*, a ampliação dos casos de atos de comunicação na pessoa ou sob responsabilidade dos advogados, conquanto possa representar um encargo, deve ser vista com bons olhos: quer porque essa forma de atuação pode contribuir para agilização do sistema; quer porque ela considera a fé pública que esses profissionais devem merecer, com a devida contrapartida de responsabilidade em caso de conduta irregular. Há que se considerar, portanto, a valorização que expediente dessa ordem pode trazer para o advogado, pela ênfase à fé pública que se lhe reconheça. Assim em boa medida já ocorre nos processos arbitrais, em que as partes (por seus advogados) têm o ônus de comunicar ao adversário o teor das petições apresentadas. Esse mecanismo, somado à forma do processo eletrônico, pode realmente imprimir agilidade aos processos.»

A falta de citação do réu configura caso de inexistência do processo em relação a ele; embora o processo exista desde a propositura da demanda, numa relação jurídica linear entre autor e Estado. Fora daquela hipótese, imperfeições nos atos de comunicação são geradoras de invalidade, sujeitas, portanto, a serem sanadas pela eficácia preclusiva da coisa julgada (com a ressalva de eventual ação rescisória).

71. Segue: informação e processo eletrônico. O emprego de meio eletrônico é autorizado na comunicação de atos e na «transmissão de peças processuais», na forma da Lei 11.419/2006. Esse recurso tecnológico pode servir ao contraditório na medida em que facilite o acesso à informação pelas partes e advogados – especialmente pela atenuação da necessidade de deslocamento físico, que acarreta custo.

Mas não só pelas razões apontadas ao ensejo do exame do princípio da igualdade (infra n. 88), é preciso cuidado para que a tecnologia, paradoxalmente, não prejudique o contraditório. Deve haver controle eficiente sobre possíveis falhas da nova tecnologia, que não pode ser vista como fator de reforço de tendências restritivas ao conhecimento de recursos, por exemplo. Ademais, não se deve confundir informatização do Poder Judiciário – que eventualmente pode ser objeto de regras editadas pelos tribunais – e informatização do processo, a depender sempre de lei federal, nos termos do art. 22, I, da CF.

«O art. 5.º da Lei 11.419/2006 estabelece o ônus de consulta eletrônica ao teor da intimação feita por meio eletrônico em portal próprio e traz como consequência considerar-se a ciência automaticamente operada quando findar o prazo ali estabelecido (§ 3.º).»

72. Reação. Em se tratando de direitos *disponíveis*, a reação é mera potencialidade porque corresponde à posição processual de ônus, no contexto do assim denominado princípio dispositivo (vide infra n. 94). Sob a ótica do réu, a lei considera a hipótese de revelia (ausência de contestação regular e tempestiva) e estabelece as consequências para a falta de observância do ônus de responder (art. 319); dentre as quais a admissão de veracidade dos fatos afirmados pelo autor, assim denominada *confissão ficta* – que o sistema também considera em outras hipóteses de falta de reação da parte instada à prática de determinado ato (vide arts. 343, § 2.º, 359, 475-B, § 2.º, e 803 do CPC).

Ainda sob a ótica do réu, no caso de direitos *indisponíveis* (infra n. 96), ao contrário do que se passa no processo penal, não há – não ao menos como regra – a nomeação de defensor *ad hoc*. A solução legal é a não incidência da confissão ficta (CPC, arts. 320, II, 333, parágrafo único, I, e 351) e, portanto, a subsistência do ônus probatório quanto aos fatos alegados (porque não aceitos como verdadeiros os fatos afirmados pelo autor e não impugnados pelo réu).

«No art. 9.º do CPC, são previstas hipóteses em que o juiz deve nomear «curador especial». O escopo é preservar, dentro do possível, o contraditório. Essa nomeação não se confunde com a exigência de capacidade postulatória que, por regra, é apenas do advogado. Mas nada impede que o curador seja advogado e, portanto, exerça – ele próprio – a tarefa de defesa técnica no processo.»

A possibilidade de reação, conquanto ordinariamente submetida à iniciativa da parte, deve sempre ser efetiva. Sua forma e extensão variam, segundo a natureza e a finalidade da atividade jurisdicional realizada no processo. Trata-se de tema relacionado à extensão e à profundidade da *cognição* (infra n. 85).

Na fase de conhecimento, o contraditório – ressalvadas limitações próprias de especialidade do procedimento (infra n. 235) – é amplo, simétrico e adequado à função ali desempenhada: reconstrução dos fatos relevantes e discussão do direito aplicável para *declaração* do direito no caso concreto.

Já na fase de cumprimento e na execução (fundada em título extrajudicial), a possibilidade de reação do réu é limitada. Isso ocorre pela circunstância de que o processo aí está estruturado para a prática de atos materiais, de invasão da esfera patrimonial do devedor, para satisfação do credor – em situação de relativa desigualdade (infra n. 90). Matérias não cobertas pela eficácia preclusiva da coisa julgada (CPC, art. 474) podem ser articuladas pelo executado mediante impugnação (CPC, art. 475-L) ou por embargos do devedor (CPC, arts. 741 e 745), conforme se trate de cumprimento ou execução, respectivamente. Essas medidas têm natureza de ação de conhecimento e, com os limites indicados, permitem que o executado discuta o mérito da execução. Sem prejuízo, o contraditório também assegura que o executado, independentemente de tais medidas, articule diretamente na execução matérias cuja cognição possa ser feita de plano pelo magistrado, sem dilação probatória (usualmente matérias de ordem pública, que poderiam ser conhecidas de ofício pelo juiz). A essa última forma de intervenção convencionou-se dar o nome (impróprio) de exceção ou de objeção de pré-executividade (ou, ainda, de defesa heterotrópica).

No processo cautelar, há a possibilidade de concessão de liminar sem prévia audiência do réu; caso em que a sua reação fica diferida, mas não excluída. Além disso, o caráter sumário da cognição – que é limitada à plausibilidade da existência do direito material alegado e ao perigo da demora (infra n. 185) – se reflete na menor amplitude do contraditório. Isso é reforçado pela constatação pragmática de que a autonomia do processo cautelar está mais para uma disposição ideal do que para um dado da realidade. Isso porque, na prática, o processamento da cautelar fica restrito à apreciação do requerimento de medida liminar, e, depois disso os atos processuais e respectivo exercício do contraditório são realizados no chamado «processo principal». De todo modo, o contraditório e a possibilidade de reação que nele se contêm asseguram que (i) as decisões liminares sem prévia audiência do réu correspondam à exceção, não à regra; e (ii) as decisões liminares de natureza satisfativa (infra n. 186) e com efeitos irreversíveis não possam ser tomadas – salvo se for o caso marcadamente excepcional de ponderação de valores – sem prévia oitiva e possibilidade de reação do réu.

> «Na fase recursal, o contraditório se exerce no ato de interposição e no de resposta, que deve sempre ser facultada. No caso especial de agravo de instrumento (CPC, arts. 522 e seguintes), contudo, quando se voltar contra decisão que indeferiu liminar requerida sem prévia audiência da parte, o recurso também pode excepcionalmente ser julgado pelo tribunal sem que se tenha a resposta do réu, ainda não integrado ao processo (na premissa de que a prévia audiência seja incompatível com a utilidade da medida). Mas é preciso cautela redobrada porque, nessa hipótese, o réu terá ficado privado da possibilidade de recurso para o tribunal local, justamente porque já terá apreciado a questão. Restará ao réu apresentar elementos ao juízo de primeiro grau e, com

base neles, postular uma nova decisão, a ensejar nova devolução do tema ao tribunal, por eventual novo recurso.»

73. Contraditório e prova. De nada valeria estabelecer os princípios da inafastabilidade (supra n. 38) e do contraditório se tais postulados se limitassem à prerrogativa de alegação, sem abranger a eventual necessidade de prova do quanto se alegou. Ainda que a Constituição Federal brasileira não consagre expressamente o direito à prova, é correto entender que o direito ou poder de provar não são mais do que desdobramentos à realização da prova.

A relação entre contraditório e prova pode ser vista por diferentes ângulos, na premissa de que a efetiva participação seja assegurada.

Assim, o contraditório envolve a prerrogativa de requerer ou de propor a produção da prova. Isso exige prévio conhecimento das regras acerca de distribuição do ônus da prova, porque não há como aquilatar a necessidade da prova sem saber a quem está imputado o respectivo encargo. A prévia e clara atribuição do ônus da prova se afeiçoa ao que se convencionou chamar de *confiança legítima*, expressão do direito fundamental à segurança (art. 5.º, *caput*, da CF).

Isso não significa dizer que o juiz deva aceitar todo e qualquer pleito de prova porque, a exemplo de todo e qualquer ato processual, a prática de atos de instrução está sujeita ao interesse (infra n. 205): a prova tem por objeto fatos controvertidos, pertinentes e relevantes. Além disso, a lei exclui da prova os fatos notórios, os não controvertidos, os confessados e aqueles em favor dos quais milita uma presunção (CPC, art. 334). Ademais, é preciso existir uma relação de adequação entre o meio de prova e o fato que se pretende reconstituir. Portanto, o juiz pode limitar a prova (CPC, art. 130). Em caso de dúvida sobre a admissibilidade do pleito, será mais prudente que a prova seja admitida e produzida, preservando-se o contraditório; até porque o juiz poderá fazer eventuais correções ao ensejo da valoração.

O contraditório também deve estar presente no decorrer da produção da prova. Não basta que se dê ciência à parte de prova produzida sem sua participação (ressalva feita à formação da prova documental, por sua própria condição de ser prova pré-constituída).

O contraditório, assim, é verdadeira condição de eficácia da prova, sendo viciada tanto a prova colhida sem a presença do juiz, quanto a colhida sem a presença das partes. Por essa razão que se diz que, em princípio, não possuem eficácia probatória os elementos informativos se tiverem sido colhidos sem a possibilidade efetiva e real de participação dos interessados na produção daquela prova, ou seja, os sujeitos que podem sofrer os efeitos do provimento a ser editado no processo.

Isso tem particular importância em matéria de prova pericial, na qual o contraditório se aperfeiçoa pela possibilidade da participação de assistentes técnicos (CPC, arts. 429 e 433, parágrafo único). Esse é o motivo pelo qual as partes devem ser previamente informadas da data e local da perícia (CPC, art. 431-A). Com isso evitam-se diligências e atos secretos, permitindo-se que as partes e seus assistentes participem, diretamente, da produção da prova.

Esse mesmo direito de participação existe no que diz respeito à produção da prova oral. No decorrer da colheita, a parte pode exercer o seu direito de formular questionamentos, impedir sejam feitas perguntas inadequadas ou impertinentes, e até mesmo, eventualmente, oferecer contradita à testemunha. Poderá, portanto, participar, diretamente, da produção da prova e, assim, influenciar o seu resultado.

> «Daí porque se a testemunha eventualmente tiver prestado declarações anteriormente, em outro processo, não bastará que o juiz se limite a indagar se aquela ratifica o que dissera antes; não ao menos como pretexto para impedir eventual e completa reinquirição com a efetiva observância do contraditório.»

Naturalmente, o fato de participar da produção ou da colheita da prova (no caso de prova oral) não afasta a necessidade de se facultar às partes manifestação sobre o resultado da atividade probatória.

74. Contraditório: defesa técnica e autodefesa. No processo penal, entende-se que a defesa técnica – a cargo do advogado – e a autodefesa – que consiste na participação direta da parte – são vertentes que integram o contraditório, tendo a segunda delas especial importância na fase de colheita da prova. Lá se entende que a autodefesa engloba o *direito de audiência* e o *direito de presença*. O primeiro deles se traduz na defesa que o acusado exerce ao ensejo do interrogatório; o segundo se materializa com a imediação entre réu e juiz na instrução. Já no processo civil, a defesa costuma ser vista apenas sob o primeiro daqueles enfoques. Nele, o depoimento pessoal não tem a mesma conotação de defesa não técnica que tem o interrogatório, consistindo apenas em ônus da parte – cuja falta de observância pode levar ao fenômeno da confissão ficta.

Não obstante os sistemas sejam realmente distintos, em comum entre ambos, nesse particular, há a circunstância de que a parte é efetivamente quem possui melhores condições para fornecer ao advogado as informações necessárias para a mais adequada e completa colheita da prova; com especial ênfase para a prova oral. Da mesma forma que ocorre no processo penal, o contraditório envolve a coordenação entre a atuação da parte e de seu advogado. Isso quer dizer que, embora a presença da parte não seja obrigatória nas audiências, ela é desejável e conveniente, inclusive sob o ângulo de eventual solução da controvérsia mediante autocomposição. Além disso, se houver intenção de tomada de depoimento pessoal, a intimação há que ser prévia, para que a parte possa ter adequado, prévio e reservado contato com seu procurador, não sendo tolerável que seja tomada de surpresa com sua intimação, na própria audiência, com a imediata colheita do depoimento.

75. Contraditório e direito a recurso. O texto constitucional (CF, art. 5.º, LV) refere-se ao conteúdo do princípio como abrangente dos «meios e *recursos* a ele inerentes». Daí, contudo, não se pode extrair o direito a recurso, termo empregado de forma genérica pela CF – e não especificamente como meio voluntário pelo qual se postula a anulação ou reforma de uma decisão, dentro da relação processual em que editada (conceito estrito de recurso).

Da mesma forma, dali não se pode extrair o assim denominado *duplo grau de jurisdição*, que não foi positivado na Constituição e que nem mesmo nas origens históricas integra a ideia de devido processo legal. Tampouco é possível extrair da garantia da inafastabilidade da tutela jurisdicional o direito ao recurso. O que faz a Constituição é assegurar a competência originária e recursal dos tribunais Superiores e dos Tribunais Regionais Federais. Isso quer dizer que a disciplina dos recursos – e, portanto, do duplo grau – está situada no plano das regras, legais ou até mesmo constitucionais, mas não dos princípios. É preciso, portanto, verificar a adequação dessas regras aos princípios do direito processual.

Além disso, é preciso considerar que se a existência de recursos – e especialmente o efeito suspensivo de que possam ser portadores – pode retardar a consecução do escopo social (eliminação da controvérsia), de outro lado ela é ferramenta a serviço do escopo jurídico da jurisdição. Portanto, a existência de recursos – sem que possa ser erigida propriamente à condição de um princípio – é desejável para aperfeiçoamento do sistema.

> «Para ilustrar, não se poderia reputar inconstitucional uma regra que limitasse o cabimento do recurso de apelação às questões de direito, excluídas as questões de fato. Regra dessa natureza não inviabilizaria os escopos da jurisdição e, de forma coerente, não seria inconciliável com os princípios do direito processual, com a extensão e conteúdo aqui estabelecidos. Mas coisa diversa seria saber se alteração dessa ordem seria desejável para o sistema e para a realidade brasileira.
>
> Outro exemplo: poder-se-ia indagar se o Legislador estaria autorizado a reduzir o prazo do recurso de apelação para três dias, em nome do escopo social, a pretexto de que isso poderia tornar mais ágil o processo. Nesse caso, a avaliação a ser feita seria a seguinte: firmada a premissa de que a lei estabelece o recurso, há razão plausível e compatível com o princípio do contraditório para redução dessa ordem? A redução seria idônea a atingir o objetivo de tornar mais célere a prestação jurisdicional?»

76. Contraditório e dever de colaboração (ou de cooperação). A disciplina legal do contraditório se dá pelo estabelecimento das posições resultantes da relação processual, que é a expressão da exigência política de participação, própria do convívio democrático. Sob a ótica da reação possível, o princípio deve ser visto no contexto do princípio dispositivo, que confere às partes o ônus de alegação e prova dos fatos objeto do processo e da controvérsia. Nesse ambiente, é no mínimo discutível – não de hoje, certamente – falar-se em dever de colaboração das partes; não ao menos como derrogação das garantias da ação, da defesa e do contraditório.

A colaboração, portanto, não é exatamente um princípio processual, mas corresponde a uma forma de compreender o contraditório. Concebido como método de investigação dialética da verdade, o princípio não deve ser reduzido a mero postulado formal, que se esgota na observância da audiência bilateral. A ênfase ao caráter público do processo – com maior intervenção do juiz (notadamente em matéria de poderes de instrução) – confere ao contraditório destaque como «diálogo» na formação do juízo. Nesse contexto, a colaboração das partes surge como consequência natural da nova dimensão do papel reservado ao órgão judicial. Com esse conteúdo – que não pode e não deve se desvirtuar em justificativa para proliferação de sanções por litigância de má-fé – é que pode ser aceita a ideia de colaboração. Sob essa ótica, o diálogo travado entre as partes e o juiz contribui para uma decisão mais aperfeiçoada, na medida em que favorece um juízo mais aberto e ponderado. Isso acaba por relacionar contraditório e resultado do processo.

77. Contraditório e lealdade processual. A lealdade processual, não obstante sua relevância, não pode ser tida como princípio processual. Ela está associada à ideia de abuso de direito: a exigência de litigância proba funciona como limite – que vigora de um modo geral para as posições jurídicas de vantagem – ao exercício da ação e da defesa; e, portanto, ao contraditório.

Não há dúvida de que o processo é instrumento a serviço do Estado, para consecução de objetivos que, antes de tudo, são seus (atuação do direito objetivo, pacificação e afirmação do poder estatal, dentre outros). Daí a necessidade de que todos os sujeitos da relação processual ajam com dignidade compatível com o caráter público do processo. Contudo, é preciso considerar que esse último, por sua estrutura dialética, é infenso a uma disciplina «moralista» do comportamento da parte, de quem não se pode exigir que forneça elementos desfavoráveis a si e favoráveis ao adversário; o que, conforme bem observado na doutrina, seria um dever fadado ao descumprimento e tendente a prejudicar a parte mais honesta (Liebman).

«É interessante observar que, no processo penal – também ele instrumento estatal com marcante presença de componente ético – a ênfase para a defesa do demandado, sem propriamente autorizar que se proceda de forma contrária ao direito, afasta a cogitação de situações caracterizadoras de litigância de má-fé; ou mesmo da presença de um dever de colaboração. Mas, se a preponderância do contraditório sobre a exigência de lealdade e de colaboração resulta da indisponibilidade do direito substancial (no caso do direito penal, a liberdade), então, seria lícito excluir ou mitigar tais deveres nos processos civis que versam direitos indisponíveis? Lembre-se de que justamente neles não prevalece a técnica do ônus processual.»

Assim, a repressão às eventuais violações ao dever de lealdade (CPC, arts. 16/18) deve ser vista com equilíbrio e ponderação. Um sistema excessivamente calcado em sanções (mesmo que pecuniárias) dirigidas à contenção de litigância de má-fé (que não se presume) pode enveredar para indireta – mas não menos grave – limitação à garantia do contraditório. Mesmo o argumento da consolidação de jurisprudência dominante – ao ensejo de recurso interposto contra essa orientação prevalecente – deve ser visto com um grão de sal. É que a uniformidade no entendimento dos tribunais não significa sua petrificação e, portanto, a possível revisão de entendimentos depende, diante da inércia que preside a atuação dos órgãos jurisdicionais, da iniciativa das partes (que, no caso de recursos, traduz-se em inconformismo). Para uniformização de teses válidas para casos que se repetem nos tribunais, a lei processual dispõe de mecanismos de racionalização – quer pelo ângulo da tutela coletiva (Lei da Ação Popular, Lei da Ação Civil Pública, Código de Defesa do Consumidor), quer pelo ângulo da tutela individual (CPC, arts. 285-A, 543-B e 543-C, dentre outros).

78. Contraditório e formação do convencimento das partes. A perspectiva do princípio do contraditório como fator de legitimação do provimento está, por seus próprios termos, centrada na solução a ser adjudicada às partes; sem, portanto, considerar solução que, a respeito de uma dada controvérsia, possa se originar delas próprias. Assim, quando se fala em ciência bilateral dos atos e termos do processo, com a possibilidade de impugnação, pensa-se em intervenção voltada à formação do convencimento do juiz; ou, mais amplamente, de quem deva – na esfera estatal ou fora dela – proferir decisões resultantes do exercício de alguma forma de poder.

Mas em matéria de prova – relevante projeção do contraditório – o princípio pode e deve ganhar dimensão diversa, para se dirigir à formação do convencimento das partes, acerca de suas chances de êxito, quer na propositura de uma demanda, quer na resistência a uma dada pretensão. Assim, o contraditório não deve apenas assegurar a produção da prova dentro do processo declaratório (como elemento que prepara o julgamento estatal), mas deve assegurá-la antes daquele momento. O contraditório deixa de ser apenas a ciência bilateral dos atos e termos do processo, com a possibilidade de impugnação. Ele passa a ser também a possibilidade de ciência, pelos interessados, dos fatos relevantes no âmbito de dada controvérsia e da correspondente prova disponível (ou passível de se constituir, de um lado ou de outro da controvérsia), para formação de seu próprio convencimento. Essa perspectiva está ajustada não exatamente ao escopo jurídico da jurisdição, mas a seu escopo social, porque a ciência das partes acerca daqueles elementos pode contribuir de forma relevante para soluções de autocomposição. Isso ocorre mediante a antecipação da prova, sem limitação a situações em que haja perigo da demora.

79. Contraditório e motivação. Embora a Constituição Federal seja explícita quanto à exigência de motivação das decisões judiciais (art. 93, IX), é possível simplesmente extraí-la do princípio do contraditório. Com efeito, de nada adiantaria afirmar, por um lado, que as partes devem ter ciência e possibilidade de contribuir para a formação do convencimento judicial se, de outro, não houvesse o dever do Estado de considerar e dar adequada resposta às alegações e provas apresentadas; ainda que para não as acolher.

Da mesma forma que o contraditório pode ser extraído da garantia da ação (supra n. 39), a motivação também pode ser daí extraída, ao menos em alguma medida: novamente, de nada adiantaria assegurar o ingresso em juízo se, em contrapartida, não houvesse o dever de apreciar os pedidos e respectivos fundamentos deduzidos pelo autor e, sob a ótica do demandado, de considerar os argumentos defensivos (ainda que, novamente, para rejeitá-los). Em sentido negativo, o contraditório garante, em contrapartida, que o juiz fique limitado ao objeto do processo, tal qual posto pelo autor, uma vez que é dele – fatos, fundamento jurídico e pedido – que o réu se defende.

80. Contraditório, motivação e persuasão racional. De forma análoga, não é correto erigir a persuasão racional – também chamada eventualmente de *livre convencimento motivado* – à condição de princípio do direito processual. Segundo tal postulado, positivado pelo art. 131 do CPC, o juiz tem liberdade para formar seu convencimento. Ele não está adstrito a peso ou tarifa deste ou daquele meio de prova. Contudo, essa liberdade é limitada porque, no tocante aos fatos e à prova, ela deve considerar elementos submetidos ao contraditório, por força do objeto do processo (delimitado pelo autor) e do objeto da controvérsia (a depender da resistência oposta pelo réu). Tal conteúdo, no entanto, já decorre do princípio da inafastabilidade da tutela jurisdicional e do princípio do contraditório.

A adstrição do juiz aos elementos contidos nos autos, como dito, é assegurada pelo contraditório, que deve ser observado mesmo quando se trate de matéria que, conquanto não agitada pelas partes, possa ser conhecida de ofício pelo juiz. Isso também exclui motivação que pudesse resultar de convicção íntima não declarada pelo magistrado. Além disso, a exclusão da assim denominada «prova legal» encontra exceções no sistema, quer quando ele pretende privar eficácia probatória – por exemplo, no caso de prova ilícita (CF, art. 5.º, LVI) ou de limitação à prova testemunhal (CPC, art. 401); quer quando busca estabelecê-la – como no caso da «prova plena» feita pela escritura pública, quando essa forma for exigida como requisito de validade do negócio jurídico (CC, art. 108).

81. Motivação *ad relationem*. Também referida como *per relationem*, esse modo de motivar consiste em se reportar o juiz aos fundamentos adotados em outra decisão. Há pelo menos duas situações possíveis.

Uma delas está prevista pelo art. 285-A do CPC, ao admitir seja reproduzida sentença anteriormente prolatada, quando «a matéria for unicamente de direito e no juízo já houver sido proferida sentença de total improcedência em outros casos idênticos». Nesse caso, não se trata de motivação fundada na mera referência a precedentes (no caso, do próprio órgão prolator), mas de decisão fundada na premissa de que o objeto do processo se identifica com o de outros casos já decididos (infra n. 211). Nessa hipótese, desde que efetivamente exista a *similitude* reclamada pela norma, não há afronta à exigência de motivação.

Do que se cogita, nesse caso, seria afronta ao princípio do contraditório porque a lei autoriza o indeferimento da inicial, com julgamento do mérito, sem a prévia citação do réu. Mas essa violação não ocorre na medida em que a sentença é favorável ao réu e, portanto, qualquer subsídio que pudesse trazer em defesa não seria apto a gerar situação mais favorável do que aquela estabelecida pela sentença (de total improcedência).

Outra situação de motivação *ad relationem* é aquela na qual o órgão competente para julgamento do recurso adota como razão de decidir os fundamentos encampados pela decisão recorrida. Ela tem previsão em regimentos internos de alguns tribunais (por exemplo, o art. 252 do Regimento Interno do Tribunal de Justiça do Estado de São Paulo, que autoriza ao relator de recurso «limitar-se a ratificar os fundamentos da decisão recorrida, quando, suficientemente motivada, houver de mantê-la»), mas não se ajusta à garantia do contraditório: se o recurso impugna os fundamentos da decisão recorrida (e, caso não o faça, ele será inepto por vício formal), essa impugnação não pode ficar sem resposta. Portanto, não é viável que razões da decisão recorrida prevaleçam sem que sejam apreciados os fundamentos pelos quais o recorrente as combateu. Em suma, referido expediente esvazia a função de controle – interno e também externo – que a exigência de motivação (desdobramento do contraditório) contém.

82. Contraditório e igualdade. Sob a égide da Constituição Federal precedente, diante da omissão do texto, parte da doutrina pretendeu extrair a garantia do contraditório no processo civil a partir do postulado da igualdade. Contudo, superada a omissão pelo texto vigente, não há mais sentido ou razão para buscar referida identidade. Embora contraditório e igualdade estejam relacionados, eles têm conteúdo diverso.

Em tese, é possível suprimir igualmente o contraditório, como ocorre, para ilustrar, no caso de decisão colegiada tomada sem prévia intimação das partes para defesa oral, quando cabível. Também é possível preservar o contraditório diante de tratamento desigual, pela própria natureza da atividade realizada no processo, como ocorre, em certa medida, na execução ou cumprimento de sentença. Em determinadas circunstâncias, o tratamento desigual é condição para que o contraditório seja efetivamente observado. Tal é o que ocorre quando se dá prazo diferenciado às partes, como nas hipóteses dos arts. 188 e 191 do CPC.

Tanto os princípios são diversos que, embora em caráter excepcional, o contraditório pode ser postergado em nome da preservação da igualdade processual, um dos escopos que pode ser associado à técnica das medidas cautelares (vide infra n. 185).

83. O juiz e o contraditório. O juiz deverá fazer observar o contraditório de sorte a evitar decisões que tomem a parte de surpresa, na esteira do art. 16 do CPC francês e, de forma semelhante, do art. 278, III, do Código alemão. Ainda que ele possa conhecer de dada matéria de ofício, deve previamente abrir oportunidade de manifestação às partes, de modo a assegurar o diálogo e o debate (supra n. 76). Fala-se, em «direção material» do processo pelo juiz.

Isso é particularmente importante num sistema jurídico no qual há uma gama considerável de matérias que podem ser conhecidas de ofício pelo juiz; ao que se dá o nome de *objeções* (infra n. 220). Isso não ocorre apenas em matéria processual, mas também substancial, como se passa na disciplina das relações de consumo, quanto às práticas abusivas (Lei 8.078/1990, art. 51), que devem ser pronunciadas de ofício pelo juiz. E, em matéria processual, a exigência não se aplica apenas aos temas das condições da ação e dos pressupostos processuais, mas também em matéria probatória: quer quanto a eventual inversão da regra legal de distribuição do ônus da prova, quer se o juiz pretender determinar alguma providência de instrução não requerida pelas partes (CPC, art. 130).

Ao ouvir previamente as partes, não há quebra de imparcialidade (supra n. 62), na premissa de que o juiz considerará os argumentos das partes ao decidir. Nesses termos, é preferível que, embora inclinado a tomar esta ou aquela decisão (o que não se pode negar porque, do contrário, não haveria sentido na prévia oitiva), o juiz dê oportunidade de os interessados atuarem de forma útil sobre a formação do convencimento judicial.

84. Derrogação ao princípio. O contraditório, como foi dito acima, legitima o provimento e justifica a vinculação dos destinatários ao ato resultante do exercício de poder. Ele não pode ser suprimido, embora se admita possa ser postergado, nos casos em que não haja tempo útil para a citação do réu (sem que ocorra o perecimento do direito alegado pelo autor) ou nos quais a prévia citação possa levar à ineficácia da decisão. Nesses casos, no âmbito da tutela de urgência (cautelar e antecipada), o juiz pode decidir provisoriamente sem a prévia audiência da outra parte.

Conquanto medidas liminares sejam frequentemente concedidas *inaudita altera parte*, não é demasiado lembrar que essa é a exceção, e não a regra. No caso de antecipação de tutela – em que se cogita da produção antecipada de efeitos substanciais da sentença de mérito – o § 2.º do art. 273 do CPC, atento ao princípio do contraditório, veda a concessão quando houver «perigo de irreversibilidade do provimento antecipado». A eventual superação desse óbice pode, conforme doutrina majoritária, ocorrer excepcionalmente, pela ponderação de valores (proporcionalidade).

Em se tratando de providência de instrução ordenada de ofício pelo magistrado, é inviável que ela seja executada sem prévia audiência das partes; ou mesmo de uma delas. Nem mesmo a pretexto de buscar a assim denominada verdade real pode o magistrado realizar inspeção judicial (CPC, arts. 440/443); ou determinar vistoria a ser realizada por perito; ou ainda por oficial de justiça (essa para efeito de possível formação de prova). É que o exercício do poder de determinar prova de ofício – que já deve ser considerado com cautela e limites, pelas implicações em relação à imparcialidade (supra n. 62) – não pode chegar ao ponto de o juiz se tornar verdadeiro protagonista do litígio que vai julgar. Tal conduta daria ao ato um caráter secreto que é incompatível com o contraditório e com a publicidade.

85. Contraditório e limites de cognição. O princípio do contraditório está relacionado ao tema da *cognição*. A plenitude do contraditório corresponde à cognição sem prévia limitação quanto à extensão (objeto) ou à profundidade (dilação probatória). Sempre com a ressalva de processo de cognição ampla e exaustiva, o sistema pode eventualmente limitar a cognição – e, portanto, o contraditório. Isso ocorre, por exemplo, em extensão, no processo de desapropriação e de conversão de separação em divórcio; em profundidade, no processo de inventário e de mandado de segurança.

A concentração dos atos, com maior ênfase para a oralidade, não configura, por si só, limite ao contraditório ou à profundidade da cognição. Tanto o procedimento sumário quanto o sumaríssimo (Lei 9.099/1995), em tese, comportam prova pericial, por exemplo. Portanto, é um equívoco dizer que é livre a adoção (ou conversão) do procedimento ordinário no lugar do sumário a pretexto de que aquele comportaria maior amplitude de defesa. Nem mesmo a possibilidade de conversão prevista pelo § 5.º do art. 277 do CPC prova em contrário porque o que ali ocorre é que a complexidade da prova não se afeiçoa à concentração dos atos em audiência e prejudica a racionalidade que ali o Legislador pretendeu criar. Ao estabelecer diferentes modelos procedimentais, o legislador leva em conta elementos que dizem respeito ao próprio exercício da função jurisdicional, de tal sorte que prevalece o argumento da cogência das correspondentes regras legais, as quais escapam ao poder de disposição das partes. Essa indisponibilidade é ainda um aspecto da tipicidade do procedimento (infra n. 237).

86. Princípio do contraditório no Código Civil. A referência do Código Civil ao contraditório – a demonstrar que o princípio atua em esferas de poder não estatal – aparece em diferentes oportunidades.

Na exclusão de membro de associação, o art. 57 só a admite diante de justa causa «assim reconhecida em procedimento que assegure direito de defesa e de recurso, nos termos previstos no estatuto». Regra análoga está inscrita no art. 1.085, ao tratar da possibilidade de exclusão de sócio minoritário mediante alteração do contrato social, a ser determinada em reunião ou assembleia «especialmente convocada para esse fim, ciente o acusado em tempo hábil para permitir seu comparecimento e o exercício de defesa» (parágrafo único). Nessas duas hipóteses, a possibilidade de a exclusão ser feita de forma extrajudicial não retira interesse de agir para pedido de exclusão judicial; inclusive porque isso se afina com o espírito das normas, quando consagram o princípio do contraditório.

> «As mencionadas regras convidam a refletir sobre a relação entre contraditório efetivo e atuação imparcial de terceiro. Embora a possibilidade de defesa seja assegurada nessas situações, a perda da *affectio* entre sócios – no contexto em que uma maioria pretende a exclusão de uma minoria – impossibilita julgamento imparcial das razões expostas pelo sócio cuja exclusão se pretende. Em termos mais rigorosos, talvez nem de impessoalidade se pudesse falar, dada a existência de um conflito entre as partes. Nessa medida, o contraditório que se exerce, em termos realistas, não vai além da possibilidade formal de exposição de razões contrárias à exclusão. Nesse contexto, a função real da «defesa» que se assegura não vai além da explicitação e do registro formal dos termos da controvérsia entre as partes. Pode até ser que essa formalização tenha alguma relevância ou utilidade nos desdobramentos (inclusive judiciais) do ato de

exclusão. Mas daí a se qualificar a prerrogativa aberta ao sócio cuja exclusão se pretende como autêntica «defesa» vai uma distância razoável.»

Ao disciplinar o seguro obrigatório, determina o art. 788 que o segurador demandado pelo terceiro prejudicado não poderá alegar exceção do contrato não cumprido pelo segurado, «sem promover a citação deste para integrar o contraditório». A preocupação aí não está exatamente na garantia da defesa, porque o segurado não poderia ficar vinculado por decisão (menos ainda pelos respectivos fundamentos) proferida entre outrem, diante dos limites subjetivos da coisa julgada (CPC, art. 472, aí sim inspirado no princípio do contraditório). O que se busca é a resolução mais completa do litígio, evitando-se comandos eventualmente conflitantes a respeito de uma relação unitária.

Há, ainda, hipóteses em que o Código Civil não explicitou a garantia do contraditório, mas nas quais os dispositivos legais só podem ser interpretados à luz desse princípio. No caso do parágrafo único do art. 404, só se pode entender que a concessão de «indenização suplementar» – diante da insuficiência dos juros de mora para cobrir os prejuízos – seja, antes de tudo, objeto de pedido (ainda que eventual). Só assim poderá o réu exercer o direito de defesa em relação a tal provimento. Portanto, não é possível tomar-se de surpresa o demandado, impingindo-lhe condenação não pedida e, pior, sobre a qual não houve adequado debate (infra n. 97, princípio da demanda). Outro exemplo está no art. 1.573, que, ao tratar das causas de impossibilidade de comunhão de vida, arrola motivos para o pedido de separação judicial (hoje apenas divórcio) e finaliza estatuindo que o juiz «poderá considerar outros fatos que tornem evidente a impossibilidade da vida em comum». A regra deve ser entendida como norma de encerramento, diante da impossibilidade de o Legislador prever todos os fatos que possam caracterizar o caráter inviável da vida em comum; mas nunca sob o ângulo processual, que supostamente autorizaria o juiz a julgar fora da causa de pedir e, portanto, sem proporcionar ao réu o adequado exercício do contraditório.

87. Contraditório e atuação de organizações privadas. O ordenamento jurídico reserva papel ativo a diferentes organizações civis privadas, na colaboração com órgãos públicos para a tutela de determinadas categorias de direitos. É o que ocorre em matéria de *consumo*, *ambiental* ou até *eleitoral*, para ilustrar. Nesse contexto, é razoável invocar o princípio do contraditório sempre que a atuação dessas entidades possa representar alguma forma de acusação ou de imputação, apta a colocar em risco o nome ou o patrimônio de outrem (por exemplo, dos fornecedores, nas relações com consumidores).

Tal se dá diante da constatação pragmática de que tais entidades exercem *pressão* com diferentes graus de eficácia, que podem levar a publicidade negativa, ou a boicotes, ou a condutas mais assertivas, quiçá até violentas (a ponto de algumas delas serem verdadeiramente temidas); o que pode ser potencializado pela capacidade de difusão de informações das ferramentas próprias da rede mundial de comunicação e respectivas redes sociais.

Há aí uma inequívoca forma de *poder* que conta com o respaldo, ainda que indireto, do Estado (na medida em que permita e até estimule a atuação de tais entidades). O escopo de tal atuação é o de influir no convencimento e comportamento das pessoas. Portanto, tais órgãos, ainda que privados, estão sujeitos à assim chamada regra de *objetividade*, isto é, a informação divulgada deve ser verídica, equidistante, clara e passível de verificação e confirmação. E a observância do contraditório pode se prestar a garantir tal regra e a impedir que informações equivocadas sejam indevida ou prematuramente divulgadas.

Idênticas razões inspiram a incidência do contraditório em relação aos meios de comunicação de um modo geral. Para ilustrar, lembre-se a regra inserta no Código de Ética dos Jornalistas Brasileiros, segundo a qual o jornalista, «ressalvadas as especificidades da assessoria de imprensa», deve «ouvir sempre, antes da divulgação dos fatos, o maior número de pessoas e instituições envolvidas em uma cobertura jornalística, principalmente aquelas que são objeto de acusações não suficientemente demonstradas ou verificadas». Afinal de contas, a atuação da mídia contribui de forma relevante para a formação da opinião e tem poder de influência e de persuasão.

> «Neste terreno, a exemplo do que foi feito no tópico precedente, é preciso refletir sobre a relação entre contraditório efetivo e atuação imparcial de terceiro. Embora a imparcialidade das entidades aqui mencionadas não seja legalmente garantida, não é possível simplesmente colocá-las no mesmo patamar dos sócios que pretendem a exclusão de outro(s) porque, nessa situação, o conflito entre as partes é o fato justificador da convocação para a «defesa». No caso das entidades acima referidas, se não há um dever de imparcialidade, a natureza da função impõe quando menos atuação de forma impessoal. Os argumentos expostos pelo interessado devem ser levados em conta e eventual indiferença da entidade a esse respeito pode, conforme cada caso, ser razão para obstar a divulgação de dados ou de conclusões. Portanto, aqui – diferentemente do que se dá no campo societário ou associativo – há verdadeiro sentido em se exigir o contraditório.»

CAPÍTULO V

PRINCÍPIO DA IGUALDADE

88. Igualdade e escopos da jurisdição. A Constituição Federal estabelece que todos são iguais perante a lei (art. 5.º, *caput* e I) e, mais do que isso, inclui dentre os «objetivos fundamentais» da República o de «reduzir as desigualdades sociais e regionais» (art. 3.º, III). A igualdade está ligada ao conceito de dignidade da pessoa humana, que a Constituição trata como direito fundamental, a partir do qual se reconhece a existência de sujeitos dotados de autodeterminação, cuja integridade – sob todos os ângulos – é merecedora de idêntico respeito, a impedir sua marginalização.

A igualdade é usualmente considerada em duas dimensões: a formal e a real. É preciso considerar que a função da lei, no mais das vezes, é exatamente a de discriminar pessoas e situações, restando apenas saber se o critério de discriminação é, ou não, compatível com a ordem constitucional (e, portanto, com a dignidade da pessoa humana). Isso tudo se reflete no processo, que é instrumento de uma das formas de atuação do poder estatal. Portanto, para delimitação correta do princípio é preciso, antes de tudo, considerar o conteúdo e os escopos da jurisdição, que não se confundem com os objetivos das atividades desenvolvidas pelo Legislativo e pela Administração.

Embora a regra segundo a qual todos são iguais perante a lei se aplique em todas as esferas de poder, cada uma delas atua segundo os limites da função desempenhada. Ao Judiciário, por regra, compete promover a pacificação social mediante a atuação do direito objetivo em casos concretos, por provocação do interessado. Portanto, esse é o primeiro e mais relevante parâmetro para exame do princípio da igualdade na seara processual.

89. Igualdade e acesso à Justiça. Uma forma de tratar da igualdade é considerá-la *antes, durante* e *depois* do processo. Sob o primeiro desses prismas é preciso considerar que, no plano material, há desigualdades reais, que não se limitam a variações de natureza social, econômica e cultural. Juridicamente, há diferenças entre as pessoas: há pessoas físicas e jurídicas; dentre as pessoas jurídicas, há aquelas de direito público e as de direito privado; dentre as de direito privado, há associações sem fins lucrativos, há sociedades de estrutura relativamente simples e outras mais complexas. Pelo princípio da igualdade, a todos, sem exceção, deve ser proporcionado acesso ao Poder Judiciário, pela superação dos eventuais óbices à consecução dessa tarefa.

O sistema dispõe de diferentes mecanismos tendentes a restabelecer fragilidades no plano que precede o ingresso em juízo, para que o acesso à Justiça não reste uma promessa vazia. Dentre eles, destacam-se a assistência jurídica (CF, art. 5.º, LXXIV), a assistência judiciária (Lei 1.060/1950) e os Juizados Especiais (Leis 9.099/1995, 10.259/2001 e 12.153/2009). No exercício do direito de ação e de defesa – visto em perspectiva analítica (como somatória das posições jurídicas de vantagem de autor e réu ao longo do processo) – o que o sistema deseja é, tanto quanto possível, o que a doutrina qualifica como «*paridade de armas*».

«Embora nem sempre seja feita, convém ressalvar a diferença – encontrada em parte da doutrina – entre "acesso à Justiça" e "acesso à justiça". A primeira expressão designa o fenômeno mais restrito – conquanto não menos relevante – de ingresso no Poder Judiciário. A segunda expressão, sem embargo do uso da letra minúscula para "justiça", presta-se a designar fenômeno mais abrangente, não limitado ao ato de instauração do processo, mas ao complexo de posições que o integram e, mais do que isso, à ideia de "processo justo", conforme anteriormente exposto ao ensejo do tema da garantia da inafastabilidade e da tutela jurisdicional (supra n. 43).

A propósito, observe-se que a Constituição Federal adotou terminologia mais refinada do que a Lei 1.060/1950, o que indica espectro de proteção mais amplo a partir de 1988: enquanto a última assegura assistência meramente «judiciária» (ou seja, restrita ao momento posterior à instauração formal da controvérsia mediante a propositura do processo), a primeira afiança que, antes da litispendência, os necessitados de assistência «jurídica» possam receber adequado aconselhamento, o que contribui para a igualdade em fase prévia ao processo.»

90. Igualdade na relação jurídica processual. O art. 125, I, do CPC estabelece que, na direção do processo, compete ao juiz «assegurar às partes igualdade de tratamento». Contudo, antes disso – e como ocorre de modo geral no plano legislativo – a lei processual considera que as partes são desiguais e, justamente por isso, estabelece disciplina tendente à prevalência da igualdade real. Mais uma vez (supra n. 88), a questão é saber se o critério de discriminação eleito pela lei processual é, ou não, compatível com os valores consagrados no plano constitucional.

Em matéria de *competência*, são diversos os casos em que se dá a prerrogativa de demandar ou de ser demandado no foro de seu próprio domicílio, como forma de tratar desigualmente sujeitos em situações desiguais. Isso ocorre, apenas para ilustrar, em favor do incapaz (CPC, art. 98); da mulher nos processos de separação, divórcio ou anulação de casamento (CPC, art. 100, I); do credor de alimentos (CPC, art. 100, II); do consumidor (CDC, art. 101, I) e da pessoa idosa (Lei 10.741/2003, art. 80).

Em se tratando de *prazos* (infra n. 247), tratamento diferenciado (mais benéfico) é dispensado à Fazenda Pública (CPC, arts. 188 e 475, *caput*), ao Ministério Público (CPC, art. 188) e aos litigantes com procuradores diferentes (CPC, art. 191). Embora de forma um tanto diversa, mas de modo que pretende interferir sobre o *tempo* do processo, há casos em que a lei estabelece prioridade para o julgamento de determinados processos – como ocorre nos casos de mandado de segurança (Lei 12.016/2009, arts. 7.º, § 4.º, e 20) – ou pessoas (como é, novamente, o caso dos idosos, conforme art. 71 da Lei 10.741/2003).

Além disso, a discriminação pode residir na própria atividade jurisdicional, ainda que isso ocorra por razões originadas no direito material. Tal é o que, em alguma medida, ocorre diante da desigualdade que existe entre credor e devedor na execução ou no cumprimento de sentença. Nesses casos, embora o executado possa exercer o contraditório, a desigualdade entre as partes reside na circunstância de que o credor é portador de título executivo, que encerra elevada probabilidade (faz presumir) quanto à existência de direito a determinada prestação. Daí porque o processo de execução (ou cumprimento) é composto de atos tendentes à satisfação do exequente, que se apresenta como credor.

Em matéria de prova, a lei autoriza que o juiz trate desigualmente as partes quando permite a assim (impropriamente) denominada inversão do ônus da prova em favor do consumidor (CDC, art. 6.º, VIII).

91. Igualdade e processo eletrônico. O uso de meio eletrônico na tramitação de processos, autorizado pela Lei 11.419/2006, foi concebido para incorporar as vantagens do avanço tecnológico à administração dos processos submetidos ao Poder Judiciário, de sorte a lhe conferir maior racionalidade e celeridade. Contudo, é preciso considerar que o acesso à tecnologia, em país de notórias discrepâncias econômicas e sociais, não é uniforme entre os jurisdicionados. Assim, não obstante as vantagens que a tecnologia oferece, a aplicação dos dispositivos que disciplinam a matéria há que considerar as desigualdades substanciais, sem potencializá-las – quer por favorecer apenas determinados sujeitos (por exemplo, a Fazenda Pública); quer por dificultar o acesso à Justiça dos que não dispõem de tais recursos com maior facilidade, quer simplesmente por priorizar o andamento dos processos eletrônicos em detrimento dos que ainda eventualmente ostentem forma física.

> «A alusão a eventual favorecimento a determinados sujeitos – dentre os quais a Fazenda Pública – é justificada, por exemplo, pela constatação de que se deu primazia ao emprego de tal ferramenta nas execuções fiscais.»

92. Igualdade e resultado do processo. Ao ensejo dos assim denominados princípios «informativos» do processo, observações críticas foram feitas ao princípio jurídico, quando relaciona processo a igualdade e justiça (supra n. 37). Tais considerações ficam aqui reiteradas. O escopo social do processo é o de pacificação. Mas esse resultado, no âmbito do Poder Judiciário, deve ser obtido mediante a atuação da vontade do direito objetivo (com a expressa ressalva de que o direito não se limita à norma positivada na lei).

Sendo assim, o resultado justo deve ser considerado como aquele que é fruto da observância dos princípios regentes do direito processual, conforme aqui examinado, e que, tanto quanto possível, seja fiel aos fatos efetivamente ocorridos e aos desígnios do direito material. Não é missão do Poder Judiciário o restabelecimento de desigualdades reais, salvo se isso decorrer do direito material a ser aplicado pelo juiz e for o objeto do processo, em concreto.

Por isso é que o conceito de tutela jurisdicional (supra n. 39) não se limita ao *resultado* do processo, mas envolve os *meios* empregados para tanto: o caráter «justo e équo» do processo reside primeiramente nos meios e, apenas indiretamente, no resultado, que apenas surge como consequência da observância dos princípios que regem o exercício do poder na esfera jurisdicional. Só assim se pode qualificar de «équo» o resultado do processo.

CAPÍTULO VI

PRINCÍPIO DA AÇÃO OU DA DEMANDA

93. Inércia da jurisdição e iniciativa do interessado. Pode soar paradoxal, à primeira vista, que o mesmo Estado que editou regras gerais e abstratas – pela atividade legislativa – dependa da iniciativa do interessado para atuá-las em concreto, caso não observadas; e que, portanto, os juízes não possam e não devam tomar a iniciativa de dar início à atividade jurisdicional – sob essa ótica, função complementar à legislativa. Por outras palavras, se é escopo da jurisdição atuar, em concreto, normas que o Estado antes editara de forma geral e abstrata, então parece difícil conciliar a inércia da jurisdição com referido objetivo.

Mas a inércia se explica, antes de tudo, porque o escopo jurídico convive com o escopo social: o Estado não quer atuar o direito objetivo em concreto como atividade que teria fim nela própria, mas se vale dessa atuação para atingir outro escopo, que é o de eliminação da controvérsia e consequente pacificação social (supra n. 32). Assim, a busca do escopo social impõe que o Estado busque superar – e não fomentar – controvérsias e que, portanto, somente se disponha a atuar o direito objetivo em concreto se aquela outra finalidade puder ser atingida. É essa ligação com os escopos da jurisdição que sugere seja a inércia da jurisdição tratada como um princípio (se visto esse como elemento nuclear ou viga mestra do sistema) – que também se traduz na locução princípio da ação ou da demanda.

Isso ocorre mesmo nas situações de direitos indisponíveis, dentre outras razões, porque indisponibilidade não se confunde com impossibilidade de superação eventual da controvérsia por atuação de seus protagonistas. Portanto, não é possível simplesmente desvincular o escopo de pacificação dos direitos indisponíveis, como se neles supostamente a atuação do direito estivesse acima da busca de eliminação de uma controvérsia.

94. Princípio da demanda e (o assim denominado) princípio dispositivo. Com base nas premissas acima fixadas, o sistema processual está fundado no seguinte postulado: é ônus do interessado invocar o exercício da jurisdição, mediante o exercício do poder ou direito de ação, do qual resulta a prática de um ato – o primeiro do processo – que é chamado de demanda. Dessa forma, é vedado ao juiz proceder de ofício para tal finalidade. Além de decorrer da correta conjugação dos escopos jurídico e social, o preceito está expresso – embora de diferentes maneiras – nas regras dos arts. 2.º, 128, 262, 293 e 460 do CPC. Dele decorre, portanto, um ônus de alegação que, indo além, traduz-se no encargo de exposição de fatos, de fundamentos jurídicos – que compõem a chamada *causa de pedir* – e de um ou mais pedidos.

> «A relação entre os conceitos de ação e demanda explica o porquê de ora se falar em princípio da ação, ora em princípio da demanda. Essa variação voltará a aparecer em outros tópicos, por exemplo, quando se tratar do exame dos *elementos identificadores da ação* ou, até mais corretamente da demanda (porque esses elementos são aferidos a partir de um ato concreto de invocação da tutela jurisdicional, que é justamente a demanda). Não se fala, contudo, em «condições da demanda», mas em *condições da ação* porque aí se pensa não no ato que inaugura o processo, mas no direito ou poder de invocar a tutela jurisdicional e na sua relação com o direito material alegado pelo autor (vide infra n. 191).»

A circunstância de o princípio da demanda estar associado à figura de um ônus de alegação explica a sinonímia aceita por parte da doutrina entre ele e o assim denominado *princípio dispositivo*. Por essa expressão se designa o ônus dos interessados de alegação e prova dos fatos dos quais possam extrair consequências favoráveis no processo. Esse encargo vigora tanto para o autor quanto para o réu, inclusive para as pessoas jurídicas de direito público. Assim, se por um lado o demandante tem o *ônus* de romper a inércia da jurisdição, de afirmar e de alegar (expondo fatos, fundamentos jurídicos e deduzindo pedido), por outro lado, o demandado tem o *ônus de* responder; se não o exercer, será considerado revel e poderá se sujeitar aos seus efeitos (art. 319 do CPC).

Mas considerando que a ruptura da inércia da jurisdição – por essência e por tratamento legal – está submetida a regime parcialmente diverso das alegações que se seguem no curso do processo, adota-se a distinção: reserva-se a locução *princípio da demanda* apenas para designar o ônus de invocação da tutela jurisdicional – ele sim um autêntico princípio e não apenas uma regra processual (como é o «princípio» dispositivo). O ônus associado ao princípio da demanda não convive com qualquer poder do juiz, justamente porque ele não deve agir de ofício. Já os ônus associados ao princípio dispositivo – notadamente em matéria de prova – devem ser vistos no confronto com os *poderes* do juiz.

95. Segue: impulso oficial. Não obstante seja certo que o processo civil comece por iniciativa do interessado, vige a regra de que ele se desenvolve por impulso oficial (CPC, art. 262, parte final). Ela não infirma o princípio e se justifica diante da circunstância de que a ação – quando vista de forma analítica – não se resume ao ato inicial de instauração do processo, mas engloba todas as posições jurídicas de vantagem do autor, até que o objeto do processo seja adequadamente enfrentado. Além disso, tanto o escopo social quanto o jurídico justificam que o processo, uma vez instaurado por iniciativa da parte interessada, siga por impulso do Estado, também interessado na solução da controvérsia. Isso explica por que os poderes do juiz – inclusive em matéria probatória – convivem com os ônus das partes, no ambiente do (assim denominado) princípio dispositivo.

Contudo, é justamente o convívio de posições jurídicas que explica situações nas quais prevalece o encargo da parte na tomada de determinada providência; cuja inércia impede o prosseguimento do processo. Somente dessa forma – pelo convívio entre a regra de impulso oficial e ônus a cargo das partes – é possível entender as hipóteses previstas pelos incisos II e III do art. 267 do CPC, que tratam da extinção anormal do processo (isto é, sem resolução do mérito) quando «parado durante mais de um ano por negligência das partes» ou em caso de o autor «abandonar a causa por mais de trinta (30) dias».

Hipóteses de ônus cuja falta de observância pode impedir o prosseguimento do processo, apesar do impulso oficial, estão no recolhimento de preparo inicial (CPC, art. 257) e recursal (CPC, art. 511); e de recusa do autor à emenda da petição inicial (CPC, arts. 283 e 295), inclusive quanto à inclusão de litisconsorte necessário (CPC, art. 47, parágrafo único).

> «Outro exemplo bem ilustra o confronto entre impulso oficial e ônus inerentes ao princípio dispositivo. Pode ocorrer que, depois de o perito apresentar o laudo pericial, a parte requerente da perícia se recuse ao pagamento (normalmente, sob a forma de complemento) dos honorários do experto – dentre outras razões possíveis, provavelmente pelo resultado desfavorável do laudo. Nesse caso, o juiz não deve extinguir o processo sem julgamento do mérito, mas ordenar seu prosseguimento. Fica dúvida sobre se deve ordenar que a prova – encargo do requerente recalcitrante – deve ser excluída do processo e o mérito julgado sem esse elemento; ou se o laudo deve remanescer, remetendo-se o perito para a cobrança do valor devido por vias próprias.»

96. Disponibilidade e indisponibilidade. A menção ao «princípio dispositivo» (que não é mais do que uma regra, diversamente do *princípio* da demanda) remete à ideia de *disponibilidade*. Direito disponível é aquele cujo exercício, ou não, fica ao exclusivo critério do respectivo titular; que, como resulta da locução, dele pode abrir mão, parcial ou totalmente. A disponibilidade deve ser considerada primeiramente no plano material do ordenamento. É nesse que, conforme a relevância do valor tutelado, há casos em que não se permite que o titular disponha de determinado direito. Isso ocorre, por exemplo, nos direitos fundamentais (que se alicerçam na dignidade da pessoa humana), nos direitos da personalidade e nos direitos relacionados ao estado e capacidade das pessoas.

O art. 222 do CPC, embora em contexto particularizado (trata das hipóteses nas quais não se admite a citação pelo correio), contém um bom indicativo de causas que envolvem direitos indisponíveis: as «ações de estado», de que são exemplos o divórcio, a interdição e os processos cujo objeto seja a guarda de incapazes e o pátrio poder; os processos que envolvem interesses de incapazes; e aqueles em que é parte pessoa de direito público. Nessa última hipótese, a indisponibilidade deve ser vista com reservas: é preciso considerar a diversidade entre interesse público primário e secundário (infra n. 108) e considerar que tais pessoas têm seus próprios defensores.

Não obstante a autonomia da relação jurídica processual – que não se confunde com a relação material (diversa por seus sujeitos, seu objeto e seus pressupostos), a indisponibilidade vigente no plano substancial repercute no processo, considerando o caráter instrumental desse último. A primeira das posições jurídicas dessa relação é justamente o poder ou direito de *ação*. Para ilustrar o raciocínio, lembre-se que, no âmbito penal, em razão da natureza de suas normas materiais, a regra é a da indisponibilidade da ação: diante de um fato típico, a regra – ditada pela indisponibilidade do direito material – é a de que não há margem de escolha para o titular da ação penal (pública), isto é, o Ministério Público.

> «O que pode ocorrer é que o titular da ação penal não se convença da existência de elementos suficientes para a instauração do processo e que, dessa forma, requeira o arquivamento dos autos do inquérito, destinado justamente à colheita de elementos para formar o convencimento do órgão acusador. Mas, independentemente disso, mesmo no direito penal, a indisponibilidade da ação, como corolário da indisponibilidade do direito material respectivo, não é absoluta no nosso ordenamento, que admite a transação penal e a suspensão condicional do processo (Lei 9.099/1995, arts. 2.º, 60, parágrafo único, e 89; Código Penal, arts. 77 e seguintes).»

Já na esfera civil, são mais escassas – e com origens diversas – as hipóteses de indisponibilidade, a impor o correspondente exercício do poder ou direito de ação.

A atuação do Ministério Público na defesa dos interesses sociais e individuais indisponíveis (CF, art. 127, *caput)* se dá mediante o exercício da ação civil pública, destinada à tutela do patrimônio público e social, do meio ambiente e de outros interesses difusos e coletivos (CF, art. 129, III). Nos casos em que a defesa de interesses coletivos (em sentido amplo), está a cargo de associação legitimada, a indisponibilidade justifica a regra contida no art. 5.º, § 3.º, da Lei 7.347/1985: em caso de «desistência infundada ou abandono da ação», o Ministério Público ou outro legitimado assumirá o polo ativo. Regra análoga, pelas mesmas razões, consta do art. 9.º da Lei 4.717/1965, quanto à ação popular.

Mas a indisponibilidade não é absoluta: para além da possibilidade de arquivamento dos autos do inquérito civil, tal como ocorre na esfera penal (Lei 7.347/1985, art. 9.º), a lei prevê a possibilidade da celebração de compromisso de ajustamento de conduta, que acaba por ter contornos de transação (art. 5.º, § 6.º). A possibilidade de transação também aparece na legislação extravagante: por exemplo, os arts. 85 e 86 da Lei 12.529/2011 tratam do assim denominado compromisso de cessação de prática e do «acordo de leniência».

Algo semelhante ocorre em relação às pessoas jurídicas de direito público, por força da indisponibilidade do patrimônio público que incorporam. Em relação a elas, a possibilidade de transação não está totalmente excluída, mas depende de expressa autorização legislativa.

No terreno dos direitos individuais, a indisponibilidade do direito material pode acarretar o caráter necessário do processo. Isso quer dizer que a produção de determinados efeitos jurídicos só pode ocorrer no ambiente processual, mediante intervenção do Judiciário. É o que acontece nos casos de estado e capacidade das pessoas, nas hipóteses de interdição (CPC, arts. 1.177/1.186) e suspensão ou perda do poder familiar (CC, arts. 1.635, V, e 1.638), dentre outros. Isso também se dá nos casos de improbidade administrativa, quando a sanção consiste em suspensão de direitos políticos (Lei 8.429/1992, art. 12), a qual não pode ser imposta senão mediante o processo. Mas isso não significa que não possam as partes transigir, desde que preservados os valores que o direito material buscou tutelar.

Com efeito, o caráter indisponível do direito não deve ser confundido com impossibilidade de transação, isto é, de solução por autocomposição, mediante concessões recíprocas (admitida pelo ordenamento, com limites, até na esfera penal). Boa ilustração disso está na redação do art. 331 do CPC: alterada que fora pela Lei 8.952/1994 – que se referia à designação de audiência na condição de que os direitos fossem «disponíveis» – sua redação foi novamente modificada pela Lei 10.444/2002, que corretamente passou a falar em «direitos que admitam a transação».

Além de repercutir sobre o poder ou direito de ação, a indisponibilidade do direito material interfere com a disciplina dos ônus processuais. Conforme já observado ao ensejo do princípio do contraditório (vide supra n. 72), a inércia da parte não autoriza – ao menos em princípio – a presunção de veracidade dos fatos alegados pela parte adversária (confissão ficta), conforme resulta das regras dos arts. 320, II, 302, II, e 351 do CPC.

97. Segue: princípio dispositivo e matérias que o juiz pode e deve conhecer de ofício. A atribuição do ônus de alegação às partes não significa dizer que o conhecimento do juiz fica invariavelmente condicionado a essa iniciativa. Assim, há matérias reputadas de «ordem pública» que o juiz pode e deve conhecer de ofício, sobre as quais não se opera a preclusão (ressalvados os limites impostos pelo sistema ao conhecimento de recursos para os tribunais superiores, que não julgam fatos, mas apenas direito). Essas matérias podem ser afetas ao processo (lembrando-se que esse é instrumento para consecução de objetivos que, antes de tudo, são do Estado) e também à relação de direito material. Elas são chamadas de *objeções*, por oposição às *exceções*, que dependem de alegação da parte interessada (infra n. 220).

No plano substancial, detecta-se tendência de ampliação do rol de matérias que o juiz pode e deve conhecer de ofício, inclusive no âmbito das obrigações e dos contratos – o que pode ser constatado tanto no Código de Defesa do Consumidor quanto no Código Civil. Assim, dizer que o juiz tem maiores poderes para conhecer de ofício certas matérias; ou que tem poderes para investigar determinados fatos de forma ampla e não limitada à iniciativa das partes envolvidas; ou, ainda, que tem poderes para decidir de forma a modificar, rever ou integrar o conteúdo dos atos praticados pelas partes, tudo isso significa reconhecer que razões de ordem pública impõem a atenuação – ou até mesmo a exclusão – do princípio dispositivo. Por outras palavras, a indisponibilidade estabelecida no plano material se projeta no processo e, nessa medida, a atuação do juiz deve buscar preservar os valores tutelados naquele plano do ordenamento.

> «O parágrafo único do art. 2.035 do Código Civil, encartado nas disposições "finais e transitórias", após ressalvar a aplicação do novo diploma aos atos constituídos antes da vigência do Código, mas cujos efeitos se produzam após esse momento, estabelece que "Nenhuma convenção prevalecerá se contrariar preceitos de ordem pública, tais como os estabelecidos por este Código para assegurar a função social da propriedade e dos contratos". De forma análoga são as disposições dos arts. 421 – ao dispor que a liberdade de contratar será exercida "em razão e nos limites da função social do contrato" – e 422 – ao estatuir que os contratantes são obrigados a guardar, assim na conclusão do contrato, como em sua execução, "os princípios de probidade e boa-fé".»

A amplitude das matérias passíveis de conhecimento de ofício pelo magistrado não deve ficar divorciada do princípio do contraditório (supra n. 83). Assim, suposto tratar-se de matéria que possa ser conhecida de ofício, o juiz deve fazer valer o postulado, ouvindo as partes a propósito do tema, dando-lhes a oportunidade de expor suas razões a respeito e, nessa medida, de contribuir para formar a convicção do julgador; e, antes disso, para sua própria, de sorte a que possam eventualmente reavaliar suas chances de êxito ou de derrota (supra n. 78).

98. Desdobramentos do princípio da demanda. Se o autor tem o ônus de romper a inércia da jurisdição, isso quer dizer que é ele quem determina o objeto do processo, aqui entendido como o pedido deduzido, à luz da respectiva causa de pedir. Então, para que o princípio seja efetivo, dele decorre a seguinte e necessária consequência: o juiz deve julgar nos limites do objeto do processo delimitado pelo autor (CPC, art. 460) – o que se costuma designar como regra de adstrição ou de congruência ou, ainda, de adstrição. Como consequência, os pedidos devem ser interpretados de forma estrita, isto é, não extensiva (CPC, art. 293). Isso se aplica também em matéria recursal porque, pelas mesmas razões e ao menos em princípio, devolve-se ao tribunal o que foi objeto de impugnação (CPC, art. 515). Isso não quer dizer que o exercício do recurso represente novo exercício do poder ou direito de ação, que se limita à ruptura da jurisdição em seu grau originário.

Para o réu – se e quando restrito a essa posição – não vigora o princípio que está ligado à ruptura da inércia da jurisdição, a cargo do autor. Diz-se que tecnicamente o réu não pede, mas simplesmente impede. Ainda: tecnicamente, pedido não se confunde com *requerimentos*, que são pleitos feitos no curso do processo. O pedido, em termos estritos, é a invocação do provimento jurisdicional e o bem da vida correspondente (pedido imediato e mediato). Se vencedor, o réu obtém a rejeição do pedido do autor, isto é, a improcedência do pedido ou da demanda (o que vem expresso em sentença de natureza meramente declaratória). Mas é possível que o réu deduza autêntico pedido. Isso ocorre nas hipóteses de reconvenção, de pedido contraposto e nas assim denominadas ações dúplices (nas quais a defesa do demandado pode constituir automaticamente formulação de pedido em benefício próprio). Nesses casos, o princípio da demanda se aplica ao réu porque assume a posição de autor.

99. Princípio da demanda e outros princípios. O postulado segundo o qual é ônus do interessado romper a inércia da jurisdição pode ser tido como verdadeiro princípio, se e quando entendido esse último como elemento que alicerça um determinado sistema. Já sob a ótica da teoria dos princípios anteriormente lembrada, o postulado mais se aproxima de verdadeira *regra*, porque sua aplicação se dá por subsunção, numa operação lógica de «tudo ou nada» (vide supra n. 33).

De qualquer modo, o preceito está efetivamente ligado a verdadeiros princípios, em relação aos quais – quando menos e para argumentar – ele atua de forma instrumental.

Assim ocorre quanto ao princípio da imparcialidade: se o juiz instaurasse o processo de ofício haveria o risco de se vincular, ainda que de forma inconsciente, ao resultado. Prevalece, portanto, o modelo *acusatório*, que se opõe ao *inquisitivo*: no primeiro, quem dá inicio ao processo não julga porque não tem a necessária isenção para tanto. E, dessa forma, a atribuição ao interessado do ônus de ruptura da inércia da jurisdição é forma de garantir a imparcialidade do juiz. Também assim ocorre em relação ao princípio do contraditório: se o juiz deferisse o que não lhe foi pedido, tomaria a parte de surpresa, subtraindo-lhe a possibilidade de adequada manifestação. O demandado exerce a defesa nos limites do objeto do processo (pedido e respectiva causa de pedir).

100. Segue: (aparentes) exceções. Precisamente porque o ônus de ruptura da inércia da jurisdição – seja ou não ele próprio um princípio – está atrelado a outros postulados que inegavelmente merecem esse *status*, é preciso cautela com a admissão de exceções, que devem estar devidamente justificadas.

Uma delas ocorre nos casos do deferimento de ofício do *habeas corpus* (que, embora escasso na prática, em tese é admissível na esfera civil, em se tratando de prisão por dívida de alimentos, única hipótese na qual ainda subsiste esse tipo de meio de coerção para cumprimento de obrigações civis). Mas nesse caso – que talvez nem pudesse ser tido como verdadeira exceção, porque o afastamento da constrição integra a defesa que o devedor de alimentos eventualmente apresenta – o que justifica a providência é a tutela da liberdade de locomoção. Sob o ângulo dos princípios, poder-se-ia quiçá dizer que, no conflito, a ponderação leva à prevalência do direito de ir e vir.

Outro exemplo é o da instauração do *processo de inventário* (CPC, art. 989). Contudo, ainda que a lei confira natureza contenciosa a esse processo (opção que teve em mira a formação de coisa julgada material da sentença que julgar a partilha ou adjudicação), seu objeto (ao menos inicialmente) não acarreta tomada de posição do juiz que possa comprometer sua imparcialidade. A mera instauração do processo de inventário não significa, para o juiz, tomar partido em prol do interesse de um dado herdeiro ou de credor do espólio (os quais poderão defender seus interesses a partir de quando forem intimados); nem a assumir posição de «parte», inclusive pela circunstância de que à instauração de ofício seguir-se-á necessariamente a nomeação de inventariante (CPC, art. 990). Convém lembrar que, entre nós, permite-se que o inventário seja celebrado extrajudicialmente e formalizado por escritura pública, desde que todos os interessados sejam capazes, estejam concordes e não haja disposições testamentárias (CPC, art. 982); o que reforça ainda mais o caráter ordinariamente não contencioso da providência (e, portanto, a inexistência de quebra da imparcialidade pelo juiz que instaure o inventário em sede judicial).

No caso da execução trabalhista (CLT, art. 878), considerando-se que ela corresponde ao cumprimento do que foi decidido no processo (ou fase) de conhecimento, e que ali o juiz presumivelmente julgou nos limites do objeto do processo definido pelo autor, então não há propriamente uma exceção. Raciocínio análogo pode ser feito quando, para cumprimento de decisões, o juiz impõe de ofício medidas coercitivas (ou «de apoio»), tendentes a pressionar o devedor ao adimplemento voluntário (CPC, arts. 461, §§ 4.º, 5.º e 6.º, e 461-A do CPC).

Afora esses casos, é preciso considerar se alguma outra aparente exceção não é, em realidade, caso de *pedido implícito*. Ilustram o conceito: a imposição de juros legais (CPC, art. 293) e correção monetária; a regra do art. 290 do CPC (inclusão de prestações vincendas no curso do processo, mesmo sem pedido expresso); e a imposição das verbas decorrentes da assim denominada sucumbência (ou que, mais precisamente decorrem da causalidade), conforme art. 20 do CPC. Nesses casos, não se trata sequer de exceção ao princípio da demanda porque pedido da parte existe; o que ocorre é que a lei se encarrega de agregar outro pleito àquele que foi expresso e que desse se entende ser consequência – sem que isso afronte a regra do art. 293 do CPC (que dita interpretação estrita do pedido).

> «Na jurisprudência, eventualmente são também considerados implícitos (de forma discutível), os seguintes pedidos: a) o de alimentos, na ação de separação e na posse e guarda de filhos menores; b) o de rescisão do contrato, quando se pede a reintegração da posse que resulta daquele ato; c) o de cancelamento do registro, quando há pedido de rescisão de compromisso de venda e compra e reintegração na posse; d) a alteração do registro civil, no caso de procedência de investigação de paternidade; e e) nulidade de partilha, se procedente pedido de investigação de paternidade e petição de herança.»

CAPÍTULO VII

PRINCÍPIO DA PUBLICIDADE

101. Conteúdo do princípio. A publicidade do processo significa liberdade de acesso, a qualquer pessoa do povo, aos atos que integram o procedimento (incluindo as dependências em que se realizam), assim como à respectiva documentação. Dele decorre a prerrogativa de obter certidões ou cópias dos atos e termos dos processos (o que pode ser qualificado como publicidade indireta). O postulado – que norteia também a Administração (CF, art. 37, *caput*) e que é condição para a vigência da lei (Decreto-lei 4.657/1942, art. 1.º) – está consagrado, relativamente ao processo, no texto constitucional (CF, art. 93, IX). Ele também é objeto de regra legal (CPC, art. 155).

Conforme usualmente destacado pela doutrina, sua finalidade é a de proporcionar o conhecimento e a fiscalização dos atos praticados pelos sujeitos do processo e, sob essa ótica, ele pode ser também visto como projeção do *direito à informação* (CF, art. 5.º, XIV). Embora não seja usual, a publicidade – na medida em que é universal – também pode ser relacionada à ideia de *impessoalidade*. Isso pode ser encarado sob dois prismas: de um lado, os dados do processo não pertencem às partes, mas à generalidade dos cidadãos, indistintamente; de outro, a publicidade se dirige a toda e qualquer pessoa, independentemente de vantagem ou interesse direto ou indireto. O interesse está na ciência do modo pelo qual se praticam os atos estatais.

Para além de sua expressa inserção constitucional, e embora ele possa ser concebido como autêntico princípio (na medida em que se ajusta à estrutura e ao modo de aplicação de normas de tal natureza), forçoso reconhecer que o postulado, em termos mais rigorosos, tem mais a função de proporcionar controle externo («popular») do que finalidade autônoma e interna no processo. Com efeito, reputar-se que a publicidade seria forma de proporcionar a adequada reação dos destinatários da decisão judicial seria confundi-la com o princípio do contraditório, que a tanto basta. Assim, o direito à informação que se possa associar à publicidade só pode ser entendido como prerrogativa de terceiros, e não exatamente das partes, que já estão em contraditório perante o juiz. O mesmo pode ser dito em relação à transparência: o que obsta decisões secretas e arbitrárias em relação às partes é o princípio do contraditório e seus corolários.

Ademais, a publicidade – na medida em que afasta a prática secreta de atos processuais – é fator que contribui para a imparcialidade dos julgamentos; e, portanto, também atua para que outro princípio seja efetivado.

Mesmo nos casos em que a CF admite a limitação à publicidade (infra n. 103), não é correto – embora seja usual – falar-se em publicidade limitada às partes. «Publicidade» em relação às partes não é o que mais restritamente se deve entender pelo vocábulo. Repita-se: informação para a parte é dado indissociável do contraditório e não decorre da publicidade.

> «O exemplo da entrega simultânea de alegações finais por meio de memoriais (CPC, art. 454, § 3.º), e que geraria um ato secreto porque impediria – como de fato impede – manifestação final do réu sobre as alegações do autor, não ofende a publicidade, mas sim o contraditório. Esse expediente, conquanto violador desse princípio, é prática reiterada no foro, quiçá pelo lamentável e generalizado descrédito que aludida manifestação acaba tendo como fator menos relevante na formação do convencimento do julgador.»

102. Publicidade e veículos de comunicação de massa. Uma das formas mais relevantes da publicidade (mediata) é a divulgação do conteúdo de processos judiciais pelos meios de comunicação de massa. Não há a menor dúvida de sua relevância para a (verdadeira) função da publicidade, que é a de propiciar fiscalização popular e controle externo, por vias e nos limites adequados ao exercício da atividade jurisdicional. Daí a doutrina falar, nessa matéria, em *regra de objetividade*, segundo a qual é preciso considerar o interesse público da informação a ser divulgada, além da veracidade e a exatidão da informação veiculada, resultantes de isenção do veículo que faz a divulgação.

É natural que, quanto maior o grau de exposição dos atos praticados em processos judiciais, maior o juízo crítico expressado por esses veículos (por editoriais ou por matérias identificadas); tanto mais quando se trata de assunto de repercussão, potencializada pelas «redes sociais» que se valem da internet. Considerados os limites da tutela da honra objetiva e subjetiva pelo ordenamento, fenômeno dessa ordem é legítimo. Contudo, é preciso cuidado para que ele não prejudique a independência do magistrado (vide supra n. 57).

«Para a finalidade apontada no texto, há inclusive um canal estatal, denominado TV Justiça. Mas ao ensejo da menção a esse canal de comunicação, convém fazer uma distinção: as considerações feitas acima se referem à publicidade mediata, isto é, à divulgação de atos do processo, que são relatados depois de ocorridos. Mas, além disso, o Poder Judiciário dispõe de canais que propiciam acesso direto – por televisão ou internet – a sessões de julgamento. Isso ocorre com as sessões do Supremo Tribunal Federal e do Tribunal Superior Eleitoral (TV Justiça) e, no Estado de São Paulo, com as sessões do Órgão Especial do Tribunal de Justiça (internet). Como essa forma de divulgação apanha o exato momento de realização do ato, ela pode ser considerada direta ou imediata, ainda que não haja a presença física nas dependências do Judiciário. De um lado, essa divulgação pode ser vantajosa porque, ao dispensar a intermediação de quem relata o fato, garante a qualidade e a fidelidade da informação e abre ao expectador a formação de seus próprios juízos. De outro lado, ainda está por ser mais adequadamente estudada eventual repercussão negativa que exposição dessa ordem pode ter sobre o conteúdo dos julgamentos colegiados.»

103. Limites à publicidade. Nos termos da redação dada ao inciso IX do art. 93 da CF pela EC 45/2004, o Legislador está autorizado a limitar a publicidade do processo em casos nos quais a preservação do direito à intimidade do interessado no sigilo não prejudique o interesse público à informação. Sob a ótica da teoria dos princípios, a situação é interessante: a CF consagra dois princípios – publicidade e direito à informação – que podem ser tidos como «mandamentos de otimização» e que não se ajustam à subsunção. Ao mesmo tempo, a CF remete a disciplina para o Legislador, com uma condição que soa impossível: conceitualmente falando, quando se limita a publicidade, o direito à informação também fica prejudicado.

E nem se diga que essa obrigatória repercussão não haveria se os fatos retratados nos autos não despertassem, eventualmente, interesse em divulgação em veículos de comunicação de massa. É que, para saber se o fato é relevante, é preciso ter acesso ao conteúdo do processo; e, para ter acesso – e, portanto, a informação – é preciso que a regra de publicidade vigore em sua plenitude. Ainda que se pudesse, para argumentar, dizer que a publicidade seria uma regra e não um princípio, isso teria pouca ou nenhuma valia para resolver o problema porque, aqui, a publicidade – se não pudesse ser vista como um valor autônomo – funcionaria como instrumento do direito à informação. Portanto, a questão verdadeira está em saber o quê justifica restringir a publicidade e, por consequência, o direito à informação.

Embora possa haver conflito entre princípio e regra, nesse caso específico, a CF proíbe que o legislador edite uma regra que contrarie o princípio consistente no direito à informação; exceto, naturalmente, se o Legislador o fizer com base em outros princípios constitucionais – portanto, situados no mesmo patamar. Isso significa que o Legislador só pode permitir que a publicidade ceda diante de outro princípio positivado na Constituição. Isso, aliás, é previsto pelo inciso LX do art. 5.º, cuja redação não foi alterada pela EC 45/2004. Segundo ele, a publicidade dos atos processuais pode ser restringida para prevalência da intimidade e do interesse social. Portanto, não há como simplesmente supor que nunca haveria limitação à publicidade sem prejuízo à informação.

Há prejuízo, mas esse conflito foi resolvido pela própria Constituição, que, diante dos princípios da publicidade e do direito à informação optou pelos princípios da intimidade e do interesse social – também esses verdadeiros mandados de otimização. É isso o que resulta da regra inscrita no inciso LX do art. 5.º, que permite ao Legislador a opção pela intimidade e pelo interesse social. E o art. 155 do CPC, que também é anterior à EC 45, está ajustado à regra constitucional, conforme se extrai das hipóteses retratadas nos seus dois incisos. Portanto, não há como, a pretexto de fazer valer o direito à informação, desprestigiar a intimidade e o interesse público.

Tudo isso precisa ser complementado por uma observação realista: de nada adianta restringir a publicidade e preservar o sigilo, se sua quebra se torna rotineira e não sancionada na prática. Volta-se ao tema da publicidade indireta pelos veículos de comunicação que, cobertos pelo sigilo da fonte, acabam praticando uma publicidade que não encontra respaldo na Constituição. Nesse caso, o fenômeno sociológico prevalece sobre o jurídico e à prevalência do interesse na informação se chega por vias oblíquas.

104. Publicidade e processo eletrônico. Na premissa de que o uso do meio eletrônico na tramitação de processos (Lei 11.419/2006) seja fator que potencializa o acesso à informação por terceiros (essência da publicidade), ele gera ganhos e riscos. O ganho está na ampliação das possibilidades de controle social do exercício da jurisdição. O risco – que, de resto é generalizado no ambiente em questão – está na eventual fragilidade do sistema diante de fraudes, do que podem decorrer violações à intimidade, quando essa última for elemento a justificar limites à publicidade.

> «O art. 11, § 6.º, da Lei 11.419/2006 prevê que "Os documentos digitalizados juntados em processo eletrônico somente estarão disponíveis para acesso por meio da rede externa para suas respectivas partes processuais e para o Ministério Público, respeitado o disposto em lei para as situações de sigilo e de segredo de justiça". Quanto à possibilidade de fraude, o art. 12, § 1.º, determina que «Os autos dos processos eletrônicos deverão ser protegidos por meio de sistemas de segurança de acesso e armazenados em meio que garanta a preservação e integridade dos dados, sendo dispensada a formação de autos suplementares.»

105. Publicidade e presunção de conhecimento. A publicidade não é apenas uma forma de proporcionar controle dos atos estatais, de sorte a legitimar o exercício do poder. Ela está ligada também à presunção de conhecimento de determinados fatos por outrem que não as partes; presunção essa com a qual trabalha o ordenamento jurídico, inclusive como ferramenta para segurança das relações jurídicas. Daí falar-se na oponibilidade junto a terceiros (*erga omnes*) que resulta dos registros públicos, conceito no qual se enquadra a documentação dos atos processuais. No caso do processo, os autos são repositórios de tais informações.

A publicação de editais usualmente tem a função de preservar o contraditório, nos casos em que o réu não pode ser citado pessoalmente (CPC, art. 231). Contudo, os editais podem igualmente ter a função de amplificar a publicidade de atos processuais, como ocorre no caso de chamamento para leilão (CPC, art. 686); na convocação de credores diante de devedor insolvente (art. 791, II); ou na divulgação do plano de recuperação e da decisão que decreta e/ou encerra falência (Lei 11.101/2005, arts. 7.º, 14, 36, 53, parágrafo único, 156, parágrafo único, e 164). Aliás, o mesmo fenômeno é proporcionado pelas intimações realizadas via imprensa oficial (CPC, art. 236), que, embora destinadas a garantir o contraditório (dado que dirigidas às partes), acabam por potencializar a possibilidade de conhecimento por terceiros.

A presunção de conhecimento resultante da publicidade do processo, contudo, deve ser vista com ressalvas. Ela se resolve pela eventual existência de ônus, isto é, pelo encargo que alguém (terceiro alheio à causa) possa ter, de buscar se informar sobre a existência e conteúdo de dado processo, respondendo por eventual omissão quando assim não o fizer. Se o encargo existir, não será possível a alegação de ignorância, nem se poderá falar em boa fé.

> «Exemplo disso está na regra segundo a qual a penhora de bem imóvel, conquanto formalizada nos autos de um dado processo, só é oponível ao adquirente do bem se a constrição for levada ao Cartório de Registro de Imóveis (CPC, art. 659, § 4.º). Fenômeno diverso ocorre quanto à ação rescisória, na hipótese do art. 485, VII, do CPC, isto é, fundada em documento novo. Para essa finalidade, entende-se como tal aquele que já existia ao tempo da sentença de mérito, mas que não pode ser utilizado pela parte, sem que, para tanto, tivesse concorrido culposamente. Conforme expressiva corrente doutrinária, não se encaixa nesse conceito o documento já constante de registro público – aí eventualmente incluído processo judicial ao alcance da parte – precisamente porque não é dado à parte invocar sua ignorância a propósito da respectiva existência e conteúdo.
>
> Há casos em que a publicidade acerca da existência do processo é potencializada pelo registro em Cartório de Registro de Imóveis, como ocorre nas hipóteses previstas pelo já lembrado art. 659, § 4.º, e também no art. 615-A, ambos do CPC; e pelo art. 167, I, item 21, da Lei 6.015/1973 (Lei de Registros Públicos).»

Convém lembrar que, no caso das sentenças meramente declaratórias e constitutivas, poderá ter lugar a chamada execução «imprópria»; que justamente consiste na prática de atos de natureza administrativa, tendentes a potencializar a publicidade da sentença e a garantir sua eficácia perante terceiros (infra n. 112).

«Para ilustrar, sejam lembrados os seguintes casos de registro da sentença: a) de usucapião (CPC, art. 945); b) de separação e divórcio (CPC, art. 1.124 e CC art. 10, I); c) de interdição (art. 9.º, III, do CC, art. 1.184 do CPC e art. 29 da LRP); d) de emancipação declarada por sentença (art. 9.º, II, do CC e art. 29 da LRP); e) declaratória de ausência (art. 9.º, IV, do CC e art. 29, VI, da LRP); f) de anulação de casamento (art. 10, I do CC e art. 29, § 1.º, *a*, da LRP); g) de reconhecimento de filiação (art. 10, II, do CC e art. 29, § 1.º, *b*, da LRP); h) de anotação da recuperação judicial ou da falência no registro público de empresas (art. 69, parágrafo único, e art. 99, VIII, da Lei 11.101/2005); i) de desapropriação por interesse público (art. 29 do Decreto-lei 3.365/1941).»

Bibliografia recomendada

Abdo, Helena Najjar. *Mídia e processo*, São Paulo: Saraiva, 2011.

Alexy, Robert. *Teoria dos direitos fundamentais* (trad. Virgílio Afonso da Silva). São Paulo: Malheiros, 2008.

Amaral Santos, Moacyr Amaral. *Prova judiciária no cível e no comercial*. vol. V. São Paulo: Max Limonad, 1955.

Ávila, Humberto Bergman. «A distinção entre princípios e regras e a redefinição do dever de proporcionalidade», *Revista de Direito Administrativo*, n. 215.

_____. *Teoria dos princípios*. 7. ed. São Paulo: Malheiros, 2007.

Bandeira de Mello, Celso Antônio. *O conteúdo jurídico do princípio da igualdade*. 3. ed. São Paulo: RT, 2011.

Barbosa Moreira, José Carlos. «A garantia do contraditório na atividade de instrução», *Temas de direito processual civil*, 3ª série. São Paulo: Saraiva, 1984.

_____. «La igualdad de las partes en el proceso civil». *Temas de direito processual*, 4ª série. Rio de Janeiro: Forense, 1989.

_____. «O problema da "divisão do trabalho entre juiz e partes": aspectos terminológicos». *Temas de direito processual*, 3ª série. São Paulo: Saraiva, 1989.

Bonício, Marcelo Magalhães. *Proporcionalidade e processo*. São Paulo: Atlas, 2006.

Botelho de Mesquita, José Ignacio. *Da ação civil*. São Paulo: RT, 1975.

Cappelletti, Mauro. e Garth, Byan. *Acesso à justiça* (trad. Ellen Gracie Northfleet). Porto Alegre: Sérgio Fabris, 1988.

Carmona, Carlos Alberto. *Arbitragem e processo: um comentário à Lei 9.307/1996*. 3. ed. São Paulo: Atlas, 2009.

Carnelutti, Francesco. *Sistema del diritto processuale civile*, vol. I. Padova: Cedam, 1929.

CINTRA, Antonio Carlos de Araújo; DINAMARCO, Cândido Rangel; e GRINOVER, Ada Pellegrini. *Teoria geral do processo*. 29. ed. São Paulo: RT, 2013.

CRUZ E TUCCI, José Rogério. *A motivação da sentença no processo civil*. São Paulo: Saraiva, 1987.

_____. *Tempo e processo*. São Paulo: RT, 1997.

DINAMARCO, Cândido Rangel. *A arbitragem na teoria geral do processo*. São Paulo: Malheiros, 2013.

_____. *A instrumentalidade do processo*. 13. ed. São Paulo: Malheiros, 2008.

_____. *Instituições de direito processual civil*. vol. I, 6. ed. São Paulo: Malheiros, 2009.

DWORKIN, Ronald. *Taking rights seriously*. Cambridge: Harvard University Press, 2001.

GOLDSCHMIDT, James. *Derecho procesal civil*. Trad. Leonardo Priesto Castro. 2. ed. Barcelona: Labor, 1936.

GOMES FILHO, Antonio Magalhães. *A motivação das decisões penais*. São Paulo: RT, 2001.

GRINOVER, Ada Pellegrini. «As garantias constitucionais do processo». *Novas tendências do direito processual*. Rio de Janeiro: Forense Universitária, 1990.

_____. «Defesa, contraditório, igualdade e *par condicio* na ótica do processo de estrutura cooperatória», *Novas tendências do direito processual*. Rio de Janeiro: Forense Universitária, 1990.

_____. «O conteúdo da garantia do contraditório», *Novas tendências do direito processual*. Rio de Janeiro: Forense Universitária, 1990.

_____. «Princípio da proporcionalidade. Coisa julgada e justa indenização». *O processo: estudos e pareceres*. São Paulo: DPJ, 2005.

LUCON, Paulo Henrique dos Santos. «Garantia do Tratamento Paritário das Partes», *Garantias constitucionais do processo civil* (coord. José Rogério Cruz e Tucci). São Paulo: RT, 1999.

MARINONI, Luiz Guilherme. *Teoria geral do processo*. 4. ed. São Paulo: RT, 2010.

MENDES DE ALMEIDA, Joaquim Canuto. *Princípios fundamentais do processo penal*. São Paulo: RT, 1973.

MITIDIERO, Daniel. *Colaboração no processo civil*. São Paulo: RT, 2009.

NERY JR., Nelson. *Princípios do processo civil na Constituição Federal*. 7. ed. São Paulo: RT, 2002.

PORTANOVA, Rui. *Princípios do processo civil*. 7. ed. Porto Alegre: Livraria do Advogado, 2008.

SCARPINELLA BUENO, Cássio. *Curso de direito processual civil sistematizado*, vol. 1, 8. ed. São Paulo: Saraiva, 2014.

SILVA, José Afonso da. *Curso de direito constitucional positivo*. 36. ed. São Paulo: Malheiros, 2013.

SILVA, Virgílio da. «O proporcional e o razoável», *Revista dos Tribunais*, vol. 798, São Paulo: RT, 2002.

VIGORITI, Vincenzo. «La pubblicità delle procedure giudiziarie (prolegomeni storico-comparitivi)», *Rivista trimestrale di diritto e procedura civile*, ano XXVII, vol. 4, dez. 1973.

WATANABE, Kazuo. *Controle jurisdicional (princípio da inafastabilidade jurisdicional no sistema jurídico brasileiro) e mandado de segurança contra atos judiciais*. São Paulo: RT, 1980.

YARSHELL, Flávio Luiz. *Tutela jurisdicional*. 2. ed. São Paulo: DPJ, 2006.

TÍTULO III

OS INSTITUTOS FUNDAMENTAIS DO PROCESSO CIVIL: JURISDIÇÃO

CAPÍTULO I

CONCEITO E ESCOPOS

106. A jurisdição no contexto das funções do Estado Moderno. É consideravelmente difícil determinar o papel desempenhado pelo Estado moderno, a começar pela circunstância de que não se afigura possível uma visão homogênea do fenômeno. Nesse particular, não há simplesmente como equiparar as realidades dos diferentes países, não apenas por relevantes diferenças culturais, mas também pelos diferentes estados de desenvolvimento econômico e social, os quais se refletem na intensidade e na forma da intervenção estatal.

Além disso, muito embora seja possível constatar que historicamente o Estado liberal cedeu lugar ao Estado «providência», não se pode simplesmente ignorar tendências que se seguiram, qualificáveis como «neoliberais», e que, mais uma vez, levaram a repensar o papel do Estado – especialmente no campo econômico, com inevitável repercussão na esfera jurídica. Trata-se de fenômeno pendular, que enseja discussão dinâmica e certamente inacabada.

No que diz com a atividade estatal jurisdicional – ainda que se reconheça ter sido ela tradicionalmente vista e aceita como um encargo do Estado – é preciso considerar as circunstâncias acima destacadas, que impedem uma visão universal do fenômeno; o que pode ser bem ilustrado pela circunstância de que na tradição europeia continental os litígios envolvendo a Fazenda Pública não estão submetidos ao Poder Judiciário (mas sim aos «tribunais administrativos», no âmbito do chamado *contencioso administrativo*). No Brasil, embora ainda prevaleça a perspectiva de um Estado «social», o papel desempenhado pelo Judiciário oscila, de um lado, entre uma maior intervenção – que, por exemplo, leva a doutrina a identificar fenômenos como os da «politização do Judiciário» e da «judicialização da política» – e, de outro lado, um estímulo a soluções não adjudicadas pelo Estado, ou seja, a cargo das partes. Daí o estímulo aos *meios alternativos de solução de controvérsias* (infra n. 115).

Esse último aspecto é detectável não apenas na esfera civil e na trabalhista – nas quais não raramente se dá ênfase para os meios alternativos de solução de controvérsias (como a conciliação, a mediação e a arbitragem, inclusive envolvendo o Poder Público) – mas também, ao menos em alguma medida, no âmbito penal. Boa ilustração desse último aspecto são as normas que permitem a transação e a suspensão condicional do processo (Lei 9.099/1995, arts. 60, parágrafo único, e 89). Em última análise, essas regras refletem a filosofia que vigora no correspondente plano do direito material. Em alguma medida, o que tradicionalmente se aceitava como um valor indisponível passou a permitir algum grau de disponibilidade.

Nesse contexto, suposto se possa dizer que o objetivo maior do Estado é a busca do *bem comum*, o que se espera do Poder Judiciário é que ofereça meios para a eliminação das controvérsias ou dos conflitos mediante atuação do direito objetivo. Daí falar a doutrina em *pacificação com justiça* como o escopo-síntese da jurisdição no contexto do Estado moderno (Dinamarco).

A ideia de pacificação passa pela de estabilidade das decisões. Esse aspecto é relevante porque do Judiciário – e do Estado de um modo geral – se espera legitimamente que tutele o valor *segurança*, em dupla perspectiva. A primeira se coloca em relação às decisões proferidas, que devem permanecer imutáveis, ainda que admitidas formas ordinárias e eventualmente excepcionais de impugnação previstas pela Constituição e pelas leis processuais. A segunda diz respeito às *mensagens* que o Judiciário transmite aos jurisdicionados: a relação entre órgãos judiciais e litígios não se esgota na edição de sentenças, mas abrange as expectativas que tais decisões provocam nas pessoas, de sorte a orientar seu comportamento. Para isso tem papel decisivo a motivação das decisões, tanto mais num sistema que, como o brasileiro, tende a fortalecer cada vez mais os precedentes judiciais.

107. Jurisdição e legislação. É tradicional na doutrina a busca da distinção entre as diferentes atividades estatais. Isso é correto e metodologicamente útil porque permite examinar com maior profundidade os elementos integrantes do conceito de jurisdição. É preciso considerar a origem comum das diferentes funções do Estado: nelas está presente a ideia de *poder*, que somente se exerce de forma legítima por meio do processo, isto é, de um procedimento em contraditório. Ainda que elas estejam organizadas de forma diversa e busquem resultados diferentes, o conceito de processo as aproxima.

Sem embargo disso, é preciso considerar que as tentativas de distinção não conseguem ser exatas porque a perspectiva moderna de separação de poderes é informada pela ideia de preponderância, e não propriamente pela de exclusividade.

Principie-se, então, pelo confronto entre atividades jurisdicional e legislativa, que é marcante a começar da circunstância, comumente destacada em doutrina, de que a primeira funciona como uma espécie de complemento da segunda. Nessa visão tradicional, ao Legislador cabe a edição de regras gerais e abstratas, que ordinariamente são observadas pelos respectivos destinatários (fisiologia do Direito). Mas a falta de observância de tais normas (situação patológica) dá ensejo a uma nova intervenção estatal, que então se opera *em concreto*, para que prevaleça a vontade antes editada em abstrato pelo Legislador. Daí, portanto, a clássica diferença entre legislação e jurisdição: embora ambas estejam direcionadas à obtenção da paz social, a primeira atua de forma *geral* e *abstrata*, a segunda de forma *concreta*.

Mas distinção dessa ordem comporta atenuações – ditadas inclusive pelo direito positivo – que, se não chegam a infirmar os conceitos, recomendam sua revisão crítica.

Com efeito, não se afigura exato confinar as decisões jurisdicionais ao campo da formulação de regras em concreto quando, por exemplo, se considera o complexo sistema de controle de constitucionalidade que vigora entre nós, no qual as decisões do Supremo Tribunal Federal, proferidas em controle concentrado e principal, têm caráter vinculante (CF, art. 102, § 3.º). Nesses casos, o que possa haver de concreto é o julgamento de uma determinada regra no confronto com a Constituição. A norma, contudo, é considerada em sua generalidade e abstração. Nesse caso, a decisão é marcada pelas mesmas características da lei – ainda que o Judiciário reconhecidamente não possa funcionar como «Legislador positivo».

Nem mesmo a possibilidade de modulação dos efeitos da declaração de inconstitucionalidade – admitida pelo art. 27 da Lei 9.868/1999 – infirma a constatação acima. É certo que as «razões de segurança jurídica ou de excepcional interesse social» que possam, eventual e excepcionalmente, levar o tribunal a restringir os efeitos da declaração ou limitar sua eficácia «a partir de seu trânsito em julgado ou de outro momento que venha a ser fixado» devem ser colhidas a partir de elementos «concretos». Também é certo que a modulação presumivelmente aproveitará a determinados sujeitos. Ainda assim, a modulação – assim como o prévio reconhecimento da inconstitucionalidade – será feita de forma geral e abstrata.

Também já não parece mais possível dizer que a jurisdição se limite à edição de normas em casos concretos quando é sabido que o sistema brasileiro, cada vez mais, prestigia a força dos precedentes judiciais; o que pode ser ilustrado pela vigência da súmula vinculante (CF, art. 103-A) e também em alguma medida pela técnica empregada para o julgamento de recursos repetitivos (CPC, arts. 543-B e 543-C). Na medida em que a decisão proferida em um caso serve de base para a solução de outros, quando menos fica atenuada a ideia de jurisdição como a formulação de regra em concreto.

Também é preciso considerar o papel desempenhado pelo Judiciário nos processos coletivos (em sentido amplo) – tanto na esfera civil quanto na trabalhista – nos quais a decisão judicial, embora editada em um processo entre partes, tem eficácia *erga omnes* (CDC, art. 103, e CLT, arts. 643 e 868) e, portanto, vai além de uma atuação que se possa reputar exclusivamente em concreto. Lembre-se que, embora excepcional, o Judiciário pode eventualmente ser provocado e fixar *políticas públicas* (supra n. 51); que, por definição, têm caráter geral.

Finalmente, atenua o caráter concreto da jurisdição a possibilidade de edição de normas gerais e abstratas nos regimentos internos dos tribunais; assim como a atribuição de competência normativa e consultiva ao Tribunal Superior Eleitoral (Lei 4.737/1965, art. 23, XII).

> «O confronto entre jurisdição e legislação está relacionado ao debate, aqui já referido, que tem por objeto a relação entre direito material e direito processual e que se traduz no confronto das teorias *unitária* e *dualista* do direito processual. Em síntese (que corre o deliberado risco de simplificar demasiadamente a complexidade do tema), busca-se, respectivamente, determinar se o juiz cria a norma no caso concreto; ou se ele declara uma norma pré-existente (donde a concepção de que o sistema está assentado em dois planos). Afigura-se mais correta a segunda concepção: a declaração dos direitos em juízo é a exceção e não a regra. A lei pode conter lacunas, mas não o ordenamento, de tal sorte que o juiz, até sob o ponto de vista lógico, sempre se reporta a uma norma pré-existente.»

108. Jurisdição e Administração. Já a distinção entre atividade jurisdicional e administrativa se afigura ainda mais problemática, a começar da circunstância de que as duas envolvem a aplicação da lei. Elas também são ordinariamente marcadas pela atuação em concreto, embora seja sabido que à Administração também cabe relevante papel de editar normas gerais e abstratas (por exemplo, na edição de decretos regulamentadores e mesmo de Medidas Provisórias). Isso a aproxima da Legislação e apenas reafirma a preponderância – e não exclusividade – na divisão de tarefas que incumbem ao Estado.

Costuma-se dizer que a diferença está no papel desempenhado pelo direito objetivo: para o juiz a atuação da norma reside no escopo (que é a atuação da vontade do direito objetivo), enquanto para a Administração a norma funcionaria como um limite – considerado aí o princípio da legalidade, do qual se extrai que ao Administrador só é dado fazer o que a lei autoriza.

Embora esse critério seja relevante, é preciso considerar que a atuação da lei não é o único escopo da jurisdição porque, em alguma medida, ele é instrumental ao escopo social de eliminação da controvérsia (do que decorre a pacificação). Fosse diferente, a jurisdição deveria atuar de ofício, isto é, independentemente de iniciativa do interessado; o que, ao menos por regra, não ocorre nem na seara civil nem na penal. Por outro lado, há casos em que a Administração exerce a função de julgar – como nos processos disciplinares ou mesmo nas impugnações e recursos dirigidos a ela própria contra seus atos (por exemplo, em matéria tributária). Nessas hipóteses, não há como negar que o escopo também seja o de atuação da vontade concreta do direito objetivo.

Também há quem busque na estabilidade das decisões judiciais – expressa no conceito de *coisa julgada* material – o contraponto das decisões administrativas, passíveis de revisão pelo Poder Judiciário (assim como o seriam os atos emanados do Legislativo).

Contudo, a imutabilidade das decisões judiciais, conquanto seja fator relevante para se atingir o escopo de pacificação, não é elemento hábil a conceituar jurisdição e, portanto, a apartá-la das demais funções estatais. De um lado, a estabilidade é atenuada ou até mesmo eliminada (embora excepcionalmente) pelo sistema (infra n. 117). De outro lado, a revisão das decisões administrativas pelo Judiciário, embora ganhe cada vez mais largueza, encontra limites (que consideram dados como *oportunidade* e a *conveniência*); cuja falta de observância pode levar o juiz a indevidamente assumir o papel de administrador, com sérios problemas para um sistema assentado em freios e contrapesos (para não falar na desconsideração da legitimidade democrática decorrente da escolha do administrador pelo voto popular). Além disso, há quem admita o que se poderia denominar de «coisa julgada administrativa» em favor do administrado, em processos presididos pela própria Administração (portanto, não jurisdicionais). Em suma, a imutabilidade não é critério definitivo para que se proceda à distinção.

Então, no final das contas, o critério que se afigura menos impreciso na distinção entre função administrativa e função jurisdicional é o caráter substitutivo dessa última: nela o Estado se substitui aos interessados para, de forma imparcial, atuar o direito objetivo. Mesmo quando tem o escopo de atuar o direito, a Administração não pode ser tida como terceiro, autêntico substituto e, principalmente, imparcial (embora seus agentes estejam sujeitos ao princípio da *impessoalidade*); tanto mais porque, no exercício dessa função, o Poder Executivo não ostenta a qualidade de terceiro. Essa é, aliás, uma das razões que justificam a possibilidade de revisão judicial dos atos administrativos.

Nem mesmo a ideia de que a Administração busca defender o interesse público altera esse panorama. Primeiro porque o administrador não é dotado das garantias proporcionadas aos juízes como forma de lhes assegurar a imparcialidade. Segundo porque mesmo o interesse público, de acordo com a doutrina, pode ser qualificado como *primário* e *secundário*: o primário se identifica com o interesse social enquanto o secundário diz respeito ao interesse da Fazenda Pública; que, paradoxal e eventualmente, pode se contrapor aos interesses individuais ou mesmo da coletividade. Daí lhe faltar a qualidade de terceiro e de substituto imparcial, que caracteriza o órgão jurisdicional (infra n. 109).

109. Elementos conceituais de jurisdição. A partir do confronto entre jurisdição e as demais atividades estatais podem, então, ser extraídos os elementos conceituais daquela primeira: ela é (a) atividade pela qual um (b) terceiro se substitui aos sujeitos de uma dada controvérsia, (c) de forma imperativa, com o (d) escopo de eliminá-la (a controvérsia) mediante a atuação do direito objetivo.

Ela é uma *atividade* porque envolve um conjunto de atos que compõem o procedimento (elemento formal de processo, que é o instrumento pelo qual se exerce a jurisdição). Deve ser uma atividade realizada por terceiro (heterocomposição) porque, do contrário, a solução será fruto da atuação dos próprios interessados (autocomposição) e não terá ocorrido *substituição*. Esse terceiro deve ser imparcial (supra n. 56).

> «É certo que, em termos rigorosos, a substituição pode ser separada da imparcialidade. Ou seja: ainda que o juiz tenha, por qualquer razão, prejudicada sua imparcialidade, ainda assim terá havido atividade realizada por um terceiro, mediante substituição. Isso explica porque a decisão proferida por juiz impedido ou suspeito é inválida e não inexistente. Embora a separação desses elementos seja correta e útil, fato é que o substituto parcial é apenas formalmente um substituto.»

Além disso, é indispensável que a atividade (especialmente seu ato final) se imponha aos interessados – o que se traduz no exercício de verdadeiro *poder* porque, do contrário estar-se-ia diante de mera consulta não vinculante; o que comprometeria a própria substituição. Mesmo quando o Judiciário, por exemplo, produz (por exceção) preceitos gerais e abstratos ou até responde consultas (supra n. 107), ele o faz de forma imperativa. Finalmente, é preciso que essa atividade ocorra com a *função* de eliminar a controvérsia mediante a atuação do direito objetivo. Esses dois elementos são indissociáveis do conceito e, principalmente, entre si.

110. Elementos excluídos do conceito de jurisdição. Por exclusão, é possível desconsiderar elementos que, embora até tradicionalmente associados ao conceito de jurisdição, não merecem ser reputados como tal.

Ainda que ordinariamente exercida pelo Estado, ela não é uma atividade necessariamente estatal: todos os elementos acima indicados estão presentes na atividade desempenhada na arbitragem, que, portanto, deve ser incluída no conceito de jurisdição. E, dentro do Estado, ainda que a regra seja seu exercício pelo Poder Judiciário, a jurisdição não é seu monopólio (supra n. 47). Portanto, a presença do Estado não é indispensável ao exercício da jurisdição. Essencial é que a atividade (aí incluído o respectivo resultado) tenha caráter imperativo, isto é, que à capacidade de decidir se alie à de imposição.

Também fica excluída do conceito de jurisdição a formação da coisa julgada material. Conforme adiantado no tópico precedente, a imutabilidade da decisão final decorre, antes, de uma opção política. A coisa julgada é ditada por uma exigência prática, de inegável relevância na pacificação dos conflitos. Contudo, ela não deixa de ser uma construção do direito positivo. O caráter imperativo do comando estatal, a possibilidade de sanção e a coerção não decorrem da imutabilidade, sendo inconfundíveis os conceitos de *eficácia da sentença* e de *autoridade da coisa julgada*.

> «Embora excepcionais, há casos (não exatamente homogêneos) nos quais a lei relativiza a coisa julgada material: a) nas hipóteses de ação rescisória (CPC, art. 485); b) tratando-se de «relação jurídica continuativa», quando advém «modificação no estado de fato ou de direito» (CPC, art. 471, I); c) no âmbito da ação popular e da ação civil pública, quando houver novos elementos probatórios, a despeito de decisão anterior de improcedência passada em julgado, com a técnica da coisa julgada *secundum eventum litis* (Lei 4.717/1965, art. 18; Lei 7.347/1965, art. 16, e CPC, art. 103, I e II).»

Tampouco se pode entrever na jurisdição uma atividade destinada à busca da verdade; assertiva que pode soar chocante ou desestimulante para quem se inicia do estudo do direito processual. Mas nada há de errado na afirmação. Com efeito, o sistema busca produzir estado de certeza quanto às relações jurídicas, como forma de propiciar segurança. O escopo social do processo está assentado na eliminação das controvérsias e a busca da verdade é elemento relevante para tanto. Para ilustrar, a doutrina justifica ampliação dos poderes de instrução do juiz (CPC, art. 130) com o argumento de que ele busca a verdade para fazer justiça.

Mas daí a se dizer que a jurisdição – conceitualmente falando – busca a verdade (como seu escopo final) vai uma distância grande. Segundo lição clássica (Malatesta), enquanto a verdade está nas coisas, ao espírito não resta mais do que a *certeza*. Nem mesmo a tentativa de dar a essa última contornos de um *convencimento racional* (CPC, art. 131) altera a constatação: certeza continua a ser avaliação intelectual de motivos determinantes. Portanto, à certeza, desprovida de elementos subjetivos, só se pode mesmo chegar mediante decisão imperativa, que define os fatos passados e declara o direito no caso concreto; e ainda assim com ressalvas. No processo – exceção feita ao caráter objetivo que decorre da sentença soberanamente transitada em julgado – não há como atingir a verdade (que está nas coisas), mas apenas buscar-se a certeza; que, por seu turno traduz-se, em termos realistas, não mais que em *probabilidades*.

Nesse contexto, a verdade processual é sempre *relativa* e, em grande medida, *formalizada*. Ainda quando eventualmente se enfatiza, em certas situações, a busca da «*verdade real*», não se deve pensar exatamente no resultado dos meios de investigação da realidade, como se ele pudesse ser superior àquele relacionado com uma verdade «*formal*». Aludida dicotomia – que tende a ser empregada de forma cada vez mais escassa no âmbito doutrinário – mais se refere à iniciativa oficial e à extensão da atividade de instrução; do que àquilo que literalmente dela aparente resultar.

> «A contraposição entre verdade *real* e *formal* surge frequentemente quando são confrontados processos que tratam de direitos indisponíveis e disponíveis. Não é à toa que dela se cogita quando são postos em comparação o processo penal e o civil. O que justificaria a busca da verdade real no processo penal seria a indisponibilidade do objeto, por se tratar da liberdade do indivíduo. Mas não deixa de ser paradoxal essa clássica assertiva, que conflita com outra igualmente tradicional: diz-se que o juiz, quando toma a iniciativa da prova, não sabe qual será o respectivo resultado (supra n. 62). Então, por esse raciocínio, no campo penal seria possível que a iniciativa probatória do juiz, a pretexto de tutela da liberdade, acabasse por prejudicá-la, nos casos em que, como resultado da atividade oficial, resultasse elemento incriminador antes não detectado pela prova produzida pelo órgão acusador. Os dogmas devem cair: primeiro, o juiz não sabe a quem favorece o resultado da prova, mas sabe a quem favorece sua falta (donde resultará a aplicação das regras de distribuição do ônus da prova); segundo, o juiz penal não deve buscar verdade *real*, mas deixar a cargo do órgão acusador que se desincumba do respectivo ônus probatório.»

Mesmo quando se admite, eventualmente, que o poder de instrução do juiz seja mais intenso nas controvérsias que versam direitos indisponíveis ou quando uma das partes é mais frágil, isso não se justifica pela busca de uma verdade «material» – imaginada, então, como algo supostamente mais próximo da realidade das coisas. A verdade «processual» é uma só – e, portanto, ela é essencialmente «formal» e limitada, sejam disponíveis ou indisponíveis os interesses discutidos. Não fosse assim, forçoso seria admitir, em nome da busca da verdade «real», que o juiz julgasse com base na ciência privada dos fatos ou que admitisse a prova ilícita sem qualquer ressalva, incluindo-se aí aquela produzida sem a observância do contraditório.

Também não é correto associar os conceitos de jurisdição e de *lide*, se e quando entendida essa última como conflito de interesses qualificado por uma pretensão resistida ou insatisfeita. Não obstante o conceito seja de grande utilidade didática para compreensão especialmente dos processos civis de natureza condenatória; e embora ele seja empregado até com certa frequência pela lei (no CPC são mais de trinta alusões), ele não é indissociável do exercício da jurisdição.

Há casos em que determinado efeito jurídico só pode ser produzido com interferência do Estado, via Poder Judiciário (por exemplo, nos chamados processos necessários). Ainda que, nesses casos, as partes não estejam em conflito, haverá atividade jurisdicional (infra n. 111). Aí, *lide* é conceito que pode ser proveitosamente substituído pelo de *controvérsia*; que, conquanto mais genérico (e, portanto, mais abrangente), pode inclusive ser visto de forma objetiva, como a oposição de uma dada situação fática ao ordenamento jurídico. Isso permite estender a ideia de jurisdição, por exemplo, ao controle concentrado de constitucionalidade.

111. A assim denominada *jurisdição voluntária*. Na doutrina, ainda pode ser tido como dominante o entendimento de que a jurisdição é, por definição, *contenciosa*. Assim, não se enquadraria naquele conceito o de *jurisdição voluntária*, que seria atividade estatal de natureza administrativa, voltada à tutela de direitos privados, em que a eficácia de ato a ser praticado pelas partes, por uma questão de política legislativa, fica condicionada à intervenção judicial. Em expressão célebre, estar-se-ia diante de *administração pública de interesses privados*, regulada pelos arts. 1.103 a 1.210 do Código de Processo Civil.

A exclusão acima referida considera que as decisões proferidas nos processos de jurisdição voluntária não são aptas à formação da coisa julgada material (CPC, art. 1.111), uma vez que ou não haveria conflito ou o eventual conflito existente não seria posto diretamente para ser decidido. Nela não haveria partes, mas apenas interessados; nem processo, mas mero procedimento; nem lide ou mérito.

Mas, com base nos elementos antes associados ao conceito de jurisdição, é correto afirmar que a jurisdição voluntária se enquadra naquele primeiro.

Dizer que na jurisdição voluntária não haveria partes, mas apenas «interessados» é desconsiderar que *parte* é todo aquele que se encontra em contraditório perante o juiz. E, ainda que os «interessados» estejam todos concordes acerca do quanto submeteram à «administração pública», há contraditório na medida em que eles devem ter informação e possibilidade de reação, contribuindo para a formação da convicção de quem julga (ou «administra»). São os «interessados» que fixam o objeto do processo e que atuam para que sua pretensão seja acolhida tal como posta; inclusive eventualmente em âmbito recursal.

Tampouco convence o argumento de que não haveria jurisdição porque inexistiria *lide*. Ainda que as partes estejam de acordo, há um estado de coisas a superar, que decorre do confronto entre o ato das partes (cuja eficácia elas pretendem seja liberada), de um lado, e o ordenamento jurídico (que nesse caso exige a intervenção estatal), de outro.

Nem se pode dizer que não exista *mérito* na dita jurisdição voluntária. O mérito é o objeto do processo e seria despropositado dizer que existe processo – procedimento que fosse – sem objeto. Ainda que a jurisdição voluntária pudesse ser entendida como simples «administração pública de interesses privados», há uma pretensão (supra n. 4) deduzida: busca-se intervenção estatal e consequente liberação de eficácia do ato praticado pelas partes.

Dizer, ainda, que não haveria processo, mas «mero» procedimento, é desconsiderar a existência do contraditório, a estabelecer uma autêntica relação jurídica processual, de que resultam ônus, faculdades, poderes, sujeições e deveres para os respectivos sujeitos. Ademais, processo é instrumento da jurisdição; portanto, até em termos lógicos, não se pode considerá-lo para delimitação conceitual daquela.

O fato de que, ao contrário do que se passa no âmbito da chamada jurisdição contenciosa (CPC, art. 127), na dita jurisdição voluntária o juiz não está jungido a critério de legalidade estrita e pode «adotar em cada caso a solução que reputar mais conveniente ou oportuna» (CPC, art. 1.109) também é irrelevante para determinar se há, ou não, jurisdição (infra n. 130). O que é essencial é que haja a intervenção de um terceiro em substituição às partes e que a superação da controvérsia ocorra mediante atuação do direito objetivo. Isso está presente na jurisdição voluntária justamente porque as partes, por si sós, não podem produzir os efeitos desejados. Se a atuação do direito objetivo se dá mediante a aplicação da lei, ou se a regra é feita no caso concreto, isso não afasta atuação substitutiva. Por isso é que não há sentido na distinção entre jurisdição de direito e de equidade (infra n. 130). Se à norma para o caso concreto se chega pela aplicação da lei ou da equidade, isso não altera a natureza (jurisdicional) da atividade pela qual se chegou a tal conclusão.

> «A Lei 9.307/1996 admite que a arbitragem seja de direito ou de equidade, a critério das partes; nem por isso há de se entrever aí que se trate de jurisdição voluntária (arts. 2.º, §§ 1.º e 2.º, e 26, II).»

Aliás, nem se pode dizer que haja identidade exata entre a discricionariedade administrativa, de um lado, e os julgamentos jurisdicionais por equidade, de outro. Construir a regra para o caso concreto não é adotar solução ditada por conveniência ou oportunidade. Mais do que isso, o que é conveniente ou oportuno sob a ótica do agente da Administração deve ser considerado em função do escopo que é próprio desse Poder; que, embora até se assemelhe, não se confunde com o escopo que é próprio da jurisdição (supra n. 108).

Quanto à suposta ausência de coisa julgada na jurisdição voluntária, além das ponderações já feitas (supra n. 110), é preciso considerar que nova apreciação da situação substancial, pelo Judiciário, só pode ocorrer, mediante alteração das circunstâncias de fato (CPC, art. 1.111); o que, em termos mais rigorosos, significa submeter ao Judiciário uma nova causa de pedir e um novo pedido. Com isso, afasta-se a identidade que normalmente está associada ao fenômeno da coisa julgada e o efeito negativo que lhe é atribuído, porque, na segunda oportunidade, não se julga novamente a mesma situação, mas situação diversa.

Nem se pode desligar o ato das partes do ato estatal necessário para que se produza a eficácia daquele. O que se projeta para o plano substancial do ordenamento não é apenas a eficácia do ato das próprias partes; do contrário, não seria preciso «administrar» publicamente o ato privado, que nesse âmbito permaneceria sem qualquer ingerência estatal. Aliás, é a impossibilidade de as partes produzirem o efeito jurídico sem a intervenção do Estado que permite distinguir essa situação, daquela outra na qual a solução advém dos interessados, mas na qual a eficácia do ato – embora possa até ser homologado em juízo (CPC, art. 269, III) – não depende da chancela estatal para produzir seus regulares efeitos. Lembre-se que atos como a transação, a renúncia e a submissão estão situados no plano material do ordenamento, ainda que possam eventualmente ser praticados em juízo. Quando a controvérsia é superada por atos das partes, não há propriamente decisão estatal, nem substituição (daí ser possível homologação de transação que verse sobre questão sequer posta em juízo, na forma do art. 475-N, III, do CPC, sem risco de ferir o princípio da inércia da jurisdição). Mas, se a eficácia do ato das partes depende da intervenção estatal, então com maior razão é correto se falar em típica atividade jurisdicional.

A circunstância de o Código de Processo Civil estabelecer que a extinção do processo, quando houver transação (CPC, art. 269, III), dá-se com resolução do mérito, conquanto relevante, não infirma as considerações precedentes. Trata-se de opção legislativa para que sobre a sentença homologatória se forme coisa julgada material, com a imutabilidade de efeitos que lhe é própria. A regra não muda a natureza do fenômeno. Aliás, isso também ocorre nas hipóteses em que o autor renuncia ao direito em que se funda a demanda e nas quais o réu se submete à pretensão e, dessa forma, reconhece a procedência do pedido (CPC, art. 269, V e II, respectivamente).

«O direito positivo brasileiro admite a homologação de transação «ainda que inclua matéria não posta em juízo» (CPC, art. 475-N, II). Mais do que isso, autoriza que o objeto do processo seja exclusivamente o pleito homologatório – em disposição legal que, embora inserida na Lei 9.099/1995 (art. 57), extrapola o âmbito dos Juizados Especiais. No plano do direito material, lembre-se que o art. 842 do CC exige forma de escritura pública «ou por termo nos autos» para a transação dos «direitos contestados em juízo». Daí porque não é possível pleitear a homologação sem que o conteúdo essencial (ainda que eventualmente não integral) seja submetido à referida chancela. Isso não quer dizer que o autor esteja impedido de requerer, com a concordância do réu, a *desistência* do processo; o que é coisa diversa porque, nesse caso, a extinção se dá na forma do art. 267, VIII, do CPC.»

112. Jurisdição e execução. Embora a etimologia das palavras deva ser considerada na determinação de seu significado presente, isso não é – e nem poderia ser – algo absoluto e desvinculado do contexto em que empregado o termo. Portanto, jurisdição – com os elementos conceituais anteriormente indicados – não é atividade que se possa reputar restrita à atividade de «dizer o direito», isto é, à declaração; sem supostamente abranger os atos necessários para atuar de forma prática o que foi declarado. Assim, há efetiva jurisdição na execução (ou no cumprimento de sentença), que, portanto, não se limita a atividade meramente administrativa.

Na execução o que busca o Estado é atuar praticamente o direito já reconhecido (em título judicial ou extrajudicial), mediante atos materiais de invasão da esfera patrimonial do devedor para, independentemente de sua vontade, satisfazer-se o credor. Trata-se da atuação da sanção secundária, diante da recalcitrância do devedor (ideia contraposta, portanto, à prestação voluntária do devedor, que retrata a atuação primária do direito objetivo). Assim, com nitidez aparecem os elementos conceituais de jurisdição.

«A sanção primária está situada no plano material do ordenamento, como ocorre, para ilustrar, na hipótese clássica do art. 186 do CC (art. 159 do diploma anterior). Imposto o dever de indenizar, se o devedor, apesar disso, permanecer recalcitrante, é preciso desencadear medidas de invasão de sua esfera patrimonial, contra sua vontade, para satisfação do credor (mediante atos de expropriação ou de outros que variam conforme a natureza da prestação devida). Nesse segundo momento é que se fala de atuar a sanção secundária.»

A atividade é realizada por terceiro imparcial; que, nesse caso (ao menos por regra) é o Estado e está fora do alcance dos poderes exercidos pelos árbitros. Há – talvez até com mais ênfase do que no processo declaratório – substituição, justamente porque é vedado ao credor promover diretamente os atos de invasão do patrimônio do devedor. A circunstância de a lei atribuir ao oficial de justiça, e eventualmente a outros agentes (avaliador e leiloeiro, por exemplo) a prática de atos que integram o processo de execução (ou fase de cumprimento) não infirma o caráter jurisdicional da atividade. Tais pessoas são auxiliares do juiz e suas tarefas ficam limitadas a atos materiais, que são praticados por autorização e mediante fiscalização do magistrado; o que, de volta ao início, envolve a atuação da vontade concreta do direito objetivo.

Não deve, é certo, ser ignorada a existência das chamadas *execuções extrajudiciais*. Contudo, o fato de se subtrair ao Poder Judiciário a parte operacional da execução não a transforma, só por isso, em atividade administrativa. A atuação do direito continua a exigir a presença do terceiro, substituto e imparcial, não apenas para controle do mérito da execução, mas para tutela das posições processuais asseguradas ao executado. Uma coisa é racionalizar a prática dos atos executivos e até contar com uma estrutura que não seja a do próprio Judiciário; outra coisa é dizer que a execução não é atividade jurisdicional.

> «Para ilustrar o que está no texto acima, são hipóteses de execuções extrajudiciais aquelas previstas no Decreto-lei 70/1966, que trata das dívidas oriundas de financiamento de imóvel pelo Sistema Financeiro de Habitação (arts. 29 e seguintes); na Lei 9.514/1997, que dispõe sobre o Sistema de Financiamento Imobiliário e institui a alienação fiduciária de coisa imóvel (art. 26); e, no âmbito do direito projetado, nos Projetos de Lei 2.412/2007, 5.080/2009 e 5.081/2009, todos em trâmite na Câmara dos Deputados, que tratam dos mecanismos de cobrança extrajudicial de dívida ativa das Fazendas Públicas.»

Também está clara a atuação do direito de forma imperativa porque justamente se trata do momento de impor decisões. Finalmente, estão presentes os escopos de eliminação da controvérsia e de atuação do direito objetivo que, se ocorre de forma diversa do que se passa na cognição, nem por isso deixa de existir; quando menos, para que a atuação dos meios executivos se dê na medida do estritamente necessário e dentro da legalidade.

No caso de cumprimento de sentença (título executivo judicial), a superação da autonomia do processo de execução (vigente até o advento da Lei 11.132/2005) e a adoção de um modelo «sincrético», em que a execução surge apenas como uma fase (cumprimento) não altera o quadro acima delineado. Até pelo contrário, a unidade, por coerência, apenas reforça que toda a atividade – desde a fase de cognição até a efetiva satisfação do credor – tem natureza jurisdicional.

É certo que nem toda sentença exige a prática de atos de execução. Há casos em que a decisão já permite a produção do resultado desejado. É o que acontece nos casos das sentenças meramente declaratórias e constitutivas, nas quais eventualmente tem lugar o que se convencionou denominar execução «imprópria», que consiste na prática de atos de natureza administrativa (registral), tendentes a potencializar a publicidade da sentença e a garantir sua eficácia perante terceiros (supra n. 105 e infra 170).

113. Jurisdição e produção da prova. A atividade probatória – abrangente da verificação e demonstração de fatos, desenvolvida pelo juiz e pelas partes, observadas as posições que ostentam na relação jurídica processual – deve ser qualificada como jurisdicional; e não meramente administrativa.

Assim ocorre porque ela não dispensa a atuação do direito objetivo em situação concreta mediante a edição de atos decisórios. Ela envolve a resolução de questões de fato e de direito – referentes à sua admissibilidade e ao modo de sua realização. Quando deferida a prova, há, quando menos, a afirmação do direito à respectiva produção da prova; quando indeferida, isso representa, para além de uma antecipada valoração negativa da prova, uma forma de preservar a esfera jurídica do adversário, sendo que em ambos os casos há tutela de posições jurídicas (em alguns casos, tipicamente substanciais, como é o caso do sigilo e da intimidade); o que bem se encaixa no conceito de tutela jurisdicional (supra n. 39). Tudo isso demonstra que na produção da prova o juiz não apenas age «em conformidade com a lei», mas verdadeiramente age «atuando a lei», considerando-a em si mesma, e não apenas como norma de sua própria conduta.

Especialmente quando produzida de forma antecipada, sem vinculação com a alegação de urgência, a prova também contribui para o escopo social da jurisdição (supra n. 78), na medida em que fornece às partes elementos objetivos para avaliação de suas chances e riscos – o que contribui para solução da controvérsia pelos interessados, como superior forma de pacificação.

114. Atividade administrativa do juiz. A circunstância de que a jurisdição está precipuamente a cargo do Poder Judiciário não exclui que os juízes exerçam – nos diferentes graus de jurisdição – atividade administrativa conexa ao desempenho da função jurisdicional. São exemplos disso os atos praticados com base no poder de polícia (por exemplo, CPC, art. 445) e os atos de correição.

> «A disposição contida no art. 161 do CPC se encaixa no poder de polícia, sem feição jurisdicional.

Quanto à atividade de correição, para ilustrar, o art. 50 do Decreto-Lei Complementar 3/1969 do Estado de São Paulo estabelece que "A correição permanente consiste na atividade fiscalizadora dos órgãos da Justiça sobre todos os seus serviços auxiliares, a Polícia Judiciária e os presídios (...)".»

Também tem natureza administrativa o processo disciplinar de que sejam alvos os próprios magistrados; quer aqueles instaurados perante os tribunais aos quais estejam subordinados, quer eventualmente por órgão «externo» (supra n. 59), como no caso do Conselho Nacional de Justiça.

Tratando-se de atos e de decisões administrativas, ainda que vinculados organicamente ao Poder Judiciário, eles estão sujeitos a controle jurisdicional, quer quanto a sua legalidade, quer em relação a eventuais aspectos do mérito da decisão (por exemplo, observância da proporcionalidade na dosimetria da pena).

115. Meios alternativos de solução de controvérsias. Já foi dito que a solução dos conflitos pode resultar do comportamento de um dos interessados, mediante *autotutela*; de ambos, nos casos de *autocomposição*; ou de terceiro, mediante o exercício da *jurisdição* estatal ou arbitral (supra n. 6). Embora a solução jurisdicional seja constitucionalmente assegurada (CF, art. 5.º, XXXV e LIV, dentre outros), ela é cada vez mais encarada – pelo próprio Estado – como forma subsidiária, no confronto com as demais formas de superação de controvérsias. Isso quer dizer que o Estado – pelos órgãos integrantes do Poder Judiciário e eventualmente por outros que lhe são estranhos – estimula cada vez mais que a decisão adjudicada seja precedida de efetiva tentativa de solução por alguma das formas de autocomposição, respeitados limites da disponibilidade do direito material discutido (supra n. 8).

Em parte, esse estímulo resulta da incapacidade de o Estado dar adequada e pronta resposta à demanda por justiça; o que é uma distorção, diante do óbice que se impõem às pessoas de fazerem justiça pelas próprias mãos, raras vezes excepcionado. Mas o estímulo também decorre da constatação de que a solução consensual é sempre superior à adjudicada, quer pela desoneração do Estado, quer pela maior aptidão a pacificar (desde que isso ocorra em ambiente de igualdade, de informação e de liberdade). Além disso, a maior ou menor capacidade de as pessoas resolverem suas controvérsias sem a intervenção estatal (tanto mais aquela que se dá por imposição de decisão) sugere o grau de amadurecimento – ou de sua falta – de um dado grupo social.

Assim é que se fala dos *meios alternativos de solução de controvérsias,* cujo exame convém seja feito no contexto da jurisdição: primeiro, para que aqui seja feita a necessária separação dos conceitos; segundo, para que essas formas sejam vistas com a seriedade e importância que merecem ter, devendo ser estudadas sob a ótica das relações que têm – ou que possam ter – com a tradicional forma de solução heterocompositiva estatal.

Um desses mecanismos ditos alternativos é a *arbitragem*; que só pode ser entendido como tal se considerada a circunstância de que não provém do Estado, mas de juízes privados, que são os árbitros. Na arbitragem, o que há de consensual não é exatamente a solução da controvérsia, mas apenas a forma de resolvê-la. As partes firmam um contrato, que é o compromisso arbitral (precedido ou não de cláusula compromissória), e dessa forma se vinculam à solução que venha a ser ditada pelos árbitros, como se estatal fosse.

Daí se falar no passado que a arbitragem seria um «equivalente jurisdicional» (Carnelutti). Conquanto ainda eventualmente empregada, a locução tende a ficar superada diante do reconhecimento de que a arbitragem é espécie do gênero *jurisdição* – que pode ser estatal ou não estatal. Portanto, arbitragem é meio alternativo não em razão da circunstância de que a solução da controvérsia provenha das partes, mas apenas porque provém de terceiro que não é o Estado. Isso é enfatizado porque, não raramente, há confusão entre arbitragem e mediação. Essa última pode preceder o processo arbitral porque nele, da mesma forma que ocorre na jurisdição estatal, as partes devem ser estimuladas a obter solução por autocomposição. Mas uma coisa é a solução adjudicada (arbitragem), e outra é a intervenção do terceiro para de alguma forma auxiliar as partes na busca da solução de autocomposição (mediação).

Para que tenha lugar a arbitragem a lei exige que as partes sejam capazes e que os interesses em discussão sejam disponíveis (Lei 9.307/1996, art. 1.º). Isso não significa que pessoas integrantes da Administração pública fiquem dela cabalmente excluídas. Ainda que tais interesses, em regra, sejam indisponíveis, admite-se a «*arbitrabilidade*» de questões relacionadas a contratos administrativos, na premissa de que a realização de determinados fins públicos depende da atuação da Administração em ambiente privado.

A decisão arbitral não está sujeita a prévia homologação estatal, embora possa haver controle pelo Poder Judiciário em hipóteses limitadas (Lei 9.307/1996, art. 33), que, contudo, não deve entrar no mérito do quanto se decidiu. Essa forma de controle estatal é, também em regra, posterior. Apenas em hipóteses excepcionais é que se admite seja ele preventivo.

Coisa diversa da arbitragem é o estímulo das partes à autocomposição, sobretudo na forma de *transação*, isto é, mediante concessões recíprocas (CC, arts. 840/850). Ela é regida pelo direito material e pode ser celebrada fora do processo. Se ela ocorrer no processo judicial, fala-se na celebração de «acordo» entre as partes. A expressão, pela generalidade que encerra, não é das mais exatas. Não obstante, ela é reiteradamente empregada no cotidiano forense.

Então, para a consecução da autocomposição (da qual, repita-se, a transação é espécie), o ordenamento oferece e estimula o emprego de diferentes mecanismos. Portanto, não devem ser confundidos o *resultado* – que é solução da controvérsia por seus protagonistas – e os *meios* para tanto predispostos pelo ordenamento e empregados pelo Estado.

Um desses mecanismos é a *conciliação*. Nela intervém um terceiro, não para se substituir às partes e para a elas impor decisão; mas sim para atuar como uma espécie de facilitador da autocomposição – ou do «acordo». Ela pode ocorrer antes, durante e, a rigor, até depois do processo (na fase do cumprimento do quanto tiver sido decidido em âmbito tipicamente jurisdicional). A conciliação pode ser presidida pelo juiz, ao ensejo da audiência (CPC, art. 447), mas pode se dar por outras pessoas, que são os conciliadores.

> «Encontra-se no Código de Ética e Disciplina da OAB (Lei 8.906/1994) a regra segundo a qual são deveres do advogado, dentre outros, "estimular a conciliação entre os litigantes, prevenindo, sempre que possível, a instauração de litígios" (art. 2.º, parágrafo único, VI) e "aconselhar o cliente a não ingressar em aventura judicial" (inciso VII). Dessa forma, é possível situar os advogados, ainda que não estejam em posição neutra (ou seja, enquanto representantes dos interesses das partes) na figura de conciliador.»

Mais complexa é a *mediação,* que também envolve terceiro. Embora sem estar a cargo da solução da controvérsia, o mediador tem maior e mais técnico engajamento. Isso se dá pela investigação dos motivos que estão à base do conflito, pela promoção do contato entre as partes e pela busca de diálogo. Costuma-se destacar em doutrina que, diferentemente da conciliação, na mediação não há a formulação de sugestões de acordo pelo mediador. Nesta, o objetivo seria o de criar ambiente de comunicação para que os interessados cheguem a um consenso, razão pela qual se fala que o mediador deve «trabalhar o conflito» – expressão um tanto imprecisa, forçoso convir.

Seja como for, atuação de tal ordem no exercício da mediação exige preparo humanístico e técnico, à míngua do que fica difícil, em termos concretos, determinar se o terceiro, no final das contas, está a agir como verdadeiro mediador, mero conciliador ou menos ainda do que isso.

> «Não há disciplina legislativa específica para a mediação; o que não impede sua adoção. No Projeto de CPC, tanto a mediação como a conciliação estão disciplinadas nos arts. 166 a 176, em seção nomeada como "Dos conciliadores e mediadores judiciais)".»

Há outras técnicas para estimular as partes à autocomposição, que são encontradas na experiência estrangeira, com nenhum ou escasso emprego no Brasil. Justamente para estimular seu conhecimento, elas merecem breve menção.

Uma delas é a chamada «avaliação neutra de terceiro» (*early neutral evaluation*): submete-se a quem desfrute da confiança das partes o material disponível acerca de dada controvérsia (incluindo-se aí as provas disponíveis em dado momento), para que, de modo não vinculante, emita um parecer ou opinião. Não se trata de obter o juízo antecipado de quem, futura e eventualmente, decidirá a controvérsia, mas de ensaiar um julgamento, para que os interessados possam avaliar suas chances e riscos em futuro julgamento (aí sim, verdadeiramente vinculante). Embora não haja solução adjudicada, é fundamental a imparcialidade do terceiro, assim como seu comprometimento com a confidencialidade.

Outro mecanismo é o *minitrial* («minijulgamento» ou «minijuízo»). Trata-se de apresentação, pelas partes ou por advogados, acerca da controvérsia e dos elementos de prova disponíveis, não descartada a possibilidade de produção de prova nessa oportunidade. Essa apresentação tem por escopo a formação do convencimento das partes; e, para tanto, a ela se segue uma tentativa de negociação. Os trabalhos são coordenados por um terceiro e é possível que, à semelhança do que já foi visto, recorra-se à opinião neutra, (que, a critério das partes, pode ser eventualmente vinculante).

Outra técnica é a do *special master*, mediante a qual um terceiro que exerce profissão liberal – eventualmente um professor ou um juiz aposentado, mas jamais um membro ativo de tribunal – é chamado a se pronunciar sobre a controvérsia, fazendo com que as partes tenham, assim, uma opinião externa sobre o conflito e, consequentemente, sobre as suas chances de êxito em eventual julgamento.

116. Escopos da jurisdição. Em sua concepção clássica, o conceito de jurisdição foi associado essencialmente a um escopo jurídico; que, na construção doutrinária de Chiovenda, consiste na atuação da vontade concreta da lei (ou do direito objetivo). Embora essa concepção seja correta e metodologicamente útil, ela se afigura insuficiente. Sobre isso, já na perspectiva doutrinária de Carnelutti se podia entrever a busca de elemento que fosse além do meramente jurídico. Isso se expressou na fórmula da «justa composição da lide» que, sem embargo das críticas que mereceu (por considerar um fenômeno sociológico e não processual), contribuiu para a superação da visão estritamente jurídica do fenômeno.

De fato, a doutrina passou também a considerar a existência de um escopo social da jurisdição, que pode ser traduzido na ideia de pacificação pela eliminação das controvérsias – ideia válida tanto para o campo civil, quanto para o penal. Ainda que a busca desse escopo social possa ser associada historicamente a uma perspectiva autoritária (porque presente na doutrina alemã contemporânea ao Estado nacionalista da primeira metade do século XX), ela é válida se corrigidos os seus termos: ao exercer a jurisdição, o Estado não atua a vontade do direito objetivo como um fim em si mesmo, mas o faz como forma de superar os conflitos e de restabelecer a paz social. Isso ajuda a explicar por que, dentre outros fatores, a jurisdição é inerte. Embora o Estado busque atuar em concreto o direito que editou de forma geral e abstrata, deseja fazê-lo como forma de superar os conflitos; e não para exacerbá-los.

Portanto, há complementação entre o escopo jurídico e o social: é mediante a atuação do direito em concreto que o Estado elimina as controvérsias. Isso, contudo, não afasta a constatação de que os dois escopos também se repelem na medida em que o jurídico exige tempo e o social clama por celeridade. Quanto mais o processo se estende, mais fica prejudicado o escopo de pacificação; quanto mais rápido ele é, maior o risco de se perpetrar injustiça. Daí porque se afigura impreciso dizer que tal ou qual opção do legislador é em prol da *efetividade* do processo sem que se considere a contraposição assim apontada. Esse é um dos dilemas fundamentais no exercício da jurisdição. A busca do equilíbrio entre esses dois vetores – rápida eliminação da controvérsia *versus* justiça – é que deve (ou deveria) pautar as soluções legislativas.

Em linhas gerais, as sucessivas reformas havidas no processo civil brasileiro na última década do século passado e primeira deste século buscaram privilegiar o escopo social. É o que se extrai da adoção de mecanismos de aceleração da tutela jurisdicional: antecipação da tutela como regra generalizada (CPC, arts. 273 e 461); limitações à recorribilidade de decisões interlocutórias por agravo de instrumento (tornando-se o agravo retido a regra); restrição às hipóteses de cabimento do recurso de embargos infringentes; retenção do recurso extraordinário e do especial, quando se tratar de decisão interlocutória; alteração do regime de execução provisória, para ampliar seu cabimento e para aproximá-la da execução definitiva, dentre outros.

Mas muito pouco disso aproveitou aos processos em que é parte a Fazenda Pública, que representam a maior parcela da massa de trabalho submetida ao Poder Judiciário – com evidente frustração à expectativa de pacificação. Além disso, e paradoxalmente, ao cabo desse período de reformas vêm doutrina e jurisprudência, não de hoje, falar em formas de «relativizar» a coisa julgada, que vão além das alternativas usualmente empregadas e também podem comprometer o escopo social da jurisdição.

Ainda, o escopo social é completado pela função educativa e orientadora da jurisdição: ao editar decisões, o Judiciário não apenas elimina a controvérsia que lhe é submetida em concreto, mas envia mensagens aos jurisdicionados, as quais interferem com a consciência dos direitos e orientam comportamentos. Assim, na esteira de moderna doutrina, a contribuição dos tribunais para dirimir litígios não pode e não deve ser avaliada apenas a partir dos casos resolvidos por decisão judicial, em que a solução foi adjudicada. É importante que os tribunais forneçam um substrato (*background*) que sirva de base para as negociações e para a regulamentação das relações de natureza privada. Dessa forma, a atuação jurisdicional leva ao fornecimento de uma base de discussão (*bargaining endowment*) que os adversários podem aproveitar em suas relações; não apenas no tocante à determinação de regras de direito material, mas igualmente das que permitem fazer valer tais direitos.

Isso se aplica no campo da prova: especialmente quando produzida de forma antecipada, ela contribui para soluções de autocomposição tomadas com base na expectativa de chances e de riscos que as partes podem razoavelmente nutrir acerca da decisão estatal. Assim, a adoção de soluções autocompositivas não fica submetida à premissa de que as partes devem se conciliar porque o sistema não é capaz de cumprir a promessa de fazer justiça. A prova – especialmente na antecipação – oferece às pessoas elementos que estimulam a *aceitação* das soluções autocompositivas; aceitação que é elemento recorrente, em doutrina, na configuração da *legitimidade*.

117. Escopos (jurídico e social) e segurança jurídica. É inegável que *segurança* está associada ao escopo social da jurisdição: enquanto a controvérsia aguardar uma decisão estável, subsiste a insegurança; para os sujeitos envolvidos e até mesmo para terceiros, quer sob a ótica do interesse jurídico, quer sob o prisma do interesse de fato (econômico ou social). A superação da controvérsia leva à pacificação social – entendendo-se como tal a imunização da controvérsia, sem propriamente se cogitar do valor de seu conteúdo sob a ótica subjetiva das partes. De um modo ou de outro, haverá uma decisão e ela será o parâmetro a ser seguido pelas partes e, como dito, eventual e indiretamente até por terceiras pessoas.

Por outro lado, é preciso considerar que a segurança não se limita à superação de determinada controvérsia, isto é, não se esgota na consecução do escopo social do processo. Sob o pretexto da obtenção de decisões rápidas – supostamente úteis para definir a relação de direito material entre as partes e aptas a se tornarem estáveis o quanto antes – corre-se o risco do fenômeno da «sumarização da justiça». Isso pode ocorrer, por exemplo, mediante o emprego inadequado de provimentos antecipatórios, que são baseados em juízos de mera probabilidade e não em exame mais aprofundado da controvérsia.

Então, quando, de um lado, associa-se a eliminação rápida da controvérsia à segurança, e, de outro, considera-se essa última sob perspectiva voltada para o passado, segurança aí está empregada no sentido de busca do ideal de imutabilidade. Contudo, é preciso considerar a relação que existe entre segurança e a própria ideia de Direito, pela qual segurança é vista como um valor constitutivo do outro. Sob essa ótica, ressalta-se a função «asseguradora» do Direito. Decisões imutáveis fundadas em cognição não exaustiva da relação material controvertida não são compatíveis com a ideia de segurança. Mesmo os processualistas reconhecem essa assertiva quando condicionam a formação da coisa julgada material à profundidade da cognição (conforme a chamada coisa julgada *secundum eventum probationis*).

A associação entre escopo social da jurisdição (pacificação pela eliminação da controvérsia) e de segurança mostra que o primeiro, em condições mais extremadas, pode conspirar contra a segunda. Basta constatar que a tendência de «relativização da coisa julgada» nasceu de imperfeições em processos que levaram à edição de decisões (tidas como) gravemente injustas. Ainda que, nesses casos, a preocupação com a celeridade não tenha sido necessariamente a causa da injustiça, não deixa de ser paradoxal que o sistema prestigie a celeridade em nome da rápida pacificação e que, depois, tolere passar por cima da garantia da coisa julgada justamente em nome da justiça. Vale dizer: a busca descompensada por decisões rápidas, na medida em que faz crescer o risco de injustiça, acaba estimulando novas formas de impugnação que, por seu turno, desprestigiam o valor segurança diante da perspectiva da alteração do que já se decidira de forma supostamente imutável.

Além disso, convém reafirmar que o escopo jurídico também está a serviço da segurança porque a relação entre órgãos judiciais e litígios não se esgota na edição de sentenças. Processos judiciais podem ser evitados em razão de um dado comportamento dos tribunais que pode despertar expectativas nas pessoas, levando-as eventualmente a ingressar em juízo ou a disso se abster. É que, como já realçado, os tribunais não produzem apenas decisões, mas emitem mensagens que, por seu turno, interferem com a consciência dos direitos, orientando o comportamento das partes. Assim, o papel de orientar comportamentos passa a ter tanto ou mais relevo que o papel de editar sentenças para pôr fim a controvérsias. Portanto, o escopo jurídico, nessa perspectiva, atua em favor da estabilidade e, portanto, da segurança.

Em suma, segurança não está necessariamente associada à ideia de decisões rápidas. Pelo contrário, decisões céleres podem dar azo à insegurança, quer por seu conteúdo, quer pela repercussão que possam ter.

118. Escopo político. Costuma-se apontar que a jurisdição tem também um escopo político, que pode ser sintetizado na ideia de afirmação do poder estatal.

Isso fica claro, pelo ângulo positivo: a atuação jurisdicional, ainda que sujeita por regra à provocação do interessado, busca dar efetividade ao ordenamento que o Estado editou de forma geral e abstrata (direito objetivo material). E, pelo ângulo negativo, também fica evidente quando se constatam os malefícios que a falta de efetividade dos comandos judiciais (inaptidão de produzirem os efeitos programados) traz para o Estado, na medida em que desprestigia sua atuação. Isso incentiva o desenvolvimento de centros de poder paralelo e contribui para a descrença no papel desempenhado pela ordem jurídica.

Paradoxalmente, a Fazenda Pública – portanto, o próprio Estado – está dentre os que maiores obstáculos opõem ao cumprimento de decisões judiciais. Para ilustrar, tomem-se as condenações transitadas em julgado e já objeto de ofícios requisitórios. A satisfação não raramente ocorre apenas após longo decurso de tempo; sem que o Judiciário possa dar efetividade a suas decisões, diante da premissa de que não há meios coercitivos aptos a superar a resistência: os bens públicos não são penhoráveis; e eventual intervenção na pessoa jurídica devedora não é admitida pela jurisprudência consolidada, diante do argumento de que a providência não sanaria o problema da falta de recursos para o adimplemento.

Nesse contexto, se o Estado está dentre os devedores que mais descumprem – ou que tardam a cumprir – decisões judiciais, é inevitável que a distorção contamine todo o sistema, contribuindo para o desprestígio das decisões judiciais, mesmo quando não se trate da Fazenda Pública. E mesmo se sabendo que o ordenamento dispõe de mecanismos coercitivos eficazes oponíveis a devedores privados, soa incoerente que devedores – públicos e privados – sejam tratados de formas tão distintas quando se cuida, em qualquer um dos casos, de dar efetividade a um comando judicial.

CAPÍTULO II

PRINCÍPIOS DA JURISDIÇÃO

119. Princípios da jurisdição. É usual, em doutrina, sejam destacados os assim denominados princípios da jurisdição. Embora essa forma de tratar o tema tenha inegável serventia didática, como reforço de aspectos realmente relevantes da matéria, não parece correto buscar princípios que sejam apenas deste ou daquele instituto processual. Então, de três, uma: ou os princípios processuais já explicam este ou aquele aspecto da jurisdição; ou não se trata de um princípio, mas apenas de uma regra; ou o que se chama de princípio já é um elemento integrante do conceito de jurisdição.

Um exame dos postulados que usualmente são assim qualificados confirma a asserção.

120. Investidura. Fala-se na exigência de *investidura*, a traduzir a necessidade de que a jurisdição só pode ser exercida por pessoa regularmente habilitada ao exercício da função. Se a jurisdição é estatal, é preciso que o Estado reconheça a pessoa como seu agente, a cuja condição se chega e se mantém conforme regras constantes do ordenamento. A investidura está associada a atos administrativos como os de posse e (primeira) designação para atuar em determinado órgão da Justiça. Se a jurisdição é arbitral, é preciso que ela seja regularmente instituída, o que se dá no momento em que aceita a nomeação pelo(s) árbitro(s) (Lei 9.307/1996, art. 19).

Sem investidura não é sequer possível falar em exercício da jurisdição e o vício é usualmente indicado como inexistência do processo. O conceito não se confunde com o de imparcialidade (supra n. 60), nem com o de competência (infra n. 134).

«Não têm investidura e, portanto, não são juízes integrantes do Poder Judiciário, os assim chamados juízes de casamento (CC, art. 1.554); e os integrantes (ministros e conselheiros) dos *tribunais de contas* (CF, arts. 31, § 1.º, e 73) que são órgãos auxiliares do Poder Legislativo, nas diferentes esferas da Federação.»

121. Aderência ao território. Quando se trata de jurisdição estatal, é natural compreender que ela se limita à base territorial em que o Estado é soberano. Se for necessário praticar ato ou produzir efeitos fora desses limites, será preciso haver *cooperação* do Estado perante o qual isso se materializará. Tal poderá ocorrer, no primeiro caso, mediante a expedição e o cumprimento de *carta rogatória*; ou, no segundo, mediante a homologação da decisão estrangeira.

Internamente, os juízes exercem sua autoridade em todo o território nacional; o que significa dizer que a eficácia e a autoridade de suas decisões não estão, ao menos em princípio, sujeitas a limites territoriais internos. Com a ressalva mais evidente de que os limites dessa eficácia consideram as pessoas presentes no processo, isto é, os destinatários do comando (limites subjetivos), e o objeto do processo (limites objetivos), não é pela circunstância de que a sentença tenha sido proferida pelo juiz de um Estado ou Secção Judiciária que não produzirá – dentro daqueles limites – efeitos no território de outro Estado ou de outra Secção Judiciária.

«Há, no ordenamento, regra que limita a eficácia da sentença ao território, como no caso do art. 16 da Lei 7.347/1985, que vincula a coisa julgada (na verdade, a eficácia da decisão) aos limites da competência territorial. Mas o dispositivo é criticado pela doutrina por confundir competência e eficácia da sentença e, assim, por limitar indevidamente o alcance da tutela coletiva.»

Isso não se confunde com o estabelecimento de regras que determinam a *competência* dos órgãos do Judiciário e, elas sim, fixam limites para a prática de atos. As regras de competência buscam estabelecer critérios para a divisão da massa de processos entre os diferentes órgãos que exercem a jurisdição (infra n. 135). Portanto, elas definem perante qual órgão o processo há de tramitar. Nessa medida a prática dos atos por um órgão fica restrita a seu território e, para que atos sejam realizados em outra base territorial, é necessária a cooperação, analogamente ao que se passa quando se confronta a soberania nacional com outras. Isso – a cooperação entre órgãos judiciários brasileiros – se dá mediante a expedição e o cumprimento de *carta precatória*. Mas, como foi dito, a eficácia da decisão não está, por regra, limitada à competência territorial. Ademais, as regras fundadas em critério territorial de determinação da competência nem sempre são de observância obrigatória e, eventualmente, comportam modificações (infra n. 138 e 154).

Mesmo no caso da prática de atos, a cooperação entre órgãos resulta menos de um limite à jurisdição do que propriamente uma forma de racionalizar os trabalhos, pela proximidade do órgão com o objeto ou destinatários do ato por praticar. Se o limite fosse jurídico, não seria possível, dentre outros, que a citação via postal determinada por juiz de um Estado fosse realizada em outro; assim como a penhora de ativos financeiros por meio eletrônico; ou a expedição de ofícios, como é o caso do art. 671 do CPC. Portanto, ou se trata de um limite físico ou da maior facilidade na prática do ato por outro órgão que não aquele em que tramita o processo. Aliás, a regra é a de que a função jurisdicional não comporta delegação (infra n. 122).

As coisas se passam de forma análoga em matéria de arbitragem. Proferida nos limites territoriais da soberania brasileira, a decisão é eficaz em todo o território nacional (com a ressalva dos limites subjetivos e objetivos já mencionados). Mas as sentenças arbitrais proferidas por órgãos constituídos fora dos limites da soberania estatal estão sujeitas a prévia homologação para que possam produzir efeitos no Brasil.

A aderência da jurisdição ao território está, em alguma medida, relacionada ao tema da *competência internacional* e, a partir dela, à ideia de *efetividade*: a jurisdição de cada Estado está limitada a causas em que o exercício de seu poder possa ser útil e efetivo, isto é, a jurisdição deve ter por objeto as causas nas quais seja possível ao Estado fazer valer o que foi decidido. Isso é coerente com a circunstância de que o conceito de jurisdição não dispensa o caráter imperativo que é próprio do poder (supra n. 109).

122. Indelegabilidade. Sob prisma mais abrangente, antes de ser um problema de delegação, o tema está ligado à atribuição constitucional de tarefas, na perspectiva moderna de separação de poderes, que é informada pela preponderância, e não pela exclusividade (supra n. 106). Dessa forma, a questão se traduz na divisão constitucional de competências e na necessidade de respectiva observância. Portanto, eventuais dificuldades no convívio entre os Poderes podem advir menos da delegação, mas mais da eventual invasão da esfera de atuação de um por outro.

Ainda sob a mesma ótica, não deve ser qualificada como delegação estatal ao ente privado a jurisdição exercida pelo árbitro. Nesse caso, o que se admite – diante de direitos disponíveis – é solução escolhida pelas partes, por terceiro, desde que observados os cânones do devido processo legal. Basta aceitar que a jurisdição não é monopólio do Judiciário para que seja dispensável recorrer à ideia de possível delegação.

Na perspectiva interna do Poder Judiciário, de forma análoga, um de seus órgãos não pode delegar suas atribuições a outro porque as regras de divisão de competência – que, em concreto, definem um órgão e excluem os demais – devem ser observadas. A competência, dentre outros, considera o critério funcional para estabelecimento de suas regras e, quando isso ocorre, diz-se que a competência é absoluta, isto é, que não comporta modificação pelas partes – e, a rigor, nem pelo órgão judicial competente. Por vias reflexas, a delegação de um órgão para outro significaria quebra do juiz natural, esse sim um princípio em que assentado o sistema processual (infra n. 125).

Nos processos de competência originária dos tribunais, pode haver determinação para a prática de atos para juízo de grau inferior. Isso é autorizado em matéria de comunicação processual (CPC, art. 201) e para a colheita de prova, sendo o art. 492 do CPC (que autoriza a providência em processo de ação rescisória) apenas um exemplo disso.

> «No caso de delegação da colheita da prova oral, poder-se-ia eventualmente cogitar de ofensa à regra da oralidade, pela quebra da imediação e da consequente identidade física do juiz (CPC, art. 132). Mas é forçoso reconhecer que o reexame proporcionado pelo duplo grau de jurisdição (que, por regra, abrange tanto questões de direito, como de fato) já é suficiente para limitar consideravelmente a imediação e seu consectário. Por outro lado, sendo o tribunal um órgão colegiado, a colheita da prova no tribunal deveria ser feita singularmente pelo relator; o que, de qualquer modo, limitaria a imediação a um dos integrantes do órgão competente. Portanto, não há ofensa.»

Tampouco é dado ao juiz delegar suas atribuições, que recebeu da lei e que decorrem de sua investidura, pelo Estado. A propósito, não pode ser considerada delegação indevida a regra contida no § 4.º do art. 162 do CPC, desde que a prática dos atos pelo servidor se limite efetivamente a atos «meramente ordinatórios» e sempre sob a supervisão do magistrado. Fora desses limites, o problema ali não é exatamente de impossibilidade de delegação, mas de falta de investidura de quem não é reconhecido pelo ordenamento como juiz.

> «A CF, ao prever a criação dos Juizados Especiais Cíveis (para causas de menor complexidade), autorizou a atuação de juízes «leigos» (art. 98, I). Mas antes mesmo dela, a revogada Lei 7.244/1984 (que dispôs sobre os Juizados de Pequenas Causas) já previra a atuação dessa espécie de agente, a quem não apenas se facultou tentar a conciliação, como ainda presidir a instrução e até proferir sentença, sujeita à "homologação" do juiz togado (arts. 23, 27 e 30, § 1.º).»

123. Inevitabilidade. Esse «princípio» decididamente não pode ser qualificado como tal. Por ele se quer referir a ideia de que a jurisdição, sendo emanação do poder do Estado, impõe-se aos jurisdicionados independentemente de sua vontade. Daí a ideia de que a posição das partes é de sujeição.

Com efeito, o conteúdo assim enunciado já está presente no conceito de jurisdição: ela é atividade substitutiva e tem caráter imperativo, justamente porque está respaldada pelo poder do Estado – mesmo quando se trata de arbitragem, ainda que aí esse respaldo seja indireto. Além disso, na arbitragem o reconhecimento do poder de julgar depende sim da vontade das partes e, portanto, de «inevitabilidade» só se pode falar depois de regularmente instituído o órgão arbitral para determinado caso.

Mas a ideia de que a jurisdição é inevitável – isto é, de que ela não pode ser simplesmente declinada ou recusada pelos jurisdicionados – comporta algum temperamento. Assim é que a jurisdição estatal pode ser legitimamente recusada diante da convenção de arbitragem, que é causa determinante da extinção do processo sem resolução do mérito (CPC, art. 301, IX). E, de forma inversa, a arbitragem também pode ser recusada, por exemplo, quando a cláusula compromissória for inválida ou a controvérsia não comportar essa forma de solução (por exemplo, pela indisponibilidade dos direitos controvertidos). Além disso, a inevitabilidade não afasta o postulado segundo o qual a jurisdição atua mediante provocação e é opção do interessado ir, ou não, a juízo: ninguém pode ser compelido a demandar (embora a inércia possa até gerar consequências jurídicas, como ocorre na hipótese do art. 3.º da Lei 12.016/2009, que regula o mandado de segurança; ou, em termos, no caso previsto pelo art. 834 do CC, quando trata da fiança).

Nas controvérsias passíveis de julgamento pelos Juizados Especiais (Lei 9.099/1995), consolidou-se entendimento de que o ingresso perante tais órgãos é opção para o autor; embora o réu não possa recusar – aí sim aparece a inevitabilidade – o processo. O demandado pode alegar que o Juizado não é competente (arts. 3.º e 51, III) ou que é inadmissível o procedimento especial (art. 51, II); mas isso é coisa diversa e o réu não deixa de ficar vinculado ao processo.

124. Inafastabilidade. Esse, de fato, pode ser tido como verdadeiro princípio; não da jurisdição, mas a inspirar todo o sistema processual – não apenas o civil (supra n. 38). Ele decorre da premissa segundo a qual é vedada, salvo exceções, a justiça de mão própria (autotutela). Ele significa que o Estado não pode deixar de dar resposta a todo e qualquer reclamo de tutela jurisdicional, por mais inepto, descabido ou improcedente que eventualmente seja o pleito. Assim, não pode o juiz deixar de decidir a pretexto de lacuna ou de obscuridade da lei (CPC, art. 126); nem sob o argumento de que a prova dos autos não é suficiente para o esclarecimento da verdade – o que significa lhe ser vedado proferir o *non liquet* (supra n. 55).

125. Juiz natural. Esse também deve ser tido como princípio a nortear todo o sistema. Ele assegura que a atuação da jurisdição (atividade substitutiva da vontade das partes) há que se dar por terceiro independente, imparcial e investido em sua função anteriormente à instalação do litígio. Esse último aspecto significa que o ordenamento veda tribunais de exceção, isto é, constituídos após e para o específico julgamento do litígio (supra n. 60).

126. Inércia. A jurisdição é inerte porque disso depende, dentre outros, a consecução de seu escopo social: a atuação do direito objetivo é meio para a superação das controvérsias e consequente pacificação social. Daí o princípio – esse sim a reger todo o sistema – segundo o qual é ônus do interessado provocar a atividade estatal. Trata-se do princípio da demanda (infra n. 94).

CAPÍTULO III

ESPÉCIES DE JURISDIÇÃO

127. Espécies de jurisdição. Entendida a jurisdição como manifestação do poder estatal, ela deve ser considerada una e indivisível (infra n. 132). Mas quando examinada sob a ótica de *atividade* ou *função*, ela costuma ser objeto de classificação pela doutrina, que a divide em espécies ou tipos.

Categorização dessa ordem apresenta utilidade didática por evidenciar certos fenômenos que, à base do exercício da jurisdição, variam segundo diferentes critérios (o objeto do direito material discutido, a posição hierárquica dos órgãos que a exercem ou outros que são exteriores à atividade propriamente dita). Contudo, essa classificação deve ser vista com reservas não apenas porque conflita com a já referida unidade, mas porque nem sempre diz respeito a conceitos estritamente ligados ao de jurisdição, mas sim ao tema da competência (infra n. 134 e seguintes).

Com efeito, a aplicação da ideia de especialidade ao tema da jurisdição, para além de ser imperfeita (porque ela deveria designar apenas uma divisão de tarefas entre diferentes órgãos igualmente investidos de poder), pode fomentar distorções, como quebra de unidade na interpretação da lei federal e indesejável segmentação da jurisprudência. A especialidade, que no mais das vezes é ditada por critérios colhidos na controvérsia (matéria e pessoa), não afasta a circunstância de que órgãos de diferentes «jurisdições» estão sujeitos a regras gerais – especialmente em matéria processual – que se aplicam a todas elas; e que, portanto, desafiam interpretação uniforme, à qual nem sempre se pode chegar. Para ilustrar, lembre-se que, na estrutura constitucional brasileira, cada uma das Justiças «especializadas» tem seu próprio tribunal superior, encarregado de uniformizar a interpretação da lei: na Justiça do Trabalho o Tribunal Superior do Trabalho, na Eleitoral o Tribunal Superior Eleitoral e na Militar o Tribunal Superior Militar. Acima deles, como órgão recursal, há apenas o Supremo Tribunal Federal, cuja atuação é limitada porque restrita a matéria constitucional, e mesmo assim condicionada à configuração da repercussão geral (CF, art. 102, § 3.º).

O exame da tipologia usualmente encontrada em doutrina e dos respectivos critérios (como segue) confirma as ponderações feitas neste tópico.

128. Segue: critério do objeto. Pelo objeto, costuma-se apartar a jurisdição *civil* da *penal*. Nesse caso, por «objeto» se entende a natureza da relação material controvertida que integra o objeto do processo (juntamente com o pedido deduzido). Mas a utilidade da distinção é relativa. Primeiro, o tema não é de jurisdição, mas de competência: o juiz que julga matéria penal exerce jurisdição da mesma forma. Segundo, o critério é um tanto arbitrário porque, a se considerar o objeto, poder-se-ia subdividir a jurisdição em outras categorias relevantes. Por exemplo, poder-se-ia falar na jurisdição *trabalhista*, que não é penal, mas que com muita dificuldade se enquadra no conceito de jurisdição simplesmente «civil»; ou em jurisdição administrativa, ou tributária, ou empresarial – o que, aliás, só reforça a consideração precedente, de que o critério é sugestivo de diferentes competências (não de tipos de jurisdição).

A circunstância de eventualmente existir relação entre julgamentos afetos a uma e a outra dessas «jurisdições» (civil e penal) – aspecto bastante destacado pela doutrina e considerado pelo direito positivo – também não afasta as restrições feitas à classificação aqui tratada. Antes de ser um problema de jurisdição (ou até de competência), eventual concorrência de efeitos civis e penais de um mesmo fato é questão respeitante ao direito material de cada um desses ramos. A criminalização, ou não, de determinada conduta ilícita indica que o ordenamento a repudia com maior intensidade. Portanto, a diferença está essencialmente no grau da reprovação.

Mas a relação entre as consequências jurídicas previstas em diferentes ramos do direito material, conquanto relevante, não está restrita ao confronto entre o direito civil e o penal. Um mesmo fato pode ter consequências jurídicas nessas duas searas, como pode ter simultaneamente nas esferas administrativa, tributária, trabalhista e outras; ou, ainda, pode haver controvérsia sobre se os fatos devem produzir efeitos em um ou outro campo (o que, para ilustrar, pode ocorrer no confronto entre direito civil e direito do trabalho).

Quando relação de tal ordem se apresenta, a premissa de que a jurisdição é una (ainda que seu exercício esteja circunstancialmente dividido entre órgãos distintos) exige *coordenação* entre os diferentes julgamentos; o que se dá mediante a identificação de qual julgamento atua como antecedente lógico e, portanto, *prejudicial* em relação a outro. Isso se impõe para que não haja decisões conflitantes e, eventualmente, para que o trabalho realizado não se perca, com desnecessária repetição de atos processuais. Diante da simultaneidade poderá ser o caso de se aguardar o pronunciamento de um ou de outro órgão (atentando-se para a causa que for prejudicial, conforme regra do art. 265, IV, *a* e *b*, do CPC); ou, se for o caso, de se submeter a um órgão superior a decisão sobre a quem compete tratar da matéria.

Mas, como foi dito, relações dessa ordem não ocorrem apenas entre processos civis e penais: a existência de prejudicialidade pode existir entre causas submetidas a outros diferentes órgãos do Judiciário. Então, por coerência, o exame das diferentes jurisdições pelo «objeto» – e das relações entre elas estabelecidas – teria que considerar todas as formas de interação; o que se afigura tarefa extensa e que principalmente extrapola os limites da matéria especificamente aqui tratada. A rigor, relação entre diferentes processos pode ocorrer dentro de uma mesma «jurisdição», a ensejar eventual reunião (CPC, arts. 102/105) ou sobrestamento (CPC, arts. 110 e 265, IV, *a* e *b*).

> «Apenas para ilustrar, podem ser identificadas as seguintes hipóteses de relação entre processos submetidos a diferentes órgãos do Poder Judiciário: art. 91, I, do CP, que considera como efeito da condenação penal a obrigação de indenizar o dano causado pelo crime, conquanto o cumprimento da sentença penal condenatória (no que diz respeito à indenização) seja da competência do juízo cível (CPC, art. 475-P, III); art. 66 do CPP, que estabelece o reconhecimento da inexistência material do fato delituoso (no juízo criminal) como pressuposto negativo da propositura da ação civil; art. 65 do CPP, segundo o qual a decisão penal que reconheça estado de necessidade, legítima defesa, estrito cumprimento de dever legal ou exercício regular de direito será imutável perante o juízo cível; art. 485, VI, do CPC, que estabelece caber ação rescisória contra sentença de mérito fundada em prova cuja falsidade tenha sido apurada em processo criminal; art. 1.176 do CPC, que, ao disciplinar o procedimento especial das coisas vagas, remete a competência para entrega da coisa ao juízo criminal em caso de suspeita de subtração criminosa; art. 405 do CPC, que, dentre as causas de suspeição da testemunha, enumera a hipótese de ter sido o depoente condenado por crime de falso testemunho por sentença penal transitada em julgado; art. 152 do CPC que veda a atuação de intérprete inabilitado ao exercício da profissão por sentença penal condenatória, enquanto durar o seu efeito; art. 6.º, § 2.º, da Lei 11.101/2005, que permite ao detentor de crédito derivado da relação de trabalho pleitear ao administrador judicial da recuperação judicial ou da falência, habilitação, exclusão ou modificação de créditos, depois da respectiva apuração perante a Justiça do Trabalho.»

129. Posição hierárquica. É comum (e correto) falar-se em diferentes «graus de jurisdição» – ou instâncias – quando se pensa na atuação de órgãos «superiores» e «inferiores», entre os quais haveria relação hierárquica.

Mas, assim como a circunstância de haver pluralidade de órgãos integrantes do Judiciário não infirma a unidade da jurisdição, o fato de alguns exercerem função de rever o que outros decidiram também não significa dizer que suas «jurisdições» seriam diversas. Mais uma vez, está-se diante de critério de competência, que considera as funções desempenhadas (critério funcional, portanto). Aliás, embora não seja incorreto falar-se em hierarquia nesse contexto, a palavra deve ser vista com ressalvas.

Sob a ótica estritamente jurisdicional, a decisão de um órgão «superior» – entendendo-se como tal o competente para apreciar recurso contra decisão de outro órgão – substitui a do órgão «inferior». Isso está expresso na regra do art. 512 do CPC (efeito substitutivo dos recursos). Portanto, na esfera jurisdicional, o problema não é exatamente de hierarquia, mas de competência, de tal sorte que alguns têm competência originária e outros têm competência recursal; do contrário, seria impossível conciliar o efeito substitutivo dos recursos com a subsistência da jurisdição do juízo recorrido.

É certo que os órgãos cujas decisões estão sujeitas a revisão por recurso estão realmente obrigados a dar estrito cumprimento às decisões dos graus «superiores» e, para tanto, além de eventuais novos recursos, o sistema conhece o mecanismo denominado *reclamação* – que consiste justamente no remédio voltado à cassação de decisão proferida por órgão judicial de grau inferior e que descumpra decisão de grau superior (CF, arts. 102, l, 103-A, § 3.º, 105, *f*; Regimento Interno do STF, arts. 156/162; e Regimento Interno do STJ, arts. 187/192).

Mas isso não transfere o tema para o campo da hierarquia, conceito que melhor se ajusta à seara administrativa que à jurisdicional. Com efeito, sob aquela outra ótica, juízes estão sujeitos a controle disciplinar por conta do exercício da função. Portanto, aí sim eles estão hierarquicamente submetidos a órgãos com atribuição para julgar processos disciplinares e, nesse caso, a terminologia parece mais adequada.

130. Jurisdição de direito e de equidade. Esse é outro critério de distinção de que se vale a doutrina. Contudo, ele também deve ser visto com reserva. Julgar por equidade é fazer a regra para o caso concreto. Por oposição, julgar por critério de direito é aplicar regra pré-existente, colhida no ordenamento (não apenas na lei), que a prevê de forma geral e abstrata.

Contudo, sob a ótica conceitual de jurisdição, assim como de seus escopos, não importa se atuação do direito objetivo ocorre com base em norma pré-existente (e, portanto, emanada de órgão diverso daquele que a aplica) ou se a regra é fixada no caso concreto, com maior liberdade para o julgador. Até porque, mesmo no caso da equidade, o julgamento deve ser feito motivadamente, a partir de elementos colhidos no ordenamento, que não se limita à lei. Equidade não é sinônimo de arbítrio ou de desvinculação de valores consagrados pelo sistema, que o juiz apenas cuida de aplicar diante das peculiaridades do caso concreto. Além disso, equidade também não é sinônimo de igualdade; equívoco que se encontra com alguma frequência. Para fazer a regra do caso concreto, é até possível que o juiz ou árbitro invoquem a isonomia para chegar a tal ou qual conclusão. Mas os conceitos são inconfundíveis.

Além disso, o julgamento por equidade no sistema brasileiro somente é admitido quando expressamente previsto em lei (CPC, art. 127). Vigora, então, uma espécie de «reserva legal», de tal sorte que a regra é a do julgamento «de direito». A regra – que em última análise constitui um óbice a eventuais arbitrariedades – é justificada e não desprestigia o papel que cabe ao juiz. Ademais, a decisão jurisdicional por equidade não pode ser simplesmente colocada no mesmo patamar de um ato administrativo, esse sim informado por critérios de conveniência e oportunidade.

> «O art. 6.º da Lei 9.099/1995, que disciplina o processo dos Juizados Especiais, dispõe que «O Juiz adotará em cada caso a decisão que reputar mais justa e equânime, atendendo aos fins sociais da lei e às exigências do bem comum». Contudo, considerando que (i) o juízo de direito é a regra do sistema; (ii) os Juizados e respectivo processo devem ser entendidos apenas como uma forma de dar adequado tratamento a litígios de menor complexidade, mas que, afora esse aspecto, estão no mesmo patamar dos demais órgãos jurisdicionais; (iii) essas controvérsias não podem ser consideradas de menor importância porque o princípio da inafastabilidade não faz esse tipo de discriminação, a qual, ademais, seria incompatível com o princípio da igualdade, entende-se que o dispositivo legal enseja interpretação que deve restringir o teor da norma, porque o Legislador disse mais do que pretenderia (supra n. 24). Portanto, também nos Juizados, salvo expressa autorização de regras particulares do ordenamento, os juízos são de direito e não de equidade.»

131. Segue: equidade e discricionariedade. Controverte-se acerca da *discricionariedade* do juiz, notadamente quando diante de casos em que o direito material adota modelos abertos. Fala-se em «um arbítrio inevitável» que o juiz usa ao aplicar a norma flexível, praticando «equidade individualizadora»; que não é o arbítrio que despreza critérios objetivos (Agostinho Alvim). É o caso da fixação de alimentos, em que o legislador não fez mais que dar os parâmetros da necessidade de quem pede e da possibilidade de quem presta (CC, art. 1.694). Para negar a discricionariedade, afirma-se, de outra parte, que não há opções igualmente válidas para o juiz, dentre as quais poderia livremente escolher; mas uma única opção correta perante o ordenamento. Daí a ausência de discricionariedade em sentido mais exato.

A propósito, em diferentes passagens o Código de Processo Civil emprega a expressão «o juiz *poderá*» (assim, ou na fórmula inversa, «*poderá* o juiz»). Considerando que a regra é de juízos de direito e que, em matéria processual, o modelo legal (afeiçoado à Constituição Federal) deve ser visto como integrante do conceito de *tutela jurisdicional* (supra n. 39), deve-se entender que, ao menos em princípio, quando a lei fala «poderá» isso significa «deverá»; o que usualmente é referido pela expressão «poder-dever». Vale dizer: se o juiz reputa que o fato se ajusta à norma, não há margem de escolha. Assim, não se pode dizer que em todos os casos em que a lei usou a fórmula «o juiz poderá», ela tenha conferido ao magistrado poder discricionário.

Mas isso não significa negar peremptoriamente que o juiz possa eventualmente decidir de forma discricionária: em certas circunstâncias, a lei, dentro de limites, confere ao juiz o poder de escolher a providência que adotará, dentre mais de uma que reputa admissíveis.

> «No § 5.º do art. 461 do CPC, por exemplo, a discricionariedade não vem do "poderá", mas eventualmente do caráter exemplificativo do rol ali indicado. Ali está o que se convencionou chamar de "medidas de apoio". No caso do parágrafo único do art. 46 do CPC, a lei parece mesmo conferir ao juiz a prerrogativa de fazer a regra no caso concreto, de sorte a limitar o litisconsórcio facultativo se esse prejudicar o direito de defesa ou a mais rápida solução do litígio. Há discricionariedade, por exemplo, na fixação do prazo para apresentação do rol de testemunhas (CPC, art. 407); assim como na fixação de prazo para resposta na ação rescisória (CPC, 491). Nesses casos, a medida deve ser razoável e proporcional. Para ilustrar, não se concebe que o juiz fixe prazo de cinco dias para apresentação de rol e que designe audiência para dali a seis meses.»

A circunstância de se falar em poder-dever não autoriza, por outro lado, dizer que a parte eventualmente omissa na observância de um ônus processual possa exigir o cumprimento do dever do juiz, como forma de superar sua própria inércia. Boa ilustração disso está na regra do art. 130 do CPC, que, embora positive o poder de instrução oficial, não dispensa as partes dos respectivos encargos probatórios. Vale dizer: não é dado à parte omissa invocar a invalidade do processo a pretexto de que também o órgão judicial permanecera inerte e que, dessa forma, teria descumprido seu poder-dever de produzir prova de ofício.

132. Jurisdição una e dúplice. Outra distinção que se encontra em doutrina considera a relação entre o Judiciário, de um lado, e o julgamento das causas em que seja parte a Fazenda Pública, em qualquer uma de suas esferas. Embora nem sempre seja enfatizada pela doutrina processual, a diferenciação é relevante porque nela reside um dos elementos mais importantes do modelo processual civil brasileiro (do qual depende o acerto do diagnóstico a ser feito acerca das causas de ineficiência do sistema).

Nos países de jurisdição dita *una,* o julgamento de controvérsias entre entes privados e aquelas que envolvem a Administração fica a cargo do Poder Judiciário – ainda que, internamente, haja a previsão de órgãos com competência ditada por esse especial critério (da pessoa). Esse é o caso do Brasil. Aqui, sem embargo da nomenclatura, não exercem função jurisdicional órgãos como os Tribunais de Contas (CF, arts. 31, § 1.º, e 73); o Tribunal Marítimo Administrativo (Lei 2.180/1954), os Conselhos de Contribuintes (Decreto 16.580/1924 e Lei 11.457/2007) ou mesmo as agências reguladoras (supra n. 51).

Nos países de jurisdição dita *dúplice*, ao contrário, ao Poder Judiciário são atribuídos os julgamentos dos litígios privados, enquanto os que envolvem a Administração ficam submetidos a órgão diverso, em mecanismo genericamente designado de *contencioso administrativo*, cujas decisões, porque sujeitas à formação da coisa julgada material, ficam excluídas da revisão pelo Poder Judiciário.

A circunstância de o Poder Judiciário decidir controvérsias que envolvem a Fazenda Pública leva parte da doutrina a aí identificar um fator de reforço do caráter público do processo (cujos escopos, antes de serem das partes, são do Estado), a estimular repúdio a interpretações privatistas do fenômeno processual. Contudo, aquela mesma circunstância pode ser vista por ângulo negativo: da potencial influência negativa sobre a independência dos julgadores, no confronto entre o cidadão e a Fazenda Pública (em prol dessa última); da «politização» da Justiça; do tratamento das diferentes causas de morosidade da Justiça sem a consideração do peso que tem nesse cenário a presença da Fazenda Pública em juízo (como autora e especialmente como ré).

133. Jurisdição estatal e não estatal. Distinção não usual na doutrina tradicional (quiçá porque fundada na premissa de que a jurisdição é monopólio do Poder Judiciário) confronta a jurisdição estatal e a não estatal, que é exercida pelo árbitro.

Isso significa reconhecer que a atividade desempenhada na arbitragem é tipicamente jurisdicional. Tal é o que, entre nós, decorre do art. 31 da Lei 9.307/1996: a sentença arbitral nacional não está sujeita a prévia homologação e enseja cumprimento forçado (CPC, art. 475-N, IV). Na arbitragem, a inevitabilidade da jurisdição não decorre propriamente da sujeição que impõe a presença do Estado, mas sim da vontade dos interessados.

No caso de sentença arbitral estrangeira a prévia homologação – cujo processo é da competência originária do Superior Tribunal de Justiça (CF, art. 105, I, letra *i*) – é exigida. Mas isso não infirma o caráter jurisdicional da decisão do árbitro na medida em que a atuação estatal se limita a verificar a adequação do ato às normas internas que impõem a observância do devido processo legal. Trata-se, como no caso de homologação de sentença estrangeira, de mera delibação. A resolução do conflito é feita pela decisão arbitral e, portanto, é fundada na liberdade de contratar das partes.

Do caráter contratual da arbitragem decorrem consequências importantes. O controle estatal da sentença proferida pelos árbitros é excepcional e suas hipóteses de cabimento devem ser interpretadas de forma estrita; a regra é a de que o Estado prestigie a decisão arbitral e que lhe dê suporte. Por essa mesma razão, não é admissível o controle do mérito daquele ato, de tal sorte que fica excluída revisão sobre possível *error in iudicando*. Não se pode, a pretexto de falta de adequada motivação, pretender que o Judiciário reveja os fundamentos de fato e de direito adotados pelo órgão arbitral.

Outra consequência é que a sujeição à arbitragem só se dá em relação às partes que a contrataram, uma vez que apenas elas estão vinculadas pela manifestação de vontade por elas externada. Isso pode ter reflexos relevantes em matéria de litisconsórcio e de intervenção de terceiros. Para ilustrar, não há como compelir terceiro a ingressar no processo arbitral, nem mesmo a pretexto de se tratar de litisconsórcio necessário.

> «Pode ser traçado um paralelismo entre a ação rescisória e a ação anulatória da sentença arbitral prevista pelo art. 32 da Lei 9.307/1996: ambas são jurisdicionais; buscam a desconstituição de uma decisão e, embora de formas diversas, podem conduzir a novo julgamento da controvérsia (juízo rescisório). Essa analogia, porém, reclama cautela: a lógica que prevalece no seio da Justiça estatal nem sempre funciona quando se pensa no processo arbitral e, principalmente, quando se cogita da revisão estatal dos atos prolatados pelos árbitros. É um erro supor que o ingresso no Judiciário para controle de decisão arbitral possa ser visto como uma espécie de recurso. Portanto, nem tudo o que é válido em matéria de ação rescisória vale também para a ação anulatória de sentença arbitral. No direito brasileiro, a ação rescisória, embora seja excepcional, não está sujeita à regra que lhe confere caráter subsidiário, isto é, que só a torna admissível diante do prévio esgotamento dos recursos ordinários e extraordinários cabíveis. Já o mesmo não pode ser dito para a ação anulatória de sentença arbitral, especialmente nas hipóteses dos incisos IV e V do art. 32 da Lei 9.307/1996. Assim ocorre porque, a rigor, todo controle estatal em matéria de arbitragem já é subsidiário, quando se considera a premissa de que, estando vinculadas as partes, elas estão submetidas primeiramente ao juízo arbitral.»

CAPÍTULO IV

JURISDIÇÃO E COMPETÊNCIA

134. Jurisdição e competência. Na premissa de ser inviável o exercício da jurisdição de forma rigorosamente unificada (talvez o ideal que se harmonizaria com a unidade do poder), é preciso fracioná-la em órgãos. O que ocorre, então, é uma divisão do trabalho a ser realizado e que tem por objeto a massa de processos. Daí se dizer em doutrina que *competência* é a «medida» ou a «quantidade» da jurisdição. Pelas regras de competência se estabelece uma divisão de tarefas, embora o poder continue uno e indivisível. Daí porque também se fala, sem maior rigor técnico, em diferentes «jurisdições» (supra n. 127); ou, menos corretamente ainda, que determinado órgão judicial (ou até administrativo) não tem «jurisdição» sobre determinado território ou sobre certa controvérsia. Possivelmente, contribui para esse emprego inadequado a transposição indevida do termo inglês *jurisdiction;* que lá designa também o que aqui se entende por competência.

> «O emprego do termo «quantidade» para definir *competência* não deixa de ser impróprio e vale apenas como imagem imperfeita (como costuma ser toda imagem) do fenômeno. A diversidade não está na quantidade e o poder é um dado que sequer comporta quantificação. Ressalvada a competência recursal (infra n. 150), não se pode dizer com maior precisão que um órgão tenha mais ou menos poder que outro, em matéria jurisdicional. O que há é atribuição de diferentes tarefas para que o sistema se viabilize e atue da forma mais racional possível.»

Mas o fracionamento da jurisdição pelos diferentes órgãos do Poder Judiciário (e, eventualmente, fora dele), de acordo com diferentes critérios, significa apenas a existência das estruturas diversas. A especialização que daí acaba por decorrer tem aspectos positivos e negativos: ela pode contribuir para maior eficiência e qualidade das soluções jurisprudenciais. Mas toda especialização traz consigo o risco de certo empobrecimento dos órgãos ordinários (residuais), bem como de uma postura unilateral dos órgãos especiais, em detrimento do desenvolvimento geral do direito positivo.

135. Competência e inafastabilidade do controle jurisdicional. Embora as regras de competência não estabeleçam espécies de jurisdição, elas funcionam como uma espécie de fio condutor na passagem do abstrato para o concreto: no caminho entre o princípio *da inafastabilidade do controle jurisdicional* (conceitual e atípico) de um lado, e a prestação em concreto da tutela jurisdicional, de outro lado, situam-se, entre outras, as regras de competência. Para recorrer a uma imagem, é como se o exercício do direito (ou poder) de ação abrisse uma primeira porta que, superada, conduz o interessado a outras. Para que se alcance o resultado almejado, é preciso identificar qual delas leva ao agente competente, isto é, aquele que em concreto – fixando a «medida da jurisdição» – controlará a alegada lesão (ou ameaça de lesão) de direito. Daí se falar em doutrina que a competência envolve relação de adequação legítima entre o processo e o órgão jurisdicional (Celso Neves).

Por essa ótica fica o tema da competência inserido no contexto do princípio da inafastabilidade da tutela jurisdicional (supra n. 45), a ser tratado sempre com tal dignidade. Isso tem particular importância nas situações de urgência, quando o autor invoca tutela cautelar ou antecipada (infra n. 187). Em tais casos, não é admissível que dúvidas acerca da competência – a acarretar retardamento na apreciação de pleito de medida urgente – ponham em risco a efetividade da tutela jurisdicional. Cabe lembrar que todo juiz é investido de jurisdição e, como tal, está apto a decidir; ainda que (excepcionalmente) se reconheça incompetente e, por isso mesmo, que o faça de forma provisória e condicionada ao referendo do órgão competente, para o qual deve imediatamente remeter os autos.

> «A imagem do doente que busca socorro médico, sem ser apelativa, vem bem a calhar. Não há burocracia que possa justificar a recusa ao pronto atendimento. De qualquer forma, no caso do órgão judicial, ele é obrigado a dar resposta; mas é livre para ditar seu conteúdo, isto é, pode indeferir o pleito de urgência, se assim entender correto.»

A relação entre regras de competência e *segurança jurídica* é notória. Incertezas que possam pairar nessa seara colocam em risco não apenas a apreciação de medidas de urgência, mas geram o risco grave de perda de tempo e de energia: a incompetência absoluta (infra n. 152) pode ser reconhecida inclusive de ofício em qualquer grau (ordinário) de jurisdição e, se isso ocorrer, os atos decisórios deverão ser invalidados (CPC, art. 113); do que decorre a perda do que se produziu até então, com a necessidade de repetição de atos. Todo empenho deve ser feito para evitar esse tipo de resultado nocivo, que pode comprometer inclusive a promessa constitucional de duração razoável do processo (supra n. 52). Não é mera coincidência, portanto, que o tema da competência – especialmente nas Cortes Superiores – enseje a edição de um considerável número de súmulas que, nesse contexto, têm papel relevante porque funcionam como uma espécie de farol a guiar os que buscam a tutela jurisdicional.

De outra parte, a relação entre competência e princípio da inafastabilidade se expressa em normas que procuram considerar desigualdades reais que possam funcionar – já no momento da definição do órgão competente – como um óbice indevido ao acesso ao Poder Judiciário e à Justiça. Embora nem toda regra legal que define competência pelo critério da *pessoa* (infra n. 138) tenha essa inspiração, a desigualdade substancial dos envolvidos é considerada, dentre outros, nos contratos de adesão, em prol da parte aderente (CPC, art. 112, parágrafo único); no casamento, em prol da mulher (CPC, art. 100, I); quando se trata de incapaz (CPC, art. 98) ou de idoso (Lei 10.741/2002, art. 80) ou consumidor (Lei 8.078/1990, art. 101, I); nos litígios submetidos aos Juizados Especiais (Lei 9.099/1995, art. 4.º), dentre outros.

No caso dos Juizados, a opção pelo procedimento ditado pela Lei 9.099/1995 é, também, uma opção pela competência daqueles órgãos – o que, de resto, evidencia a relação que pode haver entre competência e processo (infra n. 137). O escopo é o de facilitação do acesso ao Poder Judiciário, para que ele aprecie controvérsias que, diante da Justiça «comum», poderiam permanecer excluídas, a fomentar o fenômeno que não de hoje se convencionou denominar *litigiosidade contida*. Já no caso dos juízos regionais (que são impropriamente chamados de «foros regionais»), a competência surge como forma de descentralização da Justiça, outrora concentrada nos juízos centrais («foro central»). Daí o interesse público nas regras que estabelecem a competência desses órgãos, que não deixa de ser inspirada na ideia de acesso à Justiça.

> «No caso previsto pelo inciso I do art. 100 do CPC, a opção feita em favor da mulher – nos casos de separação, divórcio e anulação de casamento – é constitucional. O elemento de discriminação não conflita com a norma inscrita no art. 5.º, I, da CF. A igualdade entre homem e mulher não impede que, em determinadas circunstâncias, o Legislador reconheça que a mulher é parte mais fraca na relação. No caso específico, isso pode decorrer da circunstância de que a ela usualmente ficam atribuídos os cuidados mais diretos com a prole; ou porque não raramente a administração do patrimônio comum está a cargo do varão, dentre outros. Eventualmente, outra forma de encarar o problema é dar interpretação conforme ao dispositivo, para afeiçoá-lo ao caso concreto e nele verificar se há hipossuficiência ou vulnerabilidade da mulher que justifique o tratamento diferenciado.»

136. Competência e princípio do juiz natural. O princípio do juiz natural – que é desdobramento da exigência de imparcialidade – tem tríplice dimensão: ele estabelece uma espécie de reserva legal (ou constitucional), na medida em que órgãos jurisdicionais são aqueles estabelecidos pela Constituição; dentre os órgãos previstos pela Constituição, suas competências são estabelecidas de forma taxativa; não são admitidos juízos ou tribunais de exceção (*ad hoc*), assim entendidos órgãos eventualmente constituídos após o fato que será julgado e em função dele, de sorte a já determinar o resultado antes mesmo de o processo se iniciar (supra n. 60).

Então, firmada a investidura do agente ou do órgão, do princípio do juiz natural decorre o postulado do juiz competente, conforme previsão contida no art. 5.º, LIII, da CF. Mas a *competência* aí aludida não pode ser vista sob a ótica de sua disciplina legal, contida nas regras do Código de Processo Civil e na legislação extravagante. O que ocorre é que o princípio, como «mandado de otimização» que é, deve ser aplicado na maior extensão possível.

Ilustra a assertiva a regra contida no art. 87 do CPC, que estabelece a *perpetuação da competência*: ela é determinada no momento em que a demanda é proposta, de tal sorte que são irrelevantes as modificações do estado de fato ou de direito ocorridas posteriormente, «salvo quando suprimirem o órgão judiciário ou alterarem a competência em razão da matéria ou da hierarquia». A regra deve ser vista à luz do princípio do juiz natural, da qual é desdobramento na medida em que vincula a causa ao órgão perante o qual proposta. Algo análogo ocorre no fenômeno da *prevenção*, no qual se fixa a competência de um órgão, com a exclusão dos demais em tese competentes.

Por outro lado, regras sobre competência não podem ser pretexto para violação ao princípio do juiz natural. Por exemplo, quando o art. 557 do CPC outorga ao relator competência para decidir singularmente em âmbito recursal, essa atribuição não pode – salvo no caso de apreciação de liminar (decisão provisória) – suprimir a competência do órgão colegiado, para o qual cabe recurso (agravo interno). Nem se pode dar a tal dispositivo interpretação extensiva, para abranger ações de competência originária dos tribunais.

137. Vinculação entre competência e processo. Embora a natureza do processo não seja exatamente um critério determinante da competência (supra n. 127 e 128), e não obstante *competência* e *processo* sejam conceitos distintos, pode ser feita relevante relação entre os dois institutos.

Quando a lei estabelece para uma dada controvérsia certo conjunto de regras processuais (aí incluído o procedimento), em princípio é irrelevante a competência do órgão encarregado do julgamento; inclusive porque todos os juízes são igualmente investidos de jurisdição – que é una – e porque a competência nada mais é do que uma forma de divisão de trabalho, segundo determinados critérios. Assim, por regra não há normas processuais ou procedimentais do juízo cível, do juízo da família ou do juízo da Fazenda Pública, para citar alguns exemplos, que sejam determinadas em função de suas competências. Pode até haver – e há – diversidade de regras processuais em razão da matéria e da pessoa (isto é, da controvérsia), mas isso não decorre da competência, por mais que se reconheça que as controvérsias a cargo de tais órgãos são realmente diferenciadas.

Contudo, há uma correspondência entre o caráter comum do processo (aí contido o procedimento), de um lado, e as regras gerais e ordinárias de competência, de outro. Inversamente, processos «especiais» – isto é, marcados por relevantes aspectos diferenciais (abrangentes quer da relação processual, quer do procedimento) – podem estar vinculados a determinadas regras especiais de competência, de tal sorte que aquele determinado corpo diferenciado de regras processuais só tem aplicação perante um órgão igualmente especial. Isso ocorre no processo trabalhista e nos Juizados Especiais.

Assim, pode ocorrer que controvérsias submetidas a um dado órgão revistam-se de particularidades que, a um só tempo, justifiquem e recomendem um órgão diferenciado (tema de competência) e um *procedimento* igualmente particular (ou, mais precisamente, especial). Isso é relevante quando se trata de alteração de competência, que supere a regra de perpetuação (CPC, art. 87). Nesse caso, a premissa de que processo e competência são conceitos distintos deveria levar à conclusão de que a transferência da competência não poderia, por si só, acarretar a alteração das regras processuais. Contudo, havendo a vinculação entre especialidade do órgão e especialidade do processo, uma vez alterada a competência, altera-se o processo.

> «Nos Juizados Especiais somente são aplicáveis as regras processuais (aí contido o procedimento) constantes da Lei 9.099/1995, no âmbito estadual, e da Lei 10.259/2001, no âmbito federal, que, por seu turno, não são aplicáveis perante a Justiça comum. De forma análoga, assim como há um processo dos Juizados, há também um "processo da Justiça do Trabalho"; ou, por outras palavras, aplicável na Justiça do Trabalho. Foi o que ocorreu, por exemplo, ao ensejo da ampliação da competência da Justiça do Trabalho pela EC 45/2004: a alteração de competência trouxe consigo a alteração das regras processuais.»

CAPÍTULO V

CRITÉRIOS DE DETERMINAÇÃO

138. Critérios de determinação da competência. Para que se realize a divisão de trabalho almejada pelas regras de competência, o legislador se vale de determinados critérios. Conforme a doutrina preponderante, três são os critérios: o *objetivo*, o *territorial* e o *funcional*.

Em termos mais rigorosos, o critério de determinação da competência não se confunde com ela própria, ainda que seja usual, embora inexato, estender à competência a qualificação que se dá ao respectivo critério; a começar da própria lei (CPC, arts. 93 e seguintes) – daí se falar em competência territorial ou funcional, por exemplo. Essa "promiscuidade" não é correta porque, do ponto de vista lógico, uma coisa é o critério e outra o resultado da respectiva aplicação. O critério funcional pode ser determinante da competência de foro, isto é, da competência territorial (infra n. 141); o critério territorial pode ser determinante da competência de juízo (como ocorre em muitos casos de competência dos juízos regionais) e, em mais alta escala, determinar se o Estado brasileiro está disposto – exclusiva ou concorrentemente – a exercer jurisdição sobre determinada controvérsia (CPC, arts. 88, II e III, e 89, I e II). O critério objetivo do valor da causa interfere com a competência de juízo: em São Paulo, o valor é limite para competência dos juízos regionais, ressalvadas regras ditadas por critério da matéria e do território (também esses critérios para determinação de competência de juízo).

«O CPC emprega terminologia não uniforme, a confirmar a crítica acima: quando trata do valor e da matéria (critério objetivo), distingue os conceitos ao falar em «da competência em razão do valor e da matéria» (Título IV, Capítulo III, Seção I). Em seguida, contudo, fala em competência «funcional» e «territorial» (Título IV, Capítulo III, Seções II e III). Essa última é correta porque realmente há uma competência de foro, que é sinônimo de território. Contudo, embora o critério territorial seja usualmente determinante da competência territorial, essa última pode ser ditada por critério funcional.»

Em suma: para mais adequada compreensão do fenômeno parece correto enfatizar que as regras sobre competência levam em conta determinado critério; o critério pode ser objetivo, territorial ou funcional; e a aplicação das regras (que incorporam determinados critérios) dita os diferentes passos necessários para se chegar até aquele que apreciará a controvérsia.

139. Critério objetivo. O critério *objetivo* é extraído da natureza da relação material controvertida e se desdobra nos elementos *matéria*, *valor* e *pessoa*. Mas, quando se diz que esse critério leva em conta dados da situação substancial, é preciso considerar o modo e os limites pelos quais eles são introduzidos no processo.

Sob o ângulo da *matéria*, importa verificar o *objeto do processo*, que é composto pelo pedido (ou pretensão), à luz dos respectivos fundamentos (ou causa de pedir). Ou seja: a matéria que determina a competência é aquela afirmada na petição inicial. Por isso é que se diz – corretamente, por sinal – que a competência deve ser aferida em estado de asserção, isto é, diante dos termos da demanda. Não há que se aprofundar a cognição nesse momento: saber se os fatos expostos na inicial ocorreram e se deles decorre o efeito jurídico pretendido pelo autor é tema afeto ao julgamento do mérito, que está ligado à procedência ou improcedência da demanda. Eventual confusão entre os conceitos, dentre outras distorções, pode levar a indevida antecipação do julgamento do mérito, com ofensa ao devido processo legal – o que é coisa diversa do indeferimento da inicial, que pode até se justificar, mas por causas diversas (CPC, arts. 295 e 285-A).

> «Exemplo que bem ilustra a assertiva está nas relações jurídicas fronteiriças entre o Direito Civil e o Direito do Trabalho. Se o autor ingressa na Justiça especializada, afirmando que a relação firmada com o réu é típico contrato de trabalho, e o órgão judicial entende que não estão presentes os requisitos próprios dessa espécie de relação jurídica (continuidade, onerosidade, alteridade, subordinação e pessoalidade), a conclusão (tenha ou não havido dilação probatória) não deve ser pela incompetência, mas pela improcedência da demanda. O mesmo vale para a hipótese inversa, de demanda perante a Justiça comum, sob a assertiva de haver contrato de prestação de serviços. A coisa julgada material não será óbice para que nova demanda seja reproposta com base em fundamento diverso, isto é, nova causa de pedir (quem alegara contrato de trabalho, volta agora com o fundamento de prestação de serviços; e vice-versa).»

Também convém lembrar que o objeto do processo está sujeito à regra de estabilização (CPC, arts. 264 e 294), e isso assegura não apenas que a competência seja determinada em função das assertivas feitas na petição inicial, como ainda que esse objeto permaneça estável; qualidade que também deve ter a determinação da competência, que apenas excepcionalmente pode ser alterada depois da propositura da demanda, por força da regra de perpetuação (infra n. 158).

Considerações análogas podem ser feitas em relação ao *valor* da controvérsia. Para efeito de competência, deve ser considerado aquele dado à causa. Em princípio, o valor da causa deve expressar a dimensão patrimonial da controvérsia (CPC, arts. 258/259). Mas pode ocorrer que o valor atribuído na inicial (CPC, art. 282, VII) não reflita essa correspondência e que, não impugnado ou corrigido de ofício, venha a prevalecer; ou pode ser que o litígio não tenha uma expressão econômica determinada e, nesse caso, sua quantificação dependerá de atribuição pelo autor, sujeita a impugnação pelo adversário e controle pelo juiz. Em qualquer caso, o valor que é critério para determinar a competência é aquele fixado no processo. Em relação a ele, embora seja relevante a asserção pelo autor, não é a expressão por ele indicada que necessariamente prevalece porque, como dito, ele pode ser objeto de impugnação ou mesmo de alteração de ofício.

«Pelas repercussões que pode ter no processo – não apenas sobre competência, mas sobre taxa judiciária (para o que é tomado como base de cálculo), honorários advocatícios, condenação por litigância de má-fé – convém que eventual questão sobre o valor da causa seja resolvida de forma incidental e, portanto, prévia; não ao ensejo da sentença. Além de gerar dúvida eventual sobre recursos cabíveis, a decisão intempestiva é fonte de insegurança que deve ser evitada a todo custo.»

Da mesma forma ocorre em relação às *pessoas*, que são consideradas para determinação da competência quando presentes na relação processual, aí incluídas as regras que informam o litisconsórcio (CPC, arts. 46/49) e as formas de intervenção de terceiros, inclusive a assistência (CPC, arts. 50 e seguintes). Nesse campo, embora a determinação da competência inicialmente considere a asserção feita pelo autor na inicial, não necessariamente ela prevalece por conta disso. De forma análoga ao que se passa em relação ao *valor*, o que prevalece para efeito de determinação de competência é o que concretamente se decida na relação processual: se alguém que fora incluído na demanda for, por decisão do juiz, dela excluído (porque parte ilegítima), isso poderá interferir na determinação da competência, em concreto; inversamente, se alguém vier a compor a relação processual, embora não incluído pelo autor inicialmente, o fato deverá ser considerado e poderá, eventualmente, acarretar a incompetência do órgão, com necessidade de remessa do processo para outro.

«A estabilização do processo (CPC, art. 264) está assentada na regra de não alteração das partes, que permanecem tal como definidas no ato inaugural, que é a demanda. Contudo, alterações subjetivas podem ocorrer, por exemplo, nos casos de litisconsórcio necessário antes não observado (CPC, art. 47), de assistência e de outras formas de intervenção de terceiros. Eventualmente, pode ocorrer que a intervenção não seja admitida justamente pela repercussão que teria sobre a competência; como é o caso, que se colhe na jurisprudência, de denunciação da lide em relação a pessoa jurídica de direito público, quando não se estiver diante de denunciação obrigatória.»

Ainda com relação à *pessoa*, a determinação da competência pode considerar diferentes aspectos que lhes digam respeito, tais como nacionalidade, condição profissional ou pessoal; ser ou não autoridade; ser pessoa física ou jurídica e, nesse último caso, ser pessoa de direito privado ou de direito público. A consideração desse critério não raramente está associado à preocupação de tratar desigualmente os desiguais (na medida da desigualdade) para garantir o acesso à Justiça; ainda que essa não seja exatamente a preocupação do sistema ao atribuir à Justiça Federal as causas envolvendo a União e outras pessoas jurídicas na esfera federal.

A circunstância de que o critério objetivo considera dados da relação material, tal qual introduzida no *processo,* não faz desse último um critério determinante de competência que possa ser colocado ao lado dos demais. A natureza do processo pode eventualmente ser considerada como elemento associado à competência pelo Legislador. Mas isso não ocorre de forma autônoma porque o que se considera é o que está contido no processo, isto é, um dos três elementos que integram o critério objetivo (além, naturalmente, dos demais critérios apontados na sequência).

«No caso da competência originária dos tribunais para ação rescisória, o critério é o funcional (infra n. 141) e, portanto, não é a natureza do processo que prevalece; o mesmo pode ser dito quando a competência é ditada pela relação de um processo com outro anterior. No caso de mandado de segurança de competência originária de tribunais, mais uma vez, não é o processo que determina a competência, porque o critério, decisivo para a competência, nessa hipótese, é a especial condição da autoridade impetrada (portanto, critério objetivo, que considera a pessoa). Mesmo no caso de competência especializada pelo procedimento – sumário, por exemplo – o critério, na verdade, continua a ser o objetivo, porque o procedimento leva em conta a *matéria* e o *valor* (CPC, art. 275 e, de forma análoga, Lei 9.099/1995, art. 3.º, quanto ao procedimento sumaríssimo), chegando-se, a partir desses, à competência.»

140. Critério territorial. A expressão é autoexplicativa: o Legislador considerou o território para determinar a competência. Mas é preciso não confundir esse conceito com outro, também inserido no tema. Com efeito, nos passos que devem ser seguidos até a determinação da competência, um deles diz respeito justamente ao *foro*, isto é, ao *território*. Isso ocorre quando se busca a *comarca* ou a *seção judiciária* competente (infra n. 147). Portanto, há casos em que o Legislador, para determinar o foro (=território) competente empregou o critério territorial, como ocorre nos casos dos arts. 94/100 do CPC. Mas o território pode ser tomado também como critério para determinar outros passos ou etapas. Assim, o território é considerado para determinar a competência internacional (CPC, art. 88) ou até a competência de juízo (Lei 3.947/1983 do Estado de São Paulo), como ocorre com os assim chamados «foros regionais» (que, na verdade, são juízos dentro de uma comarca).

Embora esse critério seja usualmente referido pela doutrina, o território – entendido como critério que determina a competência – não deixa, como no critério objetivo, de ser elemento colhido na relação controvertida. É de se presumir não seja qualquer território o considerado pelo legislador, mas aquele que de alguma forma esteja relacionado à controvérsia; ainda que o território também seja considerado para efeito de desempenho das funções do juiz no processo (infra n. 141). Portanto, não seria propriamente incorreto incluir o território dentro do critério objetivo porque ele também é um elemento objetivo do litígio. Isso fica evidente, para ilustrar, na hipótese prevista pelo art. 88, II, do CPC, que fixa a competência (internacional) a partir do local de cumprimento da obrigação.

141. Critério funcional. Enquanto o critério objetivo parte de elementos extraídos da relação material controvertida, o critério funcional – como a própria nomenclatura sugere – considera as funções (ou atividades) desempenhadas pelo juiz no processo. Esse critério se opõe verdadeiramente ao objetivo e, a rigor, ao territorial (que, conforme foi dito acima, pode ser incluído no objetivo), na medida em que parte de um elemento colhido na relação processual, e não na relação material controvertida.

Mas é preciso fazer algumas considerações complementares.

Primeiro, há casos em que o critério considera as funções a serem desempenhadas pelo juiz num dado *território*. É o que ocorre no art. 95 do CPC ou no art. 3.º da Lei 7.347/1985, nos quais o Legislador considerou o território em razão, por exemplo, da presumida maior facilidade na colheita da prova e no cumprimento da decisão; ou na arrecadação de bens; ou ainda na administração da empresa com vistas à respectiva recuperação (Lei 11.101/2005, art. 3.º). Mais uma vez, o território de que aí se cogita não é qualquer território, mas aquele que tem algum ponto de conexão com a controvérsia. Portanto, embora o critério funcional não parta da relação controvertida, mas sim da atividade a ser realizada pelo juiz ou órgão judicial, por força dessa mesma atividade – que é sempre instrumental, como, de resto, é o processo – aquele primeiro acaba se voltando à relação substancial (que está ligada ao critério objetivo).

Segundo, não é exato dizer que nas regras sobre competência funcional estariam previstos os órgãos que devem atuar em determinado processo, com a previsão, ainda, dos atos que cada qual poderia praticar. Isso é confundir o critério com a própria regra pela qual se atribui uma dada função. Mais uma vez é preciso não confundir os conceitos: toda regra de competência, em última análise, está ligada à atuação do juiz ou de um órgão judicial, ainda que indiretamente. Por outras palavras, em última análise, toda regra de competência – mediata ou imediatamente – está ligada à atividade ou funções do juiz ou do órgão judicial. O que há de diferente no critério aqui examinado é que o Legislador considera funções já desempenhadas (ou por desempenhar) para determinar quem deve realizá-las. Dessa forma, uma função determina outras funções. Em suma: de forma análoga ao que se passa entre competência territorial e competência determinada por critério territorial (supra n. 140), não se pode confundir o critério funcional, de um lado, com regras que atribuem funções aos juízes.

Por isso é que, para ilustrar, o juiz do processo principal é o competente para o cautelar (CPC, art. 800, *caput*); que o tribunal é competente para a medida cautelar, tanto que interposto recurso (CPC, art. 800, parágrafo único); que a «ação acessória» será proposta perante o juízo competente para a «ação principal» (CPC, art. 108); que o juiz da «causa principal» é competente para demandas incidentais (CPC, art. 109); que o juízo que processou a causa em primeiro grau (fase de conhecimento) é o competente para o cumprimento (CPC, art. 475-P, II); que os tribunais são competentes para o cumprimento das decisões proferidas em causas de sua competência originária (CPC, art. 475-P, I); que o juiz que concluiu a audiência é o competente para julgar a causa (CPC, art. 132). Esse é o verdadeiro sentido do critério funcional porque, do contrário, esvaziar-se-ia o conceito, passando-se a falar simplesmente sobre funções desempenhadas pelo juiz – o que simplesmente acontece o tempo todo em que o processo estiver pendente (salvo em caso de suspensão ou de inércia das partes).

Em todos os casos acima lembrados, uma função determina outra. Mas, a reforçar o que foi dito, nem sempre o critério funcional determina diretamente o órgão que deverá desempenhar a função. Nos casos de competência em que a função está associada ao território (competência «territorial funcional»), o critério funcional determina a competência de foro, isto é, de território (=comarca ou seção judiciária). Isso é o que ocorre no caso do art. 3.º da Lei 7.347/1985 ou no caso do art. 3.º da Lei 11.101/2005, quando considera a sede da empresa para determinar o foro competente para a recuperação judicial, a recuperação extrajudicial ou a falência.

«No caso particular dos juízos regionais da Comarca da Capital de São Paulo (impropriamente chamados de "foros regionais", como já exposto), há quem diga que a competência seria ditada por um critério funcional. É que o objetivo seria o de descentralizar o exercício das funções dos juízos de primeiro grau, de sorte a não concentrá-la apenas nos juízos centrais ("foro central"). Embora a indicação do escopo seja correta (e essa é a razão fundamental de se concluir que a competência aí é ditada por razão de ordem pública e não pela conveniência dos interessados), apenas em sentido muito amplo e genérico poder-se-ia falar em competência funcional. Não é preciso recorrer a essa imperfeita qualificação para sustentar que a incompetência nesse âmbito, se for o caso, é absoluta, e não relativa.»

Terceiro, costuma-se dizer que a competência funcional pode ser *horizontal* ou *vertical*; o que certamente considera os diferentes graus de jurisdição. Ajustam-se à primeira categoria as hipóteses previstas pelos arts. 800 e 475 do CPC acima lembradas. No segundo caso, fala-se de competência em razão da *hierarquia*; terminologia, aliás, empregada pela lei (CPC, arts. 89, 111 e 209, II).

Mas associar-se competência recursal dos tribunais ao critério funcional é algo apenas parcialmente correto. Hierarquia não é critério que determina a competência, exceto se entendida como um dado consideravelmente genérico. Hierarquia é justamente a relação de subordinação que existe entre um órgão inferior e outro superior. Quando muito, a hierarquia qualifica a competência; daí falar-se em «competência hierárquica», quando se trata do confronto entre competência originária e recursal (infra ns. 146 e 150). Mas isso não é propriamente um critério de competência porque o tribunal pode ser hierarquicamente superior ao juízo, mas não ter competência para apreciar o recurso porque a decisão é irrecorrível (inclusive eventualmente por estar preclusa). Além disso, pode haver caso em que a competência para recurso contra decisão proferida por juiz estadual não é do tribunal ao qual está subordinado, mas a tribunal federal, caso esteja exercendo – de forma excepcional – competência própria da Justiça Federal (CF, arts. 109, §§ 3.º e 4.º, e 108, II).

O juiz não tem – ou deixa de ter – competência para rever suas próprias decisões por hierarquia, mas porque a lei resolve a questão independentemente de tal relação de subordinação. Assim ocorre nos casos de decisões interlocutórias e, especialmente, nas hipóteses dos arts. 296 e 543-B, § 8.º, do CPC. No caso dos Colégios recursais, os respectivos integrantes pertencem ao mesmo grau de jurisdição do prolator da decisão, embora àquele órgão se outorgue competência (funcional) para julgar recursos; portanto, mais uma vez, não é a posição hierárquica do órgão judicial que dita a competência.

De qualquer forma, dentro de um tribunal, é usual que o critério *objetivo* – matéria e pessoa – seja o determinante da competência entre seus órgãos fracionários.

142. Conflito entre regras inspiradas em critérios diversos. Embora a adoção de critérios de competência tenda a ser excludente de outro (é isso o que buscam as regras sobre competência, até que, mediante diferentes passos, chegue-se ao órgão concretamente competente), é possível eventualmente que haja colisão entre duas regras, inspiradas por critérios diversos; caso em que, na falta de opção expressamente ditada pelo sistema, cabe ao aplicador considerar os valores envolvidos e fazer prevalecer o que mais se ajuste aos princípios que regem o sistema.

Isso pode ocorrer nos casos em que a competência ditada pelo critério *territorial funcional* (supra n. 141) colida com o critério da *pessoa*; aquele a indicar que a competência deve ser do juiz do foro em que ocorridos os fatos (porque lá serão desempenhadas as funções do juiz) e a outra eventualmente a impor juiz de localidade diversa. É o que pode ocorrer na hipótese do art. 3.º Lei 7.347/1985 se, em razão de interesse da União, a competência deva ser da Justiça Federal, que, contudo, não tenha juízo na localidade. Nesse segundo exemplo, a solução mais correta – que não é aquela acolhida na jurisprudência – deveria ser a que prestigiasse o critério territorial funcional. Preferir-se a Justiça Federal é presumi-la melhor do que a Estadual; o que é a negação do sistema, que tem como uma das premissas a de que todo juiz é igualmente investido de jurisdição. Para o processo, o mais eficiente e racional desempenho das funções independe de quem seja o juiz.

Também pode haver conflito entre regras que tenham adotado o critério funcional e o territorial (esse puramente considerado), como nos casos da execução de sentença de alimentos perante órgão diverso do prolator, mas situado no atual domicílio ou residência do credor de alimentos (infra n. 151); ou no caso de liquidação e execução de sentença condenatória genérica, na tutela de direitos individuais homogêneos (CDC, arts. 98, § 2.º, e 101, I). Nesses dois casos, a hipossuficiência da parte é o critério decisivo e que se sobrepõe ao critério funcional: primeiro, a função na execução ou na liquidação considera a precedente função na fase de conhecimento apenas em termos, diante da regra de eficácia preclusiva (CPC, art. 474); segundo, a consideração da pessoa é decisiva para afastar eventual óbice ao acesso à Justiça.

CAPÍTULO VI

ETAPAS NA DETERMINAÇÃO DA COMPETÊNCIA

143. Etapas na determinação da competência. Com base nos critérios já analisados, o Legislador estabelece regras cuja aplicação deve desembocar no órgão concretamente competente em determinado caso. Os passos são os expostos a seguir.

Pelas razões já indicadas, não convém confundir, de um lado, os critérios empregados pelo Legislador para editar regras de competência, e, de outro, cada uma dessas etapas; elas sim parecem adequadas a qualificar o termo *competência* – ainda que com as ressalvas que seguem.

É certo que, nos diferentes passos rumo ao órgão ou juiz competente, os fenômenos não são exatamente homogêneos. No primeiro desses passos, conquanto até se fale em competência do Judiciário brasileiro, o problema aí não é exatamente de competência, mas de jurisdição; e, com ela, de soberania do Estado brasileiro e do reconhecimento que se tenha, ou não, de outras soberanias.

No passo seguinte, chega-se a um tema que realmente é de competência, consistente em determinar a Justiça competente. Mas ele nem sempre é tratado pela doutrina como se fosse apenas isso, quiçá por sua inserção na Constituição Federal e sua relevância no contexto federativo. Na doutrina, eventualmente se afirma ser inexistente – não apenas inválida – a sentença nos casos de «incompetência constitucional». Ou, ainda, busca-se distinguir, com esse mesmo objetivo, a falta de competência para uma entre outras causas de igual relevância, atribuídas a juízes submetidos a uma mesma estrutura hierárquica, de um lado; e casos de desrespeito a normas «superiores» da própria Constituição, que levariam a verdadeira ausência de jurisdição.

De qualquer modo, o exame dessas diferentes etapas – desde que feito com a consciência da diversidade acima apontada – é essencial e só por elas é que se pode, em concreto, chegar-se ao órgão ou ao juiz competente para apreciar determinada controvérsia.

144. Competência internacional. Primeiro, determina-se se o Estado brasileiro é competente ou, mais precisamente, se o Estado brasileiro reconhece que determinada situação do direito material está, ou pode estar, sujeita à sua soberania, isto é, ao controle exercido por seu Poder Judiciário. Trata-se de determinar o que, com alguma impropriedade, convencionou-se denominar *competência internacional*. Essa locução melhor expressa o poder de que seja investido órgão de natureza supranacional, isto é, Cortes – aí sim – verdadeiramente internacionais. São exemplos disso, para citar alguns, o Tribunal Penal Internacional, o Tribunal Internacional de Justiça e a Corte Interamericana de Direitos Humanos.

Embora a lei sugira que os critérios objetivo, territorial e funcional inspiram exclusivamente a disciplina da competência interna (CPC, arts. 91 e seguintes), eles também estão presentes na disciplina da competência internacional.

O art. 88 do CPC considera o domicílio do réu (qualquer que seja sua nacionalidade), o local do cumprimento da obrigação e o local em que ocorrido o fato ou praticado o ato referidos na causa de pedir para determinar que a competência, nesses casos, pode ser do Judiciário brasileiro; e o art. 89 considera a situação do imóvel e a localização de bens a inventariar e partilhar, para determinar que, nesses casos, a competência é exclusiva do Estado brasileiro. Portanto, todas essas regras de competência tomam como critério o elemento territorial (ainda que ligado ao critério funcional).

O tema da competência internacional é, na verdade, um assunto relativo aos limites da jurisdição brasileira; que está disposta a intervir nas situações referidas no art. 88 e que não tolera qualquer interferência estrangeira nos casos do art. 89 do CPC. Daí porque, neste ponto poder-se-ia eventualmente empregar a locução «competência de jurisdição», que a doutrina reserva ao passo seguinte, em que se trata de buscar a «Justiça» competente. Mas a expressão continuaria a padecer da mesma impropriedade que apresenta quando empregada nesse outro contexto (infra n. 145).

A jurisdição nacional encontra limites na *efetividade* (supra n. 118 e 121). Assim, além dos óbices que resultem de falta de reciprocidade, a impossibilidade (ou emprego desproporcional de meios) para cumprir em território estrangeiro decisões aqui proferidas e a irrelevância de certos conflitos para o Estado brasileiro (se considerados os interesses que a ele compete preservar) restringem o exercício da jurisdição às causas em que ele possa ser útil e *efetivo*.

Considera-se que a jurisdição é uma atividade onerosa para o Estado e que, portanto, não deve ser exercida desnecessariamente. Por isso, o Estado se exime de prestar jurisdição quando o resultado for inócuo, isto é, inapto à consecução dos escopos de pacificação (eliminação da controvérsia), de atuação do direito objetivo e de afirmação do poder estatal (respectivamente escopos social, jurídico e político). Ademais, deve existir alguma forma de ligação entre o Estado brasileiro e o objeto da controvérsia (ponto ou elemento de conexão).

Tal é o espírito não só das regras contidas nos arts. 88 e 89 do CPC, como ainda no seu art. 585, § 2.º. Esse último trata da eficácia do título executivo extrajudicial e, com maior razão (porque a execução consiste na atuação prática do direito mediante atos materiais), exige que o título indique o Brasil como lugar de cumprimento da obrigação. Análoga é a regra do art. 12 da Lei de Introdução às Normas do Direito Brasileiro, cujo espírito se aplica certamente às hipóteses de homologação de sentença estrangeira.

Em todos esses casos, a jurisdição brasileira fica limitada aos conflitos que apresentem ao menos alguma ligação com o poder nacional. Onde o Estado não for apto a decidir e impor decisões – essência do poder – não há sentido para o controle jurisdicional. Dessa forma, inclusive, evita-se eventual invocação arbitrária ou abusiva da jurisdição nacional, no que se convencionou chamar de *forum shopping*.

145. Determinação da «Justiça» competente. Estabelecida a premissa de que a causa esteja submetida (exclusiva ou concorrentemente) à jurisdição brasileira, é preciso determinar o que, em doutrina, denomina-se «competência de jurisdição» – expressão sabidamente imperfeita porque se a competência é a medida da jurisdição, a primeira é o fracionamento da segunda; de tal sorte que não é lógico definir uma parte como se pudesse abranger o todo de onde foi extraída. De qualquer modo, o que se pretende saber é, dentro das grandes estruturas do Judiciário brasileiro, a qual delas deve ser apresentada a demanda.

Para saber qual a Justiça competente é preciso, naturalmente, conhecer as bases da organização judiciária brasileira, que estão essencialmente contidas na Constituição Federal. Essa topologia das normas que disciplinam o tema, conquanto obviamente relevante, não autoriza confundir os conceitos de jurisdição e de competência (supra n. 134). Todos os magistrados integrantes de cada uma das diferentes Justiças são igualmente investidos de jurisdição. A divisão de tarefas – com a especialização que aí se contém – continua a ser tema de competência, ainda que reconhecido o relevante interesse público que inspira as normas pertinentes ao assunto. Eventual desrespeito a tais regras leva à incompetência absoluta, a gerar a invalidade dos atos decisórios, mas não sua inexistência. Nem se pode falar em ausência de jurisdição.

Para análise do tema, com o deliberado propósito de evitar a mera reprodução de dispositivos que estão perfeitamente ao alcance do leitor, fica feita a simples – mas indispensável – remissão ao exame das disposições contidas especialmente nos arts. 106 e seguintes da CF. Lá estão os diferentes critérios de determinação da competência já examinados e que foram adotados pelo constituinte.

Em essência, a organização judiciária brasileira está assentada em divisão que confronta categorias *especiais* e categorias *comuns*. Assim, para determinação das assim denominadas Justiças especiais, adotou-se essencialmente o critério objetivo e, dentro dele, mais especificamente, o da matéria. Dessa forma, são consideradas como tal a *Justiça do Trabalho*, a *Justiça Eleitoral* e a *Justiça Militar*. Fora daí, por exclusão, o que não for especial será parte da chamada Justiça *Comum*; que, por seu turno, engloba a *Justiça Federal* e as *Justiças dos Estados* membros da Federação.

Dentro da Justiça Comum, a Justiça Federal – cuja competência é essencialmente ditada pelo critério objetivo da pessoa (art. 109 da CF) – pode ser considerada *especial*, no confronto com a Justiça dos Estados; que, portanto, tem um caráter residual: quando a causa não se inscrever na competência de qualquer uma das Justiças especializadas, e não couber à Justiça comum Federal, competente será, por exclusão, a Justiça de algum dos Estados da Federação.

A competência para a Justiça Comum Federal, como já foi dito, considera essencialmente o critério da pessoa; notadamente a União, entidades autárquicas federais, empresas públicas federais (inciso I) ou autoridades federais (inciso VIII), mas também alguma outra, como é o caso de causas que envolvam Estado estrangeiro (incisos II e III). Mas a CF também recorre ao critério objetivo, quando submete à Justiça Federal, por exemplo, causas relativas a «direitos humanos» (inciso V-A) ou direitos indígenas (inciso XI). O critério objetivo é empregado para exclusão parcial dessa competência – no caso de falência e de acidentes do trabalho (inciso I), além da exclusão – que está expressa, mas que decorre da lógica do sistema – que resulta da especialidade de outras Justiças (nomeadamente a Eleitoral e a do Trabalho).

Dentro das Justiças tidas como efetivamente especiais, a competência da Justiça do Trabalho – a confirmar o que já fora dito acima – considera essencialmente o critério objetivo da matéria. Com o advento da EC 45/2004, essa competência se alargou consideravelmente. Conforme rol constante do art. 114 da CF, ela abarca, com grande amplitude, as causas «oriundas de relação de trabalho» (incisos I, VI e IX), as que versarem exercício do direito de greve (inciso II) e representação sindical (inciso III).

Também é o critério da matéria o determinante da competência da Justiça Eleitoral (CF, arts. 118/121), embora quanto a ela, diversamente do que foi feito para a Justiça do Trabalho, não haja na CF um rol específico de temas. Disciplina com esse conteúdo aproximado está contida na Lei 4.737/1965 (Código Eleitoral), especialmente em seus arts. 22, 29 e 35. As causas submetidas à Justiça Eleitoral consideram principalmente os fatos ocorridos no período situado entre o registro das candidaturas e a diplomação dos vencedores. Mas essa competência se estende consideravelmente no tempo, em função dos desdobramentos dos atos situados nesse lapso temporal ou que gravitam em torno dele, como é, apenas para ilustrar, a perda de mandato por infidelidade partidária (Resolução TSE 22.610/2007).

Quanto à Justiça Militar, é preciso considerá-la no plano federal e nos estaduais. No primeiro, ela tem competência para «processar e julgar os crimes militares definidos em lei» (CF, art. 124), ou seja, os crimes definidos no Código Penal Militar (Decreto-lei 1.001/69). Já as Justiças Militares estaduais – que, de acordo com o § 3.º do art. 125 da CF, com a redação que lhe deu a EC 45/2004, podem ser criadas por leis estaduais – têm também competência para julgar demandas civis que tenham por objeto atos disciplinares militares (CF, art. 125, §§ 4.º e 5.º).

> «De acordo com a CF, apenas as Justiças Militares estaduais possuem competência civil. Por isso, é quando menos duvidosa a constitucionalidade da disposição contida na Lei 8.457/1992 que atribui ao Superior Tribunal Militar temas não penais, como é o caso do *habeas data* (art. 6.º).»

Então, para que se dê o segundo passo na determinação da competência, será preciso, com base nos critérios assim positivados pela CF, saber se a causa está sujeita a alguma das Justiças especializadas; o que naturalmente excluirá a competência da Justiça comum. Se a resposta for negativa, então é preciso verificar, novamente pelos critérios já indicados, se a causa está sujeita à Justiça comum Federal; que, consoante já exposto, é especial se confrontada com as Justiças Estaduais. Por exclusão, a causa deverá submetida à Justiça de algum dos Estados.

Mas há mais uma ressalva a fazer: o Supremo Tribunal Federal e o Superior Tribunal de Justiça não se encaixam propriamente em nenhuma dessas estruturas. O STF, encarregado de tutelar o direito objetivo constitucional (federal), pode receber recursos de todas as Justiças já mencionadas; o STJ, que está encarregado de uniformizar a interpretação do direito federal, recebe recursos oriundos da Justiça Comum (da Federal e das Estaduais), uma vez que as Justiças especializadas (Trabalho, Eleitoral e Militar) possuem seus próprios tribunais superiores – que também têm a função de uniformizar a interpretação da lei federal, dentro de suas competências específicas.

«Considerando essa pluralidade de graus, costuma-se dizer – frequentemente no contexto de crítica ao que se afirma ser o número excessivo de recursos no sistema brasileiro – que no Brasil há quatro (4) graus de jurisdição; o que é apenas parcialmente correto. Desde logo, a competência recursal ordinária do STF e do STJ (CF, arts. 102, II, e 105, II) já não corresponde a tal multiplicidade. No caso do recurso especial para o STJ, não há "quarta" instância porque ele – a exemplo do que fazem os tribunais superiores eleitoral, militar e do trabalho – atua como instância uniformizadora da interpretação da lei federal; o que, em termos lógicos, é rigorosamente coerente com a outorga de competência legislativa contida no art. 22 da CF. E o STF – quando julga recurso extraordinário – age como guardião da Constituição, apenas em casos relevantes (daí a exigência de repercussão geral). Talvez a crítica faça mais sentido em matéria penal e processual penal, pela abertura que se dá – ou que se quer dar – aos *habeas corpus* para aquela Corte superior.»

De relevante para este tópico (e para o seguinte) é a lembrança de que o STF e o STJ também têm competência originária, isto é, processos começam – e não apenas chegam por recursos – a tais órgãos. Nesses casos, prevalece a já lembrada regra da especialidade: se a causa se inscrever na competência originária de qualquer um daqueles tribunais (arts. 102, I, e 105, I, da CF), então não será caso de se procurar a Justiça competente. A essa busca só se chega se, por exclusão, a causa não estiver afeta originariamente a nenhum dos dois referidos tribunais superiores.

«Como foi dito acima (supra n. 139), a natureza do processo não é exatamente um critério determinante da competência; não ao menos de forma autônoma. O que determina a competência são os elementos que integram o critério objetivo – matéria, pessoa e valor – tomados, é certo, na forma em que introduzidos no processo, isto é, a partir do respectivo objeto e sujeitos. Considerada apenas a matéria civil, no caso do STF, por exemplo, a competência para as medidas que integram o controle concentrado de constitucionalidade (art. 102, I, *a* e *p*) é substancialmente ditada pela matéria, embora realmente se considere o modo que ela é posta, em que se busca o controle abstrato da constitucionalidade da norma. De resto, a competência do STF é estabelecida também pela matéria nos casos das letras *g* (embora combinado o critério com o da pessoa), *o*, *q* (combinado o critério com o da pessoa); pelo critério da pessoa nos casos das letras *e*, *f*, *n* e *r*; e pelo critério funcional, nos casos das letras *j*, *l* e *m*. No caso do STJ, o critério da matéria é empregado no art. 105, I, *d* e *g* (combinado com o da pessoa), *h* e *i*; o da pessoa na letra *b*; e o funcional nas letras *e* e *f*.

146. Competência originária. As considerações feitas no tópico precedente, ao ensejo da competência do STF e do STJ, já introduziram o tema da competência originária; que, em síntese, estabelecerá a quem competirá dar início ao processo.

No ordenamento brasileiro – a exemplo da generalidade dos sistemas processuais – as diferentes Justiças estão estruturadas em graus ou instâncias. Daí se falar em graus de jurisdição ou – menos corretamente – em jurisdição «superior» e «inferior» (supra n. 127 e 129); ou também em «competência hierárquica». Nesse contexto, a regra é a de que originariamente as causas competem aos órgãos ou juízes do primeiro grau de cada uma das Justiças. Aos tribunais, como regra, ficam reservados os recursos, que não são geradores de novos processos, mas apenas de prolongamento, perante órgão diverso, do processo já instaurado (que é um só). Há casos – expressa e taxativamente previstos – de competência originária dos tribunais (que, a exemplo do que ocorre nos casos do STF e STJ, considera os critérios da matéria, da pessoa e funcional).

No nível recursal é possível e útil dividir os graus em *ordinário* e *extraordinário*: naquele, os recursos usualmente devolvem toda a matéria decidida pelo primeiro grau, isto é, permitem amplo reexame de questões de fato e de direito pelos tribunais competentes – Tribunais Regionais do Trabalho, Tribunais Regionais Eleitorais, Tribunais Militares, Tribunais Regionais Federais e Tribunais de Justiça; já no outro, a devolução é limitada a questões de direito, então a cargo do Tribunal Superior do Trabalho, do Superior Tribunal Militar, do Tribunal Superior Eleitoral, e, para a Justiça Comum, do Superior Tribunal de Justiça, cuja função, nesse «terceiro» grau, é o de uniformizar a interpretação da lei federal.

147. Competência de foro. Conforme já foi visto, um dos critérios empregados pelo ordenamento para definir a competência é o territorial (supra n. 140). Mas isso não deve ser confundido com a fixação do *foro*, isto é, da base territorial competente, que é o passo seguinte à definição da Justiça competente e, dentro dela, da competência originária, quando for o caso.

Já foi dito que as diferentes Justiças estão compostas em graus. No extraordinário (supra n. 127 e 129), a base territorial de atuação é nacional, inclusive pela função que os tribunais superiores desempenham. Aliás, o mesmo e com mais forte razão pode ser dito em relação ao Supremo Tribunal Federal. Mas, nos graus *ordinários* (supra n. 129), as Justiças estão estruturadas em órgãos cuja base territorial de atuação, para efeito de competência, é limitada (vide limites territoriais da jurisdição, supra n. 121). Vale dizer: o território nacional foi dividido e, a partir disso, foi prevista a divisão de trabalho entre os diferentes órgãos de uma mesma Justiça. Assim, tanto os tribunais quanto os juízos de primeiro grau têm competência territorial limitada, justamente para que se cumpra o objetivo de divisão das tarefas.

O território dos tribunais estaduais, para efeito de competência, é a base territorial do Estado respectivo. O mesmo ocorre com os Tribunais Regionais Eleitorais (apesar da designação «regional», que aí deve ser interpretada como «local» ou «estadual»). O território dos tribunais Regionais Federais é a base de diferentes Estados Membros que, juntos, compõem uma *região* (daí a expressão tribunais «regionais»). O mesmo ocorre com o Tribunal Regional do Trabalho, já em número superior ao dos Tribunais Regionais Federais.

> «Até junho de 2013 a Constituição Federal previa a existência de apenas 5 (cinco) Tribunais Regionais Federais. A Emenda Constitucional 73/13 acrescentou o § 11 ao art. 27 do Ato das Disposições Constitucionais Transitórias e criou outros 4 (quatro) Tribunais Regionais Federais.»

O território dos juízos de primeiro grau corresponde a áreas designadas como *comarcas*, na Justiça dos Estados; ou *seções judiciárias*, na Justiça Federal – que podem abranger um ou mais de um município.

Em suma: definida a Justiça competente e, dentro dela, qual a competência originária, o passo seguinte é determinar em que foro ou território a demanda deverá ser ajuizada. Se a competência for de um dos tribunais superiores, o problema nem surgirá porque, como dito, eles abrangem todo o território nacional; se a competência for de um tribunal (de Justiça, Regional Federal, Regional Eleitoral, do Trabalho ou Militar), será preciso verificar, à luz dos critérios de determinação de competência encampados pelo ordenamento, na base territorial de qual desses órgãos a demanda deverá ser proposta. O mesmo deverá ser feito se a competência for de um órgão de primeiro grau.

Convém apenas relembrar que a divisão de trabalho estabelecida a partir das normas reguladoras da competência territorial não deve ser confundida com a eficácia das decisões proferidas: os limites territoriais empregados naquela não atuam para restringir os efeitos da sentença, salvo se houver regra expressa a respeito, como é o caso do art. 16 da Lei 7.347/1985 (infra n. 121). Os limites objetivos e subjetivos da eficácia da sentença – e da correspondente imutabilidade – são determinados na demanda e na respectiva resposta dada pelo Estado.

148. Competência de juízo. Definida a base territorial, é preciso passar mais concretamente a cogitar dos órgãos situados dentro do foro competente.

Há casos em que isso é automático porque num determinado foro existe apenas um órgão competente. No primeiro grau, é possível que, na base territorial, exista apenas um *juízo*; que, por falta de qualquer outra opção, será o competente. Mas, se houver mais de um juízo, será preciso verificar se há regras para divisão de competência entre eles, ou se simplesmente todos estão no mesmo patamar, concorrendo entre si – em livre e equânime distribuição.

Pode ocorrer que haja divisão de trabalho considerando, novamente, os diferentes critérios de determinação de competência. Os critérios empregados para tanto são o território (ainda que sob o aspecto funcional também), a matéria e o valor.

Nos tribunais, quando se trata de sua competência originária, ela é abrangente de toda a base territorial, isto é, não há dois ou mais tribunais que, em tese, concorreriam para atuar em uma mesma base territorial. Mas, dentro de um mesmo tribunal, há divisão entre diferentes órgãos e eventualmente pode ser preciso determinar qual deles é competente. O menor órgão fracionário do tribunal é denominado de câmara ou de turma. Esses órgãos – conforme organização interna dos tribunais – podem compor grupos ou seções. Além disso, os tribunais têm seus órgãos plenários.

149. Competência do juiz. Em princípio, é irrelevante a pessoa deste ou daquele magistrado para efeito de competência. Todos são investidos de jurisdição e, firmada a premissa de que o órgão que integra é competente, então ele fala como agente do Estado, no exercício da função desempenhada pelo órgão.

Contudo, há situações em que, na determinação da competência, vai-se além do órgão para se chegar efetivamente à pessoa deste ou daquele magistrado. São situações devidamente justificadas e que não representam risco de violação à imparcialidade ou mesmo impessoalidade, desde que corretamente interpretadas as regras que as disciplinam.

> «Quando a parte alega o impedimento ou a suspeição do juiz (o que deve feito por meio da exceção), a imputação é conceitualmente feita de forma *pessoal* ao juiz (e não ao órgão). Portanto, somente ele pode se manifestar; quer para reconhecer a imputação, quer para rejeitá-la, caso em que o julgamento passará a ser feito pelo órgão colegiado ao qual o juiz estiver diretamente ligado em grau hierárquico.»

Uma das hipóteses em que se cogita da competência do juiz (não apenas do juízo) é a prevista pelo art. 132 do CPC, que consagra, com consideráveis atenuações (inclusive pelo rol de exceções previstas pelo dispositivo), a regra de identidade física do juiz que tenha concluído a audiência de instrução para julgar a causa. Na praxe forense, fala-se em «juiz certo». Essa competência é determinada por critério funcional (supra n. 141) e se inspira na regra (princípio, segundo alguns) mais ampla da *oralidade* (infra n. 239).

Nos tribunais, o art. 557 do CPC confere ao relator não apenas competência para apreciar medidas de urgência em recursos, mas para julgá-los singularmente nas hipóteses ali indicadas, ressalvado recurso para o Colegiado (vide supra n. 60, ao ensejo do exame do princípio do juiz natural).

Tais normas, diga-se, devem ser interpretadas de forma estrita, para que não se comprometa o caráter colegiado do julgamento. Aliás, a competência do relator pode ser determinada por critério funcional (p. ex. para julgar o recurso de apelação por ter conhecido de precedente recurso de agravo), a gerar prevenção (infra n. 157). A regra só deve ser aplicada em recursos, não em processos de competência originária.

No caso dos embargos de declaração (CPC, arts. 535 e seguintes), tendo em vista seu escopo (usual) de proporcionar a integração da decisão embargada (para suprir omissão, superar contradição ou obscuridade), há competência funcional do prolator da decisão e, nos tribunais, do relator do recurso (CPC, art. 536). Assim ocorrerá, com maior razão, se os embargos tiverem o excepcional finalidade de infringir a decisão, isto é, para postular não apenas sua integração, mas sua anulação ou reforma.

> «Quando, nos tribunais, os embargos se voltam contra acórdão (decisão colegiada), não se afigura correto (nem conveniente) seu julgamento de forma singular, com apoio no art. 557 do CPC. É que, se já houve decisão colegiada, não parece possível que o relator, singularmente, assuma a tarefa de reexprimir o que, em termos mais rigorosos, não é mais apenas a expressão de sua vontade, mas do órgão. Admitir o julgamento singular depois do plural seria inverter o que prevê o art. 557 do CPC, conferindo-lhe uma interpretação extensiva que não se coaduna com a exceção nele contida. Afinal de contas, a regra, inclusive a partir da Constituição Federal, é de que o julgamento pelos tribunais seja colegiado. A eventual unanimidade no julgamento de um agravo ou de uma apelação não significa dizer que haverá também unanimidade no julgamento dos declaratórios; é perfeitamente possível haver divergência e o julgamento singular acabaria por desconsiderar isso. Pior ainda será se os embargos tiverem caráter infringente porque, nesse caso, seria inviável que o relator simplesmente anulasse ou reformasse o que antes decidira o órgão plural.»

Ainda nos tribunais, a lei e os regimentos internos atribuem determinadas competências – não apenas administrativas (aí então qualificáveis como *atribuições*), mas também jurisdicionais – a seus Presidentes e Vice-Presidentes; assim como, eventualmente, aos Presidentes de seus órgãos fracionários. Isso ocorre, para ilustrar, na atribuição dos Presidentes: nos juízos de admissibilidade dos recursos extraordinário e especial perante os tribunais locais (CPC, art. 541); nos requerimentos de suspensão de segurança (Lei 12.016/2009, art. 15); nos conflitos de competência (CPC, art. 118); na avocação de reexame necessário, quando o juiz de primeiro grau não remeter os autos ao tribunal (CPC, art. 475, § 1.º); na seleção de recurso especial representativo de controvérsia repetitiva para ser encaminhado ao Superior Tribunal de Justiça (CPC, art. 543-C, § 1.º); na requisição de pagamento de obrigação imposta à Fazenda Pública por sentença condenatória (CPC, art. 730, I); no sequestro de verbas públicas em caso de preterição da ordem de pagamento dos credores da Fazenda Pública (CPC, art. 731); na decisão de questões urgentes nos períodos de recesso ou de férias do Supremo Tribunal Federal (RI, art. 13, VII) e do Superior Tribunal de Justiça (RI, art. 21, XIII, *c*); antes das distribuições, nos pedidos de assistência judiciária perante o Supremo Tribunal Federal e Superior Tribunal de Justiça (respectivamente, RISTF, art. 13, V, *a*, e RISTJ, art. 21, XIII, *i*); nas exceções de suspeição e impedimento de desembargador, de oficiar como relator (RITJSP, art. 26, I, *d*, *1*).

150. Competência recursal. Esgotada a atividade jurisdicional do órgão dotado de competência originária (que, por regra, é de primeiro grau, mas que pode ser também um tribunal), é possível que caiba recurso; que não tem natureza jurídica de ação, nem faz nascer um novo processo; apenas prolonga o já existente, transferindo a matéria ao conhecimento de outro órgão. Portanto, fechado o ciclo do grau originário, surge a necessidade de nova determinação de competência; o que, aliás, pode se repetir, a depender de tantas quantas forem as vias recursais disponibilizadas pelo ordenamento, para determinado caso concreto.

Ela é usualmente qualificada pela doutrina como competência funcional. Mas, como já foi salientado, uma coisa é a competência (no caso, funcional) e outra é o critério funcional de determinação da competência. O primeiro e básico critério para a competência recursal ordinária considera a função desempenhada pelo juiz prolator da decisão recorrida: no âmbito da Justiça Comum, decisões de juízes federais estão sujeitas a recurso para o Tribunal Regional Federal da respectiva Região; decisões de juízes estaduais estão sujeitas a recurso para o Tribunal de Justiça do respectivo Estado. Na seara das Justiças Especiais, decisões de juízes eleitorais estão sujeitas ao reexame dos Tribunais Regionais Eleitorais e as dos juízes do trabalho aos Tribunais Regionais do Trabalho.

Fala-se em critério hierárquico, mas, consoante já se observou, hierarquia não é exatamente um critério. Em certa medida, a competência recursal ordinária toma como critério a função desempenhada em razão do cargo (juiz federal comum, estadual, eleitoral ou do trabalho). Mas, sem prejuízo disso, o fato é que a competência recursal adota como critério objetivo o exercício da competência pelo grau anterior, sem se importar, ao menos em princípio, com a matéria decidida. É possível até que a matéria seja mesmo estranha à competência daquela Justiça e que isso sirva de fundamento para o tribunal invalidar a decisão recorrida; o que, aliás, só confirma que a competência recursal é consequência imediata do simples exercício da competência – correta ou incorretamente – pelo juiz de primeiro grau.

«Por exemplo: se um juiz estadual decide matéria que ele qualifica como civil, ainda que a relação jurídica fosse evidentemente trabalhista, isso é irrelevante para a competência recursal porque isso envolve um dos aspectos do mérito (inclusive recursal).»

Mas se essa é a regra, isso não significa dizer que a competência recursal não possa ser ditada por outro critério objetivo como, por exemplo, a *matéria* decidida ou até a *pessoa*. Ainda que seja uma exceção, isso ocorre nas hipóteses previstas pelo art. 109 da CF, que acomete certas causas ao juiz estadual (§ 3.º), mas que determina competência recursal do Tribunal Regional Federal na área de jurisdição do juiz de primeiro grau (§ 4.º), aliás, na esteira da competência ditada pelo inciso II do art. 108 da CF.

Ademais, dentro de um mesmo tribunal (mas certamente ainda no âmbito da competência recursal), o critério objetivo – matéria ou pessoa – é considerado para divisão do trabalho entre os diferentes órgãos fracionários. Portanto, não é correto dizer que, nesse caso, a competência recursal seja ditada por hierarquia ou mesmo pela função.

«Por exemplo, no Tribunal de Justiça de São Paulo, há divisão entre Câmaras de Direito Público e Privado. Além disso, há Câmaras especializadas pela matéria (direito ambiental, empresarial, falência e recuperação judicial).»

No âmbito da competência recursal *extraordinária* (para tribunais superiores), e sem confundir critério de determinação de competência, de um lado, e hipóteses de cabimento dos recursos, de outro, a escolha é feita pelo critério funcional, análogo ao que se passa na competência recursal ordinária. No caso do Supremo Tribunal Federal, para o recurso extraordinário, basta o fato objetivo de que a causa tenha sido decidida em única ou última instância por qualquer outro órgão (CF, art. 102, III); e, no caso de recurso ordinário, que o julgamento tenha sido feito em única instância pelos Tribunais Superiores – com o acréscimo, que mais se liga à admissibilidade do recurso, de que o recurso é cabível apenas em certos processos e se denegado o pleito feito pelo autor (CF, art. 102, II).

Já no caso do Superior Tribunal de Justiça, o art. 105, III, da CF repete a fórmula para o recurso especial, com a restrição de que a decisão tenha sido proferida em única ou última instância por tribunais. Mas, para o recurso ordinário, além do critério funcional, a CF recorre ao critério objetivo da pessoa (CF, art. 105, II, *c*); o que reforça a ideia de que competência funcional não se confunde com critério funcional de determinação de competência; e de que a competência recursal nem sempre é ditada por critério funcional.

151. Competência para cumprimento da decisão. O último passo que pode ser considerado na determinação da competência diz com a execução – ou, na terminologia empregada pela lei, cumprimento – do que se decidiu.

Com base em critério funcional, a regra é a de que o juízo que processou a causa em primeiro grau (fase de conhecimento) é o competente para o cumprimento (CPC, art. 475-P, II); e que os tribunais são competentes para o cumprimento das decisões proferidas em causas de sua competência originária (CPC, art. 475-P, I).

Mas há exceções, em que outros critérios prevalecem sobre o funcional; a começar do disposto no parágrafo único do art. 475-P do CPC, que faculta ao exequente optar pelo «juízo do local onde se encontram bens sujeitos à expropriação ou pelo do atual domicílio do executado». Nesse caso, sobre o critério funcional retrospectivo – isto é, ditado pelas atividades já realizadas – prevalece o critério funcional territorial prospectivo, isto é, das atividades que agora devem ser realizadas (penhora, avaliação e expropriação de bens).

Além disso, admite-se que sentença que impõe o dever de prestar alimentos seja executada perante órgão situado no domicílio ou residência do credor de alimentos, suposto que tenha havido modificação após a prolação da decisão e encerrada a fase de conhecimento. Nesse caso, o critério funcional cede lugar ao critério que considera a pessoa do credor, para facilitação do acesso à tutela jurisdicional.

Também é possível que o beneficiário da sentença condenatória genérica proferida em ação civil pública (titular de direito individual homogêneo), promova a liquidação e posterior cumprimento perante seu próprio domicílio (arts. 6.º, VIII, e 101, I, do CDC); e, portanto, não necessariamente nos termos do art. 475-P, II, do CPC. O tema se liga ao do conflito entre critérios de determinação de competência (supra n. 142).

CAPÍTULO VII

COMPETÊNCIA ABSOLUTA E RELATIVA

152. Competência absoluta e relativa. Da mais adequada e racional divisão de trabalho entre os diferentes órgãos do Poder Judiciário depende seu bom funcionamento. A escolha dos critérios que inspiram as regras de competência, portanto, não deve ser aleatória e, de um modo geral, são respeitantes ao interesse público. Por isso, a regra vigente é a de que as normas que estabelecem a competência nos diferentes níveis não comportam *modificação*; que encontra sinônimo no vocábulo *prorrogação*.

Isso decididamente ocorre quanto às normas incidentes na fixação da competência «de jurisdição» (determinação de uma das Justiças, entre comum e especializadas); na competência originária (no confronto com a recursal); na competência de juízo e de juiz (ou interna de um órgão fracionário de tribunal); na competência recursal e naquela válida para o cumprimento ou execução de sentença. Nesses casos, fala-se de *competência absoluta* ou *improrrogável*; embora o mais correto seja realmente empregar a terminologia sob o ângulo inverso: a falta de observância a tais regras é geradora de *incompetência absoluta*; e a incompetência relativa como tal se caracteriza porque pode se transmudar em competência.

Por exclusão das etapas de competência acima mencionadas, restam a competência *territorial* (ou de foro) e aquela determinada pelo critério do *valor*. A lei aceita que elas sejam objeto de disposição pelas partes (CPC, art. 111) e, de forma coerente, estabelece a possibilidade de modificação (legal) por conexão ou continência (CPC, art. 102). A competência de foro e aquela ditada pelo valor seriam, então, as duas modalidades de competência *relativa*.

Contudo, a competência de foro não se confunde com o critério territorial de determinação da competência (supra n. 140). Então, se é verdade que o critério territorial normalmente dita competência de foro, pode ocorrer que a competência de foro seja ditada por critério funcional, por exemplo. Isso mostra que, para determinar se há ou não possibilidade de modificação ou de prorrogação, não basta considerar o passo em que se determina o foro; é preciso saber se o foro foi determinado apenas por um critério puramente territorial – caso em que, de fato, a regra comportará modificação pelas formas vistas em seguida. Apenas nesse caso é que se deve entender que as regras sobre competência abrem espaço para a conveniência das partes.

Isso quer dizer que o contrário não se admite: se o critério territorial for determinante de algum dos outros passos – por exemplo, como no caso de competência *de juízo* (Lei do Estado de São Paulo 3.947/1983), nos assim chamados «foros regionais» (supra n. 148) – então não se admitirá modificação.

> «Por isso é que não se admite cláusula de foro de eleição que tenha por objeto, em São Paulo, o foro central ou algum dos foros regionais. Trata-se de competência de juízo, ainda que eventualmente ditada por critério territorial. Nesse caso, aliás, a preocupação foi com a descentralização da administração da Justiça; o que mostra que o espalhamento da atuação jurisdicional sobre o território foi determinante na opção legislativa.»

Tais considerações aproveitam em parte à competência em razão do *valor*. Conforme foi examinado (supra n. 139), ele é elemento integrante do critério *objetivo* de determinação da competência. Mas o valor não foi necessariamente encampado pelo Legislador em regras que consideram o interesse privado das partes. Pelo contrário, na Capital do Estado de São Paulo, o valor da causa funciona como limite para a competência dos juízos regionais, quando não sejam competentes em razão da matéria ou do território. Portanto, embora o critério seja o do valor, a matéria é de ordem pública porque se trata de competência de juízo.

> «Segundo a Resolução TJSP 2/1976, art. 54, I, é da competência dos juízos regionais o julgamento de causas com valor de até quinhentas vezes o salário mínimo vigente na Capital. Ainda, de acordo com a Lei Estadual 3.947/1983, art. 4.º, também são da competência dos juízos regionais, independentemente do valor, e em matéria cível: a) as ações reais ou possessórias sobre bens imóveis e as de nunciação de obra nova, excluídas as ações de usucapião e as retificações de áreas, que pertencem às Varas de Registros Públicos; b) as ações de rescisão e as de adjudicação compulsória, fundadas em compromissos de compra e venda; c) as ações de procedimento sumaríssimo, salvo as de acidentes do trabalho e as do interesse das Fazendas Públicas; d) as ações baseadas no direito securitário, quando relacionadas com matérias ou procedimentos da competência dos foros regionais, excluídas as do interesse das Fazendas Públicas).»

É certo que no âmbito dos Juizados Especiais Civis o valor da causa foi considerado na determinação da competência, sem que isso impusesse o ingresso perante tais órgãos, tido como mera faculdade do autor, conforme correta interpretação dada ao art. 3.º da Lei 9.099/1995. Mas isso não significa que valor seja sempre determinante de competência relativa, passível de eleição ou de modificação por conexão ou continência.

Primeiro, é quando menos questionável aplicar-se aos Juizados os conceitos de incompetência absoluta ou relativa como se essa segunda fosse o mesmo que uma opção a cargo do autor. Na incompetência relativa, o réu pode apontá-la por meio de exceção e, portanto, pode recusar legitimamente o órgão escolhido pelo autor. Mas isso não ocorre no caso dos Juizados porque o réu não pode se opor à escolha feita pelo demandante, salvo se o Juizado for incompetente em razão da matéria, da pessoa ou do território (Lei 9.099/1995, arts. 2.º, § 4.º, e 3.º). Dizer que o ingresso no Juizado é uma opção do autor, portanto, não é fenômeno que adequadamente se traduza pela locução «competência relativa».

Segundo, ainda que se possa falar em competência absoluta e relativa no âmbito dos Juizados Especiais, como o fez art. 2.º, § 4.º, da Lei 12.153/2009 (que trata dos Juizados Especiais das Fazendas Públicas Estaduais), o valor da causa aí é critério determinante de competência *de juízo*, instituída em prol do interesse público; tanto que a lei fala expressamente que se trata de competência «absoluta» – melhor seria dizer que o ingresso é obrigatório e não facultativo.

Disso tudo se conclui que, não obstante o que estabelecem os arts. 111 e 102 do CPC, *território* e *valor* – quando considerados como *critérios* de determinação da competência – não são necessariamente impositivos de competência que considera o interesse e a conveniência das partes. Tais critérios podem ser – e efetivamente são – empregados pelo ordenamento para determinar regras de competência que não comportam modificação (nem convencional, nem legal) e que, portanto, estão associadas ao que se convencionou chamar de competência *absoluta*.

153. Segue: competência absoluta e relativa na arbitragem. A distinção entre competência (ou incompetência) absoluta e relativa é aplicável essencialmente para a jurisdição estatal. No caso da arbitragem, as partes têm liberdade não apenas para constituir o órgão arbitral e o processo, como ainda para convencionar o Estado cuja jurisdição se encarregará de eventualmente intervir; quer para dar apoio aos árbitros naquilo que depender do emprego de meios necessariamente estatais, quer para controle da legalidade da arbitragem (o que se dá essencialmente de forma repressiva e apenas excepcionalmente de forma preventiva; sempre subsidiária). Mas, ao menos sob a ótica do Estado brasileiro, essa liberdade encontra limites.

Primeiro, tratando-se de sentença arbitral estrangeira, a homologação é indispensável e só pode ser requerida junto ao Superior Tribunal de Justiça. A atuação desse tribunal é norteada pelo princípio da efetividade, que limita a intervenção jurisdicional do Estado brasileiro com base nos parâmetros vigentes na assim denominada competência internacional (supra n. 144). Isso quer dizer que a homologação pelo Estado brasileiro precisa ser adequadamente justificada sob o ângulo da efetividade.

Segundo, para as medidas de cooperação entre juiz e árbitro, ou para as que se prestem ao controle da legalidade do processo arbitral, não é dada às partes a escolha de uma das Justiças existentes. Embora se presuma que, pela matéria sujeita à arbitragem (direitos patrimoniais disponíveis), a competência seja da Justiça comum estadual, não pode ser descartada a competência da Justiça Federal (ou, dentro da justiça comum, de algum juízo especializado); tanto mais quando se admite a arbitragem envolvendo o Poder Público. De qualquer forma, não podem as partes eleger uma das Justiças, simplesmente por reputá-la mais conveniente para seus interesses.

Da mesma forma, há que ser respeitada a regra de que a competência originária é dos órgãos de primeiro grau. Não é lícito às partes, portanto, estabelecer que eventual controle estatal devesse ser realizado diretamente por tribunal; salvo no caso específico da homologação da sentença arbitral estrangeira, que é da competência originária do STJ, por força de lei e não por convenção das partes, conforme acima lembrado. Nem mesmo a pretexto de que a impugnação cabível seria recurso e não ação justificaria a eleição: por um lado, não é possível tecnicamente falar em recurso para o Judiciário de decisão que por ele não foi proferida (o que pode haver é demanda para se desconstituir ou rever a decisão arbitral); de outro lado, a competência originária dos tribunais é estabelecida de forma taxativa e não está sujeita a alteração por vontade das partes.

Conquanto também não haja margem para escolha de juízo (menos ainda de juiz), quanto à competência territorial (de foro) pode haver cláusula de eleição (infra n. 154) que tenha em mira futura e eventual disputa perante o Judiciário. Tal disposição convive perfeitamente com a cláusula compromissória e mesmo com o compromisso arbitral, porque a arbitragem não necessariamente prescinde da intervenção estatal; quer para cooperação com o árbitro, quer para controle da legalidade de seus atos, em particular da decisão final. Então, nesse caso, eventual falta de observância da regra eleita configura incompetência apenas relativa.

154. Formas de modificação de competência (ou de prorrogação da incompetência) relativa. Nos limites anteriormente indicados, a modificação da competência pode ocorrer de duas maneiras.

Primeiro, dentro do espectro (relativamente reduzido) que a lei abre para a convenção das partes em matéria processual (quando se trata de jurisdição estatal, ressalvada a arbitragem, portanto), elas podem estabelecer o que se chama de *foro de eleição*. Nesses casos, fala-se de prorrogação *voluntária expressa*. Também se considera voluntária – embora *tácita* – a prorrogação que se opera pela falta de tempestiva alegação da incompetência relativa – que deve se dar mediante exceção de incompetência (CPC, arts. 304 e seguintes). Naturalmente, autêntica modificação pressupõe que as partes tenham adotado foro diverso do que já previra a lei para a situação; do contrário, a cláusula nada mais terá feito que confirmar a disposição legal, sem nada alterar.

> «A cláusula de eleição de foro tem caráter geral e, em princípio, abrange toda e qualquer controvérsia decorrente, direta ou indiretamente, do negócio em que inserida, salvo disposição expressa em contrário. Em matéria de consignação em pagamento, há entendimento jurisprudencial de que o local do pagamento prevaleceria sobre o foro eleito, por ser aquele especial. Embora não se concorde com tal orientação, ela pode ser superada por expressa disposição da cláusula, a abranger também a hipótese de pagamento mediante consignação. Pensar diversamente seria divisar no critério *território* um elemento também *funcional* (supra ns. 140 e 141); o que não parece correto porque o depósito judicial – salvo quando se tratar de bem que não seja dinheiro – não precisa ser feito no local do pagamento.»

Segundo, diz-se que a prorrogação pode ocorrer por força de *lei*; daí porque denominada *legal* ou *necessária*. Isso ocorre diante dos fenômenos de parcial identidade de demandas: *conexão* ou *continência* (CPC, arts. 102 e seguintes). A reunião também pode ocorrer, eventualmente, se uma das causas for prejudicial à outra, caso em que o sistema abre margem para a reunião ou eventualmente a suspensão da causa prejudicada, até julgamento da prejudicial (CPC, art. 265, IV, *a*). Nesses casos, o órgão que seria incompetente passa a ser competente por razões de ordem pública, que buscam preservar a harmonia das decisões e racionalizar a prática dos atos processuais, inclusive sob a ótica da economia.

Conquanto os vocábulos *modificação* e *prorrogação* sejam eventualmente empregados como sinônimos no contexto aqui tratado, afigura-se mais exato reservar o primeiro para a hipótese de derrogação voluntária pelos interessados, mediante cláusula de eleição de foro, conforme sugere a dicção do art. 111 do CPC; e deixar o segundo para a hipótese em que, diante da incompetência não alegada mediante exceção (ou não declinada na forma do art. 112 do CPC), a incompetência relativa se transmuda em competência. Esse segundo sentido é o que melhor se afeiçoa ao termo prorrogar, que significa alongar ou prolongar.

155. Segue: reunião de causas. Constatada a parcial identidade de demandas – e desde que a providência seja possível – é dever do juiz promover a reunião para processamento e julgamento conjunto (CPC, art. 105). Para que se pretenda a reunião não é necessário alegar mediante exceção (CPC, arts. 304 e seguintes) a incompetência de um dos órgãos, em razão da competência do órgão prevento. Ademais, a regra é válida para todos os graus de jurisdição, na premissa de que as causas estejam, num dado momento, submetidas à mesma instância.

> «Vale dizer: não há como suprimir grau de jurisdição a pretexto da conexão ou da continência – e da reunião de causas que daí decorre. Coisa diversa é sobrestamento de um dos processos, a pretexto de que causa conexa será julgada por instância superior; o que aí se justificaria diante da regra do art. 265, IV, *a*, do CPC. Mas esse sobrestamento deve ser visto com prudência, para que não acabe por protelar indevidamente a prestação jurisdicional devida à parte, valendo lembrar que o sistema é infenso a suspensões perenes e, no próprio Código de Processo Civil, há regra dispondo que a suspensão não poderá superar um ano (art. 265, § 4.º).»

Esse entendimento se ajusta ao postulado segundo o qual conexão e continência são causas de modificação de competência: modificada a competência por força de lei, a remessa passa mesmo a ser obrigatória, e não facultativa.

Mas é preciso ressalvar o seguinte: a rigor, o que concretamente altera a competência não é a simples constatação da conexão ou da continência; mas sim a efetiva determinação para reunião das causas. Antes dessa providência, os dois (ou mais) órgãos perante os quais tramitam as causas parcialmente idênticas remanescem competentes.

Nesse particular, há quem sustente que, havendo a identidade entre demandas, haveria uma transformação da competência, que passaria de relativa (porque só essa permite a modificação) para absoluta; quiçá porque prevaleceria então o critério funcional. Mas, para além de perplexidade resultante dessa suposta mutação na natureza jurídica do fenômeno, entender-se que a conexão ditaria uma incompetência absoluta levaria a reconhecer o seguinte: sempre que as causas conexas fossem julgadas separadamente haveria invalidade (quando menos do julgamento proferido pelo órgão que não fosse o prevento). Isso é incorreto e a invalidação de atos, sem qualquer outra cogitação, poderia levar a resultados opostos aos desejados pela regra que impõe a reunião.

Entender-se que a identidade parcial de causas impõe um autêntico dever – e não mera faculdade – de reunião não significa dizer que eventual ausência de reunião necessariamente invalide o processo. O tema, então, deve ser visto à luz das regras que disciplinam as invalidades. Em tese, existe a possibilidade de que, por decisão fundamentada, fique reconhecida que a reunião não lograria atingir os objetivos almejados pelo Legislador. Além disso, a reunião perde sentido quando, em um dado grau de jurisdição, uma das causas for julgada antes que a parcial identidade tenha sido trazida ao conhecimento do órgão judicial (embora possa ocorrer a reunião no grau de jurisdição seguinte).

Esse modo de encarar o fenômeno permite, por exemplo, que se admita a reunião de causas conexas no âmbito dos Juizados Especiais (Lei 9.099/1995). Nesse sistema especial, sob outro ângulo, a incompetência territorial não enseja a remessa dos autos ao juízo competente, mas se resolve na extinção do processo (Lei 9.099/1995, art. 51, III). Trata-se de regra que derroga o sistema do CPC e que é inspirada nos postulados gerais inscritos no art. 2.º da Lei 9.009/1995: presume-se ser mais fácil extinguir e recomeçar perante o órgão competente do que se redirecionar a competência.

Mas as mesmas razões que impõem a reunião de causas parcialmente idênticas no CPC devem prevalecer no sistema especial; o que se ajusta à circunstância de que o ingresso no juizado, dentro da respectiva competência, não é obrigatório, mas facultativo (salvo no caso dos Juizados Especiais das Fazendas Públicas estaduais). Isso é possível e coerente desde que se adote a premissa acima: conexão e continência não modificam a competência automaticamente, tornando incompetente um dos órgãos. Fosse assim, a incompetência nos Juizados, ao invés de levar à reunião das causas, levaria à extinção de uma delas.

Se houver conexão ou continência entre duas causas e, pela natureza da competência, não for juridicamente possível a prorrogação (porque não se trata de competência modificável), então será caso de se cogitar da suspensão de uma delas, com base no art. 265, IV, *a* (por prejudicialidade externa).

> «Para ilustrar: pode tramitar perante a Justiça Estadual ação reivindicatória que tenha por objeto o mesmo imóvel objeto de usucapião perante a Justiça Federal; ou, correndo aquela perante Vara Cível (critério objetivo, da matéria), o outro pedido flua perante Vara da Fazenda Pública ou de Registros Públicos, por exemplo.»

156. Prevenção. A etimologia remete à ideia de *vir antes*. Trata-se de fenômeno pelo qual um, dentre diferentes órgãos ou juízes (em tese) competentes, fixa sua competência em concreto e, assim, exclui a dos demais. Ela não é critério de determinação da competência e, em certa medida, pode ser considerada como o resultado da aplicação das diferentes regras de competência, nos diferentes passos seguidos até se chegar àquela em concreto. Nessa sequência está contida a ideia de exclusão dos demais órgãos – salvo o caso de concorrência previsto em matéria de competência internacional, pelo art. 90 do CPC.

A prevenção também não é fator determinante de modificação de competência, porque a prorrogação, quando possível, ou decorre da vontade das partes ou da lei, por conexão ou continência (supra n. 154). Mas a prevenção, além de significar a exclusão de outros órgãos – e exatamente por isso – pode ser tomada como critério para reunião de processos (quando houver conexão ou continência) ou para julgamento de causas ou recursos sucessivos no tempo. Assim, sendo caso de reunião de processos, ela haverá que ser feita no órgão prevento.

> «Na hipótese regulada pelo art. 107 do CPC, fica sugerido que prevenção seria fator determinante da competência. Contudo, o que do dispositivo mais corretamente se extrai é que, se o imóvel se achar situado em mais de um Estado ou comarca, há concorrência de foros (e, portanto, de juízos) competentes; concorrência que termina quando se propõe a demanda e, mercê da prevenção, fixa-se a competência, com a consequente exclusão de outros foros ou órgãos. Mas nisso não há nada de novo porque é justamente esse é o efeito da prevenção.»

No CPC, aludem ao fenômeno os arts. 106 e 219: segundo aquele, considera-se prevento o juiz «que *despachou* em primeiro lugar»; segundo o outro, a prevenção decorre da *citação* válida. Entende-se que o primeiro se aplica a juízos diversos numa mesma base territorial (comarca ou seção judiciária, conforme o caso); e que o segundo se aplica a juízos de foros diversos. Além disso, entende-se por primeiro despacho aquele pelo qual se ordenar a citação (excluído, portanto, outro ato decisório, como aquele que eventualmente ordene a emenda da inicial). Não bastasse isso, na legislação extravagante há um terceiro critério para a prevenção, como ocorre no caso do art. 5.º, § 3.º, da Lei 4.717/1965 (ação popular) e parágrafo único do art. 2.º da Lei 7.347/1985 (ação civil pública) – que consideram a prevenção a partir da propositura da demanda.

Nos tribunais, normalmente há previsão regimental de que o órgão que conhecer de um recurso acerca de determinada matéria fica prevento para conhecer outros interpostos no mesmo processo; ou, até mesmo em processos em que haja conexão ou continência. Em geral, a prevenção nos tribunais só cessa quando no órgão não tiver mais assento nenhum dos julgadores integrantes do colegiado que tenham participado do julgamento anterior. Havendo prevenção, portanto, não se aplica o usual critério aleatório de sorteio e alternância (CPC, art. 548).

Mas ainda assim prevenção não é – não ao menos diretamente – fator que determina ou que modifica competência: é critério *funcional* que inspira a norma segundo a qual um dado juiz se torna competente para dado processo, recurso ou incidente (conforme o caso), em virtude da precedente atuação. Pelas funções já desempenhadas em tal ou qual processo, o juiz (ou o órgão que integra, no tribunal) é competente.

157. Prevenção e distribuição por dependência. Observadas as regras de competência em cada um dos passos já examinados, a pluralidade de órgãos em tese competentes enseja *distribuição* a um deles (CPC, art. 251). Essa é a regra porque eventual critério de predeterminação da competência de um dos órgãos, em detrimento dos demais, feriria o princípio do juiz natural (supra ns. 60 e 136). Daí porque se exige que a distribuição seja alternada e que observe rigorosa igualdade (CPC, art. 252). Por isso, também, é que a lei permite a fiscalização da parte e do procurador (CPC, art. 256) e que, sendo o caso, seja feita correção de ofício pelo juiz, mediante a devida compensação (CPC, art. 257). O mesmo deve ocorrer nos tribunais, tendo em vista a existência de órgãos fracionários (CPC, art. 547), com a observância do que dispuser o regimento interno, mas sempre com respeito à publicidade, alternatividade e sorteio (CPC, art. 548).

Costuma-se falar em «livre distribuição», o que em certa medida soa redundante porque a concorrência entre os órgãos exige referida liberdade; do contrário, não haveria autenticamente *distribuição*, mas mero encaminhamento a um órgão predeterminado. Embora a redundância exista, fato é que a lei se refere ao ato que se segue à propositura da demanda como *distribuição*, ainda que não haja eventual e propriamente pluralidade de órgãos competentes, de forma concorrente (por exemplo, nos arts. 254, 257 e 615-A do CPC).

> «Na praxe forense, distribuição é nomenclatura que designa o ingresso da petição inicial, para distinguir do ingresso das demais petições nos autos, a que se denomina simplesmente *protocolo*.»

Mas a «livre» distribuição é excepcionada pela lei processual sem ofensa ao princípio do juiz natural; até pelo contrário, para preservá-lo. Fala-se em casos de distribuição «por dependência». Neles, por alguma relevante e justificada razão, ao invés de serem seguidos os critérios de alternância e igualdade entre diferentes órgãos em tese competentes, dirige-se a demanda a um órgão predeterminado.

Isso ocorre quando a competência tiver sido modificada pelos fenômenos da conexão ou continência (CPC, art. 253, I), no pressuposto de que a demanda proposta foi precedida de outra, com a qual guarda parcial identidade; o que justifica, a bem da ordem pública, o processamento e o julgamento conjunto (supra n. 155).

Também se determina a distribuição por dependência quando, tendo havido extinção de um dado processo sem resolução do mérito (CPC, art. 267), o pedido for renovado – ainda que o primitivo autor venha depois acompanhado de outros litisconsortes ou que sejam outros os réus (CPC, art. 253, II). Na verdade, o que se busca aí é proporcionar um controle que impeça burla, entendida como a tentativa de se obter em juízo diverso do primitivo a providência que fora negada, em mecanismo de tentativa e erro; até que eventualmente o autor lograsse distribuição para juízo que, na esfera de sua independência, entendesse viável o pleito deduzido (diferentemente do que fizera o primitivo juízo). A prevenção se justifica, então, pela circunstância da identidade objetiva e subjetiva (ainda que parcialmente) e apenas por isso. A disposição não pode ser interpretada extensivamente e não se aplica caso sejam diversos o pedido ou a causa de pedir.

A regra do inciso II do art. 253 do CPC deve ser interpretada em consonância com a disposição contida no art. 268, segundo o qual, no caso de extinção do processo sem resolução do mérito, seria possível a repropositura da demanda; que, nesse caso, pressupõe-se ser a mesma demanda (mesmas partes, mesmos fundamentos e mesmo pedido) porque a lei não precisa autorizar a propositura de uma demanda diversa (ainda que parcialmente) de outra anterior, mesmo que julgada desfavoravelmente ao autor. Nos casos de extinção do processo sob o rótulo de carência de ação, será realmente preciso verificar até que ponto a *mesma* demanda poderia ser reproposta; ou, diversamente, se a sentença (conquanto rotulada de carência) teria conteúdo típico de mérito, a ensejar coisa julgada material, impeditiva da simples reedição da *mesma* demanda (infra n. 193). Já nos casos de extinção do processo por ausência de pressuposto processual, não há qualquer óbice à repetição da *mesma* demanda e a distribuição por dependência determinada pelo inciso II do art. 253 só se justifica para que seja feita a fiscalização de que realmente não há tentativa de burla.

Objetivo análogo tem a regra do art. 253, III, do CPC porque o sistema não pode tolerar a concomitância de «ações idênticas», cabendo a um órgão (o prevento) decidir se realmente existe a identidade; que, sendo total, há de levar à extinção do(s) outro(s) processo(s) sem resolução do mérito (CPC, art. 267, IV), pelo fenômeno da litispendência (infra n. 258). Note-se que, nesse contexto, «ações idênticas» não traduzem o fenômeno de que trata o art. 285-A do CPC (infra n. 211).

158. Perpetuação da competência. A prevenção exclui a competência de outros órgãos judiciários, que também eram competentes para a causa a fim de situá-la, unicamente, no órgão em que a demanda primeiramente foi proposta. Ela funciona como critério para reunião de causas parcialmente idênticas, inclusive mediante distribuição «por dependência» (supra n. 157).

Mas a prevenção é um fenômeno que explica a relação de um órgão com outros concorrentemente competentes. Coisa diversa, mas relacionada, é a perpetuação da competência (*perpetuatio iurisdictionis*): na premissa de que o órgão seja competente, com a propositura da demanda tornam-se irrelevantes modificações de fato e de direito posteriores (CPC, art. 87). Assim ocorre para a preservação do *juiz natural* porque o sistema não tolera julgamento por órgão constituído não apenas após o fato, mas em função dele (supra ns. 60 136).

A perpetuação se harmoniza com a ideia de estabilização do processo, que está associada ao valor *segurança* e que se concretiza mediante técnicas como a da *preclusão*; que, objetivamente falando, é um impedimento ao retrocesso. A perpetuação da competência está, portanto, em consonância com a regra de estabilização do objeto do processo e também de sua composição subjetiva (CPC, arts. 264 e 294). É oportuno recordar, nesta altura, que a *matéria* (tal qual constante da causa de pedir e do pedido) e a *pessoa* são critérios determinantes da competência (supra n. 139). Portanto, admitir alterações nesses dois elementos é abrir a possibilidade de consequente alteração na competência; o que, então, deve ser visto como exceção.

Certo que há ressalvas à regra da perpetuação, as quais devem sempre ser vistas como tal, isto é, interpretadas de forma estrita. Suposto haja supressão do órgão, isto é, extinção do órgão judicial pelo motivo que for – fato que, por força do princípio da inafastabilidade, não dispensa o Estado de julgar a controvérsia, – a alteração é inevitável. Mas, nesse caso, tanto quanto na hipótese de modificação da competência em razão da matéria ou funcional (a que a lei se refere como sendo em razão «da hierarquia»), as exceções devem ser examinadas à luz do princípio do juiz natural, tal como acima mencionado. Suposto não haver inconstitucionalidade, a modificação prevalece; ainda que com eventuais modulações (infra n. 162).

Por isso, não se admite que a supressão do órgão – supostamente a justificar a quebra à regra da perpetuação – ocorra indiretamente, pela *avocação* de uma causa por órgão de grau superior àquele ao qual a solução da controvérsia está submetida. Esse tipo de mecanismo – que consiste na retirada da causa de um órgão e remessa a outro, para que siga no respectivo julgamento – é repudiado pelo sistema. Isso ocorre, dentre outros, porque tal instrumento não se afina com o princípio do juiz natural (supra n. 60). Na Constituição Federal, a avocação só é admitida nas atribuições do Conselho Nacional de Justiça e do Conselho Nacional do Ministério Público (CF, arts. 103-B, § 4.º, III, e 130-A, § 2.º, III). Mas isso resulta da competência que é dada àqueles órgãos e, desde que se interprete que eles atuam de forma subsidiária (supra n. 59) não há afronta ao devido processo legal, nem à autonomia dos tribunais.

159. Competência e arbitragem. Vigora na arbitragem a assim denominada regra da *competência da competência* (*Kompetenz-Kompetenz*): o árbitro tem a prerrogativa de decidir sobre sua própria competência e, para tanto, dirimir, dentre outras, eventuais questões sobre sua capacidade de julgar, a extensão de seus poderes e até o cabimento da arbitragem diante da controvérsia que se pretende dirimir. Trata-se de postulado aceito de forma generalizada e que no Brasil pode ser extraído da regra contida no art. 8.º, parágrafo único, da Lei 9.307/1996.

Conquanto tenha foros de universalidade, a regra precisa ser entendida à luz do direito positivo brasileiro. Ela não exclui eventual controle jurisdicional estatal sobre a existência, a validade e a eficácia da convenção arbitral; o que, de resto, está em harmonia com as disposições da Convenção de Nova Iorque (art. II, n. 3), que foi incorporada ao direito brasileiro pelo Decreto 4.311/2002. O que se extrai da «competência da competência» é que o controle pelo Estado da arbitragem, por regra, deve ser apenas repressivo (ou sancionador). O controle preventivo deve ser tido como marcantemente excepcional.

> «Argumentos contrários ao controle preventivo pelo Judiciário, que tenha por objeto a convenção arbitral, não se sustentam. Aventa-se, por exemplo, que a impugnação só seria admissível se fundada em prova pré-constituída e se a invalidade fosse evidente, constatável *prima facie*. Mas restrições à profundidade da cognição dependem de previsão legal, diante da largueza da regra inscrita no inciso XXXV do art. 5.º da CF. Ademais, restrição dessa ordem deve ter alguma fundada razão de ser, a proporcionar forma de tutela diferenciada.
>
> Outro argumento é de que não se poderia, de antemão, "desconfiar" do árbitro. Mas não é essa a questão relevante. Não há dúvida de que a arbitragem está expressamente autorizada pelo direito positivo e a sentença arbitral está equiparada à estatal. Genericamente falando, o sistema já confiou aos árbitros a função de julgar e isso, para bem do sistema, já está fora de discussão. Mas coisa diversa é considerar uma alegação concreta de que tal ou qual árbitro não é imparcial.
>
> Assim, cai também o argumento de que o interesse para impugnar só surgiria com a decisão final do árbitro: a litispendência é onerosa para o demandado e para o Estado – e isso vale para a arbitragem, equiparada que está à jurisdição estatal. A litispendência não se justifica quando for possível verificar que o processo não levará ao resultado desejado, de resolução "justa" da controvérsia.»

CAPÍTULO VIII

CONFLITO E RECONHECIMENTO DE INCOMPETÊNCIA

160. Conflito de competência. A competência é *ponto* sobre o qual pode se instaurar controvérsia e, portanto, que pode ser objeto de uma *questão*. Usualmente, questões sobre competência – suscitadas pelas partes ou resultantes de atuação oficial do juiz nos casos em que isso é adequado – estão submetidas a um órgão que, em dado momento do processo, deve resolvê-las (ainda que dessa decisão caiba eventualmente recurso para outro órgão). Mas quando a questão acerca da competência envolve simultaneamente dois órgãos do Poder Judiciário – que afirmam ou que negam sua competência para determinada controvérsia – está-se diante do que a lei convencionou chamar de *conflito de competência*. É dele que trata o art. 115 do CPC, ao prever o conflito *positivo* (afirmação simultânea da competência) e *negativo* (negação).

> «A "terceira" hipótese prevista pelo art. 115 do CPC é redundante: desnecessária, uma vez que a situação sempre poderá ser conduzida a uma das outras duas. Eventual controvérsia entre dois juízes a respeito da reunião ou separação de processos sempre será um conflito positivo ou negativo.»

A questão objeto do conflito pode dizer respeito à competência absoluta ou relativa. Mas, nessa segunda hipótese, o conflito fica condicionado à iniciativa da parte interessada, que tem o ônus de alegar a incompetência, via exceção ritual – o que, aliás, é coerente com a ideia de que a incompetência relativa não tempestiva e adequadamente alegada se transmuda em competência, pelo fenômeno de prorrogação (supra n. 154).

Com tal objeto, o conflito tem a forma de *incidente* processual cuja iniciativa pode ser das partes ou de um dos órgãos envolvidos (CPC, art. 116); e cujo julgamento fica a cargo de um terceiro órgão (CPC, art. 118), que poderá atribuir a um dos órgãos envolvidos a competência provisória para apreciação de pleitos de medidas de urgência (cautelares ou de antecipação).

Para que o conflito seja suscitado não é imprescindível expressa decisão nos autos a afirmar a competência de cada qual dos órgãos envolvidos (e, portanto, a excluir a competência do outros). Portanto, é correto o entendimento – que não é unânime – segundo o qual basta que os dois órgãos atuem na premissa (ainda que implícita) de que o fazem porque competentes para dirimir a controvérsia. Exigir-se maior formalidade ou explicitação é desconsiderar a nocividade que decorre da divergência entre dois órgãos do Judiciário. Convém lembrar que questões em torno da competência, por si sós, já são um grave risco para a prestação da devida tutela jurisdicional (supra n. 45). Se e quando a controvérsia confronta dois órgãos do mesmo Poder, convém que o sistema desencadeie tão logo quanto possível a intervenção do terceiro órgão, competente para dirimir o conflito.

> «No caso de conflito negativo esse problema não surge porque a recusa à competência não pode ser tácita.»

Se o conflito envolver o Superior Tribunal de Justiça ou outros Tribunais Superiores, a Constituição Federal diz ser do Supremo Tribunal Federal a competência para apreciá-lo (CF, art. 102, I, *o*). Se o conflito for entre quaisquer tribunais, ou entre tribunais e juízes a ele não vinculados, ou, ainda, entre juízes vinculados a tribunais diversos, a competência será do Superior Tribunal de Justiça (CF, art. 105, I, *d*), ressalvadas as hipóteses de competência do Supremo Tribunal Federal. Sempre que o conflito envolver *Justiças diferentes*, a competência será, portanto, do STJ, pois, nesse caso, os juízos em conflito não estão vinculados a um mesmo Tribunal.

> «É o caso, por exemplo, dos conflitos de competência entre Juizados Especiais submetidos a Colégios Recursais diversos. Cabe ao Superior Tribunal de Justiça, em conflito de competência positivo a ser suscitado pela parte, determinar qual, dentre os vários Juizados, é o competente para o julgamento conjunto de todas as demandas.»

161. Incompetência. A forma de reconhecimento da incompetência varia conforme ela seja *relativa* ou *absoluta*.

No primeiro caso, trata-se de típica *exceção*, isto é, matéria em relação à qual prevalece o ônus de alegação da parte. Assim, ela não pode ser conhecida de ofício pelo juiz. A *exceção* é categoria que se opõe à de *objeção* (infra n. 220). Curiosamente, trata-se de uma *exceção* que deve ser veiculada por instrumento que recebe a mesma nomenclatura: *exceção de incompetência* (CPC, arts. 112, *caput*, e 114). Aqui o termo se refere ao *modo* pelo qual a parte alega impedimento, suspeição e incompetência relativa (CPC, art. 304).

Eventualmente, tolera-se – em nome da instrumentalidade das formas – que a alegação seja feita no bojo da contestação, como preliminar (embora o art. 301, II, aluda apenas à incompetência absoluta). Mas, num ou noutro caso, não se dispensa a iniciativa da parte, sob pena de a incompetência se convolar em competência, operando-se o fenômeno da prorrogação (tácita).

No caso de incompetência *absoluta*, o ônus de alegação da parte existe – tanto que a omissão gera consequências (CPC, art. 113, § 1.º) –, mas não afasta o dever do juiz de reconhecê-la de ofício (objeção). Em relação a ela, não há preclusão e isso significa que o tema pode ser conhecido em qualquer grau ordinário de jurisdição.

Situação especial é aquela regulada pelo art. 112, parágrafo único, do CPC. Embora se trate de competência de foro (supra n. 147), ditada por critério territorial (supra n. 140) e objeto de eleição pelas partes, a incompetência ora é tratada como relativa, ora como absoluta. É que o juiz, diante da invalidade de cláusula inserida em contrato de adesão (vício que ele pode reconhecer de ofício), tem a prerrogativa de reconhecer sua incompetência sem que a parte o alegue. Mas, paradoxalmente, se o juiz não reconhecer a incompetência (como consequência da invalidade da cláusula), ela se prorroga (CPC, art. 114). A lei não fixa o momento limite para que isso ocorra. Contudo, considerando que a regra procura proteger a parte mais fraca, afigura-se lógico entender que o reconhecimento de ofício só pode ocorrer até que o interessado venha aos autos. Depois disso, de duas uma: ou a parte alegou a incompetência e o juiz apreciará a questão; ou a parte não o fez e presumivelmente aceitou como conveniente a competência definida pelo autor, com base no que fora eleito, de sorte a afastar o que se poderia considerar como abuso da cláusula.

162. Consequências do reconhecimento da incompetência. Por regra, o vício de incompetência não conduz à extinção do processo sem resolução do mérito, mas apenas impõe a remessa dos autos ao juiz competente (CPC, art. 113, § 2.º); o que ocorre quer nos casos de incompetência relativa, quer absoluta. Ainda que eventualmente – e para argumentar – a competência possa ser inserida no rol dos pressupostos processuais (infra n. 259), os atos praticados por juiz incompetente, quando muito, resolvem-se na invalidade dos que tenham natureza decisória.

Mas o sistema conhece exceções à regra. Nos processos dos Juizados Especiais, a incompetência leva à extinção (Lei 9.099/1995, art. 51, III). Assim também ocorre perante os tribunais superiores: no STF, autoriza-se decisão monocrática que negue seguimento a petições ou pedidos de qualquer forma ineptos ou manifestamente inadmissíveis; incluindo-se nesses conceitos o vício de incompetência do Tribunal (Regimento Interno, art. 13,

V, *c*). No STJ há previsão análoga, a permitir que o relator negue seguimento a pedido manifestamente incabível ou quando for evidente a incompetência do Tribunal (Regimento Interno, art. 34, XVIII).

No caso dos Juizados, a extinção do processo sem resolução do mérito se dá quer quanto à «competência» estatuída pelo art. 3.º, quer por força da regra do art. 51, III, em se tratando de incompetência relativa. No primeiro desses casos, embora a questão possa até ser vista sob o ângulo da competência, a bem da verdade trata-se de inadequação da via processual e, portanto, falta de interesse de agir. É que, fora das hipóteses previstas no aludido art. 3.º, descabe o procedimento especial ditado pela Lei 9.099/1995. Como esse procedimento é exclusivamente aplicável no âmbito dos Juizados, então a questão acaba sendo tratada de forma deslocada, no campo da competência. Contudo, na ótica adequada, entende-se a impossibilidade de remessa dos autos à Justiça «comum» (quando esta for competente, por exclusão da competência dos Juizados), perante a qual simplesmente não se aplicam as disposições da Lei 9.099/1995. No segundo dos casos (art. 51, III), trata-se de opção legislativa inspirada nas regras constantes do art. 2.º daquela Lei, preferindo-se a extinção do processo à remessa dos autos ao órgão competente.

Nesse contexto, a solução legal extravagante é até compreensível porque ali estão intimamente relacionados os conceitos de *competência* e *processo* (supra n. 137). Quem opta – ou é compelido, no caso dos Juizados Especiais das Fazendas Públicas Estaduais (art. 2.º, § 4.º, da Lei 12.153/2009) – pelos Juizados, na verdade, adere ao *processo* que somente se aplica perante referidos órgãos; e cuja especialidade é marcante, dado seu elevado grau de concentração. Isso se reflete inclusive no ônus inicial de alegação, que em alguma medida pode interferir com os requisitos do ato inaugural que é a demanda. Daí porque a ideia de inadequação da competência é, na verdade e também, inadequação do processo, a justificar a conclusão pela extinção do processo.

Já a solução dada pelos tribunais superiores não é correta. Para não falar no problema da competência legislativa (CF, art. 22, I), não parece haver justificativa plausível para não se aplicar a regra contida na lei federal. Em ambos os tribunais, as regras são aplicadas em ações de competência originária para que, com fundamento na incompetência, os processos sejam extintos sem resolução do mérito, com fulcro no art. 267, IV, do CPC. Olvida-se simplesmente o disposto no art. 113, § 2.º, do CPC, que determina a remessa dos autos ao juízo competente, mesmo em se tratando de caso de reconhecimento de incompetência absoluta.

Assim, nesses casos, não há razão plausível para não se aproveitar a demanda já proposta. A questão é relevante pelos efeitos processuais decorrentes da propositura da demanda, dentre os quais os fenômenos extintivos da decadência e da prescrição; sem falar nos encargos financeiros (pagamento de taxa judiciária e outros ônus que o ingresso em juízo traz para o demandante).

De outra parte, a incompetência não é determinante da inexistência do ato. Todo órgão judicial (colegiado ou monocrático), ainda que absolutamente incompetente, é investido de jurisdição e, nessa medida, não se pode reconhecer a inexistência de ato emanado do Poder Judiciário, ainda que de órgão desprovido de competência. A competência é pressuposto processual de validade – e, mesmo assim, dos atos decisórios e não propriamente de todo o processo. Quando muito, a incompetência absoluta pode levar ao cabimento de ação rescisória (CPC, art. 485, II); o que deixa claro que o tema da incompetência está situado no plano da validade; e não da existência (caso em que se cogitaria da chamada ação de *querela nulitatis*). Nem mesmo quando a regra de competência seja constitucional se pode falar em inexistência (supra n. 143).

No plano da validade, a lei determina que no caso de incompetência absoluta os atos decisórios serão invalidados (CPC, art. 113, § 2.º). Isso está correto, mas a regra precisa ser vista à luz da disciplina das invalidades: no caso de incompetência relativa, se a exceção for acolhida, os atos decisórios anteriores (por exemplo, concessão de liminar) ficam preservados, cabendo ao órgão competente referendá-los ou não. Contudo, se a decisão na exceção de incompetência – qualquer que seja – vier posteriormente a ser reformada em grau de recurso, eventuais atos (decisórios) praticados na pendência desse recurso (pelo juízo que, no recurso, entendeu-se ser incompetente) forçosamente terão que ser invalidados; ainda que se esteja apenas no terreno da incompetência relativa. Isso é o que decorre da regra de causalidade (CPC, art. 248).

Sobre a remessa dos autos, quando o grau superior anular a decisão de grau inferior justamente pela razão da incompetência, é pertinente indagar se o tribunal realmente deve devolver os autos ao grau inferior ou se pode eventualmente passar ao julgamento da controvérsia, desde que eventualmente competente para tanto. Isso poderia ocorrer com base na regra do art. 515, § 3.º, do CPC. Lembre-se que a incompetência do órgão de primeiro grau não significa necessariamente a do tribunal – coincidência que só ocorreria quando se tratasse de incompetência de Justiça (ou de jurisdição) – na medida em que o tribunal pode ser o órgão hierarquicamente superior em relação tanto ao órgão incompetente, quanto ao que seria competente e que deveria ter decidido a controvérsia.

Contudo, é inviável que o tribunal passe diretamente ao julgamento. No caso da incompetência, não se trata de processo regular no qual o mérito não foi julgado em grau inferior e, agora na instância recursal, pode ser. A incompetência vicia o processo e, nessa medida, não há simplesmente como desconsiderar o vício, ainda que a pretexto de obter mais rápida solução da controvérsia. Pensar diversamente seria esvaziar as regras que disciplinam a competência no grau inferior.

Na hipótese do art. 132 do CPC, tratando-se de competência ditada por critério funcional, a violação à regra é geradora de incompetência absoluta e, em princípio, o ato decisório é inválido. Mas, se o juiz, tendo concluído a audiência e colhido a prova oral, proferir sentença embora quando já verificada alguma das exceções (salvo o caso de aposentadoria), não há que se falar em invalidade porque, a rigor, a decisão preservou a identidade física – bem jurídico tutelado pela norma (desde que o juiz, naturalmente, ainda atue no mesmo grau de jurisdição).

Autores referidos no capítulo

Detentor de uma visão particular e restritiva de jurisdição, **Celso Neves** (1913-2006) excluiu desse conceito os atos de execução. Para sua teoria, ao lado da função *jurisdicional* (precipuamente cognitiva, pela qual se diz o direito) existe a função *juris-satisfativa*, mediante a qual são praticados atos de execução. Apenas as decisões meramente declaratórias seriam tipicamente cognitivas, já que as decisões condenatórias e executivas apresentariam, também, elementos executivos. Tais decisões, portanto, não seriam propriamente cognitivas, e seriam assim consideradas apenas por razões pragmáticas. Igualmente atrelada à sua peculiar noção de jurisdição está a defesa de que a coisa julgada incide apenas sobre o *conteúdo declaratório da sentença*, o que questiona, em parte, a teoria liebmaniana de que a coisa julgada é uma qualidade dos efeitos da sentença. **Principais obras**: *Da arrematação de real a real; Coisa julgada civil; Estrutura fundamental do processo civil; Comentários ao Código de Processo Civil* – vol. 7 – arts. 646 a 795; *Classificação das ações; Binômio, trinômio ou quadrinômio?*

Bibliografia recomendada

Arruda Alvim, José Manual de. *Manual de direito processual civil*. 13. ed. São Paulo: RT, 2010.

Barbosa Moreira, José Carlos. «A competência como questão preliminar e como questão de mérito». *Temas de direito processual*, 4ª série. Rio de Janeiro: Forense, 1989.

Bedaque, José Roberto dos Santos. «Prorrogação legal da competência: aspectos teóricos e práticos». *Revista do Advogado*, n. 88. São Paulo, nov. 2006.

Carmona, Carlos Alberto. *Arbitragem e processo: um comentário à Lei 9.307/1996*. 3. ed. São Paulo: Atlas, 2009.

Carneiro, Athos Gusmão. *Jurisdição e competência*. 18. ed. São Paulo: Saraiva, 2012.

CHIOVENDA, Giuseppe. «Azione di mero accertamento». *Saggi di diritto processuale civile*, vol. 3. Milano: Giuffrè, 1993.

_____. «Azioni e sentenze di mero accertamento». *Saggi di diritto processuale civile*, vol. 3. Milano: Giuffrè, 1993.

_____. *Instituições de direito processual civil*, vol. I. Trad. J. Guimarães Menegale. 2. ed. São Paulo: Saraiva, 1965.

DINAMARCO, Cândido Rangel. *A instrumentalidade do processo*. 13. ed. São Paulo: Malheiros, 2008.

_____. *Execução civil*. 7. ed. São Paulo: Malheiros, 2000.

_____. *Instituições de direito processual civil*, vol. I, 6. ed. São Paulo: Malheiros, 2009.

_____. «Os institutos fundamentais do direito processual». *Fundamentos do processo civil moderno*, t. I, 6. ed. São Paulo: Malheiros, 2010.

FAZZALARI, Elio. *La giurisdizione volontaria: profilo sistematico*. Padova: Cedam, 1953.

FREDERICO MARQUES, José. *Ensaio sobre a jurisdição voluntária*. São Paulo: Saraiva, 1959.

HABSCHEID, Walter. «As bases do Direito Processual Civil» (trad. Arruda Alvim), *RePro*, vol. 11/12, jul.-dez. 1978.

MALATESTA, Nicola Framarino dei. *A lógica das provas em matéria criminal* (trad. J. Alves de Sá). Lisboa: Livraria Clássica, 1911.

MARINONI, Luiz Guilherme. *Teoria geral do processo*. 4. ed. São Paulo: RT, 2010.

MONTESANO, Luigi. *La tutela giurisdizionale dei diritti*. 2. ed. Torino: Utet, 1994.

NEVES, Celso. *Estrutura fundamental do processo civil*. 2. ed. Rio de Janeiro: Forense, 1997.

PIZZOL, Patrícia Miranda. *A competência no processo civil*. São Paulo: RT, 2003.

SCARPINELLA BUENO, Cássio. *Curso de direito processual civil sistematizado*, vol. 2, t. I, 6. ed. São Paulo: Saraiva, 2013.

TESHEINER, José Maria Rosa. *Jurisdição voluntária*. Rio de Janeiro: Aide, 1992.

YARSHELL, Flávio Luiz. *Tutela jurisdicional*. 2. ed. São Paulo: DPJ, 2006.

TÍTULO IV

OS INSTITUTOS FUNDAMENTAIS DO PROCESSO CIVIL: AÇÃO E EXCEÇÃO

CAPÍTULO I

ASPECTOS CONCEITUAIS DA AÇÃO

163. Ação: diferentes perspectivas conceituais. Já foi dito que o exercício do direito de ação desencadeia a atividade jurisdicional (estatal ou arbitral) e a produção de efeitos jurídicos dirigidos ao plano substancial (provimento de mérito). Por isso, a ação está ligada ao direito material de forma relevante e suas diferentes concepções variam conforme se conceba a relação entre ambos.

Na ótica sincrética, ela é um elemento do próprio direito material, de tal sorte que a todo direito corresponde uma ação, que «o assegura», conforme dicção do art. 75 do Código Civil precedente. Daí a ideia de que *ação* é o direito material violado e «armado para a guerra». Assim, o direito de posse vem acompanhado da «ação possessória»; o de propriedade da «ação reivindicatória», e assim por diante.

Já na perspectiva de autonomia do direito processual, *ação* é posição jurídica distinta daquela afirmada pelo autor, quando narra a situação substancial carente de tutela. Mas, mesmo sob essa ótica, ela está ligada ao plano substancial; quer porque ali são colhidos os fundamentos em que se baseia o autor, quer porque para lá se dirigem os efeitos do ato estatal (que atua a norma em concreto e elimina a controvérsia). Daí porque, em certo momento histórico, sustentou determinada corrente doutrinária que o direito de ação é o direito a um provimento de mérito favorável (concretistas); que, portanto, só estará presente se a pretensão deduzida encontrar respaldo na vontade do direito material. Por outras palavras, só existiria o direito de ação quando o demandante tivesse razão no pleito.

Mesmo quando se idealizou a ação como um instituto essencialmente abstrato e desvinculado da vontade do direito material (perspectiva abstrata pura), esse último plano não deixou de ser considerado, ainda que indireta ou reflexamente; quando menos para deixar clara a separação dos conceitos. Já na perspectiva dita eclética – em que a ação é entendida como invocação de um provimento de mérito, favorável ou desfavorável ao autor –, a ligação entre o instituto e o direito material é ainda mais clara: as assim denominadas «condições da ação» (infra n. 191) são requisitos aferíveis a partir da relação de direito material e representam um elo fundamental entre processo e plano substancial.

Mas qualquer que seja a explicação que se dê para a relação entre *ação* e direito material, o que fica do debate é que aquela tem nítida função *instrumental* em relação ao outro.

Quem exerce o direito de ação e propõe uma demanda, relata fatos e fundamentos (ordinariamente) colhidos no plano substancial e, mais do que isso, pede a produção de efeitos que se dirijam àquele mesmo plano: quer para afastar uma incerteza (provimentos meramente declaratórios); quer para impor a alguém um dever de prestar – dar, fazer ou não fazer – e, assim, abrir caminhos para que a prestação seja obtida, se necessário, mediante a prática de atos coercitivos (provimentos ditos condenatórios, completados pela execução ou cumprimento); quer para operar modificações em estados jurídicos (provimentos constitutivos). Isso explica porque usualmente a tipologia da ação é dada em função do resultado almejado: seja com ênfase para o efeito estatal (ou arbitral) pretendido, seja com ênfase para o efeito substancial a ser proporcionado pela decisão do terceiro imparcial. Ainda que se conclua que o autor não tem razão e que seu pedido não pode ser acolhido, ainda assim o caráter instrumental permanece, mesmo quando visto sob a ótica de simples asserção.

> «Isso também explica a busca pragmática de nomes e de rótulos quando se propõe uma demanda, não raramente associados ao direito material, em espécie de resquício da fase sincrética. Embora a prática seja tecnicamente incorreta, ela mostra a relevância da relação entre ação e direito material, que não pode e não deve ser negada, mas apenas ajustada à correta perspectiva metodológica, em que o direito processual tem objeto autônomo e não se confunde com o plano substancial.»

Portanto, a concepção que se tem da ação varia conforme o grau de abstração que se tenha em relação ao direito material afirmado pelo autor quando concretamente ajuíza uma demanda. Daí a utilidade metodológica de entender a ação, de um lado, como prerrogativa ligada à inafastabilidade do controle jurisdicional, por força do art. 5.º, XXXV, da CF (supra n. 38). Sob essa ótica, em que a abstração é marcante, a ação é o direito incondicionado de ingressar em juízo e de invocar um provimento jurisdicional de qualquer natureza, sem indagações – ainda que feitas em juízo de delibação – acerca do direito material. Há quem equipare o direito de ação, sob essa perspectiva, ao *direito de petição*; ou, ainda, quem fale no *direito à administração da Justiça* ou, também, quem empregue a locução *direito de demandar*.

> «Nessa perspectiva, por mais inepta que seja a petição inicial ou por mais evidente que seja a falta de legitimidade do autor (porque não é o titular da relação de direito material), quem foi a juízo terá exercido o direito de ação. Percebe-se, portanto, que se trata de uma visão distanciada do direito material, ainda que o instituto não perca o caráter instrumental.»

De outro lado, quando se aproxima o direito de ação do direito material, a visão constitucional – mais abstrata e, em certo sentido, etérea – dá lugar a uma perspectiva mais concreta, que poderia ser referida, para efeitos didáticos, como uma ação «processual». Daí, então, as diferentes explicações: quem identificar ação e direito material dirá que aquela é apenas uma faceta desse outro; quem, indo um pouco além, afirmar que o direito de ação é autônomo, mas que só existe se o autor tiver razão (isto é, se existir o direito material afirmado), dirá que a ação tem natureza concreta; quem, indo mais além, afirmar que o direito de ação é uma prerrogativa completamente desvinculada do direito material afirmado pelo autor, dirá que ela tem natureza abstrata; até que se chegue à perspectiva eclética, que reconhece ser a ação autônoma, mas com relativo grau de abstração: justamente por seu caráter instrumental, o exercício do direito de ação deve considerar elementos da relação material, que permitirão avaliar se o processo pode ou não conduzir à solução da controvérsia – no que reside o desfecho normal do processo.

164. Sujeito passivo do poder ou direito de ação. Entendida como poder ou direito de invocar a tutela jurisdicional, a ação tem como sujeito passivo o Estado, e não o adversário. Daí a preocupação com o rigor terminológico: seria incorreto dizer que a ação é *contra o réu* porque – quer na ótica de poder (a gerar sujeição), quer na perspectiva de direito subjetivo (e no conflito de interesses que aí se contém) – a ação seria exercida contra o Estado e apenas *em face* (ou no confronto) do adversário.

O emprego dessa terminologia se tornou corrente na linguagem forense a ponto de se desvirtuar: a palavra *contra* foi substituída pela expressão «em face» em situações que não exatamente a do exercício do direito de ação. Passou a se falar também em «recurso em face da sentença». A lição, originalmente com grande utilidade metodológica, ganhou uma espécie de interpretação extensiva e sua distorção se institucionalizou.

Como já afirmado, diz-se que a ação é «em face» do réu na premissa de que ela é contra o Estado (a partir do que eventualmente se diz que a ação seria «direito subjetivo público»). Trata-se de assertiva que se harmoniza com o caráter abstrato da ação (tanto que não se compadece com a perspectiva dita concretista). Não se quer tirar o peso do encargo que a litispendência representa para o demandado porque, no plano material, é evidente que a controvérsia significa contraposição entre partes. Sob essa ótica, uma parte está contra a outra porque, se estivessem em situação de consenso, não estariam a litigar em juízo (exceto nos casos de processo necessário, em que a litispendência continua, de qualquer modo, a ser um peso). Isso fica claro mesmo no processo penal, em que se discute a existência de *lide*. Se de uma simples investigação normalmente se diz pesar «contra» alguém, o que dizer de um processo?

Assim, a parte que recorre não se insurge «em face» da sentença ou da decisão. O recurso – ainda que preferencialmente de forma fundamentada e elegante – ataca o ato recorrido. Portanto, um recurso, sem meias ou erradas palavras, não é «em face» de nada, mas é *contra* o ato recorrido. Quando muito, para seguir a lógica que inspirou a expressão «ação em face de», o recurso seria «em face do adversário» (recorrido) porque, como no caso da ação, o recurso seria dirigido contra o Estado (agora em instância diversa).

165. Ação, processo e tutela jurisdicional. Conforme exposto anteriormente, o conceito de *tutela jurisdicional* abrange não apenas o *resultado* favorável a uma das partes, mas também os *meios* predispostos para o exercício da jurisdição (supra n. 39). Assim, a tutela não está apenas no resultado do processo, mas nele próprio, isto é, no desenrolar da relação processual. Por isso é que se diz haver tutela jurisdicional em favor de todos os sujeitos do processo, independentemente do resultado (e, portanto, mesmo para quem restar derrotado).

A consideração dos *meios* supera a visão da inafastabilidade como mero e formal exercício da jurisdição; e permite chegar ao que se qualifica como *processo justo*. Se a tutela jurisdicional se limitasse ao resultado, seria preciso vincular a ideia de processo justo ao de resultado justo; o que se afigura simplesmente inviável porque a determinação dessa justiça escaparia ao processualista, a começar da circunstância de que o resultado envolve a aplicação do direito material. O caráter «justo» (e équo) do processo está nele próprio – pela somatória de regras e princípios que compõem o devido processo legal – e o resultado aparece como consequência disso; só assim é que se pode qualificar como «justo» o resultado do processo.

Dessa maneira, o princípio inscrito no art. 5.º, XXXV, da Constituição Federal – não obstante a ligação que possa ser feita entre ele e o conceito de ação «incondicionada» (supra n. 38) – pode e deve ser lido como garantidor da tutela jurisdicional. Por isso estão ligados os conceitos de *tutela jurisdicional* – abrangente do resultado e dos meios processuais – e direito ao processo; que só pode ser entendido como o devido processo legal, isto é, composto pela somatória de princípios que embasam o sistema processual (supra n. 43). Em suma: o princípio da inafastabilidade só pode ser substancialmente entendido como princípio pelo qual o controle jurisdicional ocorre mediante o devido processo legal. E no devido processo legal, conforme exposto, há autêntica tutela jurisdicional.

Nem se pode dizer que esse modo de ver o fenômeno poderia se prestar a legitimar resultados injustos sob o argumento de que, para se chegar a determinada decisão de mérito, teriam sido formalmente observados os princípios do devido processo legal.

Mesmo que tais postulados tenham sido estritamente observados em um dado caso concreto, será possível dizer que a decisão a que aí se chegou seja injusta. Mas até mesmo em termos lógicos é preciso delimitar as razões dessa aventada injustiça para que se possa cogitar dos meios de sua eventual correção. Se não há imperfeição nos meios que levaram ao resultado, então, só se pode entender que a injustiça decorreria de um erro de julgamento. Para isso o sistema prevê recursos e, em casos que reputou de maior gravidade, prevê a assim denominada ação rescisória (CPC, art. 485). Mesmo assim, ela é medida excepcional e que não se presta a reexame da prova ou de rejulgamento da causa, como se recurso fosse. Justamente porque *justiça* não é o único escopo da jurisdição, é preciso considerar que o Estado também busca a pacificação que decorre da superação da controvérsia; do que depende a estabilidade do que foi decidido.

> «Não raramente, o que se extrai da crítica social a esta ou aquela decisão judicial de maior repercussão é, na verdade, inconformismo com a regra (geral e abstrata) que precede o julgamento e que, em concreto, é por ele atuada. Mas crítica dessa ordem deve ser dirigida ao Legislador e não propriamente ao Poder Judiciário. Isso não quer dizer que o Judiciário não possa e não deva interpretar as normas em consonância com seus fins sociais. Contudo, cumpre ao Judiciário, num sistema democrático, respeitar as escolhas do Legislador, salvo se de inconstitucionalidade se estiver a falar.»

Disso se conclui que o sistema, embora evidentemente não as prestigie, considera a possibilidade de decisões injustas por eventual erro de julgamento. Por isso, não se pode simples, direta e incondicionalmente ligar a ideia de processo justo, de um lado, à justiça da decisão, de outro. Daí porque se entende, também, que o resultado justo é aquele que decorre do correto emprego dos meios e dos princípios que os regem; o que, de volta ao início, é coerente com o elastério que se dá ao conceito de *tutela jurisdicional.*

CAPÍTULO II

CLASSIFICAÇÃO DAS AÇÕES

166. Classificação das ações ou (mais corretamente) das tutelas. Embora tudo isso seja certo, é com base no *resultado* pretendido pelo demandante que são feitas tanto a classificação das «ações» como a dos processos. Daí se falar, apenas ilustrativamente, em ação meramente declaratória, ou em ação constitutiva e assim por diante (infra n. 167, 175, 180) – com os correspondentes processos de iguais naturezas.

Portanto, o critério usualmente empregado para a classificação das ações e dos processos é o do provimento jurisdicional almejado (ato estatal) e dos efeitos substanciais dele decorrentes – o que, em parte, é designado por «bem da vida». Por outras palavras, a classificação das ações e dos correspondentes processos se dá com base no pedido *imediato* (ato estatal) e no pedido *mediato* (bem da vida ou efeitos substanciais aos quais se chega mediante o ato estatal). Mas considerando que o pedido delimita a resposta do órgão jurisdicional, então se retorna ao mesmo ponto: a classificação das ações e dos processos considera o resultado pretendido pelo demandante.

Sendo assim, afigura-se correto centrar atenção na mais abrangente e relevante classificação, que é a das *tutelas*, agora entendidas (de forma deliberadamente restrita) apenas com o sentido de *resultado* do processo, tal como pretendido pelo autor na demanda inicial.

> «Mesmo assim, como será visto adiante, é praticamente impossível desvincular o resultado, de um lado, das atividades empreendidas para sua consecução, de outro. Quando menos sob o ponto de vista didático, não há como explicar o resultado sem mostrar os caminhos percorridos e os meios empregados para tanto. Isso parece explicar o porquê de a doutrina classificar as ações e os correspondentes processos com base num mesmo critério.»

Para tanto, descarta-se considerar dados do direito material ou, sob outra ótica, dados relativos ao pedido mediato ou ao bem da vida. Não que tais elementos sejam indiferentes à praxe forense – ainda influenciada por herança sincrética, que concebe a ação como uma faceta do direito material – ou até mesmo à lei. É o que ocorre quando se fala em «ação real» ou «ação pessoal»; «ação possessória» e «ação reivindicatória»; ou, ainda, «ação indenizatória», e assim por diante. É também o que em alguma medida ocorre quando parte da doutrina procura classificar as tutelas a partir de seus efeitos substanciais.

Embora a consideração do direito material seja relevante (justamente pelo caráter instrumental do direito de ação e da tutela a que almeja), o que se busca, ao menos em princípio, é uma classificação com base em critério estritamente processual, isto é, que considere o pedido imediato, ou o provimento jurisdicional pretendido; a partir dos quais se há de chegar aos efeitos substanciais desejados pelo direito material, ou ao «bem da vida» ou ao pedido mediato.

Proposta dessa ordem não desconsidera a importância do direito material e nem poderia: a tutela jurisdicional – aqui estudada (limitada e deliberadamente) como *resultado* – só pode ser entendida como tal quando seja adequada à situação de direito material apresentada pelo autor e apta a solucionar a controvérsia. Sob esse prisma, *tutela* é conceito que somente se completa à luz do direito material – daí inclusive se falar em «tutela jurisdicional de direitos» ou «de pessoas».

Da aproximação entre processo e direito material surgem classificações como as que consideram a existência de uma tutela *preventiva* ou *inibitória*, por oposição à tutela *sancionatória* ou *reparatória*; ou em tutela *coletiva*, por oposição à *individual*; ou tutela *específica*, em oposição a uma tutela *genérica* (ou *reparatória*); ou ainda tutela *antecipada* ou *antecipatória*. Esses tipos de tutela podem e devem ser examinados a partir de tipos definidos exclusivamente por critério processual, tal como segue. E, sobre eles, ainda vale observar que não são necessariamente excludentes entre si; pelo contrário, eles convivem ou até se combinam. Sua percepção ajuda a visualizar com maior clareza o fenômeno processual.

Então, sob a ótica processual, as ações ou os processos eram tradicionalmente classificados em três espécies. Essa tipologia, na esteira das considerações precedentes, pode ser aqui aproveitada para a classificação das tutelas: de *conhecimento* (ou *cognitiva*), *executiva* e *cautelar*. Dentro da primeira, ainda sob a ótica clássica, estão as *tutelas meramente declaratória*, *constitutiva* e *condenatória*. Ao lado dessas, ganhou força o reconhecimento de duas formas ou *tipos* de tutela: a *mandamental* e a *executiva em sentido lato*.

Apesar das críticas que sofreu e não obstante as alterações experimentadas pelo direito positivo brasileiro, a classificação tradicional, embora com ressalvas, continua a ter utilidade metodológica e merece ser tomada como referência básica na matéria. Para tanto, é preciso fazer uma advertência essencial: embora os conceitos estejam todos interligados, no momento oportuno será preciso considerar a distinção entre a *atividade* desenvolvida; o *modo* e os *meios* para realizá-la e o *resultado* a ser obtido. Boa parte das imprecisões reinantes nessa matéria aparentemente é produto dessa falta de distinção.

Para ilustrar o que foi dito, considere-se que a tríplice divisão em *conhecimento*, *execução* e *cautelar* efetivamente apresenta incongruência quando se pensa exclusivamente em *tutela* como *resultado*. Sob esse prisma, por exemplo, o «conhecimento» é próprio da *atividade* desenvolvida, não se podendo falar rigorosamente em provimento (=resultado) cognitivo, mas em provimento declaratório (em sentido lato). Portanto, a forma de atuação pode ser corretamente qualificada como *cognitiva*, mas não assim o provimento (ou resultado); não ao menos em um sentido mais próprio e rigoroso. Isso também fica claro quando se pensa na execução: na *atividade* realizada pelo Estado com esse propósito, não deixa de haver alguma forma de cognição (por exemplo, quando o juiz avalia a presença das condições da ação executiva e dos pressupostos processuais); embora ela não seja voltada para a declaração do direito, mas para sua atuação prática (aqui sim o *resultado* desejado).

Também não se pode confundir o conceito de *processo*, de um lado, e a natureza da atividade estatal realizada, de outro. As atividades cognitiva e executiva (que a lei processual passou a chamar de cumprimento) podem até estar contidas num único processo, dividido em fases; mas a essência de cada uma das atividades, pela natureza das coisas, continuará a ser distinta. Por outras palavras: pode não haver um processo cognitivo e um processo executivo, mas continua a existir atividades cognitiva e executiva, que são ontologicamente distintas. A execução fundada em título extrajudicial, por exemplo, é objeto de um processo em que não se almeja declaração do direito e no qual a cognição é apenas incidental.

Ainda na tipologia tradicional, há impropriedade quando se classifica pelo resultado uma das formas de tutela em condenatória, quando ela nada propicia de efetivo ao demandante, na premissa de que o devedor permaneça recalcitrante. Daí porque se fala, em doutrina, num misto de tutela condenatória e executiva, uma vez que a efetiva entrega do bem ao credor – com a verdadeira dissipação da crise de adimplemento – somente se opera através dos atos de execução e pelo *resultado* por ele proporcionado.

167. Tutela cognitiva ou declaratória (em sentido lato). Considerada apenas a etimologia da palavra, jurisdição significa *dizer o direito*. Aí está a primeira forma de tutela proporcionada pelo Estado, mediante o exercício da jurisdição: a atuação da vontade do direito objetivo, mediante substituição das partes, ocorre mediante *declaração* do direito no caso concreto, entre partes determinadas.

Para que chegue à declaração do direito (resultado pretendido), o Estado empreende atividade cognitiva e a consideração dessa última – ainda que de forma imprópria, conforme acima referido – é que levou ao uso da designação da tutela como «de conhecimento» (como antes fora para a classificação das ações e dos processos). Mas, se considerado o resultado almejado, mais correto seria falar em atividade cognitiva que leva à declaração; e, portanto, à tutela declaratória.

Isso ajuda a explicar, em alguma medida, os desdobramentos da tutela declaratória, conforme segue.

A tutela declaratória é usualmente pensada na relação de oposição que tem com a tutela executiva (infra n. 182). Isso é correto porque as formas de atuação do Estado são diferentes: no primeiro caso, há a afirmação do direito no caso concreto; no segundo, dá-se a atuação prática do quanto se reconheceu precedentemente, mediante atos materiais, se a mera declaração (em sentido lato) não bastar à efetiva superação da controvérsia. Mas isso não quer dizer que mérito seja dado exclusivo da tutela declaratória.

Entendendo-se como mérito o objeto do processo, composto pelo pedido e pela correspondente causa de pedir, ele está presente tanto na tutela declaratória quanto na executiva. Cada qual dos respectivos processos tem o respectivo objeto e, portanto, seu mérito. Esse conceito não se confunde com o de *questões de mérito*, que são os pontos de fato ou de direito controvertidos, em torno da relação material debatida, tal como posta no pedido e na causa de pedir.

Sobre isso, chegou a viger a ideia de que o mérito da execução somente seria apreciável em processo de natureza cognitiva (embargos). Mas isso não é exato, quer porque o objeto do processo executivo é lá enfrentado (para que o credor seja, ou não, satisfeito); quer porque eventuais questões do mérito da execução podem ser incidentalmente enfrentadas no respectivo processo (o que reforça a ideia de que cognição e declaração não são expressões sinônimas).

168. Tutela meramente declaratória. A tutela meramente declaratória presta-se a sanar o que a doutrina convencionou chamar de *crises de certeza*. Seu escopo é o de eliminar dúvida objetiva acerca da existência, inexistência ou modo de ser de uma relação jurídica – daí o emprego do termo «acertamento», que com alguma impropriedade é tomado do direito italiano.

> «Para ilustrar, a tutela declaratória está presente nos casos de (i) investigação ou negação de paternidade; (ii) usucapião, que inclusive pode ser alegado como defesa; (iii) controle concentrado e abstrato de constitucionalidade; e (iv) término de contrato de que conste cláusula resolutória expressa.»

A tutela meramente declaratória se apresenta como desdobramento mais evidente do princípio da inafastabilidade do controle jurisdicional. Assim, embora esteja prevista no art. 4.º do CPC, ela descende diretamente do referido princípio, de tal sorte que, não houvesse o dispositivo legal, nem por isso deixaria de ser invocável essa modalidade de provimento. Não fosse por qualquer outra forma, o controle jurisdicional dar-se-ia, quando menos, pela declaração do direito no caso concreto. Daí se dizer que ela é marcada por acentuada atipicidade.

Na tutela meramente declaratória *positiva* afirma-se a existência de uma relação jurídica (e, portanto, de um direito); na *negativa* a afirmação é precisamente da inexistência da relação jurídica e, portanto, da inexistência de um direito. Essa segunda modalidade – presente nas sentenças de improcedência, de um modo geral – sugere reflexão sobre qual seria, então, o direito tutelado: se o próprio direito subjetivo objeto da controvérsia (direito de propriedade, de crédito, de personalidade ou outro qualquer); ou se um autêntico direito à certeza.

Na doutrina clássica, a declaração de vontade da lei é – ela própria – um bem, porque a certeza estabelece posições de vantagem como a segurança do gozo e disponibilidade de bens, além de confiança, exatidão e tranquilidade nas relações humanas. Dessa maneira, na declaração positiva, afirmando-se a existência de uma vontade do direito que assegura um bem ao demandante, adiciona-se segurança à expectativa do respectivo titular, passível de disposição no comércio jurídico. Já na declaração negativa, o que se proporciona ao vencedor é um bem consistente na certeza de não estar sujeito à pretensão ou ao poder do adversário.

Em tempos mais recentes, falou a doutrina na imposição, à generalidade dos cidadãos, de um dever de não colocar em discussão o patrimônio alheio, entendendo-se este último como o complexo de posições jurídicas imputadas a uma pessoa. Daí se falar em um *direito à integridade da esfera jurídica* como objeto da tutela meramente declaratória.

169. Mera declaração e interesse de agir. É certo que a invocação dessa forma de tutela depende – como, de resto, ocorre com a invocação de qualquer outra forma de tutela – da presença do legítimo interesse de agir (infra n. 207).

A questão, então, é saber em que medida o provimento estatal de semelhante eficácia – nada além da mera declaração – trará ao demandante *utilidade*. A opção legislativa, que superou discussão acadêmica a respeito, foi pelo reconhecimento do interesse «ainda que tenha ocorrido a violação do direito» (CPC, art. 4.º, parágrafo único). Isso significa dizer que o autor é livre para pedir a mera declaração, ainda que pudesse desde logo postular a imposição do dever de prestar (condenação) ou eventual modificação de estado jurídico (constituição).

Em alguma medida, a discussão sobre o interesse de agir que partia do confronto entre tutela meramente declaratória e condenatória perdeu sentido pois a lei (CPC, art. 475-N, I) passou a incluir dentre os títulos executivos judiciais a «sentença proferida no processo civil que reconheça a existência de obrigação de fazer, não fazer, entregar coisa ou pagar quantia» (todos deveres de prestar).

Antes dessa disposição, na hipótese em que se reclamava simplesmente a declaração da existência de um direito de crédito, e excetuando o adimplemento que pudesse decorrer da certeza imposta pela sentença, a atividade jurisdicional estaria ainda longe de se ver exaurida para que se obtivesse a plena realização desse direito. Nesse caso, deveria ter lugar nova atuação estatal para formação do título executivo e outra ainda para atuação da sanção nele contida (execução). Com a nova regra, essa situação parece ter ficado superada.

Mas a norma contida no art. 475-N do CPC precisa ser examinada à luz do direito material e do objeto do processo, em cada caso. Se para a superação da crise trazida ao Judiciário basta a declaração de existência ou de inexistência de uma dada relação jurídica, então não é caso de se acrescer à sentença a eficácia própria das sentenças condenatórias (=de prestação), quer porque o autor não precisa desta eficácia, quer porque ela não corresponde ao pedido formulado em juízo. Para ilustrar, a procedência de demanda declaratória da validade de um contrato não autoriza que o autor, só com base nisso, inicie execução fundada em título judicial. É que o reconhecimento da validade não significa, necessariamente, que houve declaração sobre o descumprimento a ensejar a imposição de dever de prestar. Portanto, tem razão a doutrina quando sustenta que continua em vigor a regra do art. 4.º do CPC e que o emprego da sentença meramente declaratória como título executivo exige, além da observância à regra de adstrição ao pedido, a identificação dos elementos da obrigação inadimplida (sujeitos, prestação, liquidez e exigibilidade).

170. Suficiência da tutela meramente declaratória. Não bastasse a disposição contida no art. 475-N, I, do CPC, a tutela meramente declaratória também pode conduzir diretamente às situações desejadas, tornando inoperante a vontade do demandado, simplesmente pela certeza jurídica que impõe. É pensar nas sentenças meramente declaratórias de (i) invalidade de negócio jurídico em que, reconhecido judicialmente o vício, torna-se irrelevante qualquer pretensa extração de efeitos jurídicos do ato, pelas partes; (ii) inexistência de relação jurídica cambiária (ou de ineficácia de títulos de crédito), cujos efeitos, segundo correntemente se admite, autorizam a sustação do protesto, sem que para tanto exista qualquer provimento que imponha dever de prestar (a exigir posterior execução ou cumprimento); ou (iii) inexistência de relação jurídica de caráter tributário, cuja eficácia, na prática, impede atos de exigência pelo Fisco, igualmente sem a necessidade de qualquer condenação.

Assim, quando se estabelece certeza sobre a inexistência de uma relação jurídica (tutela negativa), o grau de efetividade aumenta e dispensa nova atuação jurisdicional; exceto, eventual e exclusivamente, para rechaçar a pretensão daquele que, de forma renitente, insista em invocar a eficácia jurídica já negada pelo provimento estatal anterior. Mas, mesmo nessa hipótese eventual, a atuação estatal limitar-se-á a repetir o comando negativo já exarado, repelindo a então reconhecidamente infundada pretensão, em provimento cuja eficácia terá idêntico conteúdo declaratório negativo.

171. Declaração de mero fato. O objeto da declaração é limitado a relações jurídicas, excluída a declaração de mero fato, exceto no caso de alegação de falsidade ou autenticidade de documento (CPC, art. 4.º, II).

> «Para ilustrar, não é adequado pedir a declaração da culpa pela ocorrência de dado ato ilícito. Culpa é apenas um fato. A relação jurídica consiste na obrigação de alguém indenizar. O mesmo pode ser dito da improbidade administrativa, que também é um fato. O pedido há de ser sobre as consequências jurídicas daí decorrentes, que podem levar a provimentos condenatórios e constitutivos (ressarcimento, pagamento de multa, perda de direitos políticos, proibição de contratar com o Poder Público, por exemplo).»

A opção é correta: o ceticismo em torno da ação meramente declaratória de fatos decorre, dentre outros, da desproporção entre os *meios* que devem ser empregados para que se chegue ao pretendido *resultado*, de um lado, e sua utilidade (para as pessoas e para o Estado), de outro. Para que se declare a existência de determinado fato é preciso não só produzir a prova, mas igualmente valorá-la; o que torna a atuação estatal não apenas objetivamente complexa como longa.

Então, o reconhecimento de um fato – e não exatamente da relação jurídica dele emergente – é resultado muito aquém do esforço exigido no emprego desses meios; tanto mais se considerada sua inaptidão para impedir novas discussões, que podem surgir diante da apresentação de outros fatos não discutidos anteriormente. Aliás, embora em tese fosse possível cogitar da coisa julgada material em tal hipótese, seria conceitualmente difícil – se não impossível – falar em eficácia preclusiva, como faz o art. 474 do CPC. Portanto, a incapacidade de superação de controvérsias da declaração de mero fato (e, portanto, a falta de aptidão para pacificar e, assim, realizar o escopo social do processo) justifica a opção legal.

Coisa diversa da declaração de mero fato é o direito autônomo à produção de prova, isto é, desvinculado de processo cujo objeto é a declaração do direito no caso concreto; o que é referido por alguns como direito a medidas probatórias autônomas. A possibilidade de invocar apenas a produção da prova – de forma inclusive desvinculada do perigo de que ela se perca ou se deteriore – encontra justificativa na aptidão de tal instrumento proporcionar o mais adequado conhecimento dos fatos atual ou potencialmente controvertidos, para facilitar e estimular soluções de autocomposição. A providência, expressamente encampada por outros ordenamentos, é preconizada pela doutrina, aceita por parte da jurisprudência e consta do direito processual projetado.

172. Momento de eficácia da tutela meramente declaratória. O ato estatal jurisdicional que aprecia o objeto do processo e, mediante a atuação do direito em concreto, resolve a controvérsia, projeta efeitos não apenas no processo, mas para fora dele. Essa é a solução que se espera do processo jurisdicional. Por isso, a sentença – que nesse caso pode ser qualificada como sentença de mérito – projeta efeitos para a relação material controvertida. A eficácia substancial da sentença não se confunde com sua imutabilidade: esta é própria da coisa julgada material, que, por sua vez, ocorre quando não mais couber recurso contra a decisão que tiver apreciado o mérito da causa. A coisa julgada, portanto, não é um efeito da sentença, mas sim uma qualidade que recai sobre o comando que dela emerge.

Feitas essas distinções, a eficácia das sentenças meramente declaratórias deve ser entendida à luz de sua essência. Por definição, ela produz efeitos *ex tunc*, isto é, sua eficácia retroage para o passado de sorte a atingir o momento da relação jurídica que é objeto da tutela. Não faria sentido que a certeza jurídica estabelecida por essa forma de tutela começasse a vigorar apenas com o advento da sentença; o que, em última análise, seria resultado inócuo porque a própria decisão seria fonte de incerteza.

Sobre isso, convém fazer duas ressalvas. A primeira consiste em que, ainda que a eficácia do provimento seja determinada pelo juiz ao aplicar o direito no caso concreto, é preciso considerar o objeto do processo (definido pelo autor), a cujos termos e limites o magistrado está adstrito (CPC, art. 460). A questão aí será saber se a declaração de forma não retroativa acaso pretendida pelo autor é, ou não, juridicamente viável – isto é, se o pedido pode ser acolhido nos termos em que deduzido. A segunda é que o ordenamento, ainda que em caráter excepcional, admite a modulação de efeitos – tal como ocorre no controle concentrado de constitucionalidade (Lei 9.868/1999, art. 27) e eventualmente no âmbito da interpretação da lei, quando se trata de alteração de orientação jurisprudencial até então consolidada (supra n. 29).

Além disso, enquanto essa forma de tutela se destina a eliminar dúvida e a estabelecer certeza, fala-se que ela – embora retroaja na forma acima exposta – somente se torna imperativa quando transita em julgado. É que não haveria como estabelecer certeza da existência de uma relação jurídica quando ainda paira dúvida sobre a própria subsistência da declaração. Daí porque se identificariam, na tutela meramente declaratória, os momentos de eficácia e da coisa julgada.

Embora realmente não se possa estabelecer uma certeza provisória, esse argumento precisa ser visto com ressalva: é possível eventualmente determinar-se a produção de efeitos, ainda que de forma provisória, que tenham por premissa a existência ou inexistência de uma dada relação jurídica. Assim, embora a certeza, a rigor, não possa vir antes do trânsito em julgado, eventuais efeitos decorrentes dessa certeza podem ser antecipados. Para ilustrar, é possível sustar-se o protesto de um título, com base na premissa provisória de que a relação cambial não existe; ou, é possível antecipar a restituição (ainda que parcial) do preço pago em contrato cuja resolução se reputa já consumada. Isso, aliás, é o que justifica o provimento de urgência quando se trata dessa modalidade de tutela (infra n. 185).

173. Declaração principal e incidental. Ação declaratória incidental. A lei processual admite que a tutela meramente declaratória seja feita de forma incidental ao processo (CPC, art. 325). Mas é preciso distinguir os conceitos.

Se o réu, ao contestar a demanda inicial, negar a existência da relação jurídica que constitui fundamento (=causa de pedir) do pedido do autor, esse último pode – diante da dúvida objetiva daí resultante – alargar o objeto do processo: ele pode pedir que a sentença abranja, na sua parte dispositiva, a relação cuja existência foi negada pelo demandado (CPC, art. 325). Nesse caso, fala-se em ação declaratória incidental porque a demanda declaratória é deduzida no curso de um processo e, portanto, é incidental ao processo.

Mas a demanda incidental se destina justamente a retirar da motivação a apreciação da questão (ponto de fato controvertido) e transferi-la para a parte dispositiva da sentença; ou, por outras palavras, a ação declaratória incidental faz com que a existência da relação jurídica deixe de ser feita de forma incidental na sentença e passe a ser feita de forma principal – o que proporciona a imutabilidade própria da coisa julgada material a respeito da matéria

(CPC, art. 469, I). Portanto, a tutela é incidental porque deduzida no curso do processo; mas é principal porque passa a integrar o objeto do processo. Sua apreciação pelo órgão judicial não está apenas na motivação e sim na parte dispositiva da decisão.

Outra hipótese de pleito incidental está no art. 390 do CPC, quando trata da declaração de autenticidade ou falsidade de documento juntado aos autos de processo já instaurado. A lei qualificou o pleito de incidente de falsidade, que encontra respaldo na exceção prevista no inciso do art. 4.º do CPC e que, além disso, deve considerar a regra inscrita no art. 389, sobre ônus da prova. O pleito é incidental porque deduzido em processo já instaurado. Mas, como dito acima, a declaração da falsidade deixa de ser incidental (entendida como tal aquela limitada à motivação da sentença) e passa a ser principal (entendida como abrangida pela parte dispositiva e, portanto, apta a fazer coisa julgada material).

É importante atentar para a circunstância de que a forma de dedução – principal ou incidental – não altera a essência das coisas, isto é, da tutela pretendida. A autorização legal para demanda incidental (como é também a reconvenção, por exemplo) considera as vantagens próprias do cúmulo objetivo de demandas (CPC, art. 292), como *economia*, *racionalidade* e *preservação de harmonia* de julgamentos. Mas, ressalvados fenômenos de prescrição ou decadência, essa permissão legal não impede a propositura de forma autônoma de demanda; até porque a tutela meramente declaratória descende do princípio da inafastabilidade (supra n. 40).

Portanto, quando não se deduz uma demanda que a lei autoriza seja aforada de forma incidental em dado processo, há apenas preclusão – que é perda de faculdade no processo e, portanto, restrita aos limites desse último. Mas a falta de aproveitamento, pela parte, dessa prerrogativa não projeta efeitos substanciais para fora do processo. Perder a oportunidade para a demanda incidental não é perder o fundamento para o pleito da tutela de forma autônoma (isto é, principal). Se a propositura for autônoma, o cúmulo de processos pode vir a se dar por posterior reunião (CPC, art. 105) ou pode gerar relação de prejudicialidade, a ensejar eventual suspensão (CPC, art. 265, IV, *a* e *b*).

174. Tutela meramente declaratória na improcedência da demanda. A regra vigente no processo civil é a de que o autor delimita o objeto do processo, uma vez que ele é quem formula *pedido*, em seu sentido técnico mais restrito (que não se confunde com o de *requerimento*). O réu – que não pede, mas *impede* – pode ampliar o objeto do conhecimento, na medida em que aduza fatos impeditivos, extintivos ou modificativos da pretensão deduzida.

Assim, quando o réu, no processo (ou fase) de conhecimento, defende-se para impedir o acolhimento da pretensão deduzida, ele almeja tutela meramente declaratória; que, por regra, será negativa (declaração da inexistência da relação em que se funda o pedido do autor). Tal é o que o réu obtém pela simples rejeição da demanda aforada pelo autor, não sendo exigível do demandado que ajuíze demanda de natureza declaratória (autônoma ou incidental), porque tal efeito jurídico já será obtido com o mero decreto de improcedência da demanda.

É a expectativa da tutela contida na sentença de improcedência que justifica a regra segundo a qual, depois de decorrido o prazo para resposta, o autor não pode desistir do processo sem o consentimento do réu (CPC, art. 267, § 4.º). O demandado, mais do que fazer jus a ressarcimento de despesas e honorários (e, eventualmente, verbas devidas pelo reconhecimento da litigância de má-fé do adversário), tem direito à sentença de mérito que reconheça a inexistência do direito que o autor alegou. De forma coerente, o autor da execução depende da concordância do executado quando esse tiver oposto embargos do devedor – ação de conhecimento (declaratória, no mais das vezes) – que versem matéria de mérito, isto é, que busquem declarar a inexistência ou inexigibilidade, total ou parcial, da obrigação reclamada pelo autor (CPC, art. 569, parágrafo único, *b*).

De forma análoga, o fenômeno explica a exigência de que a desistência do processo (não do recurso, sujeito a regra diversa) só produz efeito depois de homologada (CPC, art. 158, parágrafo único). Isso significa dizer que a extinção do processo pela desistência não é direito potestativo do autor, justamente porque a ele se opõe o direito do réu à tutela meramente declaratória resultante da improcedência.

175. Tutela constitutiva: conteúdo. Pela tutela constitutiva opera-se modificação de estado ou situação jurídica. Costuma-se destacar que dois são seus elementos: um declaratório, consistente na afirmação do direito à modificação jurídica postulada; um propriamente constitutivo, que é a modificação em si mesma. A propósito desse segundo, há quem tenha sustentado que o ato inovador careceria de conteúdo jurisdicional, porque teria natureza administrativa (de «jurisdição voluntária»). Mas o provimento constitutivo – visto em sua inteireza – é tipicamente jurisdicional, inclusive por seu marcante caráter substitutivo.

A substituição não implica necessariamente que o efeito buscado com a atuação do substituto possa ser praticado pelo substituído; ela se opera mesmo nos casos em que a jurisdição é atividade primária (como ocorre com as sentenças constitutivas necessárias), onde o juiz substitui alguma atividade dos interessados pela sua, seja porque alguma conduta devida foi omitida, seja porque a lei impede a satisfação voluntária.

Também já se disse em doutrina que a eficácia modificadora caracterizaria esse capítulo do provimento como ato de execução. Mas a confusão entre os conceitos deve ser evitada.

O que ocorre é que tanto a tutela constitutiva quanto o resultado final da execução forçada conduzem diretamente ao escopo de atuação da vontade concreta da lei; o que, quando muito, enseja analogia entre os fenômenos pela satisfação direta proporcionada em ambas as formas de atuação estatal. Mais ainda: guardadas as notórias diferenças de essência entre tutela meramente declaratória e constitutiva, a primeira também pode ser instrumento apto a proporcionar uma eficaz realização do direito. Isso ocorre em casos em que nenhuma atividade material («alteração do mundo sensível») é necessária para proporcionar ao vencedor o pleno gozo da utilidade prática devida, consumando-se em si mesma, excetuada eventual «execução imprópria». Mas nem por isso, vislumbra-se qualquer nota de executividade no provimento meramente declaratório.

176. Sentenças constitutivas *determinativas* ou *dispositivas*. Na doutrina clássica falou-se em forma de tutela que não se limitaria a declarar o dever de uma prestação já existente, nem constituiria uma nova relação jurídica; apenas determinaria o conteúdo ou elemento de uma relação já existente. Assim, enquanto na sentença constitutiva determinativa se declararia um direito preexistente à mudança jurídica operada judicialmente, na dispositiva faltaria o direito preexistente à disposição concreta emitida pelo juiz (Chiovenda). Isso teria reflexos sobre a coisa julgada, que seria absoluta no primeiro caso (infra n. 179).

Não obstante a excelência da doutrina que adotou a distinção, não há razão plausível para nela se insistir: haja constituição de nova relação jurídica ou apenas determinação do conteúdo de uma relação já existente, o mecanismo é essencialmente o mesmo. Parafraseando o que se afirma a respeito da tutela meramente declaratória (supra n. 168), talvez se possa dizer que, na tutela constitutiva, opera-se a modificação de uma relação jurídica ou de seu «modo de ser».

177. Tutela constitutiva e tipicidade. Porque a tutela constitutiva se traduz na modificação de situações jurídicas, indaga-se se ela seria regida por regra de estrita tipicidade, isto é, se ela só caberia nas hipóteses taxativamente previstas em lei. Preocupação dessa ordem se encontra na doutrina alemã e italiana; nessa última, especialmente por conta dos termos do art. 2.908 do Código Civil que, ao tratar da «tutela jurisdicional dos direitos», condicionou o poder do juiz – de constituir, modificar ou extinguir relações jurídicas – às hipóteses «previstas em lei». O receio está na possível similitude da tutela constitutiva com o juízo de *equidade* (supra n. 130), em que o juiz faz a regra – ou a «justiça» – do caso concreto. Ademais, num ordenamento regido pelo princípio da autonomia da vontade, a razão da excepcionalidade residiria no fato de que a criação de efeitos jurídicos, por regra, dependeria da autonomia das partes e, somente em casos excepcionais, poderia advir da sentença.

Eventual tipicidade da tutela constitutiva poderia contrastar com a atipicidade da *ação* e da tutela jurisdicional, no contexto do princípio da inafastabilidade do controle jurisdicional. E, embora o sistema processual brasileiro desconheça regra semelhante à do ordenamento italiano, a questão é igualmente pertinente e relevante, vez que nela se contêm os limites da atuação estatal (quanto à produção de efeitos jurídicos) e também porque a regra do sistema processual é de que os juízos de equidade são exceção, diante da regra dos juízos de direito (CPC, art. 127).

Não obstante a preocupação seja fundada, é correto reconhecer a atipicidade dessa forma de tutela e, mais exatamente, remeter sua eventual tipicidade para o plano substancial do ordenamento. Aliás, em termos mais rigorosos não se poderia sequer falar da tipicidade da tutela, entendida como provimento favorável que impõe um determinado *resultado*, mas apenas da tipicidade dos fundamentos (causa de pedir) que autorizariam a respectiva invocação, em concreto. Assim, a ligação entre tutela constitutiva e direito material é a solução e o antídoto contra eventual risco de arbítrio na produção de efeitos jurídicos pelo juiz.

Todas as formas de tutela que resultam da atividade jurisdicional no processo de conhecimento devem ser tratadas em um mesmo plano homogêneo, de tal sorte que um meio não deve ser considerado excepcional no confronto de outro. Dessa maneira, todo e qualquer efeito autorizado ou admitido no plano do direito material pode, em tese, ser produzido por provimento jurisdicional. Não é preciso que o ordenamento estatua a possibilidade da edição de uma sentença constitutiva porque isso já resulta da garantia geral da *ação* (supra n. 40); mas sim que preveja a produção, modificação ou extinção de determinados efeitos no plano do direito material. Se, nesse plano, vigora ou não uma regra de tipicidade é questão que o processualista enfrenta essencialmente de modo reflexo.

A questão é particularmente delicada em se tratando de provimentos constitutivos positivos, uma vez que quando se trata de desconstituir um ato jurídico não há dúvida quanto à prévia e necessária previsão legal dos fundamentos que o autorizem. Nas hipóteses em que se produzem ou modificam efeitos jurídicos (diversamente de se extinguir), é preciso atentar com rigor para o preenchimento dos requisitos exigidos no plano material, não sendo dado ao juiz substituir propriamente a vontade das partes, mas os efeitos jurídicos a que estas se obrigaram, ou a que estão obrigadas por lei.

178. Tutela constitutiva e direito potestativo. Há situações nas quais o direito à modificação de um estado jurídico – que se pode qualificar como direito potestativo – é intenso a tal ponto que a ordem jurídico-material dota o respectivo titular de plena capacidade de promover, por suas próprias faculdades, o resultado desejado. Tal é o que ocorre, para ilustrar, nos casos de *resilição* contratual (quando isso for possível), em que a extinção do contrato se opera mediante ato unilateral – com a ressalva da hipótese na qual, tendo havido investimentos «consideráveis» para execução do contrato pela outra parte, o desfazimento fica condicionado ao decurso de «prazo compatível com a natureza e o vulto dos investimentos» (CC, art. 473, e parágrafo único). Tal é igualmente o que se dá nos casos de cláusula resolutiva expressa (CC, art. 474).

Em tais situações, eventualmente poderá ter lugar controle jurisdicional posterior, invocado pelo titular do interesse contraposto, e positivado através de tutela meramente declaratória. Esse raciocínio é aplicável a hipóteses de autotutela (supra n. 7), em que o titular de determinado interesse tem poder para diretamente empreender a proteção respectiva, abrindo-se, para aquele que seja titular do interesse contraposto, a alternativa de invocar controle jurisdicional.

A possibilidade de se produzir o efeito jurídico fora de juízo pode interferir com o interesse de agir, mas não é necessariamente excludente da ida ao Judiciário, para que lá se produza o efeito jurídico; tal é o que se dá, por exemplo, no caso de exclusão de sócio. Por outras palavras: não é porque a parte tem o poder de produzir, na esfera extrajudicial, a modificação do estado jurídico que fica necessariamente excluído o interesse de agir para que tal resultado seja pleiteado pela via judicial.

179. Momento de eficácia da tutela constitutiva. Firmada a premissa de que são coisas distintas a eficácia da sentença e a imutabilidade de seus efeitos substanciais (coisa julgada material), no caso da tutela constitutiva costuma-se dizer que seus efeitos se produzem, por regra, *ex nunc*. É que a sentença constitutiva estabelece uma nova situação jurídica e, portanto, é a inovação que estabelece o marco inicial da eficácia, sob o ângulo lógico.

Mas considerando que os fundamentos que autorizam a modificação do estado jurídico estão, ao menos por regra, no plano material do ordenamento, é nele que se deve buscar a melhor forma de atuação da eficácia da sentença. Assim, não é possível estabelecer uma regra que considere apenas o dado processual (exceto nos casos em que a demanda busca exclusivamente a tutela de posição jurídica processual, como ocorre nas ações de impugnação ou nos casos de controle jurisdicional estatal de processo administrativo, por exemplo).

A circunstância de a sentença modificar uma situação jurídica não significa, por si só, que a eficácia do ato estatal deva ser apenas e sempre daí para frente. Tratando-se de provimentos constitutivos negativos fundados na anulabilidade de negócios jurídicos, por exemplo, a regra é a da retroação, ainda que o negócio possa produzir efeitos enquanto não desconstituído. Mas, se isso ocorrer, a eficácia da sentença pode e deve retroagir, na medida do que for prática e juridicamente possível (considerados limites, por exemplo, como posições jurídicas de terceiros e adstrição do juiz ao pedido do autor). Portanto, é o direito material – consideradas as limitações do objeto do processo – que ditará o alcance da eficácia dos provimentos constitutivos.

Outra coisa é saber em que momento o provimento se torna imperativo. Aqui, o problema é análogo ao que já foi examinado ao ensejo do momento de eficácia da tutela meramente declaratória. Já se falou em doutrina que o provimento constitutivo somente se torna imperativo quando transita em julgado, porque não haveria como estabelecer um novo estado jurídico quando ainda paira dúvida sobre a própria modificação; motivo pelo qual se identificariam, na tutela constitutiva, os momentos de eficácia da decisão, de um lado, e da imutabilidade desses efeitos (coisa julgada material), de outro; e isso, inclusive, em prol da segurança jurídica.

Contudo, reeditando as ponderações feitas a propósito da tutela meramente declaratória, a assertiva acima precisa ser vista com ressalva: é possível eventualmente determinar-se a produção de efeitos que tenham por premissa uma dada situação jurídica, tal como se pretende resulte da modificação pleiteada; ainda que de forma provisória. Tal é o que também justifica a tutela de urgência quando se trata dessa modalidade de tutela (infra n. 185 e 187). Além disso, é preciso considerar a disciplina legal da assim chamada *execução provisória* – inclusive pela analogia que possa ser feita entre provimentos constitutivos e atos de execução. Nesse âmbito, diante da existência de uma decisão sujeita a recurso sem efeito suspensivo, e desde que haja caução idônea, o sistema aceita a produção de efeitos jurídicos eventualmente irreversíveis; e oferece, como contrapartida (em caso de reforma ou anulação da decisão exequenda), a solução de ressarcimento pelos danos sofridos (CPC, art. 475-O, III) – o que, portanto, prestigia a modificação de situação jurídica com base em provimento ainda marcado por caráter provisório.

180. Tutela condenatória. Na tutela condenatória, o que emerge da relação material é o direito a uma *prestação*, consistente em dar, fazer ou não fazer. Por isso se fala que essa modalidade de tutela busca sanar «crises de adimplemento», mediante a imposição ao demandado da prestação devida. Dessa forma, o provimento condenatório – além da declaração do direito que contém, por ser espécie de decisão declaratória *lato sensu* – abre campo para a prática de atos materiais de invasão da esfera patrimonial do devedor a fim de que o credor seja satisfeito.

Diz-se que, ao assim proceder, o Estado atua a «sanção secundária». Ela se qualifica como tal porque a sanção *primária* está no plano substancial, que prevê as consequências para o descumprimento das regras ali estabelecidas. Se a sanção primária resta inoperante e não é capaz de restabelecer a ordem jurídica, então é preciso que o Estado continue a atuar; agora mediante a invasão da esfera patrimonial do devedor para, contra sua vontade, dar-se cumprimento ao comando e, assim, satisfazer-se o credor (infra n. 182).

É certo que nem toda situação de inadimplemento é sanável pela tutela condenatória. Nos casos em que a obrigação é de prestar declaração de vontade, a solução mais adequada – e que foi adotada pelo direito positivo – está na edição de uma sentença que produza «todos os efeitos da declaração não emitida» (CPC, arts. 466-A, B e C). Trata-se de provimento que, segundo parte expressiva da doutrina, tem natureza *constitutiva* (positiva) porque estabelece diretamente uma nova situação jurídica. Ademais, a modalidade de tutela depende do *objeto do processo* (isto é, do pedido): o inadimplemento poderá ensejar a resolução do contrato (que se opera mediante provimento constitutivo negativo), se a parte lesada não exigir o respectivo cumprimento, sem prejuízo de indenização (CC art. 475).

Além disso, pode haver tutela condenatória – mediante a imposição de dever de prestar – sem que haja ainda inadimplemento. Tal é o que ocorre nos casos de condenação para o futuro.

181. Imposição do dever de prestar e respectiva efetivação. A categoria da sentença condenatória sofreu (e ainda sofre) críticas doutrinárias, que chegaram até mesmo a apontá-la como causa de ineficiência do sistema processual. As observações seguintes, na medida do possível, consideram – sem preocupação de lhes dar resposta definitiva – tais objeções.

A forma mais simples de encarar essa forma de tutela – seja qual for a nomenclatura que se queira dar – é partir da crise no direito material: o autor narra situação que não pode ser superada pela mera declaração do direito e tampouco pela modificação de determinado estado jurídico. O que falta ao autor é o efeito prático resultante de uma prestação que, segundo ele, o direito material lhe assegura. Portanto, como foi dito acima, a forma mais fácil e correta de qualificar provimentos que dão resposta a tais crises é, como fez a doutrina alemã, referir-se a eles como *sentenças de prestação*.

Aparentemente, a divergência doutrinária começa a partir do momento em que se cogita da *efetivação* (=atuação prática) do dever de prestar. Isso porque se o demandado, ainda que a ele tenha sido imposto tal dever por ato jurisdicional, permanecer renitente no inadimplemento, a atuação estatal deverá prosseguir; e, só então, a tutela se completará. A essa atuação estatal que deve se seguir à imposição do dever de prestar se dá o nome de *execução* – que a lei processual, desde 2005, sem modificação de conteúdo essencial, passou a chamar de *cumprimento*. Como foi dito acima, a execução consiste na atuação da sanção secundária e é a relação entre sentença condenatória e sanção (portanto, a relação entre sentença condenatória e execução) que abre campo para divergência e crítica.

A correlação necessária entre sanção e condenação foi objetada sob o argumento de que a segunda nem sempre está associada à primeira (essa entendida como consequência de conduta antijurídica), como na hipótese de honorários advocatícios pelo simples fato da derrota; ou da condenação para o futuro (em que há condenação sem que exista ainda o descumprimento). Outro argumento a propósito foi o de existir sanção sem condenação – como nas hipóteses de nulidade e anulabilidade de negócios jurídicos, resultado da transgressão de preceitos jurídicos –, havendo sanção em sentenças de conteúdo meramente declaratório (casos de nulidade) e constitutivo (casos de anulabilidade).

Mas é preciso entender o sentido dado ao termo *sanção* no contexto acima: não se trata da consequência estabelecida pelo direito material para a falta de observância de certo comando legal porque aí se trata do que se pode qualificar como sanção *primária*. Então, se apesar da sanção prevista no plano material, aquele que tem direito à prestação continuar insatisfeito, é preciso buscar a atuação *secundária*; à qual se chega mediante a imposição do dever de prestar por ato jurisdicional. Assim, na concepção clássica de execução, sanção é terminologia que designa o conjunto de medidas pelas quais o Estado invade a esfera individual, para proporcionar ao titular da posição de vantagem o bem que o direito material lhe atribuiu (infra n. 182).

De fato, a execução é exterior ao provimento condenatório, e o poder de promovê-la surge como efeito dele; não propriamente como seu conteúdo. Sob essa ótica, tem razão a doutrina quando assevera restar a essa modalidade de provimento jurisdicional – além da imposição do dever de prestar – somente a declaração de que a sanção é aplicável. Assim, a sentença condenatória se distingue da meramente declaratória pela extensão do que foi declarado: nesta apenas o crédito; naquela o crédito (com o dever de prestar) e mais a liberação para que, se necessário, seja atuada a sanção secundária (execução, cumprimento, efetivação ou qualquer outro nome que se queira dar e que designe o mesmo fenômeno).

Esse modo de ver as coisas não fica afastado nem mesmo pela opção feita pelo Legislador brasileiro, constante do art. 475-N, I, do CPC; que, conforme já se viu, passou a incluir dentre os títulos executivos judiciais a «sentença proferida no processo civil que reconheça a existência de obrigação de fazer, não fazer, entregar coisa ou pagar quantia» (todos deveres de prestar). Nos limites previstos pelo dispositivo, entende-se que, reconhecida a obrigação, está autorizada a atuação da sanção secundária. A sentença continua a ser uma sentença de prestação.

182. Tutela condenatória e tutela executiva. Quando se pensa na tutela jurisdicional como resultado em prol do vencedor, o provimento de natureza condenatória é, de fato, insuficiente para proporcionar ao credor (como tal reconhecido em provimento jurisdicional) o bem da vida por ele almejado. Excetuada a hipótese de cumprimento voluntário do comando judicial, a tutela de um direito a uma prestação – para que seja assim adequadamente qualificada – concretiza-se através do binômio condenação/execução. O bem da vida que é objeto da prestação só pode ser proporcionado mediante o emprego da coação e a técnica utilizada para tanto é da execução; que varia conforme a natureza da obrigação. Essa a razão pela qual se fala em tutela condenatória/executiva. Mas esse binômio não é indissociável nem absoluto, em qualquer dos dois possíveis sentidos.

Primeiro, não se pode negar exista autêntica tutela na sentença condenatória (antes mesmo do momento da execução) pela simples razão de que ela – além de impor o dever de prestar e de autorizar a invasão da esfera patrimonial do devedor (de forma coativa, portanto) – é, antes de mais nada, um provimento declaratório; com os atributos próprios das sentenças meramente declaratórias. Assim, negar que uma sentença condenatória (=impositiva do dever de prestar) conteria forma de tutela seria também afirmar que sentenças meramente declaratórias padeceriam da mesma carência; o que não se afigura correto. Ela estabelece certeza e, embora isso não baste ao demandante, ela é um dado que se incorpora ao patrimônio da parte. Ademais, o instrumento de coação contido no art. 475-J do CPC – embora seja externo e posterior à edição da sentença – não deixa de contribuir para que a simples existência da condenação já funcione como estímulo suficiente para que, a essa altura, o devedor realize a prestação voluntariamente em prol do credor.

Segundo, nem sempre a execução (=invasão da esfera patrimonial do devedor para satisfação do credor) está fundada em sentença. No direito brasileiro, há inúmeros títulos executivos extrajudiciais, que também autorizam a atuação da sanção secundária. Nesses casos, a tutela terá sido apenas executiva e, portanto, não haverá que se falar em binômio.

Os títulos executivos extrajudiciais são atos previstos em lei (sujeitos a regra de tipicidade, portanto), têm forma escrita e ordinariamente contam com alguma forma de participação do devedor. Eles traduzem o reconhecimento de elevada probabilidade de existência de um crédito. A propósito, fala-se em doutrina da *presunção de legitimidade* do crédito representado em título executivo, a atribuir ao devedor o ônus de eventualmente desconstituí-lo. Em certo sentido, eles desempenham o papel que a sentença condenatória (=de prestação) tem no sistema: tanto quanto o título judicial, o extrajudicial libera a atuação da sanção secundária, isto é, a atuação dos meios pelos quais se invade a esfera patrimonial do devedor para, contra sua vontade, satisfazer-se o credor. A diferença é que, na formação do título judicial consuma-se a eficácia preclusiva própria da coisa julgada, a restringir substancialmente as alegações defensivas que o réu possa opor (CPC, art. 475-L); ao passo em que, em se tratando de título extrajudicial, o âmbito de cognição é amplo, justamente porque ainda não houve controle jurisdicional.

183. Segue: execução como objeto de processo autônomo e de processo sincrético. Partindo-se da premissa de que a tutela se classifica por seu conteúdo ou por sua eficácia (elementos que não são sinônimos, mas que estão diretamente ligados, nesse caso), deveria ser irrelevante para essa categorização o critério que considera o modo de se efetivar o provimento. Mas justamente porque há casos em que a imposição do dever de prestar (=condenação) pouco tutela sem a subsequente atuação estatal de execução (ou de cumprimento), é que se justificava a identificação, pela doutrina, de duas outras espécies de tutela: a *mandamental* e a *executiva em sentido lato*.

Sem embargo de certa imprecisão conceitual reinante na doutrina, poderia se dizer que, nelas, a prática dos atos materiais de invasão da esfera do devedor não era objeto de um novo e autônomo processo de iniciativa do credor; ao contrário do modelo vigente no Código de Processo Civil, como regra geral para as sentenças condenatórias. Nas ditas mandamentais e executivas, a efetivação da decisão decorria de mero cumprimento de mandado, isto é, por «ordem do juiz» de ofício. Com isso, não havia nova citação do devedor, nem se abria oportunidade para embargos do devedor, uma vez que não havia instauração de uma nova relação jurídica processual. Exemplos disso estavam nas ações possessórias, de despejo, de depósito, de mandado de segurança, dentre outros.

Não obstante esse aspecto comum, é possível tentar distinguir as tutelas mandamental e executiva em sentido lato, entre si. Na primeira, fala-se que, ao invés de condenação, haveria *ordem*, a ser implementada não por sub-rogação, mas por medidas de pressão (como multa e, excepcionalmente, prisão civil). Ela seria própria para as obrigações de *fazer* e *não fazer*, ao passo que as executivas teriam por objeto *entrega de coisa*. Outra forma de entender a sentença mandamental – até mais correta (e presente na doutrina clássica) – era a de defini-la pela circunstância de que o dever de prestar era imposto a um agente estatal; donde se extrair a ideia de ordem, por oposição a condenação. Mas, pela exposição que segue, o esforço para fazer essas distinções passou a ter importância relativa.

Assim é que, com o advento da Lei 11.232/2005 (e de alterações que já a haviam precedido), consolidou-se no Código de Processo Civil um modelo que, embora pouca repercussão prática tenha trazido para agilidade do processo, fez da execução – seja para pagamento de quantia (exceto quando direcionada à Fazenda Pública) ou obrigação de entrega de coisa, de fazer e não fazer – objeto não mais de um novo processo, mas sim de uma *fase*. O processo, diz-se, passou a ser sincrético porque agora engloba uma *fase de conhecimento* e uma *fase de execução* (ou de cumprimento). Portanto, em todos os casos de imposição de dever de prestar (=condenação) a que se deva seguir execução (ou cumprimento), generalizou-se no Código de Processo Civil o modelo das assim denominadas tutelas (ou ações) mandamentais e executivas em sentido lato, ao menos sob o prisma particular de não haver dois processos, mas um só, com fases.

Diante desse novo quadro, de duas uma: ou se entende que todas as sentenças condenatórias (=que impõem dever de pagar, entregar, fazer ou não fazer) passaram a ser mandamentais ou executivas, porque não ensejam mais a instauração de um novo processo e que sua atuação prática se dá apenas em fase subsequente; ou, o que é preferível, entende-se que perdeu sentido a categorização que prevê as ações ou tutelas mandamentais ou executivas em sentido lato. Isso porque, como o modo de cumprimento ficou (sob o ângulo da unidade do processo) uniformizado, agora é possível ver com mais clareza que, quanto ao conteúdo, o que existe em qualquer dos casos (afora as tutelas meramente declaratória e constitutiva) é a imposição do dever de prestar; ao que, de volta ao início, aqui se permite chamar de tutela condenatória.

184. Tutela condenatória e tipicidade. Na lei processual, diferentemente do que ocorre com a tutela declaratória (mas igualmente com a constitutiva), não há previsão de uma «ação condenatória». Contudo, sua admissibilidade decorre da garantia da ação. É o direito material que ditará quais as prestações devidas ao credor e, portanto, imponíveis ao devedor pelo provimento judicial. Portanto, é no plano substancial do ordenamento que se deve buscar eventual tipicidade ou atipicidade da tutela condenatória.

Nas obrigações cuja prestação consiste em dar quantia, a questão não oferece maiores dificuldades. A fixação do *quantum debeatur* é feita a partir das regras de direito material e mesmo quando se atribui poder ao juiz para arbitrar o montante – como é o caso típico da indenização por dano moral – é no plano substancial que devem ser buscados os critérios dessa quantificação. Ainda quando a imposição de pagamento de quantia é essencialmente «processual» – como é o caso da condenação ao pagamento de verba honorária advocatícia ou a indenização por litigância de má-fé – a própria lei oferece tais parâmetros, que devem ser observados pelo juiz.

Tratando-se de obrigações cuja prestação consista na entrega de coisa, em um fazer ou não-fazer, o provimento deve, sempre que for possível, assegurar ao demandante situação de idêntica restauração, proporcionando-lhe, então, uma tutela *específica*, ficando a condenação ao pagamento de quantia reservada à hipótese de impossibilidade cabal dessa forma de tutela (CPC, arts. 461 e 461-A).

185. Tutela cautelar. O tema da ação e da tutela cautelar é dos mais debatidos no processo civil; o que certamente se acentuou depois das reformas legislativas que fizeram da antecipação da tutela – até então confinada a hipóteses especiais – uma regra geral para o sistema (CPC, arts. 273 e 461). Ao ensejo de uma e outra, fala-se no gênero *tutela de urgência*. De qualquer modo, isso não impede que a cautelar continue a ser tratada como uma das categorias de tutela, inclusive – embora não exclusivamente – porque o Código de Processo Civil de 1973 dedicou seu Livro III ao processo cautelar.

Sua conceituação é dada não exatamente por seu conteúdo, mas por sua finalidade; o que, em última análise, corresponde também a seus efeitos. Assim, a tutela cautelar pode ser entendida como a tutela do próprio processo: pelo provimento cautelar busca-se assegurar a utilidade e a eficácia do provimento jurisdicional que terá por objeto a declaração ou atuação do direito em concreto; provimento que, por oposição ao cautelar, pode ser chamado de «principal». Por isso se diz que a tutela cautelar é duplamente instrumental: ela é *instrumento a serviço de outro* (que é o processo declaratório *lato sensu* ou executivo). Isso justifica que a tutela cautelar esteja sempre na dependência da «principal»; da qual, em alguma medida, não deixa de ser acessória. Daí se falar no caráter de «referibilidade» (da tutela cautelar a uma principal).

Em sua pureza conceitual – que a aparta da tutela antecipada – ela não tem por escopo produzir efeitos substanciais, mas apenas processuais. Ela é uma espécie de antídoto contra os efeitos deletérios do tempo que envolve a duração do processo; a impedir o que se convencionou chamar de *dano marginal* (supra n. 15). Ela também é remédio contra condutas do réu que possam esvaziar a eficácia prática do provimento declaratório ou executivo. Exemplos clássicos de tutelas cautelares estão no arresto (CPC, arts. 813 e seguintes) e no sequestro (CPC, arts. 822 e seguintes): o que eles buscam, respectivamente, é preservar patrimônio penhorável e a coisa demandada pelo autor, sem que isso represente reconhecimento (definitivo) ou satisfação do direito alegado pelo demandante.

Justamente por ter essa finalidade que lhe confere sua nota essencial (tutela do processo), a tutela cautelar é tradicionalmente marcada por ser provisória ou temporária. Diz-se, assim, que a tutela proporcionada pelo provimento cautelar não se reveste de caráter definitivo e deve durar pelo tempo necessário para se chegar à declaração ou atuação do direito material (e desde que o dito «processo principal» de fato venha a ser ajuizado – CPC, art. 807). Pela tutela cautelar asseguram-se situações que garantam a futura atribuição do bem da vida que vier a ser reconhecido a alguém.

Porque ela é a tutela do processo (e apenas indiretamente do direito material), a concessão da medida cautelar não é orientada pelos mesmos critérios, nem pela mesma técnica empregados para declaração ou para atuação prática do direito material. Seu deferimento exige o *perigo da demora* (*periculum in mora*), isto é, o risco de que – pelo decurso do tempo ou pela atuação do demandado – o provimento destinado a resolver a controvérsia perca sua utilidade. Mas, em contrapartida, a concessão da tutela cautelar dispensa exaustivo conhecimento quanto ao direito material (e fatos que lhe sejam subjacentes), como ordinariamente é próprio da atividade cognitiva. Ela se contenta com a plausibilidade do direito alegado, ao que se denomina de *aparência do bom direito* (*fumus boni iuris*). Isso significa que o grau de profundidade da cognição empreendida para concessão da cautelar é menor – fala-se em cognição sumária. Disso decorre a impossibilidade desse tipo de tutela ganhar a imutabilidade que é típica da coisa julgada material.

186. Tutela cautelar e tutela do direito material: cautelares «satisfativas». Por sua finalidade e características, a tutela cautelar não produz – não ao menos diretamente – efeitos substanciais, reservados à tutela declaratória (em sentido lato) e executiva.

Mas essa pureza conceitual não sobrevive a situações nas quais é muito difícil – se não impossível – afirmar que a tutela se limita a garantir a eficácia do processo, sem proporcionar algum efeito substancial. Tome-se o exemplo do sequestro: se o credor vier a ser nomeado como depositário da coisa apreendida, soaria irrealista dizer que a posse do bem (ainda que provisória e onerada pelo dever legal de guarda) não propiciaria alguma forma de satisfação do credor – entendendo-se como tal a fruição do bem da vida. Algo semelhante, não obstante a diversidade das situações, ocorre nas hipóteses de alimentos provisionais (CPC, art. 733) e no afastamento de cônjuge do lar (CPC, art. 888, VI), dentre outras.

«Isso também ocorre sob o ângulo inverso: no caso do arresto (medida para garantir futura execução por quantia), ainda que a medida não se preste à satisfação do credor, a indisponibilidade imposta ao patrimônio do devedor tem inegável e relevante repercussão (negativa) na respectiva esfera substancial. Isso ocorre sob a ótica patrimonial ou até moral, pelas restrições que impõem ao demandado (restrições ou perda de crédito, ausência de liquidez, afetação negativa do nome junto ao meio social, dentre outros).»

Portanto, o sistema processual conhece medidas que, conquanto sob o rótulo de *cautelares*, ao lado de produzirem efeitos que garantam a utilidade e eficácia do provimento principal, produzem também efeitos substanciais. Por isso, essas medidas são desprovidas de caráter duplamente instrumental, em situação pela qual o provimento satisfaz completa e definitivamente a pretensão do autor – daí a ideia de serem «satisfativas».

Um dos cuidados que se deve ter nesse tema é o seguinte: entender tais medidas como cautelares – submetendo-as a requisitos menos rígidos do que aqueles que lhe são próprios (supra n. 185) – gera o risco de ampliar indesejavelmente os limites dessa forma de tutela, com indevida sumarização processual. Pior ainda, se e quando concedidas sem audiência do demandado, medidas dessa ordem acarretam situação gravosa – quiçá *irreversível* – que são incompatíveis com a garantia constitucional do devido processo legal (CF, art. 5.º, LIV) e que, por isso, não se afeiçoam à ideia de verdadeira tutela jurisdicional.

187. Tutela cautelar e antecipada. O sistema processual admite que a urgência não seja apenas fundamento para a tutela cautelar – que, como visto, é a proteção do processo. Assim, a partir da disciplina das próprias medidas cautelares (em particular das «satisfativas») e especialmente de situações em que o juiz era autorizado a produzir, desde logo, efeitos substanciais (próprios de procedimentos especiais), chegou-se à regra pela qual, entre nós, generalizou-se a possibilidade da antecipação de tutela. Por outras palavras, a urgência é fundamento para duas formas de tutela: a *cautelar* e a *antecipada*. Daí se falar no gênero tutela de urgência, a abranger essas duas espécies.

As duas formas de tutelas se distinguem pelos seus requisitos: enquanto a tutela cautelar depende do perigo da demora, mas se contenta com a plausibilidade do direito alegado (*fumus boni iuris*), a tutela antecipada exige «prova inequívoca» (CPC, art. 273); por outro lado, essa última pode ser deferida fora das hipóteses de urgência, desde que evidente o direito (CPC, art. 273, II e § 6.º). Elas também se distinguem pela finalidade ou efeitos: enquanto a tutela cautelar busca garantir a utilidade e eficácia do provimento a ser editado no processo principal, a tutela antecipada destina-se a produzir – total ou parcialmente – os efeitos (substanciais) da sentença de mérito, tal como objeto da demanda, revestindo-se de caráter «satisfativo».

Mas a tutela antecipada – assim como a tutela de urgência – não é uma espécie a ser colocada ao lado das outras já examinadas. Seu conteúdo corresponde ao das tutelas declaratória (em sentido lato) ou, eventualmente, executiva (nos casos em que se trate de condenação, certamente).

Precisamente porque essas duas formas de tutela se distinguem é que a lei acabou por estabelecer uma regra de fungibilidade entre elas (CPC, art. 273, § 7.º). Se o autor, «a título de antecipação de tutela, requerer providência de natureza cautelar, poderá o juiz, quando presentes os respectivos pressupostos, deferir a medida cautelar em caráter incidental do processo ajuizado». A regra é acertada porque não se concebe que a situação submetida ao Judiciário em caráter de urgência deixe de ser apreciada a pretexto de inadequada qualificação jurídica dos fatos e da providência apta a sanar a crise apresentada pelo autor. A rigor, a regra sequer quebra o postulado da inércia da jurisdição (supra n. 93), uma vez que há iniciativa do interessado e o juiz apenas dá o correto enquadramento legal ao pleito, apreciando-o à luz dos requisitos legais correspondentes; inclusive porque a tutela antecipada e a cautelar estão sujeitas a requisitos diversos.

Por ser fiel ao princípio da inafastabilidade do controle jurisdicional (supra n. 38), a regra deve ser interpretada de forma extensiva: não apenas nos casos em que o autor pede antecipação de tutela o juiz pode apreciar o pleito como de se fosse postulação de medida cautelar; mas vice-versa. Assim também deve ocorrer nas eventuais hipóteses em que haja pedido de tutela cautelar e o juiz entenda que se trata de verdadeira antecipação. Se providências de ordem formal forem necessárias – por exemplo, emenda da inicial – isso não pode servir de pretexto para não se conhecer da medida; que, de qualquer modo, poderá ser deferida ou não pelo juiz, em decisão fundamentada, relembrando-se que os requisitos a serem examinados pelo juiz são aqueles relativos à forma de tutela de que entende se tratar.

188. Tutela cautelar e processo cautelar autônomo. O Código de Processo Civil dedicou ao processo cautelar todo o Livro III. Essa autonomia está sujeita a crítica e, em certa medida, soa como reminiscência de um período em que o direito processual buscava sua própria afirmação como ciência autônoma. A existência de um processo cautelar dotado de relação jurídica processual e de procedimento próprios não é essencial à atuação jurisdicional que se possa chamar de *cautelar* – ela sim indispensável para que se faça valer o princípio inscrito no inciso XXXV do art. 5.º da Constituição da República.

A regra do § 7.º do art. 273 do CPC – mencionada no tópico precedente – sugere quando menos uma atenuação na autonomia do processo cautelar. Assim, ao permitir que uma medida cautelar seja concedida incidentemente em processo de conhecimento (cujo objeto, portanto, não é o próprio provimento cautelar), a legislação passou a reconhecer que a autonomia do processo cautelar acaba sendo mais um postulado teórico, do que uma constatação da realidade. Com isso, o processo civil se aproxima da disciplina positivada para o processo penal que, embora também conheça medidas de natureza cautelar, não vislumbra um processo autônomo para essa finalidade.

A autonomia do processo cautelar está ligada ao objeto da cognição. Assim, o que justifica um processo autônomo para a providência cautelar é, primeiramente, a necessidade de conhecer fatos de forma sumária, em situações nas quais não se pode aguardar a dilação probatória a ser empreendida no processo «principal». Em segundo lugar, deve haver a necessidade de conhecer fatos que não necessariamente são relevantes para o desfecho do processo principal (como no arresto, por exemplo: nele se discute essencialmente se há risco de dilapidação em detrimento do provável credor). Em terceiro, a autonomia se impõe diante da necessidade de se preservar o contraditório, na apuração daqueles fatos.

Isso deve ser considerado quando, sob a ótica de eventuais reformas legislativas, eventualmente se pretenda pôr fim à autonomia do processo cautelar. Isso porque a concessão da providência de forma incidente não pode e não deve prejudicar o andamento do processo principal, criando nele uma fase de instrução «preliminar» que, ao invés de racionalizar o desenvolvimento do processo, viria a tumultuá-lo; nem deve prejudicar o exercício regular do contraditório, podendo e devendo abrir-se margem para que a parte contra quem foi pedida a medida (ou eventualmente deferida de forma liminar) deduza suas razões.

189. Regime comum à tutela antecipada e à tutela cautelar? Na premissa de que a tutela cautelar e a tutela antecipada sejam espécies do gênero *tutela de urgência,* cogita-se em doutrina – com repercussão em propostas legislativas – de um regime unitário para ambas.

Essa unidade pode ser buscada em diferentes tópicos, a depender de opções do direito positivo. Nesse contexto, sem pretensão de esgotamento, podem ser cogitados os seguintes pontos a ensejarem disposições comuns, tanto para o regime da tutela cautelar, quanto da tutela antecipada:

a) estabelecimento de uma regra geral de atipicidade para tais medidas, com uma espécie de «poder geral de urgência» (para parafrasear o poder geral de cautela, que emerge dos arts. 798/799 do CPC) outorgado ao juiz para determinar as que considere adequadas quando houver fundado receio de que, antes do julgamento da lide, haja lesão grave e de difícil reparação. Regra como essa não significaria dar poder ilimitado ao juiz, nem desconsiderar a regra de inércia da jurisdição, uma vez que, embora atípica a medida, seu pleito continuaria a ser ônus do demandante.

b) a configuração do perigo e da relevância dos fundamentos deixaria de ser eventualmente indicada pela lei e ficaria integralmente submetida ao crivo do juiz no caso concreto. A rigor, isso já ocorre nas medidas cautelares atípicas (deferidas com base no poder geral de cautela) e, de um modo geral, na antecipação de tutela. Em algumas hipóteses de cautelares nominadas – por exemplo, no caso do arresto – a lei se encarregou de descrever hipóteses de perigo e de relevância (CPC, arts. 813 e 814). Mas é forçoso reconhecer que tais hipóteses não devem ser mais do que uma baliza para o juiz, tanto mais porque a lei nem sempre alcança a complexidade e o dinamismo dos fatos que são submetidos à apreciação judicial. Para ilustrar, é correto, com base no poder geral de cautela, deferir medida com equivalência prática à do arresto, ainda que não estritamente presentes os requisitos descritos pela lei; contanto que a decisão indique, de forma fundamentada, a presença dos requisitos genéricos do perigo e da relevância dos fundamentos. Aliás, tal generalidade já é admitida nas hipóteses de indisponibilidade de bens como medida de urgência, pela lei que reprime os atos de improbidade administrativa (Lei 8.429/1992, art. 7.º).

> «É certo que, em determinados casos de antecipação de tutela, a lei saiu da generalidade contida nas fórmulas empregadas pelos arts. 273 e 461 do CPC, para descrever as situações autorizadoras da tutela de urgência. Tal ocorre no caso das ações possessórias (CPC, art. 924) e nas hipóteses de despejo liminar (Lei 8.245/1991, art. 59). Nesses casos, há que se entender que o deferimento da medida fora dos casos previstos pela lei é ainda mais excepcional e deve ser apreciado com redobrada cautela. Mas não deve significar que, de forma absoluta, seja impossível deferir-se a providência diante de outros requisitos que não aqueles previstos pela lei, desde que afeiçoados à regra geral contida nos já mencionados arts. 273 e 461 do CPC.»

c) positivação de uma regra de fungibilidade entre as medidas. A lei (CPC, art. 805) já estabelece uma regra dessa natureza para as medidas cautelares: a medida poderá «ser substituída, de ofício ou a requerimento de qualquer das partes, pela prestação de caução ou outra garantia menos gravosa para o requerido, sempre que adequada e suficiente para evitar a lesão ou repará-la integralmente». De outra parte, também há a fungibilidade de que trata o § 7.º do art. 273, aplicável entre medidas cautelares e antecipatórias. Mas, em se tratando de tutela antecipada, é preciso considerar que: o juiz antecipa o que dará ao final; e o provimento final deve se ater aos termos do pedido (CPC, art. 460). Portanto, eventual regra de fungibilidade em matéria de tutela de urgência não deve ser confundida com a regra que estabelece a adstrição do juiz ao pedido (supra n. 98).

d) estabelecimento de um regime de efetivação das medidas coerente com a adoção de um modelo de processo sincrético, sem novo processo de execução. A rigor, isso já acontece no sistema, com a supressão da autonomia dos processos de conhecimento e de execução (supra n. 183).

e) regime único de responsabilidade civil objetiva para o requerente da medida de urgência. Embora não haja unidade de regras no direito positivo, tal uniformidade já pode ser extraída do sistema vigente, a partir das regras dos arts. 811 e 574 do CPC.

f) exigibilidade, nos casos de tutela de urgência, de «contracautela». No sistema vigente, a regra é expressa quanto à tutela cautelar (CPC, art. 804). Argumenta-se que a exigência de caução seria incompatível com o regime da antecipação e, de fato, quando da alteração da regra do art. 273 do CPC em reforma processual de 2002, falava-se que a execução da medida antecipada estava sujeita aos requisitos do art. 588, incisos II e III; na falta de menção ao inciso I, que tratava justamente de caução. Mas, ainda que o texto tenha sido alterado pela Lei 11.232/2005, fato é que o regime de execução provisória continua – embora de forma mais atenuada – a exigir caução (CPC, art. 475-O, inciso III). Portanto, tratando-se de provimento antecipatório (tanto mais por isso, aliás), faz sentido que, diante das hipóteses previstas na disciplina da execução provisória, possa ser exigida caução.

190. Classificação das ações (síntese). Como foi dito acima, é com base no *resultado* pretendido pelo demandante que são classificadas as «ações». Por essa razão é que se propôs centrar atenção na mais abrangente e relevante classificação, que é a das *tutelas*, agora entendidas precipuamente com o sentido de *resultado* do processo, tal como pretendido pelo autor na demanda inicial.

Depois de examinadas todas as formas de tutela, convém consolidar o que seja uma classificação das ações a partir desse critério; o que se justifica metodologicamente porque o estudo do direito processual entre nós – e também sua aplicação concreta – continua a dar grande relevância para o instituto da *ação*.

Assim, num modelo no qual atividade declaratória e executiva (ou de cumprimento) são apenas fases de um só processo, poder-se-ia cogitar de não haver mais sentido em se falar na existência das duas grandes e tradicionais categorias: ação de conhecimento e ação de execução. É que, sendo o processo um só, o exercício do direito de ação – do qual resulta, em concreto, a propositura de uma demanda – já deveria ser abrangente de todo o conteúdo daquele mesmo e, repita-se, único processo. Aliás, a desnecessidade de se propor uma nova ação (de execução) depois de proferida a declaração do direito seria, com os desdobramentos daí decorrentes, a grande novidade e o grande mérito da modificação legislativa de que se falou atrás (supra n. 183).

Mas, apesar da adoção do modelo sincrético já descrito, subsiste a classificação que contempla a ação de conhecimento (ou declaratória em sentido lato) e a de execução (supra n. 166). Primeiro, é possível que o processo de execução seja instaurado com base em título executivo extrajudicial. Nesse caso, não há *fase* executiva (ou de cumprimento), mas unicamente processo de execução; portanto, só isso já é suficiente para ditar a subsistência da ação executiva. Segundo e mais importante, o sincretismo entre declaração (ou cognição) e execução não foi suficiente para dispensar o credor de seu ônus de alegação: dele depende a instauração da fase de execução (ou de cumprimento). Tal é o que estabelece o art. 475-J do CPC, ao exigir o «requerimento do credor». Isso significa que, no sistema processual civil vigente, a regra é a de que não há execução ou cumprimento de ofício. Mais do que isso, é lícito entender que, embora formalmente singelo, o pleito do credor para prosseguir no processo para atuação prática do direito declarado encerra exercício do direito de ação. Tanto isso é verdade que continua a vigorar a regra de que a pretensão executiva está autonomamente sujeita à prescrição (CC, art. 206, § 5.º, III).

Também não há sentido em suprimir a categoria da ação cautelar. Sua existência autônoma não se justifica apenas pela circunstância de que, ao menos para o direito positivo, existe a previsão e disciplina de um processo autônomo cautelar; ainda que sempre ligado a um processo «principal». Mesmo que o sistema, no futuro, venha eventualmente a suprimir a autonomia do processo cautelar e que transforme – como ocorre no processo penal – todas as medidas cautelares em pleitos incidentais ao processo (misto de declaração e execução, como visto), só se poderá banir a ação cautelar se tais medidas puderem, sem exceção, ser determinadas de ofício pelo juiz. Enquanto isso não ocorrer, o pleito de medidas cautelares só poderá ser entendido como resultado do exercício do direito de ação; que, no caso, merecerá ser qualificada de ação cautelar.

CAPÍTULO III

CONDIÇÕES DA AÇÃO

191. Condições da ação e direito material. A categoria das *condições da ação* desempenha papel importante na passagem do conceito (abstrato e atípico) de *ação* – entendida como direito ou poder cujo exercício desencadeia o inafastável controle jurisdicional – para a atuação do direito objetivo em casos concretos, como resposta a demandas também concretamente identificadas. A ligação que essas condições estabelecem com o direito material rompe com a generalidade daquela garantia constitucional, dando-lhe contornos mais precisos. Essa categoria reafirma o caráter instrumental da *ação*.

Com efeito, a aferição das referidas condições é feita essencialmente a partir do plano substancial do ordenamento. A partir dele é possível determinar: (i) a eventual existência de vedação, em abstrato, da providência pleiteada pelo demandante – o que indica a possibilidade jurídica da demanda –; (ii) a titularidade da relação jurídica material – donde se extrai a legitimação ordinária e, a partir daí, eventual legitimação extraordinária (sempre autorizada pela lei); e (iii) a utilidade da providência pretendida, isto é, a necessidade de que seja concedida e a sua adequação ao mal de que se lamenta o demandante – do que se extrai o interesse processual.

Nesse contexto, o entendimento tradicional é o de que as condições da ação são requisitos (colhidos na relação de direito material) para que o juiz possa apreciar o mérito – isto é, a pretensão – e, dessa forma, atuar o direito objetivo em concreto e pacificar mediante eliminação da controvérsia. A ausência de qualquer uma das condições da ação se traduz no fenômeno de *carência de ação* que, nos termos do art. 267, VI, do CPC, deve levar à extinção do processo sem resolução do mérito.

192. Razão de ser das condições da ação. Essa construção teórica (que é adotada pelo direito positivo e, portanto, não pode ser simplesmente desconsiderada) é, primeiramente, inspirada na economia processual. Ela se explica pela circunstância de que o exercício do direito de ação, como já foi dito, é instrumental e conexo a uma situação concreta afirmada pelo demandante, ordinariamente à luz do direito material. Sob essa ótica, a aferição das condições da ação nada mais é do que um primeiro e ainda superficial exame da relação material narrada pelo demandante. Trata-se de um juízo formulado com base em cognição não exaustiva da controvérsia que, desde logo, pode antecipar o insucesso do pleito deduzido pelo demandante.

Mas a ideia de economia é insuficiente para explicar a técnica. É que essa última considera também o fato de que a litispendência (pendência do processo) é um ônus não apenas para as partes (especialmente para o demandado, que não fez a escolha de instaurar o processo), mas também para o Estado. Por isso, se de antemão for possível detectar que o autor, ainda que aceitos os fatos por ele afirmados, não pode lograr êxito (justamente pela falta de alguma das condições da ação), é imperativo que o processo seja desde logo extinto.

Isso é muito claro para o direito penal e processual penal porque o valor ali tutelado (liberdade) deixa mais evidente o peso que a pendência do processo representa para o indivíduo e para o Estado. Naquela seara, com maior clareza, percebe-se que o processo, por si só, pode representar uma forma de pena ou de sanção para o indivíduo, pelas repercussões jurídicas, sociais, políticas e econômicas que pode acarretar; repercussões que o contraditório e o direito de defesa nem sempre são aptos a evitar ou a remediar. Naquela seara fala-se em «falta de justa causa» para a ação penal e, em casos extremos, até mesmo para a simples investigação mediante inquérito policial.

A lição, guardadas as devidas proporções, aproveita ao processo civil, em que o prolongamento da litispendência não pode ser encarado como um dado normal da vida das pessoas. De forma análoga, em casos extremos, também é possível obstar o desenvolvimento do inquérito civil que está a cargo do Ministério Público (CF, art. 129, inciso III; e Lei 8.625/1993, art. 25, inciso IV). Providência de tal ordem pode ser pleiteada mediante recurso administrativo contra o ato de instauração (ao Conselho Superior do Ministério Público) ou, eventualmente, perante o Poder Judiciário.

193. Condições da ação e mérito (as «falsas carências»). A circunstância de que condições da ação e mérito são categorias extraídas de uma mesma fonte – isto é, a partir da relação de direito material – em alguma medida justifica o ceticismo de parte da doutrina em relação a tal dicotomia.

Por isso, houve quem reputasse relativa ou mesmo inoperante a distinção entre as duas classes para, então, situá-las em um mesmo contexto e, principalmente, para reputar que decisões de carência de ação e as de mérito devem ser tratadas igualmente. Isso porque ambas projetam efeitos substanciais para fora do processo e, portanto, são igualmente aptas à formação da coisa julgada material. Fala-se que a carência (ausência de condições da ação) seria um julgamento de mérito, apenas feito *prima facie* ou de forma macroscópica.

Sob essa ótica, a sentença de carência tem eficácia declaratória negativa própria das sentenças de improcedência da demanda; efeitos que, portanto, projetam-se para fora do processo. Dessa maneira, não é possível propor novamente a (mesma) demanda e tudo se passa como se fosse um decreto de improcedência. É o que ocorre, conforme exemplos colhidos na jurisprudência, em casos de impossibilidade jurídica do pedido e de ilegitimidade *ad causam*. Eles têm em comum com os de improcedência da demanda a circunstância de que, em ambos, opera-se a rejeição da demanda aforada pelo autor.

Se o julgamento, embora rotulado de «extinção por carência de ação», na verdade apreciou o mérito (=julgou a pretensão), está-se diante de fenômeno que sugestivamente se denominou de «falsa carência» (Dinamarco). Se há projeção de efeitos substanciais para fora do processo, o que prevalece é a essência e não o rótulo da decisão. Essa deve ser considerada como sendo de mérito, para todos os efeitos previstos no ordenamento para essa categoria.

> «Os casos mais recorrentes de «falsas» carências são encontrados quando se trata de legitimidade; o que é explicável pela circunstância de que ela se determina a partir da titularidade da relação de direito material controvertida. Portanto, ela é um aspecto – talvez o mais superficial e aparente – da aludida relação. Exemplo: a vítima de acidente de trânsito ajuíza demanda em face daquele cujo nome consta na repartição pública de trânsito como sendo proprietário do veículo alegadamente causador do evento. Posteriormente, verifica-se que o veículo (não obstante o registro público) fora alienado a outra pessoa antes do acidente. Trata-se de verdadeiro caso de improcedência em face do primitivo proprietário, e não de simples carência, porque o primeiro não responde por dano que tenha sido causado por coisa que não seja mais de sua propriedade. Outros exemplos podem ocorrer quando são indevidamente confundidos o interesse processual e o interesse situado no plano material: erradamente, diz-se que não há interesse legítimo, quando se está a dizer que o interesse não está tutelado no plano material. Portanto, não é situação de carência, mas de improcedência.»

194. Segue: teoria da asserção. Diante das relevantes dificuldades na distinção entre as categorias das condições da ação e do mérito, parte da doutrina aceita a chamada *teoria da asserção*, engendrada certamente na premissa, já indicada, de que *condições da ação* e *mérito* têm na relação de direito material um elemento comum.

Assim, a análise da presença das condições da ação deve ser feita a partir das asserções do demandante na inicial, como se fossem verdadeiras. Então, superado o momento da aferição das condições da ação em cognição sumária, feita a partir dos elementos trazidos pelo autor quando do aforamento da demanda, julgamento posterior, que seja fundado em cognição mais ampla quer em extensão (considerando as alegações eventualmente trazidas pelo réu), quer em profundidade (à luz de outros elementos de prova), será sempre um julgamento tipicamente de mérito.

A teoria, dentre outros, oferece a vantagem de estabelecer nexo entre julgamento do mérito e profundidade da cognição: a formação da coisa julgada material – imutabilidade que impede novo julgamento do mesmo objeto, pelos mesmos fundamentos, entre mesmas partes – somente se justifica diante do caráter exaustivo da cognição.

195. Valor e atualidade da categoria das condições da ação. Não obstante as críticas que a construção teórica sobre as condições da ação possa ter sofrido, ela continua a ter relevância, quando menos pela circunstância de que a lei processual não apenas prevê tais condições (CPC, art. 267, VI), como ainda delas extrai consequências importantes, fundadas na distinção entre sentenças *definitivas* (de mérito; art. 269 do CPC) e *terminativas* (que não apreciam o mérito; art. 267 do CPC). Quando menos, essa categoria estabelece uma forma racional de exame da relação de direito material e, nessa medida, configura uma espécie de *método* para a cognição que a respeito o juiz deve exercer.

O comando legal de extinção do processo diante da carência de ação – agora vista no contexto mais adequado – continua a ser útil para o sistema por significar que não se tolera a pendência de processos aos quais se possa dar solução pronta. A técnica subsiste como ferramenta a serviço do devido processo legal, sob a ótica da garantia de duração em tempo razoável e, mais amplamente, da tutela jurisdicional (supra n. 52). Controvérsia que possa imediatamente ser dirimida e que subsiste é, pelo indevido e injusto prolongamento da litispendência, a negação da tutela jurisdicional (na acepção mais ampla antes preconizada) que o sistema promete dar aos cidadãos.

A experiência demonstra que, não raramente, há indevida postergação do exame de questões ligadas às condições da ação: são as decisões que remetem a apreciação das preliminares «para final do processo». É o oposto do fenômeno das «falsas carências» (supra n. 193), na medida em que o objeto é, por assim dizer, tratado como uma falsa questão de mérito; ou, sob a ótica da asserção, a esse objeto se atribui um nível de cognição que lhe é rigorosamente dispensável e que não tem outra função que não a de prolongar indevidamente o processo. Assim, a apreciação no momento correto (mesmo que em cognição sumária, porém eventualmente suficiente) tende a evitar a prática de atos inúteis, poupando-se encargos para as partes e especialmente para o Estado – aliás, essa é uma das razões de ser da técnica assim engendrada, como foi visto acima.

Além disso, e como dito antes, a distinção entre sentenças definitivas (que definem a controvérsia) e de carência tem relevância prática: a) em tese, a extinção do processo sem resolução do mérito (suposto que não tenha havido projeção de efeitos substanciais para fora do processo) autoriza a propositura da mesma demanda novamente (CPC, art. 268), desde que pagas eventuais custas do processo anteriormente extinto; b) por opção do CPC de 1973 (diverso, nesse tópico, do precedente) somente a sentença de mérito (novamente porque ela projeta efeitos para fora do processo) é passível de ação rescisória (CPC, art. 485); c) no caso de extinção sem resolução do mérito, há quem ponha em dúvida o efeito interruptivo da prescrição de que trata o art. 219 do CPC; d) a pretexto de ser a matéria relativa a alguma das condições da ação, o órgão competente para o julgamento de recurso pode encontrar boa justificativa para julgar além dos limites da devolução, invocando o efeito que permite a «translação» de matéria de ordem pública (CPC, art. 267, § 3.º); e) qualificar tal ou qual sentença como de carência pode resultar na incidência do disposto no § 3.º do art. 515 do CPC, com as dúvidas de interpretação dele decorrentes.

196. Condições da ação e inafastabilidade do controle jurisdicional. Poderia soar paradoxal que, estabelecida a inafastabilidade da tutela jurisdicional pela Constituição (art. 5.º, XXXV), viesse depois lei a estabelecer requisitos ali não previstos.

Mas, vistas as condições da ação em sua correta perspectiva de coordenação entre direito processual e direito material, e sempre reafirmado o caráter instrumental da ação, não há paradoxo nem conflito. Quando se exercita a posição ampla e genérica garantida pela Constituição, propõe-se uma demanda que, necessariamente, envolverá determinados sujeitos, fatos e fundamentos jurídicos e um pedido. Portanto, não há como ingressar em juízo sem essa ligação concreta com o plano substancial, no qual, afinal de contas, está a crise a ser superada.

A técnica das condições da ação (com ou sem a aplicação da teoria da asserção) não é limite indevido ao exercício do poder de ação justamente porque ela estabelece uma ligação lógica e indispensável com o direito material (supra n. 191). Mas vale especialmente para o legislador a advertência feita em doutrina, segundo a qual a técnica processual de fato não poderá estreitar os canais de acesso à tutela jurisdicional, a ponto de torná-la desproporcionalmente seletiva, o que equivaleria a excluir situações submetidas ao controle jurisdicional. Se isso ocorrer, é muito mais provável que o óbice esteja no plano dos pressupostos processuais (infra n. 258) do que propriamente no plano das condições da ação – que, na verdade, conduzem ao plano material, conforme tantas vezes enfatizado.

«Por exemplo, quando o Legislador exige depósito de percentual do valor de tributo ou de multa objeto de contestação pelo contribuinte, como condição para que seja julgado o mérito de demanda visando à desconstituição do título executivo, o requisito não está propriamente no plano das condições da ação, mas do processo. Nem mesmo em falta de interesse de agir se poderia falar porque a utilidade do provimento remanesce com ou sem o cumprimento da exigência mencionada.»

Se, por outro lado, a lei exclui certa situação substancial do controle jurisdicional, é preciso verificar realmente se isso é compatível com a regra inscrita no art. 5.º, inciso XXXV, da Constituição. Isso pode ocorrer nos limites postos ao controle dos atos políticos e atos da Administração (supra n. 50 e 51). Mas, para ilustrar, seria inconcebível que a lei estabelecesse não haver interesse de agir para reclamos cuja expressão monetária fosse abaixo de determinado valor. Por isso, por mais tênue que seja o proveito a ser obtido com um provimento judicial, haverá interesse de agir. Não cabe – nem mesmo em providências excepcionais (como é o caso da ação rescisória) – invocar tal caráter para se cogitar da irrelevância ou insignificância da demanda para a ordem jurídica.

Não é que o custo do processo seja irrelevante diante do valor do bem que se busca tutelar. Contudo, é preciso considerar não apenas que há bens de valor inestimável sob a ótica patrimonial, mas especialmente a circunstância de que a consecução dos escopos da jurisdição (jurídico, social e político) não se afeiçoa a uma visão apenas econômica do fenômeno. Pensar assim seria trair a promessa de justiça que impede agir pelas próprias mãos e liberar a transgressão à ordem jurídica em situações de menor expressão econômica.

«Coisa diversa é a opção da Fazenda Pública de abrir mão da cobrança de créditos fiscais inferiores a determinado valor. Nesse caso, não se trata de excluir o controle estatal do interessado. Trata-se de situação na qual o próprio interessado abre mão de sua pretensão por reputá-la economicamente inviável, no confronto com os encargos que acompanham os atos necessários para a respectiva recuperação. É a hipótese prevista no art. 21 da Lei 11.033/2004 que alterou o art. 20 da Lei 10.522/2002, o qual passou a dispor: «Serão arquivados, sem baixa na distribuição, mediante requerimento do Procurador da Fazenda Nacional, os autos das execuções fiscais de débitos inscritos como dívida ativa da União pela Procuradoria-Geral da Fazenda Nacional ou por ela cobrados, de valor consolidado igual ou inferior a R$ 10.000,00 (dez mil reais).»

197. Condições «especiais» da ação. Em parte da doutrina, colhe-se a ideia de que, em certos casos, haveria condições da ação «especiais». Invoca-se a regra do art. 267, VI, do CPC, que fala na extinção do processo sem julgamento do mérito «quando não concorrer qualquer das condições da ação, como a possibilidade jurídica, a legitimidade das partes e o interesse processual». Daí, portanto, poder-se-ia pensar em ações *típicas* como sendo aquelas submetidas a condições «especiais».

Contudo, a trilogia consagrada na doutrina que aceitou, sistematizou e até aperfeiçoou a categoria das chamadas condições da ação é apta a abarcar tudo o quanto diga respeito ao exercício da *ação*, por oposição ao que respeita ao mérito da causa. Assim, firmada a premissa de que tais condições são colhidas essencialmente no plano substancial, não há sentido em se falar em condições especiais porque a especialidade é própria de uma dada situação substancial e, como tal, não interfere em uma categorização que é simplesmente processual.

Certo é que para cada demanda passível de proposição podem ser diversas as respectivas condições da ação. Mas isso se dá pelo simples fato de que à base de cada demanda (projeção concreta do exercício do direito de ação) apresenta-se uma situação material (afirmada) diversa. Isso, contudo, não revela qualquer utilidade na busca ou determinação de condições «especiais» da ação. Buscar a tipicidade da ação nessa seara seria tão equivocado (e sem validade metodológica) quanto buscá-la na situação substancial afirmada pelo demandante, ou ainda no «bem da vida» (pedido «mediato») por ele pretendido.

198. Condições da ação, pressupostos processuais e (as assim ditas) «condições de procedibilidade». As condições da ação, ao menos quando vistas em sua perspectiva tradicional, são qualificadas como requisitos para julgamento do mérito. Sua falta, conforme já foi visto, redunda em carência de ação e extinção do processo sem resolução do mérito. Mas há outra categoria que, conquanto diversa, também é antecedente lógica do julgamento do mérito: são os *pressupostos processuais* que, conforme resulta da expressão, são requisitos respeitantes ao processo, e não propriamente ao exercício da ação ou ao direito material. Pelo aspecto comum que apresentam, é possível falar num gênero a abarcar as condições da ação e os pressupostos processuais: os pressupostos ou *requisitos de admissibilidade do julgamento do mérito*.

A busca do gênero comum, por um lado, é metodologicamente correta e útil. Sob a ótica da atuação do direito objetivo e da solução da controvérsia, realmente basta uma verificação linear dos requisitos dos quais dependem aqueles escopos. Na contraposição ao julgamento do mérito, todos eles estão no patamar operacional de *preliminares*, que antecedem e condicionam o julgamento do mérito.

Mas, se a consciência acerca do tronco comum é importante, ainda assim é essencial a distinção. Pressupostos processuais são considerados pela doutrina como requisitos de instauração e desenvolvimento válido e regular do processo (infra n. 258). Em termos lógicos, o reconhecimento da presença das condições da ação – categoria que se liga ao direito material – precede o exame dos pressupostos processuais. Em tese, somente depois de exercitado o direito de ação e proposta uma demanda é que nasce a relação processual e, portanto, é a partir daí que se pode falar em pressupostos de existência e de validade do processo.

É certo que, dentro da categoria dos pressupostos processuais, aqueles relativos à jurisdição (investidura, imparcialidade, competência) também são, ao menos em alguma medida, anteriores à instauração do processo: deles se cogita nesse momento. Isso porque é preciso saber se a pessoa ou o órgão a quem se pretende dirigir a demanda tem investidura (sem a qual sequer é possível falar em processo existente); se é imparcial; e, finalmente, se é competente. Apesar disso, evidentemente o plano substancial precede o processual e isso confirma a ordem lógica acima indicada. E a ordem lógica é importante no método empregado para a cognição, que passa por um processo de escalada; que vai das condições da ação, passando pelos pressupostos processuais, até chegar ao exame dos requisitos ou condições previstas pelo direito material, para determinar se o autor tem razão no pleito que dirige.

> «Nos casos em que a tanto está autorizado, soa lógico e racional que o juiz aprecie, antes de tudo, sua própria competência; embora isso não deva ser pretexto para se eximir da apreciação, ainda que excepcional, de pleitos de urgência (supra n. 135). O mesmo pode ser dito, até com maior razão, sobre sua própria imparcialidade. Fora daí, colocar-se o exame dos pressupostos processuais como dado prioritário na cognição é método que gera o risco de iniquidades; como pode ocorrer quando, antes de tudo, está o juiz preocupado com o adequado recolhimento de taxa judiciária.»

Mas não se trata apenas de um problema de ordem lógica da cognição. Quando o processo é extinto sem resolução do mérito por ausência de pressuposto processual, fica mais claro e evidente que a eficácia da sentença é apenas processual e que a relação material controvertida permaneceu tal como existia antes do processo (no estado de crise que levou à propositura da demanda – supra n. 3). A relação processual tem objeto, sujeitos e pressupostos próprios, que não se confundem com os correspondentes elementos da relação material (ainda que alguma forma de interação possa até existir). Portanto, a sentença terminativa fundada na ausência de pressuposto processual é, mais claramente, um ato que não define (ou resolve) a lide. Já no caso das condições da ação, a mesma coisa não pode ser dita, justamente porque tais condições são aferidas a partir da relação material – a ponto de, como foi visto, parte da doutrina negá-las como categoria diversa do mérito.

Assim, conquanto a expressão seja empregada eventualmente, não há justificativa lógica para se falar em *condições de procedibilidade*: ou bem se trata de condição da ação, que é colhida na relação material, tal como foi exposto; ou se trata de pressuposto processual, que é requisito de regularidade do processo. Se o que se quer referir com o termo *procedibilidade* é requisito relativo ao procedimento, tal não se justifica porque o procedimento está contido no conceito de processo e, portanto, englobado pela categoria dos pressupostos processuais. Por sua vez, se o que se quer designar é requisito de adequação do processo (ou mesmo do procedimento), está-se no terreno do interesse de agir, que é uma das condições da ação. Portanto, preferível evitar o emprego do termo *procedibilidade*, que nada acrescenta à categoria dos pressupostos de admissibilidade do julgamento do mérito.

199. Possibilidade jurídica da demanda. Em sua concepção original, essa condição da ação consiste na inexistência de vedação, *a priori* e em abstrato pelo ordenamento (plano material), do efeito jurídico pretendido pelo demandante. Embora concebida apenas como possibilidade do *pedido*, essa condição pode ser vista de forma mais ampla, de forma a abarcar os demais elementos da *demanda*: é o caso da impossibilidade de execução mediante expropriação em confronto da Fazenda Pública, a qual tem a prerrogativa de se submeter ao regime dos pagamentos por precatórios (portanto, impossibilidade pela *parte*); ou da impossibilidade de se cobrar obrigação natural, como é o caso da dívida de jogo (portanto, impossibilidade pela *causa de pedir*). Daí se falar também em possibilidade jurídica da *demanda* (Dinamarco).

A ligação desse requisito com o direito material é evidente. A vedação do ordenamento ao pleito do autor é caso típico de improcedência que pode ser reconhecida desde logo. Excetuando-se a hipótese em que a situação trazida a juízo tem contornos exclusivamente processuais (como é o caso da ação rescisória), é no plano substancial que se colhe a existência de eventual vedação em abstrato da providência pleiteada pelo demandante (=impossibilidade jurídica).

Nem mesmo se justifica tentar estabelecer ligação desse requisito com o interesse de agir, que deve ser entendido como utilidade do provimento e que, portanto, nada tem com o conteúdo pretendido para a possibilidade jurídica. Quando muito, o interesse de que se poderia cogitar seria aquele afirmadamente tutelado no plano material. Mas um e outro interesse não se confundem e eventual apelo ao interesse regulado pelo direito substancial apenas reforçaria a conclusão de que, afinal de contas, está-se diante de improcedência da demanda detectável imediatamente.

Portanto, nesta quadra da ciência processual, o reconhecimento dessa dita condição da ação como algo diverso do mérito só se justifica pelas razões anteriormente expostas (supra n. 195), diante da subsistência de alguma utilidade metodológica para a categoria das condições da ação (método de cognição e imperativo de julgamento abreviado).

200. Possibilidade jurídica e tipicidade da ação. Parte da doutrina estabelece uma relação entre a tipicidade do direito material e a tipicidade da ação: uma ação seria típica se e quando suas hipóteses de cabimento estivessem arroladas taxativamente na lei. Esse seria o caso da ação penal, em razão da tipicidade vigente no plano substancial do ordenamento, nesse caso.

Realmente, não há como negar que, em diferentes situações de direito material, vigorem regras de estrita tipicidade. Contudo, não há utilidade metodológica e prática no direito processual civil em identificar a tipicidade substancial, de um lado, e a tipicidade da ação, de outro lado. Quando muito, a tipicidade do direito material facilitará a constatação, desde logo, de que a demanda é improcedente. Nessa medida, a constatação de ser impossível produzir os efeitos jurídicos desejados pelo demandante acarreta o fechamento prematuro das vias de acesso à tutela jurisdicional.

Na esfera civil, cogita-se da tipicidade, pela causa de pedir, da ação rescisória, cujos fundamentos possíveis estão arrolados de forma taxativa na lei (CPC, art. 485). Embora isso possa até ser correto, é preciso não dar a essa tipicidade uma extensão que não deve ter. O fato de a lei prever hipóteses exaustivas não impede que se dê ao instituto uma interpretação coerente com sua finalidade de corrigir graves injustiças, ainda que acobertadas pela coisa julgada material. Isso significa, por exemplo, entender que cabe rescisória toda vez que qualquer provimento (não apenas e restritivamente uma sentença) projetar efeitos substanciais para fora do processo. Será incoerente o sistema processual que dê interpretação excessivamente restritiva à rescisória, a pretexto de sua tipicidade, para depois permitir a desconsideração da coisa julgada fora do processo do aludido remédio.

201. Legitimidade ordinária e extraordinária. A legitimidade ativa e passiva – também referida classicamente como a pertinência subjetiva da ação – indica quem é o titular do poder de ação. Ordinariamente, essa titularidade coincide com aquela extraída da relação de direito material: têm legitimidade ativa e passiva, conforme o caso, os protagonistas da relação material controvertida. Mais ainda: exatamente porque esse requisito é colhido na relação de direito material e porque é para lá que se dirigem os efeitos substanciais da sentença de mérito (que resolve a controvérsia), a legitimidade pode ser aferida também a partir da identificação dos destinatários diretos da eficácia do provimento. Sob esse outro ângulo, é possível ligar legitimidade e interesse: é legitimado aquele a quem o provimento possa trazer utilidade (elemento que resume a essência do interesse processual), por ser necessário e adequado.

Daí a regra inscrita no art. 6.º do CPC, segundo a qual ninguém pode pleitear em nome próprio por direito alheio, salvo se autorizado por lei. A regra é rigorosamente lógica e democrática: ninguém pode falar em nome de outrem e, pior ainda, pretender que terceiro seja vinculado por decisão que não postulou. Isso não apenas feriria o princípio do contraditório, mas significaria prestar jurisdição a quem não teve a iniciativa de invocá-la.

Porém, há situações em que a lei reconhece que determinada pessoa está legitimada a falar em nome próprio pelo direito de outrem. São situações relevantes, mas ainda assim excepcionais; daí a necessidade de previsão legal expressa, que não comporta interpretação extensiva. Nesses casos, fala-se em *legitimidade extraordinária*, cujo exercício redunda no fenômeno da *substituição processual*, em que alguém fala em nome próprio por interesse alheio, com uma dissociação entre o titular do direito de ação ou de defesa e o titular do direito material deduzido em juízo.

Na doutrina, colhe-se desdobramento da legitimação ordinária em *simples* ou *concorrente*. Na primeira o titular do afirmado direito material exerce o direito de ação ou de defesa de forma isolada e independentemente da participação de outro sujeito de direito; na segunda, o exercício do mesmo direito pode ou deve ser feito conjuntamente com outro sujeito de direito mediante a formação de litisconsórcio (CPC, arts. 46 e 47). Daí se dizer, corretamente, que esse último instituto, antes de ser um problema de pluralidade de partes, é um desdobramento do tema da legitimidade (infra n. 204).

Também a legitimação extraordinária foi desdobrada pela doutrina: *autônoma*, na qual o sujeito detentor da legitimidade extraordinária exerce o direito de ação ou de defesa sem qualquer dependência da atuação do titular do direito material; *exclusiva*, na qual a atuação do legitimado extraordinário exclui a iniciativa do titular do direito material; *concorrente*, quando a atuação do legitimado extraordinário não exclua e possa conviver com a atuação do titular do direito material; e *subordinada*, desde que o legitimado extraordinário dependa da intervenção do titular de direito material (Barbosa Moreira).

A legitimidade extraordinária e a substituição processual distinguem-se da *representação processual* ou da *representação orgânica* (a qual supre a impossibilidade material de prática de atos pela pessoa jurídica representada), na medida em que o representante atua em nome e no interesse do representado.

202. Parte, parte legítima e terceiro. A legitimidade é colhida no plano material do ordenamento (ainda que ela seja extraordinária e, portanto, buscada na lei). Portanto, não se confundem os conceitos de *parte* e de *parte legítima*. O conceito de parte é formal: basta que o sujeito integre, de alguma forma, a relação processual para que seja considerado como parte. Desse modo, é imperfeita a redação do art. 3.º do CPC quando afirma que para propor e para contestar é preciso haver interesse e legitimidade: o réu, ainda que depois venha a ser reconhecido como parte ilegítima, tem a prerrogativa de se defender (até mesmo para alegar sua ilegitimidade ou a falta de interesse do autor).

O tema está ligado a outro, que lhe é complementar, e que diz respeito ao *terceiro* – com desdobramento nas respectivas formas de intervenção no processo de outrem. Sob a ótica formal, *terceiro* é, por exclusão, todo aquele que não é parte; isto é, não é autor, não é réu e não está em contraditório perante o juiz. Mas a compreensão do tema do *terceiro* vai além do aspecto formal justamente porque, para saber se e quando ele pode ingressar em processo em que outros figuram, é preciso analisar sua posição na relação de direito material; o que remete novamente à fonte a partir da qual se extrai a legitimação.

Daí porque os temas estão diretamente ligados. É preciso determinar quem são os titulares da relação material posta em juízo, destinatários diretos da eficácia da decisão: eles são os legitimados e, no processo, ocuparão a qualidade de autor e réu, conforme o caso. Além deles, pode haver aqueles que são titulares de relações jurídicas conexas ou dependentes daquela posta em juízo e que, precisamente por esse nexo, podem ter suas esferas jurídicas atingidas, ainda que de forma reflexa. Esses são os terceiros juridicamente interessados, que poderão intervir na forma de assistentes (CPC, arts. 50 e seguintes) ou, eventualmente, por outro modo, a ser mais adequadamente estudado ao ensejo do exame exaustivo da intervenção de terceiros.

203. Legitimidade e direito material. De forma análoga ao que se passa no caso da possibilidade jurídica do pedido, a ligação da legitimidade ordinária com o direito material é evidente. Aqui também é possível dizer que, uma vez constatada a sua ausência, trata-se de caso de improcedência que pode e deve ser reconhecida desde logo. Mesmo no caso da legitimidade extraordinária (aquela em que não há titularidade da relação material e ela decorre apenas da vontade da lei), sua aferição considera aspectos da relação material. Assim ocorre especialmente quando há alguma margem para que, em concreto, verifique-se se o autor preenche os requisitos que a lei estabelece para autorizar que venha a juízo falar em nome próprio por direito alheio. Isso acontece, por exemplo, quando se discute se o Ministério Público pode defender interesses disponíveis, ainda que tenham dimensão coletiva (em função do disposto nos arts. 127, *caput*, e 129, III, da CF). Também ocorre quando se quer saber se há pertinência temática a justificar que tal ou qual pessoa (por exemplo, partido ou associação) venha a juízo, em nome próprio, para tutela do interesse de outrem. Nesse último caso, é preciso saber se referida tutela estaria, ou não, prevista como escopo institucional em seus estatutos, conforme exigência do art. 82, IV, do CDC.

Portanto, aqui também, o reconhecimento da legitimidade como uma das condições da ação encontra justificativa não apenas na expressa referência do texto legal (CPC, art. 267, VI), mas também como *método* de cognição e como imperativo de julgamento abreviado em prol de exigências de economia e racionalidade, sempre que isso for possível (supra n. 195).

204. Legitimidade e pluralidade de partes (litisconsórcio). No caso da legitimidade, não obstante sua inegável ligação com o direito material, esse tema tem importante desdobramento processual, que é o da pluralidade de partes. Quando se trata de litisconsórcio facultativo (no qual duas ou mais pessoas *podem* figurar num dos polos da relação processual), a repercussão processual da legitimidade é menos relevante porque, nesse caso, trata-se de cúmulo subjetivo de demandas em um mesmo processo (CPC, art. 46). Elas são objeto de um mesmo processo, embora elas pudessem estar fracionadas, de sorte a ensejar tantos processos quanto o número de litisconsortes.

Contudo, quando se trata de litisconsórcio necessário, a determinação dos legitimados interfere diretamente com a regularidade da relação jurídica processual. No caso do litisconsórcio passivo, a falta de um dos litisconsortes, se não for sanada por iniciativa do autor, resolve-se na extinção do processo sem resolução do mérito (CPC, art. 47, parágrafo único). Lembre-se que ninguém pode ser compelido a demandar e que, portanto, o juiz não determina diretamente a citação do litisconsorte necessário ausente, sendo ônus do autor a emenda da inicial. Portanto, a falta atua como ausência de pressuposto processual e, nesse caso, não é correto dizer que a legitimidade seja aspecto exclusivamente ligado ao direito material.

No polo ativo, se o litisconsorte necessário não comparece, há divergência doutrinária a propósito da solução. Para alguns, a omissão se resolve pela citação daquele que deveria ser autor para figurar como réu; para outros (e essa é a posição que se afigura correta), a ausência se resolve em extinção do processo sem resolução do mérito por ilegitimidade ativa. É que o autor presente falaria em nome próprio, por direito próprio; mas também em nome próprio por direito alheio – o que, sem autorização legal, é inviável (CPC, art. 6.º).

A relação material e, portanto, o tema da legitimidade também tem relevância quando se cogita da relação entre litisconsortes. Se a relação material for incindível, isso ditará o que se convencionou chamar de litisconsórcio *unitário*: aquele no qual a decisão deverá ser uniforme para todos os litisconsortes, isto é, a eficácia da sentença terá que ser a mesma para todos eles porque a relação material que integram é monolítica e só comporta regramento idêntico para todos.

205. Interesse processual. Já se teve a oportunidade de destacar a importância que o conceito de *interesse* tem para o Direito e, como não poderia deixar de ser, para o Direito Processual: a organização da vida em sociedade está assentada em normas que disciplinam a convivência de diferentes *interesses* e o processo desempenha relevante papel diante dos conflitos que podem daí resultar (supra n. 1).

O interesse – entendido como aptidão de determinado bem ou pessoa a satisfazer a necessidade de outrem, de sorte a existir uma complementação ou nexo de *utilidade* – pode ser visto, na órbita jurídica, sob duas óticas. Assim, fala-se no interesse *primário*, que é o interesse tutelado no plano substancial do ordenamento; e no *secundário,* que é o interesse processual. A distinção é necessária, dentre outros, porque a indevida confusão entre os dois conceitos pode levar ao fenômeno das assim denominadas *falsas carências* (supra n. 193). Reconhecer que não existe o interesse processual leva à extinção do processo sem resolução do mérito (CPC, art. 267, VI); o que significa dizer que a controvérsia remanesce não resolvida e que, portanto, ela pode ser novamente submetida ao controle jurisdicional (estatal ou arbitral). Reconhecer que não existe o interesse substancial leva ao julgamento da improcedência da demanda, com a formação de coisa julgada material, a impedir novo julgamento da mesma controvérsia, justamente porque já resolvida.

O interesse processual – ou interesse de agir – consiste na *utilidade* que o provimento possa trazer ao demandante, considerando-se para tanto os termos da controvérsia por ele próprio trazida a juízo (conforme o objeto do processo). Em termos lógicos, deve existir aptidão da providência pleiteada para sanar a crise de que se queixa o demandante. Assim, costuma-se dizer que o interesse resulta do binômio composto pelos elementos *necessidade* e *adequação*. Mas o mais correto é afirmar que esses dois elementos são indicadores da *utilidade*: se o provimento é necessário e, mais do que isso, é adequado a remediar o mal de que se queixa o demandante, então ele é útil.

A *necessidade* advém da impossibilidade de resolução da controvérsia sem a intervenção estatal, via processo: quer porque as partes não chegaram a autocomposição e não podem valer-se – salvo casos excepcionais – da autotutela; quer porque a intervenção judicial é indispensável porque só pelo processo se pode produzir o efeito jurídico pretendido (casos de processo «necessário»).

Relembre-se que a possibilidade (excepcional) de autotutela não exclui de pronto o interesse processual, sob a ótica da necessidade. Portanto, ainda quando autorizado a se valer de suas próprias forças, o titular do direito pode invocar, de forma preventiva, a intervenção jurisdicional (estatal ou arbitral), para obter o resultado desejado e que seria produzido mercê de sua conduta. O interesse decorre da utilidade de se submeter desde logo a controvérsia à resolução por terceiro imparcial (supra n. 7).

206. Interesse e via processual adequada («ação cabível»). Já quanto à adequação é preciso cautela para que não se restrinja indevidamente a tutela jurisdicional. Com efeito, são frequentes as referências ao descabimento desta ou daquela via processual, diante de certa situação de direito material afirmada pelo demandante, que então é tido como carecedor de ação por falta de interesse de agir (inadequação da via eleita). Mas no emprego de expressões como «ação cabível» ou «via processual adequada» constata-se referência a fenômenos diversos que, sendo tratados de forma indistinta, podem conduzir a conclusões distorcidas. Assim, é preciso cuidado para que, na passagem da ação «constitucional» (incondicionada) para a «ação processual» (condicionada, vez que exercida de forma conexa a uma dada relação material afirmada pelo demandante), não se perca o sentido e o alcance dessa primeira garantia.

Não há dúvida de que para cada situação de direito material afirmada deve corresponder um provimento apto, em tese, a solucionar a situação de que se queixa o demandante. Também não há dúvida de que entre uma coisa e outra há uma relação de complementação, de onde exatamente advém a utilidade (e, portanto, o interesse). Além disso, para cada situação material afirmada deve haver um procedimento adequado, para que se chegue à edição daquele provimento; quando menos, haverá sempre procedimento residual, que é o procedimento comum ordinário.

Assim, quando se busca o interesse processual relativamente ao elemento adequação, devem ser levados em conta os seguintes dados: a) compatibilidade entre pedido (provimento invocado) e situação lamentada pelo demandante, de tal sorte que, em tese, a providência alvitrada pelo autor seja idônea a solucionar o mal de que se lamenta; b) compatibilidade entre o procedimento adotado pelo autor e a situação afirmada pelo demandante, de modo que os atos processuais, por seu encadeamento, sejam aptos a conduzir o demandante ao ato final que, como visto, é (deve ser) idôneo à superação do estado de coisas exposto pelo autor.

Sob uma perspectiva negativa, é preciso considerar: a) a irrelevância do *nome* ou *rótulo* que se tenha consignado no veículo da demanda, que é a petição inicial; b) que o equívoco quanto ao procedimento eleito não impede necessariamente que se atinja o provimento (resultado) desejado – quer porque seja possível adequá-lo ao procedimento correto, quer porque não existam diferenças expressivas entre o procedimento eleito e aquele ditado pela lei; c) que a invocação do fundamento legal não afeta o interesse de agir e não vincula o órgão julgador, que deve considerar os fatos e fundamentos jurídicos expostos pelo demandante, nos termos do objeto do processo.

207. Legítimo interesse de agir. Não basta que a utilidade do provimento seja vista sob a ótica do demandante; ela deve ser vista, igualmente, sob a ótica do Estado. Daí corretamente se dizer que o interesse de agir há que ser *legítimo*. A litispendência é onerosa para o demandado e também para o Estado, de tal sorte que o emprego de recursos deve encontrar contrapartida em resultado apto a atuar a vontade do direito objetivo e a pacificar. É preciso verificar a utilidade social da iniciativa do autor, só admissível quando dirigida à consecução dos escopos jurídico e social da jurisdição, de fazer justiça e de pacificar, respectivamente.

> «Ilustra bem a situação o pleito de sentença condenatória (=de prestação) quando a obrigação já consta de documento particular, cuja eficácia executiva é rigorosamente a mesma que a do título que se pretende constituir. Não haveria necessidade em se propor uma demanda que culminaria com um título executivo; do qual já se dispõe de antemão. Contudo, nesse caso é preciso considerar também que o sistema processual brasileiro evoluiu para estabelecer a possibilidade de antecipação como regra geral do sistema; e que, uma vez antecipada a tutela, sua atuação prática se dá de forma quiçá mais expedita do que aquela que teria lugar numa execução fundada em título extrajudicial. Portanto, não se descarta que, não obstante a existência do título extrajudicial, o recurso à via cognitiva (declaratória) seja mais útil para o demandante do que a via executiva. Se aceita essa premissa, então há interesse de agir na hipótese referida.»

Para que o interesse de agir seja legítimo, é preciso também que haja utilidade do provimento invocado sob a ótica do escopo *político* da jurisdição, isto é, de afirmação do poder estatal (supra n. 118). Como já foi examinado, a impossibilidade para cumprir em território estrangeiro decisões aqui proferidas e a irrelevância de certos conflitos para o Estado brasileiro restringem o exercício da jurisdição às causas em que ele possa ser útil e efetivo. Novamente, considera-se que a jurisdição é uma atividade onerosa para o Estado e que, portanto, não deve ser exercida desnecessariamente. Onde o Estado não for apto a decidir e impor decisões – essência do poder – não há sentido para o controle jurisdicional. Pode até existir interesse do autor, entendido como utilidade da providência invocada; mas esse interesse não será legítimo sob a ótica estatal.

Projeção desse tema está nos casos em que eventualmente se condicione o cabimento de recursos para Cortes Superiores à *relevância* que o respectivo julgamento possa ter para o sistema. Conquanto o tema não seja usualmente tratado ao ensejo do interesse processual, ele pode ser inserido aí: embora o recurso possa ser necessário e adequado para a parte que foi derrotada, a reapreciação do tema não é vista como útil para o sistema, exceto se dele puder resultar *repercussão geral*. Há interesse, mas ele não é considerado *legítimo* pelo sistema.

A locução acima referida é precisamente a empregada pelo art. 102, § 3.º, da Constituição Federal, ao limitar o cabimento do recurso extraordinário – meio pelo qual questão constitucional é submetida ao Supremo Tribunal Federal, em dado caso concreto. Instrumento análogo já vigorou no direito positivo brasileiro, antes da Constituição de 1988, quando o mesmo tribunal também exercia o papel de uniformizar a interpretação da lei federal; o que hoje é feito pelo Superior Tribunal de Justiça. À época, vigorava a *arguição de relevância de questão federal*, além da Súmula 400 do STF, que reputava inadmissível o recurso extraordinário quando o acórdão recorrido conferisse «interpretação razoável» a determinada norma.

208. Interesse de agir no desenrolar do processo. O interesse, tal como anteriormente delineado, não deve ser visto apenas como uma condição para ingresso em juízo, mas deve estar presente ao longo de todo o desenvolvimento do processo. Isso, então, pode ser visto sob diferentes aspectos.

Quando se fala em interesse de *agir*, não se está a pensar apenas no exercício do direito de ação em sua ótica sintética (ato de postulação inicial); mas sim em sua perspectiva analítica, isto é, abrangente do feixe de posições de vantagem de que é titular o autor ao longo de todo o processo (supra n. 12). Portanto, para o exercício de cada uma dessas posições – e para a prática dos atos processuais correspondentes – é preciso interesse: necessidade e adequação, a indicar que o objetivo almejado a cada passo do processo pelo autor é útil (para ele e sob a ótica do Estado).

Daí se falar, por exemplo, no interesse recursal, ao qual a doutrina associa o fato objetivo da derrota (ou da sucumbência). Mais corretamente, há interesse recursal quando, pelo recurso, for possível obter situação praticamente mais vantajosa para a parte do que aquela que foi estabelecida pela decisão ou sentença. Nesse caso, o recurso será útil. Projeções análogas podem ser feitas sobre outras posições processuais, dentre as quais o direito à prova: por exemplo, não há interesse em provar fatos incontroversos, impertinentes e irrelevantes (CPC, art. 334); ou, não é adequada a prova exclusivamente testemunhal em certas hipóteses, tal como previsto pelo art. 401 do CPC.

Sob essa ótica, o interesse processual não é apenas exigível do autor, mas do réu e de todos quantos pretendam atuar no processo. Para o demandado, seu interesse para contestar advém da simples condição de réu; ainda que seja para alegar apenas sua ilegitimidade passiva – daí ser imperfeita a dicção do art. 3.º do CPC. E, para as demais posições processuais de que é titular, o demandado deve, tanto quanto o autor, demonstrar interesse.

No caso do terceiro, seu ingresso sob a forma de assistência (CPC, art. 50) é condicionado ao interesse jurídico. Embora tal dado deva ser considerado à luz da relação material de que seja protagonista esse terceiro, uma vez que ele ingresse no processo, a exigência do interesse processual também a ele se aplicará. Poderá haver alguma variação conforme se trate de assistente simples ou qualificado (CPC, art. 54), porque diferentes as posições processuais de cada um deles.

209. Segue: perda ulterior do interesse processual (carência superveniente). Não há dúvida de que a presença do interesse de agir deve ser aferida pelo órgão judicial quando da propositura da demanda, inclusive e especialmente para que ela seja rejeitada de pronto, se for o caso. Relembre-se que a técnica das condições da ação foi engendrada para que o Estado não desenvolva atividades inúteis e que, mesmo em primeiro e menos aprofundado exame, não poderiam levar ao resultado pretendido (supra n. 192).

Contudo, essa mesma justificativa leva a dizer que o exame do interesse de agir, em particular, deve ser feito também até o momento da prolação da sentença (inclusive). Assim, se no curso do processo esse interesse desapareceu, tal fato superveniente deve ser levado em conta, inclusive à luz do que dispõe o art. 462 do CPC. Diz-se, nesses casos, que o processo teria «perdido o objeto»; o que, embora seja compreensível, é modo imperfeito porque perdida terá sido a utilidade que o provimento poderia ter para superar a crise verificada no plano material. Essa perda superveniente pode decorrer da circunstância de que o efeito jurídico pretendido pelo autor já se produziu (por exemplo, em processo para recuperação da posse, o réu dela se demite voluntariamente); ou por fato que prejudica a causa de pedir (por exemplo, pedido de retomada de imóvel pelo locador, para descendente que vem a falecer depois de proposta a demanda); ou pela circunstância de que, não concedida a tutela preventiva, a consumação dos atos que o autor queria impedir só pode ser feita em nova e autônoma demanda.

«Nessa última hipótese, discute-se se a consumação de determinado ato (por exemplo, o prosseguimento e a finalização de uma licitação), pela

> não concessão de medida liminar, esvaziaria o interesse de agir; a impor ao interessado o ônus de propor nova demanda para desconstituir os atos que tentou obstar e que acabaram por se consumar. Mas é plausível, a depender das circunstâncias e do objeto do processo, reputar que, concedida a medida ao final, pelo princípio da causalidade devem ser invalidados todos os atos seguintes ao que se pretendeu evitar.»

Sob o ângulo diverso, se o interesse surgiu no curso do processo e desde que isso não represente alteração do seu objeto, então eventual e excepcionalmente é possível admitir que o mérito seja julgado (o que não exclui o indeferimento do pleito, pelo órgão judicial, desde logo).

CAPÍTULO IV

ELEMENTOS IDENTIFICADORES DA AÇÃO

210. Elementos identificadores da ação (ou da demanda). Fala a doutrina nos elementos identificadores da ação: *partes, causa de pedir* e *pedido*. Na verdade, tais elementos não identificam a ação, quando pensada de forma genérica e abstrata: como garantia constitucional incondicionada (que assegura o ingresso em juízo), a ação ainda não guarda nexo com pessoas determinadas, fundamentos e objeto. Isso só ocorre quando, concretamente, alguém exercita o direito de ação e, dessa forma, propõe uma *demanda*, que é o ato inaugural de todo processo e meio pelo qual se invoca a tutela jurisdicional. Portanto, mais correto é falar em elementos identificadores *da demanda*.

Essa identificação é feita de forma objetiva, a partir dos elementos contidos na própria demanda, ainda que posteriormente ao momento do ajuizamento, desde que ainda não estabilizado o processo (CPC, arts. 264 e 294). Ela é relevante para determinar se, e em que medida, existe identidade entre diferentes demandas; fenômeno que pode ter relevantes repercussões.

Se houver perfeita identidade, isso configura o que se denomina *litispendência* – fenômeno de repetição de demandas (portanto, idênticas), ambas com respectivos processos em curso – ou de *coisa julgada* – fenômeno em que se repete demanda que já fora antes proposta e decidida de modo definitivo. Essa eventual duplicidade (*bis in idem*) é repudiada pelo sistema porque a controvérsia deve ser solucionada uma única vez.

Se houver parcial identidade, estar-se-á eventualmente diante dos fenômenos de *conexão* (mesma causa de pedir ou pedido) ou de *continência* (mesmo fundamento, em que um pedido contém outro), a justificar reunião de causas para julgamento simultâneo (CPC, arts. 102/105). Pode ocorrer também que, pelos elementos identificadores, determine-se que a solução de uma causa é prejudicial à outra.

Convém ressalvar que a identidade de demandas não esgota o problema do efeito negativo ou impeditivo da coisa julgada; efeito que pode ocorrer eventualmente ainda que não haja a tríplice identidade. Quando uma sentença de mérito transita materialmente em julgado, ela garante uma posição jurídica de vantagem ao vencedor. A coisa julgada atua para garantir que o comando da sentença, salvo nos casos de ação rescisória, prevaleça.

211. Demandas «repetidas» (CPC, arts. 285-A e 543-C). Na acepção técnica mais rigorosa, repetir uma demanda significa que as mesmas pessoas (com a mesma qualidade jurídica) litigam por mesmo objeto e iguais fundamentos constantes de outra demanda (julgada ou não). De autêntica repetição tratam, por exemplo, os arts. 301, §§ 1.º, 2.º e 3.º, 808, parágrafo único, e 268, todos do CPC, sendo esse último permissivo de que o autor promova a mesma demanda, diante da precedente extinção do processo sem resolução do mérito.

Fenômeno diverso é objeto da disciplina do art. 285-A do CPC, segundo o qual, havendo reiteração de causas com identidade de fundamento jurídico é possível decretar desde logo a improcedência, dispensada a citação, mediante reprodução do teor de sentenças anteriormente prolatadas. É dispositivo que encontra desdobramento na regra do art. 543-C do CPC, que trata de multiplicidade de recursos. Nesses casos, a diversidade subjetiva afasta o que tecnicamente se entende por identidade de demandas. Além disso, pode haver identidade de questões de direito, mas com fundamentos (de fato e de direito) adicionais, além de pedidos distintos nas diferentes demandas. O que existe na hipótese do art. 285-A do CPC é relevante similaridade de objeto ou de questões submetidas a um mesmo juízo, em processos diferentes; portanto, nessas situações se afigura mais adequado falar em *causas similares* e não *causas repetidas*.

212. Partes. Embora possam ser considerados como partes todos quantos estão em contraditório perante o juiz, para efeito de identificação da demanda devem ser tomadas apenas as figuras do autor e do réu, porque é a eles que se ligam diretamente os fundamentos e o pedido, isto é, o objeto do processo.

Parte, ainda que na acepção mais restrita que limita seu alcance ao autor e ao réu, é também aí um conceito formal. Para que alguém assuma a qualidade de parte basta a propositura da demanda ou a citação; ressalvada ainda a possibilidade de o réu ser parte na demanda, sem ser ainda parte no processo (CPC, arts. 285-A e 296). O conceito diz respeito apenas à relação processual e com ele não se confunde o de *parte legítima* (supra n. 202), para o que é necessário fazer incursão pelo direito substancial.

213. Causa de pedir (próxima e remota). A causa de pedir é composta pelos *fatos* e pelos *fundamentos jurídicos* do pedido; respectivamente, causa de pedir *remota* e *próxima* (embora parte minoritária da doutrina inverta essas denominações). O fundamento jurídico pode ser entendido como o título pelo qual o autor se apresenta em juízo e deduz seu pedido (proprietário, possuidor, credor, titular de direito a modificação de estado jurídico, dentre outros).

Diz-se que, ao exigir tanto a exposição dos fundamentos jurídicos quanto dos fatos (CPC, art. 282, III), o ordenamento brasileiro aderiu à assim denominada *teoria da substanciação*: não basta ao autor invocar o título jurídico em que funda o pedido; é preciso «substanciar» a causa de pedir mediante a exposição dos fatos que lhe são subjacentes. Para ilustrar, não basta que o autor diga ser credor; deve dizer que é credor porque celebrou contrato de mútuo; ou que é credor porque foi vítima de ato ilícito, e assim por diante. A essa teoria seria oposta a da *individuação*.

A relevância disso, dentre outros possíveis aspectos, está no seguinte: num sistema procedimental qualificado como *rígido* (isto é, marcado por preclusões que, objetivamente, são impedimentos ao retrocesso), a teoria da substanciação vincula o juiz ao fato constitutivo do pedido. Não lhe será dado, para ilustrar, reconhecer a qualidade de credor ao autor por fato diverso do que constou da demanda (sujeita a regra de estabilização), ainda que eventualmente entenda provado nos autos.

A adequada exposição da causa de pedir é requisito da petição inicial, ato pelo qual se veicula uma demanda em juízo (CPC, art. 282, III). A lei reputa inepta a inicial à qual faltar pedido ou causa de pedir; ou quando da narração dos fatos não decorrer logicamente a conclusão (CPC, art. 295, parágrafo único, I e II).

> «No processo cautelar, a lei impõe o ônus de alegação da «lide e seu fundamento», além da «exposição sumária do direito ameaçado e o receio de lesão» (CPC, art. 801, II e III) – sendo que a primeira expressão se refere ao objeto do processo «principal»; tanto que desnecessária a alegação se a cautelar for incidental. Além disso, em outras situações a lei processual deu contornos à causa de pedir e ao ônus de alegação, tal como acontece nos arts. 488, 614, 629, 739-A, § 5.º, 829, 840, 854, 857, 880 e 893, dentre outros).»

De forma análoga, a petição que veicula pretensão recursal também deve conter os «fundamentos de fato e de direito» do pedido (CPC, art. 518). Mas nesse âmbito não se fala em causa de pedir, que é delimitada na petição inicial e que não pode ser alterada em fase recursal; até porque o recurso não tem natureza de nova ação; tampouco o mérito da causa equivale necessariamente ao mérito do recurso. Trata-se de desdobramento do mesmo processo, em grau de jurisdição (usualmente) diverso.

214. Fundamento jurídico e fundamento legal. Diz-se que o fundamento jurídico não se confunde com o fundamento *legal*, que consiste na invocação do dispositivo de lei aplicável. Assim, o juiz, embora vinculado ao primeiro, não fica adstrito ao segundo; inclusive porque é premissa do sistema a regra segundo a qual *o juiz sabe o direito* – é o que corresponde ao brocardo *iura novit curia*. Diante dos fatos, cabe ao magistrado aplicar o direito.

No direito processual penal isso é mais evidente, em razão da estrita tipicidade que vigora no plano substancial: não há crime sem *lei* que o defina, nem pena sem prévia cominação. Ali fica mais fácil afirmar que o réu se defende de fatos e que não importa a capitulação jurídica feita pelo autor. Já no âmbito civil, será preciso considerar que um mesmo fato pode, eventualmente, gerar diferentes consequências jurídicas e é ônus do autor indicar os efeitos que pretende extrair dos fatos.

> «No âmbito contratual, por exemplo, o inadimplemento pode levar à resolução do contrato; ou ao pleito de execução (em sentido material) das obrigações inadimplidas; em qualquer das hipóteses, pode nascer direito a indenização. São diferentes consequências jurídicas que se inscrevem na liberdade de demandar que tem o autor e, ao mesmo tempo, em seu ônus de alegação, próprio do princípio da demanda.»

No âmbito recursal a regra é a mesma porque, afinal de contas, o exercício da jurisdição é essencialmente o mesmo, apenas por órgão diverso do prolator, usualmente em outro grau. Contudo, nos casos de recurso extraordinário e especial, a jurisprudência mais restritiva exige que referência às hipóteses constitucionais de cabimento (CF, arts. 102, I e 105, I) seja literal, sob pena de não conhecimento.

215. Pedido. O pedido constitui, juntamente com a causa de pedir correspondente, o objeto do processo. Ninguém pode ser compelido a demandar. Mas quem ingressa em juízo tem o ônus não apenas de expor fatos e fundamentos, mas igualmente de indicar a providência que almeja; ou seja, tem o ônus de pedir.

Uma coisa e outra integram o ônus de alegação. Trata-se de encargo que se ajusta à regra segundo a qual a jurisdição é inerte (supra n. 126); o que, por seu turno, está em harmonia com a preservação da imparcialidade do órgão julgador; com a observância do contraditório (é do pedido e respectivos fundamentos que o réu se defende), e com a consideração de que o escopo jurídico da jurisdição (de atuar a lei no caso concreto) convive com o escopo social – que busca a pacificação mediante a eliminação dos conflitos (e não seu fomento).

Em boa medida, o pedido é o núcleo da demanda e nele reside o projeto da parte dispositiva da futura sentença, que nada mais é do que a resposta à pretensão deduzida. Sendo a jurisdição inerte, o juiz fica adstrito aos termos do pedido e correspondente causa de pedir (CPC, art. 460).

216. Pedido imediato e mediato. Na doutrina, colhe-se lição – correta e útil – segundo a qual o pedido pode ser decomposto em *imediato* e *mediato*. O primeiro deles corresponde ao ato estatal (provimento), do qual emana eficácia jurídica apta a proporcionar ao demandante a fruição de posição jurídica reconhecida a ele no plano do direito material. Ele é usualmente tomado como critério doutrinário para classificação das *ações*, das *tutelas* (supra n. 166) e dos *processos* (supra n. 167).

Mediante a eficácia pretendida no pedido imediato se chega ao *«bem da vida»*. Ele corresponde, em última análise, ao que busca o consumidor da justiça, indiferente à técnica pela qual se proporcionou o resultado prático desejado.

Essa distinção deve ser considerada quando são confrontadas demandas para saber se são, ou não, idênticas. A diversidade de qualquer um dos aspectos acima afasta a total identidade (a caracterizar litispendência ou coisa julgada); embora possa haver identidade parcial, a configurar conexão ou continência (ou a gerar prejudicialidade).

Além disso, a existência dessa dupla categoria é, explícita ou implicitamente, considerada pela lei. Assim, ocorre, por exemplo, quando ela estabelece que, em matéria de obrigações de fazer e não fazer, o juiz proporcionará a tutela específica ou «determinará providências que assegurem o resultado prático equivalente ao do adimplemento» (CPC, art. 461); ou quando permite o pedido de condenação genérica, dado não ser possível, quando do aforamento da demanda, determinar o bem da vida almejado (CPC, art. 286).

217. Pedido, mérito e questões de mérito. Há considerável controvérsia doutrinária sobre o conceito de *mérito*. Há quem o identifique com o conceito de *lide*; ou quem o defina como a relação material controvertida. Sem embargo dessa controvérsia, entende-se como mais correto que o mérito corresponde ao *pedido,* identificado a partir da respectiva causa de pedir. Daí se entender que o mérito é o objeto do processo.

Mas é preciso distinguir os conceitos de *mérito* e de *questões de mérito*: enquanto o primeiro corresponde ao *pedido*, as outras são pontos de fato e de direito que, relacionados à pretensão e respectivos fundamentos, tornaram-se controvertidos. Nessa perspectiva, a resolução das *questões de mérito* é antecedente do julgamento do *mérito* propriamente dito, entendido como o *pedido*. Aquelas, então, são *questões prejudiciais* à solução do mérito propriamente dito; para que se chegue a esse é preciso, antes, resolver aquelas.

É possível que o juiz enfrente uma coisa e outra apenas ao ensejo da *sentença*, que é o ato culminante da fase de conhecimento (CPC, arts. 162 e 269, I). Mas também é possível que isso ocorra antes desse momento. Nos casos de sentença condenatória ilíquida, o objeto do processo é julgado apenas parcialmente na medida em que a quantificação da obrigação – com as correspondentes questões de fato e de direito – fica remetida para posterior fase de liquidação (CPC, art. 475-A e seguintes).

Além disso, não há uma vinculação necessária entre apreciação de questões de mérito e do mérito propriamente dito. Na hipótese do § 6.º do art. 273 do CPC – que trata da antecipação de tutela em razão de ser incontroversa parte da demanda – há julgamento parcial do objeto do processo, isto é, do mérito. Nesse caso, nem chega a surgir questão de mérito, justamente porque não há controvérsia; no entanto, parte do mérito é apreciada. Também pode ocorrer que, eventual e excepcionalmente, o juiz seja levado a enfrentar questão de mérito para daí extrair consequências processuais; o que pode ser bem ilustrado nos casos em que haja debate sobre ser de consumo a relação material controvertida (do que decorrem consequências processuais, por exemplo, sobre a distribuição do ônus da prova). Portanto, há apreciação de questões de mérito, sem que o pedido seja apreciado.

Ainda: quando o juiz extingue o processo pelo fundamento da prescrição ou da decadência ele decide o mérito, porque julga o pedido improcedente (CPC, art. 269, IV). Contudo, quando ele rejeita a ocorrência de tais fenômenos e passa à fase de instrução, ele não julga o *mérito*; embora resolva *questão de mérito*. Isso pode ser relevante, por exemplo, para efeito de cabimento de ação rescisória (CPC, art. 485) e determinação do início do prazo para tanto.

218. Pedido e requerimento. Ao longo do processo, as partes dirigem ao juiz uma gama considerável de pleitos: para ordenação do processo, para produção de prova, para prática de atos de comunicação e de documentação, dentre outros. Com menor rigor, fala-se, nesses casos, também em *pedido*. Mas convém reservar o termo para o conteúdo visto nos tópicos precedentes; para os demais, feitos no curso do processo, pode ser empregada a terminologia *requerimento*. Ambos podem ser inscritos no gênero de *atos postulatórios*.

A distinção é relevante porque, tecnicamente, o pedido corresponde ao objeto do processo e delimita a resposta do juiz (CPC, art. 460). Quem pede é o autor; o réu só o faz nos casos de reconvenção, de pedido contraposto ou nas hipóteses das assim denominadas ações dúplices (infra n. 226). Embora se possa até dizer que o réu pede a improcedência do pedido, de pedido tecnicamente não se trata. Além disso, enquanto o pedido é deduzido na petição inicial (CPC, art. 282, IV) e está sujeito à regra de estabilização (CPC, arts. 264 e 294), há requerimentos feitos inicialmente que podem e efetivamente são completados posteriormente. Tal é o que ocorre com o requerimento de provas, que são objeto de posterior especificação (diante dos termos da controvérsia que possa, ou não, ocorrer) e complemento (como é o caso da apresentação do rol de testemunhas, no procedimento ordinário).

Nos casos em que atua como fiscal da lei (CPC, art. 82), o Ministério Público não pede, mas se limita a requerer. Isso significa que, não havendo legitimação extraordinária (e, portanto, não sendo caso de substituição processual), não lhe compete delimitar o objeto do processo. No processo jurisdicional, também não há que se falar em *requisição* por parte do Ministério Público; o que só faz sentido no âmbito extrajudicial (CF, art. 129, VI e VIII, por exemplo) – e, mesmo assim, sempre com a possibilidade de controle jurisdicional por iniciativa do interessado (CF, art. 5.º, XXXV).

Embora seja tolerável e compreensível que leigos eventualmente se refiram a ter o juiz «requerido» determinada providência, a terminologia é inadequada: o juiz não requer, mas determina. Mesmo nos casos em que há cooperação entre órgãos (no âmbito nacional ou internacional), não é adequado falar-se em requerimento como ato de quem, na realidade, exerce poder (a gerar correspondente sujeição).

219. Iniciativa do pedido. Não é apenas o autor quem deduz pedido no processo. Também o réu é autorizado, eventualmente, a deduzir pedido, fazendo-o sob a forma de reconvenção (CPC, art. 315), de pedido contraposto (CPC, art. 278, § 1.º) ou, em situações diversas, em casos das assim denominadas ações dúplices (CPC, art. 922). Mais ainda, o autor pode formular pedido – sempre com o conteúdo acima delimitado – em momento subsequente ao do ajuizamento, quando pretender a declaração incidental de que trata o art. 325 do CPC (ou, para quem admita, quando interpuser reconvenção à reconvenção do réu).

Autor e réu são autorizados a formular pedido de declaração de falsidade documental (CPC, art. 390). Ainda, autor e réu podem demandar terceira pessoa, como ocorre no caso de denunciação da lide (CPC, art. 70; embora ela seja admissível também no confronto de litisconsorte); podem pedir exibição de documento em poder da parte adversária ou de terceiro (CPC, arts. 355 e 360). Eventualmente, pode ocorrer que a reconvenção (CPC, art. 315) imponha litisconsórcio passivo necessário, a incluir pessoa que não figurara originalmente como demandante.

Finalmente, terceiro (pessoa que não estava em contraditório perante o juiz) pode demandar as partes, como ocorre no caso da oposição (CPC, art. 54) ou dos embargos de terceiro (CPC, art. 1.046). Em muitos desses casos, há um só processo com vários pedidos, isto é, um cúmulo objetivo de demandas.

CAPÍTULO V

ASPECTOS CONCEITUAIS DE EXCEÇÃO

220. Exceção (significados possíveis). Em sentido amplo e genérico, exceção é o contraposto da ação e, portanto, é usado como sinônimo de *defesa* (infra n. 221); terminologia empregada pelo inciso LV do art. 5.º da Constituição da República, ao estabelecer o princípio do contraditório e falar em «ampla defesa».

Em acepção mais restrita, exceção designa defesa cujo ônus de alegação pelo demandado é absoluto, isto é, dela não pode conhecer o juiz de ofício. Deve haver alegação da parte porque, do contrário, consuma-se a preclusão. Com esse significado, *exceção* se opõe ao conceito de *objeção*, que corresponde à matéria de defesa que o juiz pode e deve conhecer de ofício, sobre a qual, ao menos nas instâncias ordinárias, não há preclusão.

As objeções não se referem necessariamente a questões de ordem processual, podendo igualmente abranger questões atinentes à relação material controvertida (caso em que se pode falar em objeção de mérito); assim como, inversamente, há matéria processual que só pode ser conhecida pelo órgão judicial se e quando alegada (p. ex. incompetência relativa e suspeição).

Em sentido ainda mais restrito, exceção é uma das formas de resposta do réu e designa o *meio* pelo qual se alega impedimento, suspeição ou incompetência relativa (já que a absoluta, conforme regra do art. 301, I, do CPC, deve ser alegada em preliminar de contestação). Neste caso, fala-se em *exceção ritual*.

221. Exceção e ônus de alegação. Por ser o contraposto do direito de ação, o exercício da exceção ou defesa está ligado também ao ônus de alegação, de que já se falou ao ensejo do princípio dispositivo (supra n. 94). O réu tem o ônus de responder e sua inércia configurará o fenômeno da revelia (CPC, art. 319); fenômeno que pode ter consequências processuais relevantes, conquanto condicionadas ao caráter disponível da controvérsia (CPC, art. 320, II). Mais do que isso, o réu tem o ônus de impugnar especificamente os fatos narrados na inicial (CPC, art. 302) e, por regra, deve concentrar todas suas alegações defensivas na contestação, com as ressalvas do art. 303 do CPC.

Mas não é possível dizer que, nesse ponto, haja rigorosa simetria entre o ônus de alegação a cargo do autor e do réu. Se de um lado é vedado ao juiz decidir com base em causa de pedir diversa da articulada pelo autor, o mesmo não pode ser dito em relação aos fatos e fundamentos que podem ser deduzidos pelo réu.

Isso não significa violação à igualdade. O que ocorre é que o processo – como instrumento de objetivos que também são do Estado – é ordinariamente regulado por normas cogentes. Nesse contexto, a eventual inércia do demandado não autoriza desconsiderar a possível falta de observância das regras legais. Mesmo com relação ao direito substancial, há matérias que, por diferentes razões, convém possam ser conhecidas de ofício pelo juiz, ainda que o interessado não se desincumba do respectivo ônus de alegação.

De qualquer modo, o conhecimento de ofício de matérias não alegadas pelo demandado deve ser feito mediante a observância do princípio do contraditório. Sempre que possível, cogitando de algum fundamento não alegado pelo réu (desde que efetivamente possa ser conhecido de ofício), o juiz deve facultar prévia manifestação das partes. Nada de inusitado ou extravagante há de se vislumbrar nessa conduta. Sempre na premissa de que a matéria realmente se inscreva na órbita do conhecimento de ofício, melhor será que o juiz dê às partes a oportunidade de falarem *antes*; do que surpreendê-las com decisão já tomada sobre tema que nunca antes fora ventilado nos autos. Não haverá prejulgamento em tal provocação e, portanto, não há que se cogitar de perda indevida de imparcialidade. Pelo contrário, ao dar estrita observância ao contraditório o juiz – na premissa de que ele efetivamente apreciará as razões das partes – garantirá o devido processo legal (supra n. 43).

Já no caso em que o juiz suscitar tema que caberia à parte alegar, sua interferência há de ser reputada ilegal. Conforme o caso, a ilegalidade configurará *erro de procedimento* (a repercutir sobre a validade do processo) ou *erro de julgamento* (a ensejar eventual reforma da decisão). Em casos extremos e particularizados, a ingerência indevida em assuntos tipicamente submetidos ao princípio dispositivo poderá colocar em dúvida fundada a imparcialidade do magistrado.

222. Exceção e tutela jurisdicional. Conforme exposto anteriormente, (supra n. 39), a locução *tutela jurisdicional* não designa apenas o *resultado* favorável ao autor da demanda; ela também abrange os *meios* predispostos no processo e é um conceito que vale tanto para o autor quanto para o réu. Esse modo de ver as coisas se ajusta à concepção de que a exceção (ou defesa) nada mais é do que o contraposto da ação (supra n. 220); de tal sorte que a posição do réu, perante o Estado que exercita a jurisdição, é análoga à do autor. Daí a estrita ligação que existe entre as disposições contidas nos incisos XXXV e LV do art. 5.º da CF.

> «Por essa razão também foi feita a opção metodológica de aqui reunir, em um único «Título», o estudo da ação e da exceção enquanto institutos fundamentais do direito processual.»

Dessa maneira, se a *tutela jurisdicional*, sob o ângulo da ação, abrange também os meios predispostos à consecução dos resultados, essa mesma *tutela*, sob o ângulo da exceção, conduz às formas de impedir o acolhimento da pretensão deduzida pelo autor. Por outro lado, impedindo que se produza o *resultado* pretendido pelo demandante, o demandado invoca, ele próprio, um resultado favorável para si e, portanto, um provimento que lhe proporcione *tutela*. Portanto, sob o ângulo do demandado – e de forma coerente com o que se passa em relação ao demandante – a tutela jurisdicional está não apenas nos meios propiciados para obstar o resultado buscado pelo autor, mas bem ainda no próprio resultado a ele (réu) favorável. Daí se reconhecer, com acerto, que a sentença de improcedência é, ao menos ordinariamente, uma sentença declaratória negativa, a estabelecer certeza em prol do requerido vencedor (supra n. 174).

223. Exceção e limites à cognição vertical (profundidade) e horizontal (extensão). Conquanto a exceção deva ter a mesma amplitude que a ação, mas exatamente por isso, há hipóteses em que a própria lei cuida de restringir o âmbito das alegações defensivas, discriminando as matérias que o réu pode alegar.

Nos casos em que o legislador dita taxativamente as matérias articuláveis em defesa, ele o faz com o objetivo de limitar a cognição – em extensão ou horizontalmente – levando em conta a natureza da relação material controvertida, com o fito de proporcionar resultados mais céleres. Mas os fundamentos porventura existentes e que estão excluídos do objeto do conhecimento do juiz ficam reservados para o que não raramente se designa por «vias ordinárias». Abre-se, portanto, debate em outro processo, sem que isso possa ser obstado ao argumento de ter ocorrido coisa julgada material.

Limitações dessa ordem vigem em relação à ação, com idêntico raciocínio. No mandado de segurança, por exemplo, há limitação em profundidade porque os fatos constitutivos do pedido só podem ser objeto de prova documental; da mesma forma a pretensão deduzida no processo de inventário, se houver contestação e depender de dilação probatória (o que a lei chama de questão de «alta indagação»).

224. Hipóteses em que o réu deduz pedido. *Pedido* é ato de postulação tecnicamente feito pelo demandante (supra n. 215). O réu simplesmente impede. Isso significa que se o demandado for vitorioso será destinatário tão somente da eficácia própria de uma sentença de improcedência, isto é, eficácia declaratória negativa; salvo quando a demanda objetivar provimento de conteúdo negativo, caso em que a improcedência resultará em declaração positiva. Portanto, quem delimita o objeto do processo é o autor. O réu pode ampliar o *objeto do conhecimento*, na medida em que traga fatos impeditivos, extintivos ou modificativos da pretensão deduzida pelo autor.

Para que o requerido possa ampliar o objeto do processo, é imprescindível que ao mesmo seja lícito deduzir *pedido*, isto é, invocar um provimento jurisdicional (pedido imediato) que lhe proporcione um determinado bem da vida (pedido mediato); provimento esse que, conforme assinalado, não seja a mera sentença de improcedência da demanda. Isso ocorre em três situações: na *reconvenção*, no *pedido contraposto* e nas chamadas *ações dúplices*. Nessas hipóteses, será lícito ao demandado, se vencedor, obter mais do que a simples eficácia declaratória negativa resultante da sentença de improcedência.

225. Segue: reconvenção e pedido contraposto. Não são rigorosamente claras as marcas distintivas entre os institutos mencionados no tópico precedente, pelos quais é dado ao requerido deduzir pretensão e ampliar o objeto do processo. Não raramente, um conceito é tomado pelo outro ou, eventualmente, eles são equiparados – o que é ilustrado pela assertiva de que no procedimento comum sumário (em que se admite pedido contraposto) a ação seria dúplice.

Em comum, os três institutos permitem que determinado resultado (que não a mera improcedência) seja estabelecido em prol do demandado, aproveitando-se o processo instaurado por iniciativa do demandante. Em todas essas formas há exercício do direito de ação pelo réu e pode ser identificada uma demanda incidental, embora isso só fique mais claro – inclusive para a lei – no caso da reconvenção.

Essa última exige conexão com a demanda inicial ou com os fundamentos da defesa, mas mantém autonomia em relação à demanda inicial (CPC, art. 317). O pedido contraposto é peculiar aos procedimentos marcados pela concentração e pela oralidade, isto é, sumário (do CPC) e sumaríssimo (da Lei 9.099/1995). De forma coerente com a concentração própria dos procedimentos em que é admitido, ele deve estar fundado «nos mesmos fatos referidos na inicial» (CPC, art. 278, § 1.º, para o procedimento sumário) ou nos «fatos que constituem o objeto da controvérsia» (art. 31, *caput*, da Lei 9.099/1995, para o procedimento sumaríssimo). O pedido contraposto, em última análise, é uma forma de reconvenção adaptada às características dos procedimentos em que há maior concentração e oralidade (sumário e sumaríssimo). Daí porque se aplicam ao pedido contraposto as normas contidas nos arts. 315, parágrafo único, e 318 do CPC ou, quando menos, a *ratio* que neles se contém.

Ainda que ambos os institutos não possam ser simplesmente equiparados, o pedido contraposto tem a autonomia da reconvenção: qualquer causa que impeça o julgamento do mérito relativo à demanda inicial não acarreta – não ao menos necessariamente – a extinção do processo, a impedir o julgamento do pedido deduzido pelo réu. Vale dizer: é possível que o processo instaurado por força de uma demanda prossiga e leve ao julgamento da demanda manifestada incidentalmente pelo réu no curso do processo.

226. Segue: ação dúplice. Ao que se extrai das fontes, a duplicidade no direito romano residia primeiramente no plano substancial, de tal sorte que, nesse âmbito, a condição dos litigantes era idêntica; do que, então, decorria uma duplicidade de formas manifestadas através das palavras contidas na fórmula. Exemplo clássico é o *interditum utrubi*, aplicável à tutela de direitos sobre coisas móveis. Transportando-se esse conceito para o sistema atual (que não é de «ações», mas de «direitos»), tem-se que a duplicidade presente no plano substancial e projetada no processo permite caracterizar a ação dúplice como aquela em cujo processo o autor desde logo assume a qualidade de réu e vice-versa. Assim, a imposição que resulta da relação material automaticamente faz do autor um réu (e vice-versa), na medida em que a rejeição da pretensão do primeiro gera automática vitória para o segundo (e vice-versa), que vai além da mera eficácia declaratória de uma sentença de improcedência. Tal, de fato, é o que ocorre nos interditos possessórios (CPC, art. 922), nos juízos divisórios e nos demarcatórios (CPC, art. 948), pela própria natureza da relação de direito material.

Sem prejuízo disso, a duplicidade pode ser estabelecida pela norma processual, entendendo-se como tal a possibilidade de o requerido deduzir pretensão (que não pleito de mera improcedência) no bojo da contestação, sem a necessidade de reconvenção. Sob esse ângulo, comportam a qualificação de dúplice os seguintes casos: a) ação de prestação de contas (art. 918 do CPC: «O saldo credor declarado na sentença poderá ser cobrado em execução forçada»); b) ação de desapropriação (arts. 24 e seguintes do Decreto-lei

3.365/1941); c) ação de consignação em pagamento, quando o requerido alega insuficiência da oferta (CPC, art. 899, § 2.º); e d) ação renovatória de locação (Lei 8.245/1991, art. 74).

Na ação dúplice, a depender da configuração que tenha no direito positivo, pode ou não ser alargado o objeto do processo, enquanto é certo que na reconvenção e no pedido contraposto isso ocorrerá forçosamente. Na ação dúplice, não parece ser regra a autonomia que existe entre demanda inicial e reconvenção (CPC, art. 317) e mesmo entre demanda inicial e pedido contraposto, conforme já exposto. Assim, nas ações dúplices, se o autor é carecedor de ação ou se, por alguma outra razão, o processo se extingue sem julgamento do mérito, isso – por regra – ocorre de forma monolítica: não se julga o mérito para ninguém, remanescendo a situação substancial intacta.

Bibliografia recomendada

AMARAL SANTOS, Moacyr. *Da reconvenção no direito brasileiro*. São Paulo: Max Limonad, 1973.

AMORIM FILHO, Agnelo. «As ações constitutivas e os direitos potestativos», *Revista Forense*, vol. 216. Rio de Janeiro, 1966.

ARMELIN, Donaldo. *Legitimidade para agir no direito processual civil brasileiro*. São Paulo: RT, 1979.

BARBI FILHO, Celso Agrícola. *Ação declaratória principal e incidente*. 4. ed. Rio de Janeiro: Forense, 1976.

BARBOSA MOREIRA, *A conexão de causas como pressuposto da reconvenção*. Rio de Janeiro: Saraiva, 1979.

_____. «Conteúdo e efeitos da sentença: variações sobre o tema». *Temas de direito processual*. 4ª série. São Paulo: Saraiva, 1989.

BARBOSA MOREIRA, José Carlos. «Correlação entre o pedido e a sentença». *RePro*, vol. 83. São Paulo, jul.-set. 1996.

_____. «Eficácia da sentença de interdição por alienação mental». *Temas de direito processual*. 4ª série. São Paulo: Saraiva, 1989.

_____. «Notas sobre el contenido, los efectos y la inmutabilidad de la sentencia». *Temas de direito processual*. 5ª série. São Paulo: Saraiva, 1994.

_____. «Questões novas e velhas em matéria de classificação das sentenças». *Temas de direito processual*. 8ª série. São Paulo: Saraiva, 2004.

_____. «Reconhecimento do pedido». *Direito processual civil*. Rio de Janeiro: Borsoi, 1971.

_____. «Reflexões críticas sobre uma teoria de condenação civil». *Temas de direito processual*, 1ª série, 2. ed. São Paulo: Saraiva, 1988.

BEDAQUE, José Roberto dos Santos. *Efetividade do processo e técnica processual*. 3. ed. São Paulo: Malheiros, 2010.

_____. «Os elementos objetivos da demanda examinados à luz do contraditório». *Causa de pedir e pedido no processo civil: questões polêmicas* (coords. José Roberto dos Santos Bedaque e José Rogério Cruz e Tucci). São Paulo: RT, 2002.

_____. *Tutela cautelar e tutela antecipada: tutelas sumárias de urgência (tentativa de sistematização)*. 5. ed. São Paulo: Malheiros, 2009.

BONDIOLI, Luís Guilherme Aidar. *Reconvenção no processo civil*. São Paulo: Saraiva, 2009.

BOTELHO DE MESQUITA, José Ignácio. *Da ação civil*. São Paulo: RT, 1975.

BUZAID, Alfredo. *A ação declaratória no direito brasileiro*. São Paulo: Saraiva, 1943.

_____. «Da lide: estudo sobre o objeto litigioso». *Estudos e pareceres de direito procesual civil* (notas de adaptação ao direito vigente de Ada Pellegrini Grinover e Flávio Luiz Yarshell). São Paulo: RT, 2002.

CALAMANDREI, Piero. *Introducción al estudio sistemático de las providencias cautelares* (trad. Marino Ayerra Merín). Buenos Aires: El foro, 1996.

_____. «La relatività del concetto di azione». *Studi sul processo civile*, vol. 5. Padova: Cedam, 1947.

CALMON DE PASSOS, José Joaquim. *A ação no direito processual civil brasileiro*. Salvador: Livraria Progresso, 1960.

CARVALHO, Milton Paulo de. *Do pedido no processo civil*. Porto Alegre: Sergio Antonio Fabris, 1992.

CHIOVENDA, Giuseppe. «L'azione nel sistema dei diritti». *Saggi di diritto processuale civile*, vol. 1. Milano: Giuffrè, 1993.

_____. *Instituições de direito processual civil*, vol. I (trad. J. Guimarães Menegale). 2. ed. São Paulo: Saraiva, 1965.

COMOGLIO, Luigi Paolo. *La garanzia costituzionale dell'azione ed il processo civile*. Padova: Cedam, 1970.

COSTA, Sergio. «Eccezione». *Nuovo digesto italiano*. Torino: Utet, 1937.

_____. «Eccezione (Diritto vigente). *Novissimo digesto italiano*. 3. ed. Torino: Utet, 1960.

COSTA, Suzana Henriques da. *Condições da ação*. São Paulo: Quartier Latin, 2005.

CRUZ E TUCCI, José Rogério. *A causa petendi no processo civil*. 3. ed. São Paulo: RT, 2009.

_____. «A denominada *situação substancial* como objeto do processo na obra de Fazzalari». *Scritti in onore di Elio Fazzalari*, vol. 2. Milano: Giuffrè, 1993.

_____. *Da reconvenção: perfil histórico e dogmático*. São Paulo: Saraiva, 1984.

_____. *Limites subjetivos da eficácia da sentença e da coisa julgada civil*. São Paulo: RT, 2006.

DIDIER JR., Fredie. *Pressupostos processuais e condições da ação*. São Paulo: Saraiva, 2005.

DINAMARCO, Cândido Rangel. «Das ações típicas». *Fundamentos do processo civil moderno*, t. I, 6. ed. São Paulo: Malheiros, 2010.

_____. *Instituições de direito processual civil*, vol. II, 6. ed. São Paulo: Malheiros, 2009.

_____. *Intervenção de terceiros*. 5. ed. São Paulo: Malheiros, 2009.

_____. «Momento de eficácia da sentença constitutiva». *Fundamentos do processo civil moderno*, t. I, 6. ed. São Paulo: Malheiros, 2010.

_____. «O conceito de mérito em processo civil». *Fundamentos do processo civil moderno*, t. I, 6. ed. São Paulo: Malheiros, 2010.

_____. «O regime jurídico das medidas urgentes». *Nova era do processo civil*. 2. ed. São Paulo: Malheiros, 2007.

_____. «Os institutos fundamentais do direito processual». *Fundamentos do processo civil moderno*, t. I, 6. ed. São Paulo: Malheiros, 2010.

FAZZALARI, Elio. «Azione civile (teoria generale e diritto processuale). *Digesto delle discipline privatistiche* – sezione civile, vol. 2. Torino: Utet, 1991.

FERRI, Corrado. *Profili dell'accertamento costitutivo*. Padova: Cedam, 1970.

FORNACIARI JR., Clito. *Da reconvenção no direito processual civil brasileiro*. São Paulo: Saraiva, 1983.

_____. *Reconhecimento jurídico do pedido*. São Paulo: RT, 1977.

GRINOVER, Ada Pellegrini. *Ação declaratória incidental*. São Paulo: RT, 1972.

LACERDA. Galeno. *Despacho saneador*. 3. ed. Porto Alegre: Fabris, 1990.

LEONEL, Ricardo de Barros. *Causa de pedir e pedido – o direito superveniente*. São Paulo: Método, 2006.

LIEBMAN, Enrico Tullio. «L'azione nella teoria del processo civile». *Problemi del processo civile*. Napoli: Morano, 1962.

_____. *Manual de direito processual civil*, vol. 1 (trad. Cândido Rangel Dinamarco). 3. ed. São Paulo: Malheiros, 2005.

_____. «O despacho saneador e o julgamento do mérito», *Revista dos Tribunais*, vol. 767, set. 1999.

LOBO DA COSTA, Moacyr. *Confissão e reconhecimento do pedido*. São Paulo: Saraiva, 1983.

MUTHER, Theodor; WINDSCHEID, Bernhard. *Polémica sobre la «actio»* (trad. Tomás A. Banzhaf). Buenos Aires: Ejea, 1974.

NEVES, Celso. «Ação (classificação) – III». *Enciclopédia Saraiva do Direito*. São Paulo: Saraiva, 1977.

_____. «Binômio, trinômio ou quadrinômio?», *Revista dos Tribunais*, vol. 517, nov. 1978.

PARÁ FILHO, Tomás. *Estudo sobre a sentença constitutiva*. Dissertação de concurso à cadeira de Direito Judiciário Civil da Fadusp. São Paulo, 1973.

PEKELIS, Alessandro. «Azione». *Novissimo digesto italiano – Appendice*. Torino: Utet, 1980.

PISANI, Andrea Proto. «Appunti sulla tutela c.d. costitutiva». *Rivista di Diritto Processuale*, vol. 46, n. 1. Padova, 1991.

_____. «Appunti sulla tutela di mero accertamento». *Rivista Trimestrale di Diritto e Procedura Civile*, vol. 33, n. 2. Milano, 1979.

PUGLIESE, Giovanni. «Azione» (diritto romano). *Novissimo digesto italiano*. 3. ed. Torino: Utet, 1957.

SCARPINELLA BUENO, Cássio. *Partes e terceiros no processo civil brasileiro*. São Paulo: Saraiva, 2003.

SCHWAB, Karl Heinz. *El objeto litigioso en el processo civil*. Trad. Tomas A. Banzhaf. Buenos Aires: Ejea, 1968.

SICA, Heitor Vitor Mendonça. *O direito de defesa no processo civil brasileiro*. São Paulo: Atlas, 2011.

SILVA, Ovídio Baptista da. *A ação cautelar inominada no direito brasileiro*. 3. ed. Rio de Janeiro: Forense, 1991.

_____. «Eficácias da sentença e coisa julgada». *Sentença e coisa julgada*. 2. ed. Porto Alegre: Fabris, 1998.

SIQUEIRA, Cleanto Guimarães. *A defesa no processo civil*. 3. ed. São Paulo: Saraiva, 2003.

WATANABE, Kazuo. «Ação dúplice». *RePro*, vol. 31, jul.-set. 1983.

_____. *Da cognição no processo civil*. São Paulo: RT, 1987.

_____. «Tutela jurisdicional dos interesses difusos: a legitimação para agir». *Tutela dos interesses difusos*. São Paulo: Max Limonad, 1984.

YARSHELL, Flávio Luiz. *Tutela jurisdicional*. 2. ed. São Paulo: DPJ, 2006.

_____. *Tutela jurisdicional específica nas obrigações de declaração de vontade*. São Paulo: Malheiros, 1993.

_____. «Tutela jurisdicional meramente declaratória». *RePro*, vol. 76. São Paulo: RT, 1994.

TÍTULO V

OS INSTITUTOS FUNDAMENTAIS DO PROCESSO CIVIL: PROCESSO

CAPÍTULO I

NATUREZA E CLASSIFICAÇÃO

227. Introdução. Nos tópicos precedentes, foram diversas as alusões a *processo*: como instituto fundamental do direito processual; como método e instrumento do exercício do poder (não apenas da jurisdição); como o resultado da somatória de *procedimento* (aspecto formal) e de *relação jurídica processual* (aspecto substancial); como expressão das posições jurídicas ativas e passivas que compõem os conceitos analíticos de *ação* e *defesa*; ou, como um procedimento em contraditório. O processo é tudo isso e, possivelmente, algo mais. Ele não é apenas um instrumento destinado a garantir «bens da vida» tutelados no plano material.

O processo, a um só tempo, é instrumento para a consecução de diferentes escopos (supra n. 116): atuação em concreto do direito objetivo; pacificação mediante eliminação da controvérsia; afirmação do poder estatal. Ao mesmo tempo, o conjunto dos processos acaba por cumprir outras finalidades, que não são menos relevantes e que extrapolam os interesses debatidos individualmente em cada processo, tal como a orientação das pessoas acerca de seus direitos e deveres.

Além disso, a *tutela jurisdicional* (supra n. 39) contida no processo garante posições jurídicas de vantagem com conteúdo próprio, que se justificam porque o indivíduo está diante do Estado (que exerce poder), independentemente do resultado favorável a quem quer que seja.

Assim, quando o juiz, por exemplo, garante tratamento igual às partes (inclusive de sorte a superar desigualdades reais); quando ele preserva o sigilo ou a intimidade da parte ou de terceiro (por recusar medida de instrução, como é a quebra de sigilo para obtenção de documentos fiscais ou bancários); ou, inversamente, admite a realização de certa prova, ele garante posições jurídicas que, se não podem ser simplesmente equiparadas àquelas tuteladas no plano substancial, de outro lado não podem ser simplesmente tidas como instrumentais ao que seria a tutela final. Assim, o processo não é apenas um instrumento a serviço de um resultado final.

228. Teorias acerca da natureza jurídica do processo. As teorias acerca do conceito e da natureza jurídica do processo variaram no tempo conforme a evolução da ciência processual e as diferentes perspectivas do cidadão diante do poder constituído. Seu exame tem hoje peso relativo, diante do avanço e das conquistas do Direito processual, como disciplina autônoma. O estudo de tais teorias merece ser feito apenas na medida em que ajude a entender como se chegou à atual concepção do instituto e quais podem ser os caminhos de sua evolução.

Assim, é natural que, num contexto de ausência do Estado (ou de um Estado incipiente), o processo fosse visto como resultado da vontade das partes e, portanto, como um *contrato* ou *quase contrato* – como uma espécie de desdobramento ou capítulo do *contrato social*, cujo conteúdo foi objeto da clássica doutrina política. Essa concepção – que, com variações, vigorou até parte do século XIX – está ligada ao modo de conceber o processo em certa fase do direito romano, na qual não se estabelecera ainda um centro de poder que se impusesse aos cidadãos; donde o processo resultar da vontade das partes. Aí se situa a expressão *litiscontestatio,* que não designa contestação da lide (ou ao pedido do autor), mas designa justamente a presença da vontade como elemento decisivo para instauração do processo.

Esse modo de ver as coisas ficou superado diante da progressiva afirmação do Estado (inicialmente liberal e depois intervencionista) em que o processo, sendo instaurado por iniciativa do autor, impõe-se ao réu diante do caráter inevitável ou indeclinável da jurisdição. Mas isso não significa que a vontade das partes tenha se tornado absolutamente irrelevante. Elas podem – embora com limites – convencionar que controvérsias sejam superadas por arbitragem (em que os julgadores são privados e eleitos voluntariamente), quer porque ainda lhes resta alguma margem de disposição acerca do modo de ser do processo (que, naturalmente, varia de um ordenamento para outro, conforme a respectiva cultura no qual inserido).

O progressivo abandono da ideia de processo como uma espécie de contrato não pode ser visto historicamente como uma ruptura abrupta. Antes de ser concebido com a complexidade que efetivamente apresenta, o *processo* – ainda como resquício de confusão entre os planos substancial e processual do ordenamento – foi tido como nada além de um *procedimento*, isto é, como uma sequência de atos. E era compreensível que fosse assim porque, afinal de contas, o procedimento é o aspecto formal do processo, isto é, o que dele mais facilmente se apresenta ao observador. Essa era a ótica praxista. Então, embora superada a ideia de processo como uma relação jurídica resultante de um contrato, não se passou imediatamente à percepção de uma relação jurídica diversa daquela de direito material.

Essa forma de conceber o processo foi progressivamente superada com a percepção – que hoje parece simples, evidente e até intuitiva – de que, mais do que uma mera sequência de atos, ele é também uma rede de vínculos entre os sujeitos que os praticam. São exatamente esses vínculos que compõem a *relação jurídica processual* e que dão origem aos atos praticados: tal relação se estabelece desde a propositura da demanda, entre o autor e o Estado (relação linear); e, depois, entre o Estado e o réu (relação angular) – e, segundo alguns, entre autor, réu e Estado (com a figura de uma relação triangular).

Mas, como mostra a história, a evolução não raramente ocorre de forma pendular: a ênfase que antes se dera apenas ao procedimento passou a ser dada então à relação jurídica processual, até que, mais recentemente, fosse recuperada a relevância do papel desempenhado pelo primeiro, com a síntese antes mencionada: processo, a um só tempo, é um procedimento – entendido como sequência de atos teleologicamente encadeados – e uma relação jurídica processual – entendida como somatória de posições jurídicas entre o autor, o Estado e o réu (poderes, sujeições, ônus, faculdades e deveres).

Essa síntese se ajusta à ideia de que processo é procedimento em contraditório porque a relação jurídica processual nada mais é do que a disciplina jurídica positiva daquele princípio; que, por sua vez e como salienta a doutrina, pode ser tido como a expressão jurídica da exigência política de participação dos cidadãos na preparação dos atos de poder que os tenham como destinatários.

Os dois elementos estão ligados a tal ponto que é tarefa das mais difíceis identificar uma norma que regule estritamente o procedimento, sem eventual repercussão sobre a relação processual. Isso se explica porque o ato que integra o procedimento é resultado do exercício de uma posição emergente da relação processual; ato cuja prática gera uma nova posição, cujo exercício resulta em novo ato, e assim sucessivamente.

Até mesmo os requisitos formais de determinado ato do procedimento podem ser vistos como exigências atinentes à relação processual. Por exemplo, quando a lei estabelece os requisitos da petição inicial (CPC, art. 282), ela também regula o ônus de alegação; quando a lei exige requisitos formais da sentença, ela positiva o modo de se exercer o poder de decidir e, ao mesmo tempo, tutela a posição da parte, que tem a prerrogativa de exigir uma sentença com relato, fundamentação adequada e parte dispositiva clara. Mais ainda: simples normas sobre *prazos* (tempo para a prática dos atos), na realidade regulam o momento em que se pode dar cumprimento a determinado ônus de alegação; cuja eventual falta de observância leva à perda de determinada faculdade – portanto, típica disciplina de posição processual.

Nessa mesma linha de raciocínio, é difícil saber se a cognição propiciada pelo processo está no respectivo procedimento ou nas normas que disciplinam a relação processual. Provavelmente, o mais correto é divisá-la em ambos porque a prática do ato envolve a apreensão típica da cognição; que, contudo, tem origem em poderes, faculdades e ônus, dos quais resultam alegações e atividades de instrução. Quando se limita a cognição em extensão, de sorte a excluir determinado pedido ou fundamento do objeto do processo, limita-se a faculdade de alegação e se cria o ônus da parte interessada de se valer de outra via processual. Quando se limita a cognição em profundidade, interfere-se com o poder e com o ônus de provar.

229. Classificação dos processos. É usual encontrar na doutrina classificações do processo segundo a natureza do provimento que constitua o respectivo objeto; o que, em boa medida, coincide com o critério tradicionalmente empregado para a classificação das *ações* e das *tutelas* (supra n. 166), sendo que ambas consideram o resultado almejado pelo demandante. Daí se falar em processo de conhecimento, de execução e cautelar; ou em processo declaratório, condenatório, constitutivo, mandamental, e assim por diante.

Embora essa classificação seja tradicional e útil, ela está sujeita às críticas feitas ao ensejo da classificação das ações, que ficam aqui reiteradas (supra n. 166). É certo que o *resultado* almejado é relevante porque em função dele é que são estabelecidos os *meios*. Mas, se processo é *procedimento* e *relação processual*, mais coerente é buscar classificação que considere um desses elementos (ou eventualmente ambos); os quais mais diretamente se relacionam com os meios e apenas mediatamente com o resultado.

Nessa linha de raciocínio, pode ser tomado como critério relevante o grau de cognição, a gerar processos de cognição plena e exaustiva; e outros com cognição limitada (quer em extensão, quer em profundidade).

Há também classificações que, conquanto confinadas pela doutrina e pela lei ao *procedimento*, na verdade deveriam ser tidas e havidas como classificações dos *processos*, uma vez que o critério não considera apenas a especialidade daquele, mas também da relação jurídica processual. Assim, embora sob a ótica tradicional não se fale em *processo* ordinário, sumário ou especial (mas sim em procedimento com tal ou qual qualificação), a constatação de que tais qualificações estão tanto no procedimento quanto na relação processual justifica falar-se em *processos ordinários*, *sumários* e *especiais*.

Para ilustrar, quando a lei determina que, no procedimento comum *sumário*, os atos sejam concentrados em audiência, isso não se limita ao procedimento, porque interfere diretamente com ônus das partes. Isso fica evidente, quando são impostos ao autor (CPC, art. 276) e ao réu (art. 278) os encargos de trazerem com inicial e contestação os róis de testemunhas, os pleitos de prova pericial, incluindo quesitos e indicação de assistente técnico. Isso não é apenas procedimento, mas diz com a relação processual. O mesmo pode ser dito em relação aos procedimentos tidos por especiais. Muitas das regras contidas no Livro IV do CPC estão longe de conter mera disciplina do procedimento, na medida em que tratam de poderes, sujeições, ônus e faculdades processuais. Há casos em que a especialidade se refere a competência (por exemplo: CPC, art. 891). Portanto, a especialidade não está apenas no procedimento.

Além disso, é usual que o vocábulo *processo* seja adjetivado a partir de um determinado subsistema legal. Fala-se, por exemplo, no processo *individual* e no *coletivo*; no processo *arbitral*; no processo dos *Juizados Especiais* (ou de *pequenas causas*); no processo *de família*; no processo do *consumidor*; ou no processo *empresarial* – esse ainda não regulado de forma orgânica pelo direito positivo brasileiro, conquanto sua disciplina seja alvitrada por parte da doutrina. Tais qualificações, embora não sejam inspiradas por um critério homogêneo e sejam até questionáveis, explicam-se, como dito, em função da existência de subsistemas, com regras especiais que derrogam as gerais. Sob essa ótica, eles são também processos «especiais».

No âmbito do controle concentrado de constitucionalidade, fala-se em processo «objetivo», para supostamente designar um processo «sem partes». Isso é quando menos parcialmente inadequado: ainda que referido controle seja abstrato (e não concreto, como é a regra na jurisdição), a instauração do processo está a cargo de determinadas pessoas legitimadas. Embora não haja propriamente réu, é possível ouvir os órgãos ou autoridades de quem emanou o ato (Lei 9.868/1999, art. 6.º). Ainda que não seja admitido o ingresso de terceiros, isso não afasta a intervenção do Ministério Público e, no âmbito federal, da Advocacia Geral da União; além de eventuais outras pessoas que tenham representatividade – essa última para que ocupem o papel que se convencionou chamar de *amicus curiae* (art. 7.º, § 2.º).

CAPÍTULO II

PROCEDIMENTO

230. Procedimento. Procedimento certamente não é um conceito exclusivo do Direito processual e nem mesmo do Direito. Ele designa uma sequência de atos encadeados e que se dirigem à consecução de um determinado resultado; o que está presente em outros campos do conhecimento ou da ciência.

No Direito processual, diz-se que procedimento é o aspecto formal ou exterior do processo. Como já foi dito, isso é compreensível: o que se visualiza e se documenta é o ato praticado pelo juiz, partes ou qualquer dos sujeitos que intervêm no processo. Os autos – de papel ou eletrônicos – espelham os atos do procedimento. Em relação a eles é possível se falar em *forma*, *lugar*, *tempo* e *modo*; o que não ocorre propriamente com o aspecto substancial do processo, que é a relação jurídica processual. Cada uma das posições contidas nessa relação só se exterioriza quando os sujeitos respectivos – precisamente por exercitá-las – praticam um ato. No confronto com o procedimento, a relação processual é elemento dotado de maior grau de abstração, porque as posições jurídicas dali resultantes, conquanto fundamentais, não podem ser propriamente vistas ou documentadas; exceto, como já foi dito, quando o respectivo exercício se materializa na prática de um ato.

Eventualmente, a doutrina emprega o termo *rito*. Embora pensado para designar o modo de ser de diferentes procedimentos, não raro a expressão é utilizada, pragmaticamente, como sinônimo de procedimento. Aquele vocábulo acentua o caráter formal do conceito e, não raro, tende a empobrecê-lo na medida em que, de forma distorcida, seja feita associação entre ritualística, de um lado, e formalismo indevido e desnecessário, de outro. Contudo, o procedimento está longe de ser formalismo indevido e se, em dada situação, o Legislador não o idealizou de forma suficientemente racional para atingir os objetivos desejados, então é preciso cogitar-se de seu aperfeiçoamento; mas não de seu desprestígio.

De forma análoga, não raramente se agrega ao conceito de procedimento o qualificativo «mero». Isso, de um lado, enfatiza novamente a circunstância de que o procedimento é o aspecto formal do processo. Mas, de outro lado, isso também pode sugerir que as normas «meramente» procedimentais tenham menor relevância, justamente porque ligadas à forma e não ao conteúdo. Isso é um equívoco: as formas processuais não raro são confundidas como excesso de formalismo e, portanto, como fator de potencial retardamento da prestação jurisdicional; quando, na verdade, elas são penhor de legalidade. De um modo ou de outro, a competência legislativa em matéria procedimental é concorrente entre União e Estados da Federação (CF, art. 24, XI e parágrafos).

231. Procedimento e contraditório. Se e quando visto isoladamente, o procedimento não é tido como autêntico processo, que só existe quando àquele se agrega o contraditório; isto é, a possibilidade de efetiva participação dos sujeitos que, de alguma forma, terão suas esferas jurídicas afetadas pelo ato culminante do procedimento. Por isso, entende-se que o *inquérito* – que pode ser criminal, mas que também pode ser civil (Lei 7.347/1985, art. 9.º), é apenas um procedimento e não um processo, dado que nele não há propriamente acusados, mas investigados. Como a função do inquérito é a de formar a opinião do órgão acusador e seu ato final (no caso do criminal, relatório da autoridade policial) e não vincula o investigado, entende-se que, salvo excepcionalmente, não há contraditório ali assegurado.

Embora prevaleça a ideia de que o contraditório no inquérito seria dispensável tendo em vista que nele não se decidem controvérsias e que se trata de «mero» procedimento tendente a formar a convicção do Ministério Público, há quem reconheça que o inquérito não se limita a simples sequência de atos encadeados; mas que, na verdade, envolve direitos e deveres de outros sujeitos que não a autoridade policial e o órgão acusador.

Realmente, não é exato dizer que no inquérito não haja propriamente uma relação jurídica, da qual decorram também posições jurídicas. Os sujeitos que nele atuam têm poderes, sujeições, deveres e até mesmo faculdades. O que descaracteriza o inquérito como processo são duas circunstâncias: de um lado, não há a prerrogativa efetiva e integral de defesa do investigado; de outro e como consequência, o ato final não vincula o investigado que, embora certamente sujeito à subsequente propositura da ação – penal ou civil – não tem sua esfera jurídica diretamente afetada.

Embora o inquérito seja regido por estrita legalidade e esteja sujeito a controle jurisdicional nesse limite, é preciso ir além e reconhecer que nele há o exercício de posições processuais; portanto e em alguma medida, relação jurídica. Não é que o inquérito perca sua função essencial de formar a convicção de quem acusa. Mas é inegável a necessidade de se assegurar ao investigado algum grau de informação e, também, de reação – até mesmo para que o controle jurisdicional sobre ele (conquanto restrito) possa eventualmente ter lugar.

Além disso, é preciso considerar que a pendência de um inquérito, se não pode ser erigida ao patamar da litispendência (conceito próprio e restrito ao processo), é apta a interferir de forma relevante na vida das pessoas. Ele acarreta limitações diretas ou indiretas à obtenção de cargos públicos ou privados, por exemplo. Trata-se, portanto, de encargo que não pode ser simplesmente ignorado. Por isso é que, ainda que excepcionalmente, um inquérito – não obstante seja «mera» investigação – pode ser obstado em seu nascedouro ou, como se diz em linguagem menos rigorosa, pode ser «trancado» (como analogamente ocorre com a prematura extinção do processo sem resolução do mérito).

Na esfera administrativa, é usual que processos administrativos disciplinares sejam precedidos de procedimentos prévios de levantamento de dados, cujos nomes podem variar – sindicância ou investigação preliminar são termos eventualmente empregados. Neles, eventualmente se dá oportunidade de manifestação do investigado, embora ainda sem a oportunidade de produção de prova que é própria do processo administrativo (portanto, com a garantia do contraditório). De forma análoga, o Ministério Público eventualmente faz instaurar procedimentos preliminares.

Reitere-se que toda e qualquer investigação – ainda que se configure como procedimento e não autêntico processo – está sujeita ao controle jurisdicional de sua legalidade, na medida em que possa atentar contra direitos de intimidade, sigilo, imagem e outros; que devem ser preservados, sem prejuízo da eficiência da investigação.

232. Procedimento rígido e flexível. A etimologia de processo remete à ideia de movimento adiante (e, em alguma medida, é a negação de *retrocesso*). Os atos que o integram (e que compõem o procedimento) são interligados e preparatórios do ato final. Mas a marcha avante que está contida no processo pode estar assentada em fases claramente determinadas; às quais, tanto que superadas, não se pode retroagir; ou, diversamente, podem ser aceitos eventuais retrocessos, sem prejuízo de se chegar, quiçá mais tardiamente (mas talvez de forma objetiva ou subjetivamente mais ampla) ao resultado desejado.

Trata-se de opção legislativa, normalmente associada ao conceito de procedimento: diz-se que ele é *rígido* quando a prática de um ato gera situação consumada que impede a regressão (salvo, naturalmente quando se cogita de invalidade do ato e é preciso reeditá-lo de forma válida). A esse fenômeno se chama *preclusão*: objetivamente ela é impedimento ao retrocesso e subjetivamente é a perda ou extinção de um poder ou faculdade emergente da relação processual. Então, diz-se rígido o procedimento fundado em preclusões. Por oposição, diz-se flexível o procedimento que, em alguma medida, comporta retrocesso – quer para que se amplie objetiva ou subjetivamente o processo; quer para que se permita redecidir o que já fora decidido.

O qualificativo de *rigidez* que se dá ao procedimento, ao contrário do que se possa supor e até dizer, não designa a opção do sistema pela legalidade ou liberdade das formas. Até seria possível associar-se estrita legalidade das formas processuais à ideia de rigidez. Trata-se de convenção acerca da terminologia para designar os fenômenos. Mas, firmadas e aceitas as premissas quanto à nomenclatura (tão importante para qualquer ciência), convém mesmo reservar-se a expressão procedimento rígido para aquele fundado em preclusões.

Outra observação conceitualmente relevante é a de que, embora os qualificativos *rígido* e *flexível* sejam acoplados ao *procedimento*, o fenômeno não se limita a esse último. Se a rigidez se funda na existência de fases delimitadas e na vigência de regras preclusivas; e se, ainda, preclusão é subjetivamente a perda de uma faculdade processual, resta evidente que a rigidez não está apenas no procedimento, mas atinge todo o processo porque alcança igualmente a relação processual (a faculdade é posição dela emergente). Portanto, embora não seja usual na doutrina, não seria incorreto falar-se em *processo* (não em procedimento) rígido ou flexível.

233. Rigidez do procedimento no Código de Processo Civil. O sistema processual brasileiro é do tipo rígido. A preclusão alcança a postulação do autor, conforme regras dos arts. 264 e 294 do CPC, que estabelecem a assim chamada estabilização da demanda. Esse fenômeno abrange o elemento objetivo (pedido e causa de pedir) e subjetivo (partes) do processo. De forma análoga, vigora para o réu o ônus de concentrar suas alegações defensivas na contestação (CPC, arts. 300, 302 e 303) – ressalvadas as matérias reservadas às assim chamadas exceções rituais (CPC, arts. 304 e seguintes). Também se opera preclusão sobre as questões decididas (CPC, art. 473), salvo se não estiverem sujeitas ao fenômeno, porque reputadas de ordem pública (matéria atinente a pressupostos processuais e, com ressalvas, a condições da ação). Aliás, para as partes vigora a regra segundo a qual as declarações de vontade formalizadas no processo produzem imediatamente efeitos (CPC, art. 158).

Em matéria recursal, opera-se preclusão quando a parte renuncia ao direito de recorrer ou desiste de recurso interposto, de tal sorte que a opção por não recorrer se consolida. No mesmo âmbito, a demanda recursal é delimitada pelo recorrente. Ele se sujeita à imutabilidade da parte da decisão que eventualmente não impugnar (CPC, arts. 505 e 515), ressalvado capítulo que guarde nexo lógico com outro que tenha sido devidamente impugnado. Aliás, de forma coerente com o postulado da estabilização da demanda, a regra é a de que questões de fato não suscitadas no juízo inferior não podem ser suscitadas em recurso, salvo se demonstrado que a omissão se deveu a motivo de força maior (CPC, art. 517).

Em matéria probatória, entende-se que as preclusões se aplicam às partes e não propriamente ao juiz; que, portanto e até o julgamento, poderia determinar medidas de instrução tendentes a se esclarecer sobre os fatos controvertidos, pertinentes e relevantes. Isso se dá com base na regra do art. 130 do CPC e pode ocorrer até em grau recursal.

Mas para o órgão jurisdicional há também preclusão: tanto que profira sentença, a atuação do juiz termina e só comporta eventual correção de erro material ou nas hipóteses de embargos de declaração, conforme a regra do art. 463 do CPC – o que é igualmente válido para acórdão, nos tribunais. Fala-se, então, em preclusão *pro judicato*, que se aproxima da ideia de preclusão consumativa (no caso, perda do poder de decidir diante do respectivo exercício consumado). Tal regra, além das exceções já mencionadas, é atenuada nas hipóteses dos arts. 296 e § 1.º do art. 285-A, nas quais, apesar de ter sentenciado, o juiz pode rever sua decisão diante de recurso de apelação interposto pelo autor.

Há certamente outras regras no CPC e na legislação extravagante que, mediante o estabelecimento de preclusões, confirmam o caráter rígido do procedimento – ou, como foi examinado, mais corretamente do processo – brasileiro. Afinal de contas, parte relevante da lei processual está dedicada à disciplina da relação processual, das faculdades dela emergentes, do modo de seu exercício e de sua extinção (quer porque exercidas, quer não).

234. Classificação dos procedimentos: comum e especiais. Ao ensejo das possíveis classificações dos processos (que, por sua vez, reportaram-se à classificação das ações e das tutelas), foi feita menção à classificação dos procedimentos, conforme referências doutrinárias e opção legislativa.

Quanto ao procedimento, quando se pensa no processo de conhecimento, fala-se no confronto entre o procedimento *comum* e os *especiais*, sendo aquele dividido em *sumário* – que tem alguma nota de especialidade – e *ordinário* – que é autenticamente comum e residual. No processo de execução, não se costuma aceitar uma sistematização como essa, mas apenas procedimentos ditados para cada forma de execução. No processo cautelar, há procedimentos cautelares específicos (que correspondem às medidas cautelares típicas ou nominadas) e, por oposição, um procedimento genérico, que poderia ser qualificado como *comum*.

Como já foi dito, a classificação dos assim chamados *procedimentos especiais* não é exata. Sem falar em eventuais regras de direito material que possam (atipicamente) conter, sua disciplina legal não estabelece apenas regras procedimentais, mas igualmente normas que disciplinam posições contidas na relação jurídica processual.

Além disso, é preciso considerar que algumas das características que, no passado, davam a certos procedimentos a qualidade de *especiais*, acabaram por ser incorporadas ao procedimento comum ordinário. Dessa forma, hoje, a distinção entre o especial e o comum em matéria de procedimento, ainda que seja relevante, perdeu boa parte de seu conteúdo. Tais características podem assim ser resumidas: a) adoção de modelo processual sincrético, sem a separação de processo de conhecimento e de execução; b) possibilidade de antecipação de tutela, a configurar a respectiva sumarização; c) ações dúplices (supra n. 226), a dispensar reconvenção; e d) limitações de cognição em profundidade ou em extensão.

O abandono da autonomia do processo de execução e a transposição de seu objeto a mera fase processual – não apenas nas obrigações de fazer, não fazer e de entrega de coisa (CPC, arts. 461 e 461-A), mas também nas obrigações de pagamento de quantia – fez com o que o modelo das ditas tutelas mandamentais e executivas em sentido lato (supra n. 182 e 183) se tornasse a regra geral. Portanto, não é mais possível qualificar um procedimento de especial por essa nota, que não é mais particular. O mesmo pode ser dito em relação à sumarização da tutela porque a possibilidade de antecipação de tutela (não apenas providências de cunho cautelar) generalizou-se, conforme regras dos arts. 273, 461 e 461-A do CPC, a ponto de ir além das hipóteses previstas nas regras especiais. Esse aspecto, em alguma medida, está atrelado à limitação da cognição que – especialmente quando vista sob o ângulo da profundidade (limite a dilação probatória) – estava relacionado justamente ao escopo de permitir tutela sumária (como é o caso, por exemplo, do mandado de segurança).

«A circunstância relativa ao item «b» gerou alguma perplexidade, diante da observação de que os requisitos exigidos em normas especiais para a concessão de liminares tinham um teor, enquanto as regras gerais dos arts. 273 e 461 do CPC tinham outro. Isso levou à dúvida quanto a aplicar a regra geral – mais abrangente do que a especial; ou se, diversamente, a especialidade estaria a excluir a incidência da regra geral. Isso ocorre, para ilustrar, nos casos de ações possessórias (CPC, art. 924) e da assim denominada ação de despejo. O entendimento que se afigura correto é o de aplicar a regra geral de forma subsidiária, se da regra especial não resultar sua exclusão, consideradas a teleologia e a razão de ser da especialidade.»

235. Segue: procedimento ordinário, sumário e sumaríssimo. Por procedimento sumário entenda-se aquele disciplinado nos arts. 275 e seguintes do CPC; por sumaríssimo, entenda-se aquele disciplinado pelas Leis 9.099/1995, 10.259/2001 e 12.153/2009, perante os Juizados Especiais. A comunhão entre eles – e que os contrapõe ao comum ordinário – é a concentração dos atos em audiência, com ênfase para os postulados da oralidade, simplicidade, informalidade, economia e celeridade (Lei 9.099/1995, art. 2.º). Portanto, esse é um critério que diz respeito mais diretamente ao procedimento e justifica a classificação, não obstante a reiteração de que a disciplina legal desses temas não se limita a regras estritamente procedimentais.

Eles se caracterizam por uma restrição de cognição em extensão, pela limitação de controvérsias (pela matéria e pelo valor) que a lei estabelece. Mas não há limitação de cognição em profundidade. O que pode ocorrer é que, se a concentração do procedimento não for adequada, diante da necessidade de prova pericial complexa, a lei autoriza a adoção do procedimento comum ordinário (CPC, art. 277, § 5.º). Não há limitação em profundidade, porque o procedimento comporta prova técnica. O que ocorre é que a «maior complexidade» tornaria a concentração dos atos em audiência (e as regras que a acompanham) inoperante para os fins almejados.

Sob o ângulo inverso, o procedimento comum ordinário – especialmente quando se cogita da adoção dele no lugar de outro – é frequentemente indicado como paradigma de maior amplitude possível do contraditório. Isso não é correto porque, no sumário e no sumaríssimo – dentro do objeto do processo ali admitido – há, igualmente, plenitude do contraditório.

236. Caráter residual do procedimento comum ordinário. Diz-se que o procedimento comum ordinário é residual porque se a situação trazida a juízo, nos termos do objeto do processo, não se submeter a procedimento especial ou, dentro do comum, ao sumário, então o ordinário deverá ser adotado.

Assim, da mesma forma que ninguém fica privado de ingressar em juízo por falta de via processual adequada (por força da cobertura geral proporcionada pelo princípio da inafastabilidade da tutela jurisdicional), a tutela jurisdicional não pode ser negada a pretexto da falta de um modelo legal de procedimento. Assim, descarta-se a ideia de que determinados direitos (afirmados) não poderiam ser reconhecidos e atuados à míngua de regulamentação legal do respectivo procedimento. Isso foi reconhecido pela jurisprudência do

Supremo Tribunal Federal, quando, no passado, deparou-se com institutos, tais como o *mandado de injunção* ou o *mandado de segurança coletivo*, até então sem regulamentação processual (e, portanto, também procedimental) expressa.

Na praxe forense, não raramente se emprega a expressão «ação ordinária», que melhor poderia designar instituto do direito comercial (parcela representativa do capital de uma sociedade por ações). Embora incorreta a expressão (porque o caráter ordinário não qualifica a ação, mas o processo ou o procedimento que nele se contém), ela apenas reforça o caráter subsidiário e residual do procedimento ordinário, quando nenhum outro especial for previsto pela lei.

237. Escolha do procedimento pela parte (impossibilidade). Discute-se em doutrina se o requerente tem a faculdade de optar por um dentre os modelos procedimentais estabelecidos pelo legislador; o que pode ser traduzido em eventual fungibilidade procedimental; por exemplo, entre os procedimentos ordinário e sumário (espécies do gênero comum).

A resposta deve ser negativa: ao estabelecer diferentes modelos procedimentais, o legislador leva em conta elementos que dizem respeito ao próprio exercício da função jurisdicional, de tal sorte que prevalece, não sem boa razão, o argumento do caráter cogente das correspondentes regras legais, as quais escapam ao poder de disposição das partes. Essa indisponibilidade é ainda um aspecto da tipicidade do procedimento, no sentido de que os interessados devem valer-se dos modelos estabelecidos pela lei.

Os argumentos normalmente empregados para justificar a fungibilidade não convencem: a aparente largueza do procedimento comum ordinário não pode ser necessariamente vista como algo que favoreça (ou «não prejudique») o demandado, dado que o ônus da litispendência lhe é desfavorável e ele próprio pode ser o primeiro interessado no mais célere desfecho da controvérsia. A tese segundo a qual o procedimento ordinário oferece contraditório amplo não autoriza dizer que o sumário e mesmo o sumaríssimo (Leis 9.099/1995, 10.259/2001 e 12.153/2009) ofereçam limitações à aludida garantia. O que distingue os referidos procedimentos, em essência, é a concentração dos atos processuais, progressivamente mais acentuada no sumário e no sumaríssimo. O caráter sumário está no procedimento e não na cognição.

É certo que a concentração dos atos há que se ajustar ao grau de complexidade da controvérsia. No caso do procedimento comum sumário, há possibilidade de conversão (CPC, art. 277, §§ 4.º e 5.º). Já a Lei 9.099/1995, diversamente do CPC (art. 277, § 5.º), não previu expressamente a possibilidade de conversão, para o procedimento comum, ante a «complexidade» da causa. Ao contrário, o art. 3.º arrola as causas cíveis de «menor complexidade» segundo critérios de valor e matéria. Além disso, o art. 51, II, da Lei 9.099/1995 aponta para a extinção do processo sem resolução do mérito, quando «inadmissível o procedimento instituído» pela lei, «ou seu prosseguimento, após a conciliação». Não fosse essa vedação – talvez até mesmo apesar dela – seria possível cogitar da remessa dos autos ao juízo comum, convertendo-se também o procedimento. Isso se justificaria para preservação da regra constitucional da «menor complexidade» das causas submetidas aos Juizados Especiais, e poderia ter respaldo na aplicação analógica do citado art. 277, § 5.º, do CPC.

Mas com isso, a tipicidade do procedimento não fica totalmente afastada: trata-se de adotar o modelo procedimental mais adequado à relação material controvertida, precisamente para preservar as razões que informaram a disciplina legislativa bem como a realização dos escopos da atividade jurisdicional. A atipicidade, se é que se pode falar assim, fica por conta da determinação, em concreto, da «complexidade» que justifica a conversão.

> «Ainda no caso dos Juizados, a opção do interessado – de ingressar perante o sistema especial ou de se dirigir à Justiça «comum» – não diz diretamente ao procedimento, mas à *competência*. Feita a escolha para esse tópico, o procedimento é aquele ditado pela lei para cada qual dos diferentes órgãos. De qualquer modo, em se tratando de Juizados Especiais das Fazendas Públicas, a faculdade de opção foi excluída pela lei (art. 2.º, § 4.º, da Lei 12.153/2009).»

238. Modo do procedimento. Quando se pensa no modo do procedimento, ponto essencial é o que diz com a linguagem e maneira pela qual ela se expressa. Sem embargo de exigências especiais para determinados atos processuais, a regra geral é de que a palavra seja expressa na língua portuguesa (CPC, arts. 156/157); inclusive aquela constante de documentos trazidos aos autos. Para tanto, se necessário, deve intervir intérprete (CPC, art. 151). Documentos redigidos em língua estrangeira são admitidos, mas devem ser traduzidos por tradutor juramentado (CPC, art. 157).

Em doutrina também se costuma analisar o *modo* do procedimento a partir do *impulso* do ato, que pode estar a cargo das partes ou do juiz. Mas, preservada essa forma de ver as coisas, impulso é tema que mais precisamente se liga à relação jurídica processual, porque envolve poder (do juiz) ou ônus (das partes) – ou seja, posições jurídicas e não meros atos que integram o procedimento. Por isso, o tema do impulso foi tratado ao ensejo do princípio da demanda e, dentro dele, do assim denominado princípio dispositivo (supra n. 94). Além disso, também se costuma tratar do modo do procedimento sob o ângulo do *rito*. Esse tema foi tratado ao ensejo das classificações que o procedimento comporta (supra n. 234).

Considerando-se que a palavra pode ser escrita ou falada, é secular a distinção entre processo *oral*, *escrito* ou *misto* (isto é, que reúna atributos de um e de outro). Isso leva ao muito relevante tema da regra – que, para alguns merece ser erigida à categoria de princípio – da *oralidade*.

239. Oralidade. Trata-se de postulado segundo o qual as alegações das partes devem normalmente fazer-se em *audiência*, isto é, no momento e lugar em que o juiz se assenta para ouvir as partes e dirigir a marcha da causa. O processo oral foi expressivamente cultuado no século passado, havido então e durante muito tempo como apto a proporcionar qualidade da decisão com economia, simplicidade e presteza. Ele se desdobra em outros postulados: *concentração*, *imediação*, *identidade física do juiz* e *irrecorribilidade em separado das interlocutórias*.

A *concentração* está contida no enunciado acima e pretende que os atos sejam essencialmente realizados em audiência. A *imediação* significa o contato direto do juiz com partes, advogados, testemunhas, peritos e outros sujeitos que devem intervir no processo, para que haja percepção direta do magistrado, sem interposta pessoa. A *identidade física* é disso uma decorrência: a decisão deve preferencialmente ser prolatada pelo juiz que presidiu a audiência e nela travou contato imediato com os demais protagonistas da sessão, apto a aferir a credibilidade de suas declarações. Tudo isso estaria ligado ao livre convencimento do juiz, em oposição ao sistema da prova legal: ao invés de aplicar critérios pré-estabelecidos, formais e convencionais, a oralidade propiciaria que o juiz se valesse da pesquisa da verdade mediante a técnica da observação. Ademais, a vinculação do juiz à causa evitaria mudanças sucessivas de direção, no curso do processo, que prejudicam o adequado conhecimento da controvérsia e, portanto, de participação autêntica. A irrecorribilidade em separado das interlocutórias completa o quadro. Por esse postulado, decisões tomadas no curso do processo não são recorríveis ou, ao menos, não o são de forma separada (por instrumento). Toda e qualquer impugnação, então, fica concentrada para o recurso contra a sentença (ato final).

No Brasil, o louvor à oralidade e respectivos postulados rendeu frutos que podem ser ilustrados pela lei que instituiu os Juizados de Pequenas Causas e, depois, por aquela que disciplinou os Juizados Especiais; cujo processo é marcado pela concentração dos atos em audiência e, dentre outros, orientado pelo «critério» da oralidade (Lei 9.099/1995, art. 2.º). Assim também ocorreu na redação dada ao art. 331 do CPC quando da instituição da audiência preliminar. O escopo dessa sessão não deveria se limitar à mera tentativa de conciliação das partes, mas sim corporificar verdadeira interação entre juiz, advogados e partes, na ordenação da causa (resolução das preliminares, fixação dos pontos controvertidos e determinação de provas). Ele também impactou o sistema recursal: por regra, decisões interlocutórias devem ser impugnadas por agravo na forma retida, que só será conhecido por ocasião do julgamento de eventual recurso contra a sentença (apelação) – o que significa que, em tese, o agravo na forma de instrumento (portanto de forma separada) passou a ser a exceção (CPC, arts. 522 e 527, II).

Não obstante o prestígio que lhe conferiu a doutrina, a oralidade sofreu – e continua a sofrer – impactos decorrentes de modificações pelas quais têm passado não apenas o processo civil, mas a própria vida em sociedade; que, cada vez mais, aponta para a prevalência do processo essencialmente escrito (e, mais do que isso, agora em base eletrônica).

Diferentes circunstâncias ilustram a perda de prestígio da oralidade. Primeiro, há prática de se converter o procedimento sumário (marcado pela maior ênfase à oralidade) em ordinário. Argumenta-se que a providência poderia proporcionar maior brevidade e não haveria prejuízo na troca, pois o ordinário ensejaria maior amplitude de defesa do que o sumário. Isso é, quando menos, um parcial equívoco: o exercício do contraditório é amplo nas duas modalidades que, ao menos como regra, não conhecem limites de profundidade da cognição.

Há também a prática de se limitar a audiência prevista pelo art. 331 do CPC a uma sessão de tentativa de conciliação – a ponto de ser dispensada se as partes manifestarem desinteresse pela tentativa de solução amigável – com desprezo ao conteúdo de ordenação da causa a que se refere aquele dispositivo legal. Na audiência de instrução, depõe contra a oralidade a menor importância dada ao debate oral em audiência, com preferência por memoriais escritos (CPC, art. 454, § 3.º); sem falar nas alterações que experimentou a regra de identidade física no processo civil, conforme a regra do art. 132 do CPC.

> «Segundo a redação atual do art. 132 do CPC "O juiz, titular ou substituto, que concluir a audiência julgará a lide, salvo se estiver convocado, licenciado, afastado por qualquer motivo, promovido ou aposentado, casos em que repassará os autos ao seu sucessor", a quem se faculta, nos termos de seu parágrafo único, "repetir as provas já produzidas". Sob a égide do Código de 1939 a regra era substancialmente diversa: mesmo o juiz transferido, promovido ou aposentado deveria concluir o julgamento dos processos cuja instrução houvesse iniciado em audiência; salvo se a aposentadoria decorresse de «incapacidade» física ou moral para o exercício do cargo ou na hipótese de falecimento (quanto a este, a ressalva constava do parágrafo único). Esse era o teor do art. 120, que não poupava da vinculação sequer o juiz aposentado, a quem não apenas se reconhecia competência, mas jurisdição.
>
> Na redação original, o CPC de 1973 não se referia apenas ao juiz que concluísse a audiência, como depois veio a vigorar; falava-se na vinculação do juiz "que iniciar a audiência", que deveria concluir a sessão e julgar a controvérsia. Alterada a regra, criaram-se as exceções: se antes o juiz, ainda que

transferido, promovido ou aposentado, estava vinculado (portanto, continuava sujeito à vinculação), tais hipóteses passaram a autorizar a desvinculação do magistrado.»

No campo da prova, constata-se resistência à convocação do perito para prestar esclarecimentos em juízo – com preferência a complemento escrito – apesar da disposição contida no art. 435 do CPC. Também se constata perda de importância do depoimento pessoal (por advogados ou juízes), quer como instrumento de obtenção da confissão, quer como uma espécie de defesa não técnica da parte, à semelhança do interrogatório, em matéria penal.

240. Perspectivas da oralidade. Alguns fatores determinantes do declínio da oralidade podem ser identificados nas seguintes circunstâncias: (a) a introdução do instituto do julgamento antecipado da lide (CPC, art. 330) – que, progressivamente, passou a ser admitido até mesmo quando já saneado o processo (CPC, art. 331); (b) preferência das partes – e até mesmo do órgão judicial – pela prova pré-constituída, diante do crescimento do comércio eletrônico, do incremento das relações pessoais pelas ditas redes disponíveis na internet, da comunicação por e-mails e mecanismos equivalentes, do monitoramento das pessoas mediante áudio ou vídeo; (c) da massificação das causas e (d) da implantação do processo eletrônico.

Se por um lado é certo que a prova oral – especialmente a testemunhal – vai realmente perdendo sua importância num mundo em que tudo se documenta, por outro lado não se deve desprezar a oralidade como método de trabalho. Ela continua a ser ferramenta relevante para a atividade cognitiva, na reconstrução dos fatos relevantes. A oralidade cria ambiente adequado à participação das partes e advogados – e, portanto, para mais amplo e adequado exercício do contraditório (colaboração). Além disso, ela combate mudanças sucessivas na presidência do processo, cujos efeitos nocivos já foram destacados. Mesmo no caso da prova pericial, a oralidade – com oitiva do perito e dos assistentes em audiência – é forma de prevenir desvios que, embora não se presumam, podem ocorrer.

Sob o ângulo decisório, o contato com as partes é salutar para que o magistrado possa melhor avaliar a prova, ainda que essencialmente documental. Além disso, a experiência colhida nos processos arbitrais mostra que a exposição oral da causa antes da colheita da prova – quer pelos advogados, quer eventualmente e apenas pelas partes em depoimento pessoal – instrui os julgadores na melhor acepção do termo. Longe de isso constituir perda de tempo e de energia; o ganho na apreciação do conjunto probatório é, na verdade, relevante.

Nem mesmo a massificação da Justiça justifica desprestigiar a oralidade. Pelo contrário, a oralidade se apresenta apta a impedir a injustiça de se julgar um caso em meio a outros que não guardam a necessária similitude. Julgar demandas com mesmo fundamento de forma concentrada é uma coisa; tratar demandas individuais «por atacado» é outra, que não se compadece com a Justiça prometida e devida pelo Estado. Aliás, a sustentação oral nos tribunais – embora deva ser manejada com destreza e objetividade – é boa ilustração disso.

É certo que em um sistema no qual o recurso de apelação devolve questões de fato para o tribunal, que nenhuma imediação manteve com as partes e demais protagonistas da audiência, a oralidade perde algum sentido. Mas isso não é suficiente para anular o postulado. O órgão revisor, embora livre para reapreciar a prova colhida em audiência, deverá – ainda que para negá-la – considerar a valoração feita pelo julgador singular, justamente a partir de seu contato direto em audiência.

Portanto, o que se preconiza para o princípio, nesta quadra da história, é o seguinte: nem exaltação divorciada da realidade; nem desprezo que desumanize e torne impessoal a Justiça, ou que elimine os benefícios que o contato direto do juiz com partes, advogados e demais atores do processo pode trazer. Esse é o difícil equilíbrio que deve ser buscado, tanto pelo Legislador, quanto especialmente pelos juízes.

241. Alteração do procedimento pelo juiz. A questão – de que já se falou parcialmente quando do exame da *forma* dos atos processuais – surge no contexto de reforço dos poderes diretivos (de impulso) e de instrução do juiz. Ele é agente do Estado, que busca atuar o direito objetivo, da forma mais breve possível, com o menor custo (em sentido amplo) possível, orientado pelo escopo de pacificação social e dentro dos cânones indissociáveis da autêntica tutela jurisdicional ou dos princípios que compõem o devido processo legal.

Não se deve descartar por completo que o juiz eventualmente estabeleça alteração no modelo procedimental traçado pelo Legislador. Isso não significa permitir que o juiz possa agir como Legislador, «aperfeiçoando» as regras reguladoras do procedimento. Essa tarefa não lhe compete e transferir para o magistrado semelhante poder seria abrir as portas para uma perigosa quebra de unidade na disciplina do procedimento. Convém lembrar que a edição de normas processuais é privativa do Legislativo (CF, art. 22, I) e que, de qualquer modo, é muito difícil dissociar normas sobre procedimento daquelas que afetam a relação jurídica processual.

Sendo assim, modificação do procedimento deve ser reputada excepcional e sempre observar os parâmetros estabelecidos pela lei; portanto, mantida a regra de tipicidade. É preciso igualmente que, em qualquer hipótese, a alteração preserve os princípios que regem o sistema processual (supra

n. 38 e seguintes), que, assegure o caráter racional do procedimento e que atenda aos escopos da jurisdição.

É certo que o art. 125 do CPC confere ao juiz consideráveis poderes de direção do processo, dentre os quais o de «velar pela rápida solução do litígio», que está em consonância com a norma constitucional que preconiza a solução da controvérsia em tempo razoável (CF, art. 5.º, LXXVIII). Contudo, a presteza que possa ser empregada no processo deve estar atenta ao modelo legal e não ficar simplesmente no arbítrio do magistrado. É como se a lei estatuísse: dentro do modelo estabelecido para os atos do processo, deve o juiz adotar as providências que propiciem a mais rápida solução do litígio. Mas a disciplina é essencialmente da lei, conforme se extrai, por exemplo, da regra que autoriza o juiz a limitar o litisconsórcio facultativo, «quanto ao número de litigantes, quando este comprometer a rápida solução do litígio» (CPC, art. 46, parágrafo único). De forma análoga, o poder conferido pelo art. 130 do CPC – em matéria probatória – não deve ser interpretado de forma extensiva, a ponto de justificar alteração do procedimento pelo juiz.

Um caso detectado de lícita alteração na experiência dos tribunais é aquele no qual os embargos de declaração tenham, excepcionalmente, o escopo de reformar a decisão embargada. Nessa hipótese, é possível incluir a oitiva do embargado como forma de preservar o contraditório, ainda que não haja previsão legal para tanto. Também é possível alterar a ordem das provas, se o objeto de uma for prejudicial à outra (por exemplo, prova pericial que antecede temas passíveis de prova testemunhal, como ocorre no caso de incapacidade resultante de acidente e a culpa por sua ocorrência). Há também situações em que o juiz designa audiência preliminar de tentativa de conciliação, a partir da qual se inicia o prazo para resposta; embora o intuito possa até ser louvável, a modificação interfere com a relação processual, porque afeta o tempo para que o réu se desincumba do ônus de contestar; o que é matéria privativa de lei.

CAPÍTULO III

ATOS PROCESSUAIS

242. Atos processuais: introdução. Os atos processuais se caracterizam como tal porque praticados pelos sujeitos da relação jurídica processual e no ambiente dessa última. A partir deles ocorre a criação, a extinção ou a modificação de situações jurídicas processuais. Daí a íntima vinculação que existe – e que já foi tantas vezes destacada – entre procedimento e relação jurídica processual.

Tal conceituação não autoriza dizer que todo ato processual praticado no âmbito *jurisdicional* comporte essa última qualificação. Para vincular os conceitos de ato *processual* e de ato *jurisdicional* seria preciso discutir se, nesta ou naquela situação, estariam presentes os elementos conceituais de jurisdição. Discussão dessa ordem, neste tópico, afigura-se estéril. É possível que atos praticados no processo até tenham natureza administrativa; ainda assim eles merecerão ser qualificados como *processuais* pelo simples fato de, conforme foi dito acima, serem praticados por algum dos sujeitos da relação processual (para tal fim, incluídos também os serventuários e auxiliares), no respectivo ambiente.

Embora os atos do processo estejam interligados e que, eventualmente, seja possível considerá-los na integração de uma determinada *fase* processual (postulatória, ordinária, de instrução, decisória, de conhecimento, de cumprimento, dentre eventuais outras), o sistema os considera de forma isolada quando resolve o problema da lei processual nova no tempo (supra n. 25). Além disso, há atos processuais complexos, isto é, que embora unos, podem ser decompostos em diferentes outros – como é o caso da audiência de conciliação, instrução e julgamento (CPC, arts. 450 e seguintes).

De outra parte, embora o exame de cada ato processual possa e deva ser feito individualmente (porque cada qual tem seu próprio conteúdo e finalidade), é igualmente possível examiná-los sob a ótica da teoria geral: há aspectos que são comuns à generalidade dos atos que integram o procedimento.

243. Forma dos atos processuais. Os atos processuais pautam-se por regra de tipicidade quanto à respectiva *forma*. A lei processual civil tolera a liberdade das formas, mas apenas para o quê não seja por ela expressamente regulado. Há um modelo legal *e*, portanto, a forma dos atos não resulta da criação do juiz, nem da vontade das partes; mas decorre da lei. Isso se justifica na medida em que o procedimento é garantia de legalidade e instrumento de exercício do poder. A forma gera segurança pela previsibilidade quanto ao modo pelo qual o processo há que se desenvolver; o que vale igualmente para o estabelecimento de posições da relação jurídica processual (infra n. 253).

No direito positivo brasileiro, a disposição contida no art. 154 do CPC poderia sugerir liberdade nessa matéria, ao estatuir que os atos processuais não dependem de forma para que sejam considerados válidos e eficazes, exceto quando a lei disciplinar de forma diversa. Não obstante, essa liberdade só pode ser invocada em situações não reguladas pela lei e, portanto, ela só atua de forma subsidiária. A regra, portanto, é a da legalidade que, de volta ao início, remete a um modelo típico.

A tipicidade dos atos processuais sugere raciocínios semelhantes àqueles empregados no direito penal ou no direito tributário, em que aquela primeira se associa à legalidade e, portanto, atua como forma de estabelecer segurança em favor das partes, inclusive pela previsibilidade quanto ao modo pelo qual o processo há que se desenvolver. A associação entre tipicidade e forma do ato processual deve se harmonizar com a ideia de que o procedimento é instrumento do contraditório – que é a exigência de participação dos destinatários do provimento estatal, de sorte a legitimar o ato imperativo. Por isso é que a regra da tipicidade do ato processual não deve apenas ser vista à luz do escopo de cada ato, mas igualmente sob o ângulo de garantia de exercício do contraditório.

É certo que essa tipicidade é temperada pelas regras que disciplinam as invalidades processuais: a forma não tem valor intrínseco absoluto e deve ser considerada como meio para a obtenção do objetivo de cada ato. Fala-se em *instrumentalidade das formas* (CPC, art. 244; infra n. 258).

244. Lugar. A regra é a de que os atos sejam realizados na sede do juízo perante o qual tramita o processo. Isso não ocorre exatamente porque o juiz tenha competência limitada a uma porção de território. A competência é, antes de tudo, uma técnica para divisão do trabalho entre os diferentes órgãos que integram o Poder Judiciário (supra n. 134). O fato de o território ser levado em conta nessa divisão não significa, por si só, que a eficácia do que se decidir fique restrita àquela base física. De forma análoga, o fato de os atos serem ordinariamente praticados na sede do juízo não é propriamente um limite jurídico ao juiz, mas uma razão de ordem prática: é mais racional que os atos sejam praticados ali, quer porque ali estão os sujeitos do processo, quer porque ali está o objeto dos atos a praticar (por exemplo, colheita da prova). Conforme foi dito ao ensejo do tema da aderência da jurisdição ao território, os juízes exercem sua autoridade em todo o território nacional (supra n. 121).

Dessa forma, as exceções à regra decorrem da dissociação dos elementos acima mencionados: os destinatários ou o objeto do ato a praticar não se encontram nos limites territoriais, mas em localidade distinta. Para ilustrar, isso pode ocorrer nos atos de comunicação processual (citação e intimação) e na colheita da prova. Nesses casos, as exceções se justificam em razão do interesse do Poder Judiciário, de obstáculo que, levantado pela parte, seja reconhecido pelo juiz como legítimo (CPC, art. 176) ou até mesmo de deferência a determinadas pessoas (CPC, art. 411). Nesse último caso, a exceção pode se dar em favor de determinadas pessoas (autoridades) que têm a prerrogativa de serem ouvidas em sua residência ou local de exercício da função.

A prática de atos fora do juízo se instrumentaliza por «carta» (CPC, arts. 202/212), que pode ser de ordem, precatória ou rogatória. Todas elas, se isso for tecnicamente possível nas circunstâncias, podem ser expedidas por meio eletrônico (CPC, art. 202, § 3.º).

> «O CPC prevê três tipos de cartas (arts. 202/212). A *carta de ordem*, pela qual é emitida ordem de um órgão jurisdicional para outro a ele subordinado; a *carta rogatória*, mediante a qual um órgão jurisdicional brasileiro solicita a um órgão estrangeiro a prática de determinado ato (citação de um residente no exterior, por exemplo); e a *carta precatória*, que não se enquadra nas outras duas hipóteses mencionadas e tem lugar quando deva ser praticado um ato em circunstâncias territoriais alheias à competência do juízo (citação, intimação ou penhora de imóvel, por exemplo). Sempre que necessário o uso de cartas, fala-se em juízo *deprecante* (que expede a carta) e juízo *deprecado* (que recebe a carta).»

A alusão ao lugar dos atos processuais precisa ser entendida corretamente: usualmente, quando o ato não possa ou não deva ser praticado na sede do juízo, isso significa que ele será realizado perante órgão diverso e, portanto, sua prática será presidida por juiz diferente daquele que oficia no processo. Portanto, embora isso possa parecer evidente, não se trata apenas de alterar o lugar, mas também o agente estatal que atua; salvo nas hipóteses nas quais, excepcionalmente, o juiz se desloca até o local do ato a ser praticado, conforme acima lembrado (arts. 410, III e IV, do CPC).

Se a dissociação acima mencionada é menos relevante quando se trata de atos de comunicação processual (especialmente a citação), pode ter importância quando se trate da colheita de elementos de instrução. Conquanto a regra de oralidade não prevaleça em toda sua extensão, o ideal é que o juiz a cargo da colheita da prova seja o mesmo a julgar a controvérsia, já que, sob a ótica da solução adjudicada do conflito, ele é o destinatário final da prova.

Também nos casos de entrega de coisa (com busca e apreensão ou imissão na posse) ou nos quais se busca a expropriação de bens, que se inicia com ato de apreensão física (penhora), pode ser necessária a prática de atos fora da sede do juízo. Isso pode eventualmente gerar dúvida quanto à competência do juízo deprecante (que solicita a providência) e do juízo deprecado (a quem se solicita), sem embargo da regra inscrita no art. 747 do CPC.

Quando se cuida de carta de ordem, não se trata apenas de alterar o lugar e o agente estatal, mas sim o grau de jurisdição; o que faz do conteúdo da ordem autêntica determinação, que deve ser fielmente observada. Quando se trata de carta rogatória, a diversidade é ainda mais intensa: o ato há que ser praticado perante soberania diversa, cujas regras (direito processual e até material) terão que ser observadas, sob pena de o ato não se consumar. Dizer-se, nesse caso, que se trata apenas de lugar diferente, é reduzir um fenômeno substancialmente mais complexo.

> «Fala-se em doutrina na classificação da carta rogatória: *ativa*, em que o Estado brasileiro ocupa a posição de solicitante da providência ao estão estrangeiro e, *passiva*, na qual ocorre o inverso.»

245. Tempo. O tempo dos atos processuais é tratado pelo sistema de diferentes formas.

Em enfoque mais abrangente e estrutural, lembre-se que a Constituição Federal positivou o direito à razoável duração do processo (art. 5.º, LXXVIII), que é indissociável da inafastabilidade da tutela jurisdicional, com a dimensão já examinada (supra n. 52): a tempestividade do controle jurisdicional é condição para que o processo cumpra suas finalidades. Ademais, não pode haver processo «justo» se ele for tardio. A demora tende a prejudicar os mais fracos e, nessa medida, contraria a exigência de igualdade real.

Isso não quer dizer que o processo tenha um prazo certo para finalização, cuja falta de observância poderia eventualmente levar a que tal ou qual efeito jurídico se produzisse por decurso de prazo. Em nome da preservação da duração razoável não é possível sacrificar outros postulados que integram a ideia de inafastabilidade da tutela jurisdicional. Condutas da parte que possam indevidamente retardar o curso do processo podem ser reprimidas e sancionadas, com equilíbrio, conforme disposições legais que tratam da litigância de má-fé (e não são poucas).

> «A edição de atos resultantes de decurso de prazo parece ser repudiada pelo sistema, de um modo geral. Tal é o que se extrai, por exemplo, da regra inscrita no § 10 do art. 62 da CF, quando trata do processo legislativo; e do veto imposto ao art. 64 da Lei 12.529/2012 (Lei de Defesa da Concorrência), que versava sobre a aprovação de atos de concentração econômica por decurso de prazo.»

Com enfoque mais concreto, a lei processual dispõe sobre o tempo ao indicar a época para a prática dos atos. Aí é preciso considerar a forma pela qual o ato se materializa. Se ele for instrumentalizado por petição, a regra é aquela inserta no § 3.º do art. 172 do CPC, com a ressalva de que, tratando-se de processo eletrônico, prevalece a extensão de horário constante do art. 3.º, parágrafo único, da Lei 11.419/2006. Quanto aos demais atos, a regra é de que sejam praticados em dias úteis, dentro de horário fixado pelo mesmo art. 172, com ressalva em seus §§ 1.º e 2.º. A lei processual continua a falar em férias forenses e em feriados, para deles excluir a prática de atos, salvo exceções (CPC, arts. 173/174). Contudo, o art. 93, XII, da CF (com a redação que lhe deu a EC 45/2004) estabelece que a atividade jurisdicional seja ininterrupta, vedadas férias coletivas nos graus ordinários de jurisdição (o que não se aplica aos tribunais superiores).

Trata-se de norma de eficácia imediata, que dispensa regulamentação legal, ainda que fosse desejável disciplina uniforme entre todos os órgãos que integram o Poder Judiciário. Dessa forma, não foram recepcionadas pela nova ordem as disposições (ou parte delas) contidas nos arts. 173, 174 e 179 do CPC e nos arts. 66 a 68 da Lei Orgânica da Magistratura. De forma análoga, tornaram-se inócuas regras de legislação extravagante que previam o andamento de processos nas férias (por exemplo, art. 58, I, da Lei de Locações).

Mas a regra constitucional, como não poderia deixar de ser, reconhece a possibilidade de dias sem expediente forense normal; caso em que deverá haver regime de *plantão*. Isso quer dizer que, embora não seja possível haver férias, é lícito estabelecer períodos de recesso, como ocorre nas Festas de final de ano ou mesmo em eventuais emendas de feriados. O que não se afigura possível é interromper completamente a disponibilidade da atividade jurisdicional. Sempre deverá haver a possibilidade de deduzir pleito urgente, ainda que perante juiz de plantão. Também é dado aos tribunais (por atos como Portarias e Resoluções, por exemplo), eventualmente e com base nos mesmos critérios acima lembrados, determinar a suspensão de publicação em Diário Oficial de decisões; com o consequente sobrestamento de intimações dos atos processuais (e, portanto, indiretamente da fluência de prazos).

Os tribunais não têm competência normativa para, de forma geral e abstrata, suspender prazos processuais porque isso só pode ser determinado pela lei federal. O que as cortes podem fazer, nesse particular, é editar atos que reconheçam a ocorrência de fatos que, segundo a lei federal, acarretam a prorrogação, a suspensão ou a interrupção de prazos. É o que ocorre, por exemplo, no caso de eventual greve de serventuários do Judiciário. Também é possível que regulamentem a atividade forense, de sorte a impedir a fluência dos prazos; como acontece quando se determina a suspensão de intimação das partes por publicação em Diário Oficial, para efeito de recesso.

246. Segue: prazos processuais (espécies). Uma terceira forma de lidar com o tempo, conforme já adiantado acima, é mediante a disciplina de prazos processuais. Eles podem ser entendidos como o lapso de tempo que se confere a um dos sujeitos do processo para o exercício de determinada posição jurídica (emergente da relação processual) e para a consequente prática de um ato; que pode ser processual ou que pode estar situado no plano material (p. ex., o prazo assinalado no art. 475-J do CPC, que confere ao devedor de obrigação de pagar quantia certa o prazo de 15 dias para pagar o valor executado, sob pena de incidência de multa de 10%). Ao mesmo tempo em que é lapso de tempo para o exercício de uma posição, o estabelecimento de prazos é, em si mesmo, um encargo que se atribuiu aos interessados.

Há quatro principais categorias de prazos.

A primeira delas aparta prazos *dilatórios* dos assim denominados *aceleratórios*. Aqueles primeiros estabelecem um lapso mínimo de tempo que deve anteceder a prática do ato. Eles são eventualmente inspirados no princípio do contraditório ou consideram que o ônus contido em toda regra que fixa prazo deve ser proporcional e razoável (isto é, necessária, adequada e proporcional em sentido estrito). Já os prazos ditos aceleratórios – que são a generalidade – estabelecem um lapso máximo para o exercício da posição jurídica. Embora funcionem de forma diversa, eles também devem considerar os postulados que inspiram os prazos dilatórios. Aliás, a redução de prazos instituídos para as partes não é técnica adequada para tornar a prestação jurisdicional mais célere.

> «São exemplos de prazos dilatórios: prazo mínimo de 20 (vinte) dias para a apresentação de defesa na citação por edital (CPC, art. 232, IV); e prazo mínimo de 10 (dez) dias entre a citação do réu e a audiência de tentativa de conciliação do procedimento comum sumário (CPC, art. 277). São exemplos de prazos aceleratórios: prazo de 15 (quinze) dias para o recurso de apelação e outros recursos (CPC, 508); prazo de 10 (dez) dias para a ação declaratória incidental (CPC, art. 325); ou prazo de 15 (quinze) dias para o autor apresentar contestação à reconvenção (CPC, art. 316).»

A segunda categoria distingue prazos *ordinatórios* (ou *dispositivos*) e *peremptórios*: esses últimos têm caráter cogente e não comportam convenção das partes (CPC, art. 180); os outros, inversamente, comportam modificação (CPC, art. 181). Quando se pensa na jurisdição estatal, a regra é de que os prazos sejam da primeira espécie (*peremptórios*); já no processo arbitral, marcado pela natureza contratual, a regra se inverte.

Os prazos podem, ainda, ser *próprios* e *impróprios*: aqueles são os prazos propriamente ditos dado que sua não observância leva à perda do poder ou faculdade de que é titular a parte. Isso quer dizer que eles são *preclusivos*. Portanto, prazo próprio é do sujeito parcial (parte). Os outros são dirigidos ao juiz e aos serventuários, como nas hipóteses dos arts. 189 e 190 do CPC, que impõem prazos para o magistrado proferir despachos ou decisões, e para o serventuário praticar atos processuais. A falta de observância dos prazos impróprios não leva à extinção da posição jurídica porque isso, em última análise, equivaleria à denegação da prestação devida pelo Estado. Mas pode haver consequências no plano administrativo e disciplinar, ou até mesmo dentro do processo, com a avocação do processo pelo Tribunal e o afastamento do agente inerte para que outro pratique o ato devido (CPC, art. 198).

Finalmente, os prazos podem ser *comuns* e *particulares*. Os primeiros vigem simultaneamente para mais de um dos sujeitos processuais. Tal ocorre no caso de recurso de apelação contra sentença de parcial procedência da demanda, em que autor e réu têm interesse em impugnar. Já os particulares aplicam-se a apenas um dos sujeitos.

247. Segue: contagem. Tanto quanto possível, a lei deve ser expressa e clara ao tratar dos prazos, dadas as repercussões deles decorrentes. Por isso, foram explicitadas regras sobre a respectiva contagem: (i) exclui-se o dia do início e se considera o do vencimento; (ii) o prazo se inicia no primeiro dia útil subsequente após a intimação; e (iii) o prazo é prorrogado para o primeiro dia útil seguinte se o vencimento coincidir com feriado, fim de semana ou dia em que tiver sido fechado o fórum ou encerrado o expediente forense antes do normal (CPC, art. 184).

É importante notar que o prazo inicia-se no primeiro dia útil após a *intimação;* e não da *publicação* (como equivocadamente costuma-se afirmar na praxe forense). Essa última, após a instituição dos chamados *Diários de Justiça Eletrônicos*, ocorre no primeiro dia útil após a chamada *disponibilização* (Lei 11.419/2006, art. 4.º, § 3.º), que corresponde ao dia da publicação em Diário Oficial Eletrônico. O dia útil seguinte é considerado o da intimação e, portanto, o prazo inicia-se no dia útil subsequente (=no segundo dia útil após a disponibilização).

A regra geral é que as partes são intimadas na pessoa de seus advogados, mediante publicação nos referidos Diários de Justiça. Isso se justifica porque o ato a praticar se inscreve no âmbito da capacidade postulatória, que, por regra, é do advogado. Mas há casos nos quais a comunicação deve ser *pessoal* à parte. O critério para a distinção, em termos lógicos, deveria estar no objeto do ato a praticar ou da providência a adotar: se ela está a cargo da parte, ela deveria ser a destinatária. Mas isso nem sempre ocorre: no caso da reconvenção (que tem natureza de ação), não se faz citação pessoal do autor, mas mera intimação do advogado, embora o ônus de responder seja da parte e não do causídico; no caso do art. 475-J do CPC, o pagamento do débito está a cargo da parte, mas a jurisprudência admite que a intimação (e consequente contagem do prazo) seja feita ao advogado.

É também possível que as partes ou seus advogados sejam intimados em audiência, quando nessa sessão for publicada a decisão (CPC, art. 242, § 1.º). Nessa hipótese, estará dispensada a intimação pelo *Diário Oficial*. Já quando a citação ou intimação ocorrer por correio ou oficial de justiça, o prazo inicia-se no primeiro dia útil após a juntada aos autos do aviso de recebimento ou do mandado cumprido (CPC, art. 241, I e II).

Convém lembrar que os prazos decadenciais são improrrogáveis. Exemplo disso é o prazo previsto no art. 495 do CPC. Mas, tratando-se de ato processual, é razoável entender que, caso o vencimento do prazo recaia em dia em que não há expediente forense, considera-se como termo final o primeiro dia útil subsequente. Não há nessa hipótese, propriamente, prorrogação do prazo, uma vez que o prazo teria vencido em dia em que não é permitida a prática do ato.

Não havendo disposição da lei ou do julgador em sentido contrário, o prazo será de cinco dias (CPC, art. 185). Essa é a regra geral. Mas há *prazos legais* diversos (os mais usuais, como os referidos anteriormente); *prazos judiciais* (fixados de acordo com a prudência e o arbítrio do julgador; exemplo é a possibilidade de que, na omissão da lei, o juiz fixe o prazo que leve em conta «a complexidade da causa», conforme lhe permite o art. 177 do CPC) e *prazos convencionais*. Esses últimos, como o próprio nome diz, são os fixados de comum acordo pelas partes. São casos raros, considerando-se o caráter público do processo. Exemplo de prazo convencional é a possibilidade de as partes ajustarem a suspensão do processo, respeitado o limite máximo de 6 (seis) meses (CPC, art. 265, II e § 3.º).

O princípio da igualdade deve ser observado na fixação de prazos para as partes. Possíveis exceções, na verdade, somente se justificam se tiverem o objetivo de garantir a igualdade substancial. Assim ocorre quando há mais de um réu: a data para a apresentação de defesa começa a correr após a juntada do último aviso de recebimento ou mandado de citação (CPC, art. 241, III);

regra, porém, que não se aplica ao prazo para apresentar embargos à execução, salvo se os corréus forem cônjuges (CPC, art. 738, § 1.º). Outra exceção está contida no art. 191 do CPC, segundo o qual, quando houver mais de um réu com diferentes advogados constituídos, eles possuirão prazo em dobro para se manifestar, inclusive para contestar. A regra de isonomia é excepcionada também pela disposição que determina que o Ministério Público deve ser intimado pessoalmente dos atos judiciais (CPC, art. 236, § 2.º) e a disposição de que tanto o Ministério Público como a Fazenda Pública possuem prazos em quádruplo para contestar e em dobro para recorrer (CPC, art. 188).

248. Lugar e tempo: repercussões do processo eletrônico. A base eletrônica do processo não cria um novo *modo* do procedimento (supra n. 293), na medida em que se mantém o emprego da linguagem e da maneira pela qual ela se expressa. Embora alterada a respectiva forma, continua a haver documentação dos atos do processo. Contudo, é preciso considerar as repercussões que a implantação de tal ferramenta possa ter sobre o *lugar* e o *tempo* do procedimento; e, a partir daí, sobre algumas das posições resultantes da relação processual (notadamente das partes).

Quanto ao lugar, o advento do processo eletrônico não infirma a regra segundo a qual os atos são ordinariamente praticados na sede do juízo (supra n. 244): os processos tramitam perante juízos espalhados pelo território nacional, onde ainda continuam a existir coisas e pessoas reais, que são ora o objeto, ora os destinatários dos atos. A documentação eletrônica do processo pode até se desvincular de um território – numa «nuvem» virtual. Mas a ligação com um território e, portanto, com uma sede do órgão judicial continuará a existir, até porque isso é relevante para estabelecer os limites da jurisdição (competência de diferentes órgãos e agentes estatais).

Contudo, não se pode ignorar que a prática dos atos pela forma eletrônica tem repercussão quanto ao espaço porque o acesso à documentação dos atos processuais dispensa deslocamento físico. Assim também ocorre com a prática de atos das partes que se materializem sob a forma de petições. Por isso é rigorosamente imprescindível que a ferramenta eletrônica funcione adequadamente, quer para não obstar a prática do ato, quer mesmo para que não traga ônus que antes não existiam. Afinal de contas, o meio eletrônico deve trazer agilidade e facilitar a prática dos atos; não o contrário.

Além disso, é preciso considerar a repercussão que a nova forma de acesso aos autos tenha sobre o tempo do processo e, em particular sobre a contagem de prazos. Exemplo disso é a regra do art. 191 do CPC (que confere prazo em dobro a litigantes com procuradores distintos), tendo em vista que no processo eletrônico não há mais restrições para vista dos autos, acessíveis diretamente pelos litisconsortes (circunstância que justificaria a duplicação do prazo).

Ainda que a razão de ser que levou à edição da regra aparentemente tenha mesmo desaparecido, não é possível considerá-la automaticamente revogada. Regras sobre prazos são parte importante da disciplina da relação jurídica processual e, portanto, estão sujeitas ao princípio da legalidade. Se a lei que regulou o processo eletrônico nada estabeleceu a respeito, não é lícito ao intérprete restringir prerrogativa até então vigente.

O mesmo pode ser dito a respeito da segunda parte do § 1.º do art. 184 do CPC, incisos I e II, que poderia ser considerada derrogada pelo art. 10 da Lei 11.419/2006, no que se refere estritamente a processo eletrônico. As normas processuais sobre prazos – de cuja falta de observância podem decorrer prejuízos relevantes para as partes, sem falar na responsabilidade funcional dos advogados – devem ser interpretadas à luz dos princípios constitucionais da segurança e da confiança legítima. Inteligência que simplesmente tenha por implicitamente derrogadas as regras dos arts. 191 e segunda parte do § 1.º do art. 184 do CPC não se coaduna com tais postulados e, portanto, não se harmoniza com o conteúdo do devido processo legal (CF, art. 5.º, LIV).

Nem se diga que interpretação dessa ordem se justificaria em nome da duração do processo em tempo razoável. Embora a redução de prazos possa até contribuir em alguma medida para a celeridade processual, a demora na prestação jurisdicional está relacionada a outros fatores.

249. Conteúdo e efeitos dos atos processuais. Os atos processuais são espécie do gênero ato jurídico *lato sensu*, o que significa dizer que são atos voluntários, isto é, resultantes de uma vontade especialmente direcionada para a produção de um determinado efeito. Porém, conquanto apresentem esse aspecto, não têm – não ao menos como regra – seu conteúdo e efeitos determinados a partir da vontade dos sujeitos do processo.

Diversamente do que ocorre no campo da autonomia da vontade, os atos processuais têm seu conteúdo e efeitos previamente estabelecidos pela lei, que determina o alcance das posições jurídicas que resultam da relação processual. São, portanto, atos voluntários na medida em que a sua prática depende da vontade dos sujeitos processuais. Mas essa mesma vontade não determina os efeitos que deles serão emanados. Daí serem considerados atos jurídicos em sentido estrito.

Isso não quer dizer, contudo, que a vontade das partes não tenha relevância dentro do processo, com repercussão sobre os atos que integram o procedimento. Quando a lei estabelece faculdades e ônus para as partes (princípio dispositivo), condiciona seu êxito no processo ao respectivo grau de empenho. Além disso, as partes têm alguma margem – ainda que reduzida – para dispor sobre atos do processo ou sobre efeitos que de alguma forma deles repercutam. Assim ocorre quando se celebra a transação que, embora negócio jurídico de direito material, tem efeitos no processo (CPC, art. 269, III). Conquanto de forma consideravelmente limitada, a lei abre margem de convenção das partes em matéria processual, como ocorre na eleição de foro e na convenção sobre ônus da prova. Mas avenças dessa natureza – para além dos requisitos próprios de todo e qualquer negócio jurídico – precisam considerar se o direito material é realmente disponível, se há igualdade substancial entre os litigantes, o princípio do contraditório efetivo e equilibrado e os escopos da jurisdição.

Essas considerações, se por um lado mostram que o conteúdo dos atos processuais, embora ditado pela lei, pode comportar alguma margem de alteração pela vontade das partes, de outro lado reforça a tênue – por vezes imperceptível – distinção entre procedimento e relação jurídica processual, que já foi destacada. Basta ver que as referências acima, conquanto realmente interfiram com os atos que integram o procedimento, estão também ligadas a posições emergentes da relação jurídica processual.

250. Atos processuais sob a ótica dos respectivos sujeitos. Os atos processuais podem ser praticados pelas partes (sujeitos parciais), pelo juiz (sujeito imparcial), pelos serventuários e auxiliares da Justiça ou, ainda, pelos terceiros que intervêm no processo e, nessa medida, acabam assumindo a condição de parte (em sentido lato). O Código de Processo Civil adota essa divisão ao reservar três seções distintas para atos das partes (arts. 158/161), do juiz (arts. 162/165) e dos serventuários da Justiça (art. 166/171).

Os atos das partes são usualmente praticados por seus representantes, que são os advogados, detentores da capacidade postulatória; mas podem estar a cargo delas próprias. Tal é o que ocorre no depoimento pessoal ou na propositura de demanda perante os Juizados Especiais Cíveis, dentro de certo limite de valor.

Costuma-se dividir os atos das partes em *postulatórios*, *instrutórios* e *dispositivos*. Os primeiros são abrangentes da demanda e da resposta, inclusive no âmbito recursal. No curso do processo, eles recebem o nome de requerimento. Os atos de instrução – aqui entendidos em sentido estrito – referem-se ao requerimento e produção de prova. A terceira categoria, como resulta da expressão, envolve a disposição de alguma posição de vantagem contida no plano do direito material ou mesmo processual (renúncia ou desistência).

Os atos do juiz usualmente consistem em pronunciamentos. Embora atos *reais* estejam a cargo de terceiros que atuam como sua longa mão (justamente em cumprimento àquele primeiro), eventualmente o juiz também pode praticá-los. Isso ocorre na inspeção judicial ou mesmo na colheita da prova em audiência.

Quanto aos pronunciamentos, a lei os categorizou em atos com conteúdo decisório, de um lado, e de mero impulso, de outro. Esses segundos são referidos como *despachos de mero expediente*, porque não resolvem nenhuma questão e se limitam a dar impulso ao processo. Não é correto – conquanto se ouça – falar em «despacho interlocutório», porque a expressão mistura indevidamente os conceitos. Ademais, é preciso cuidado para que, a pretexto de não se admitir recurso contra esse tipo de ato (mero despacho), o conceito não seja indevidamente alargado. Se houver conteúdo decisório, por menor que seja, não se trata de mero despacho. Também é preciso considerar que um despacho e uma subsequente decisão podem estar diretamente ligados, ainda que sejam inconfundíveis.

> «Quando o juiz determina a juntada de um documento, não há dúvida de que se limita a proferir despacho. Mas na oitiva da parte contrária que se segue pode haver conteúdo decisório: quando ela não é determinada, a decisão é incorreta porque não observa o contraditório. Mas, inversamente, pode ocorrer que a determinação seja desnecessária, por exemplo, quando se trata de repetição de documento já constante dos autos ou que, por outra forma, já era conhecido da parte, que sobre o mesmo se manifestara. Discute-se igualmente se a ordem de citação é mero despacho ou se tem conteúdo decisório, porque implicitamente teria admitido que a petição inicial estaria em termos.»

A propósito, a Emenda Constitucional 45/2004 acrescentou ao art. 93 da CF o inciso XIV, segundo o qual «os servidores receberão delegação para a prática de atos de administração e atos de mero expediente sem caráter decisório». Trata-se de atos praticados com base em delegação feita pelo juiz – muitos deles de ofício, como é o caso da juntada de documentos e a vista dos autos (CPC, art. 162, § 4.º) – e que não contêm conteúdo decisório, sendo, portanto, despachos de mero expediente.

251. Segue: conceito de sentença. Discute-se em doutrina a conveniência de a lei trazer conceitos e definições de institutos jurídicos. No caso do CPC de 1973, conquanto a Exposição de Motivos tenha registrado sua crença de que toda definição é perigosa, acabou por desconsiderá-la em diferentes passagens; dentre as quais aquela relativa aos atos do juiz, fazendo-o para, em sua redação original, definir sentença como «ato pelo qual o juiz põe termo ao processo, decidindo ou não o mérito da causa» (art. 162, § 1.º).

A conceituação legal ensejou críticas: a incorreção de definir algo por seus efeitos e a circunstância de que, a rigor, a sentença não põe fim ao processo. Não obstante, o conceito vigorou por mais de três décadas e seu valor residia na relativa segurança na determinação do recurso cabível: se o ato, apesar de seu conteúdo encontrar correspondência nas hipóteses dos arts. 267 ou 269 do CPC, não tivesse posto fim ao processo, seria uma decisão interlocutória e não uma sentença. Em termos pragmáticos e para além das discussões acadêmicas, na determinação do recurso cabível prevaleceria não propriamente o conteúdo do ato mas o efeito que tivesse sobre o processo.

O critério empregado pela lei, a partir da jurisprudência que se formou ao longo do tempo, foi decisivo na determinação do recurso cabível em situações. Ilustram a assertiva os casos de indeferimento da inicial da reconvenção ou da ação declaratória incidental; do eventual julgamento do incidente de falsidade no curso do processo (portanto, antes da sentença que aprecia a demanda inicial); e do indeferimento parcial da inicial (p. ex.: pela exclusão de litisconsorte por ilegitimidade *ad causam* ou pelo reconhecimento da impossibilidade jurídica de um dos pedidos deduzidos pelo autor). Em todos esses casos, não havendo extinção do processo, muito embora a decisão encontrasse correspondente em figuras contidas nos arts. 267 e 269 do CPC, não se tratava de sentença. Portanto, o recurso cabível não era o de apelação, mas sim o de agravo. Tal solução, aliás, era equilibrada e lógica, evitando-se a situação pela qual haveria sentença proferida no curso do processo e, portanto, sujeita ao recurso de apelação – inclusive com a possibilidade de sobrestar o andamento do processo, tendo em vista a regra estatuída no art. 520 do mesmo diploma legal.

Sobreveio, então, a Lei 11.232/2005, que alterando a redação do § 1.º do art. 162 do CPC, conceituou sentença como «o ato do juiz que implica alguma das situações previstas nos arts. 267 e 269 desta Lei». Pela literalidade do novo texto, sentença passaria a ser definida não por seus efeitos, mas por seu conteúdo, de tal sorte que em todos os casos acima apontados – e em muitos outros que a prática revela – não seria mais possível falar-se em decisão interlocutória, mas em sentença; no curso do processo...

A inconveniência de tal interpretação literal é evidente. Não era – como nunca foi – necessário alterar o conceito de sentença para romper a dicotomia entre processo de conhecimento e processo de execução, terminando com a autonomia desse último. Prova irrefutável disso é a existência das chamadas ações executivas *lato sensu* (por exemplo, ações de despejo, reintegração de posse e de depósito) e mandamentais (por exemplo, interdito proibitório e nunciação de obra nova), em que essa autonomia nunca existiu e, nem por isso, sentença deixou de ser entendida como ato que colocava termo ao processo. Mais ainda: a prova disso está no próprio CPC, que acabou com a autonomia do processo de execução ao alterar as regras dos arts. 621 e 632, suprimindo também o processo de execução nas obrigações de entregar coisa e de fazer e de não fazer, quando o título é judicial, sem que fosse necessário mexer no conceito de sentença (CPC, arts. 461 e 461-A); o que, finalmente, foi estendido também para as obrigações de pagamento de quantia (supra n. 183).

Certamente, não se trata de alteração para agilizar o processo. Pelo contrário, considerando-se a possibilidade de se proferir sentença no curso do processo, esse estaria sujeito a mais uma causa de sobrestamento. Para um sistema já criticado pela morosidade, a providência não foi das mais felizes. Ainda que a apelação contra a sentença incidentalmente proferida viesse a ter apenas efeito devolutivo (pela inversão da regra contida no art. 520 do CPC), mesmo assim o entrave operacional seria – e será – evidente, dado que, subindo os autos ao tribunal, a retomada do feito estaria sujeita à extração de carta de sentença.

Aliás, nem o próprio Legislador confiou no critério que passou a adotar no art. 162 do CPC. É o que se conclui quando se percebe que a lei preservou o critério topológico antes adotado ao determinar o recurso cabível contra o ato que julga a impugnação do executado. Nesse caso, disse o Legislador que cabe agravo se não houver extinção e cabe apelação se o processo for extinto (art. 475-M, § 3.º). Vale dizer: o próprio legislador abandonou o conceito de sentença que adotou ao modificar o art. 162.

Portanto, apesar da alteração legal, atos proferidos no curso da «fase» de conhecimento devem continuar a ser qualificados como decisões interlocutórias, ainda que seu conteúdo encontre correspondência nos arts. 267 e 269 do CPC.

> «*Acórdão* é definido pelo art. 163 do CPC como «o julgamento proferido pelos tribunais». Embora a lei não faça essa distinção, trata-se do julgamento proferido pelos Tribunais, mas não qualquer julgamento: apenas os julgamentos colegiados é que recebem essa denominação, que é uma variação de «acordam», forma que designa justamente o processo decisório de um grupo («os desembargadores acordam dar parcial provimento ao recurso»). Não entram nesse conceito, portanto, os julgamentos monocráticos proferidos, por exemplo, pelo relator (CPC, art. 557).»

252. Atos dispositivos das partes. Dentro de certos limites, as partes podem praticar atos de disposição, quer das posições de que são titulares no processo, quer daquelas situados no plano substancial. Daí se falar em disponibilidade ou indisponibilidade (supra n. 96) e no assim denominado «princípio» dispositivo (supra n. 94) – que não vai além de uma regra. Nesse contexto é que está situado o comando segundo o qual: «Os atos das partes, consistentes em declarações unilaterais ou bilaterais de vontade, produzem imediatamente a constituição, a modificação ou a extinção de direitos processuais» (CPC, art. 158).

Conforme acima indicado, convém distinguir, de um lado, os atos de disposição relativos ao direito material, com repercussão sobre o processo; e, de outro lado, os atos de disposição de posições jurídicas processuais – que, por seu turno poderão, ou não, repercutir sobre o plano processual.

Na primeira categoria estão o *reconhecimento da procedência do pedido*, a *transação* e a *renúncia ao direito em que se funda a demanda*, que na verdade são formas de superação do conflito mediante autocomposição (supra n. 8). Esses atos – que não podem ser simplesmente presumidos e para os quais deve haver explícita e livre manifestação de vontade – produzem efeitos substanciais imediatamente, ainda que a repercussão processual venha em seguida, com a extinção do processo (CPC, art. 269); aliás, a lei optou por estabelecer que se trata de sentença de mérito, fazendo-o com o objetivo de que, no processo, haja formação de coisa julgada material. Portanto, e consoante foi mencionado, a disposição no plano substancial acaba por repercutir sobre o processo.

É certo que a lei fala em *homologação*, pelo juiz, do ato das partes (no caso da transação, de forma aplicável também às duas outras hipóteses). Mas o ato estatal não deve interferir com o conteúdo do que foi deliberado pelos interessados. A verificação deve se ater à regularidade formal do ato. Há autêntica limitação de cognição: em se tratando de direitos disponíveis, não pode o juiz, por exemplo, questionar o motivo pelo qual o réu reconheceu a procedência do pedido ou se há justiça no acordo a que chegaram as partes.

A decisão estatal tem eficácia meramente declaratória, de mera certificação da validade do ato praticado pelas partes. Portanto, seus efeitos se operam *ex nunc*. O ato da parte, ademais e ressalvadas as hipóteses que autorizem sua anulação ou revisão, é irretratável. Não é possível retroceder e desconstituir uma situação já consolidada e, em termos processuais, opera-se preclusão lógica (o ato de disposição é incompatível com o prosseguimento do processo).

> «Os referidos atos dispositivos são atos das partes, e não do órgão estatal, que está vinculado à manifestação de vontade dos litigantes. Existe, assim, certa complexidade objetiva (ato da parte e ato estatal). Essa distinção é fundamental para que se conclua que eventual recurso de apelação somente poderá atacar o ato homologatório, por vício que lhe seja intrínseco, e não impugnar o ato da parte. Os atos dos litigantes, por outro lado, devem ser impugnados pelas chamadas *vias ordinárias*, ou seja, por demanda autônoma, que dará origem a um novo processo. É o que estabelece o art. 486 do CPC, que prevê a chamada *ação anulatória*.»

Na segunda das categorias acima apontadas, há diferentes formas pelas quais a parte pode dispor de direitos processuais. Pode haver desistência do processo, que induz à extinção do processo sem resolução do mérito, mas que depende de concordância do adversário e está sujeita a prévia homologação judicial (CPC, arts. 158, parágrafo único, e 267, § 4.º). Nesse caso, se prevalecer a desistência, o conflito permanece intacto e a sentença tem mera eficácia processual. Pode haver renúncia ou desistência de recurso (CPC, art. 507); o que, por seu turno, pode ocorrer de forma expressa ou tácita. Nesses casos, a disposição sobre o recurso leva à consolidação da decisão recorrida, com as correspondentes consequências no plano material.

CAPÍTULO IV

RELAÇÃO JURÍDICA PROCESSUAL

253. Relação jurídica processual. Foram feitas diversas referências à relação jurídica processual anteriormente: dela se falou ao ensejo da distinção entre direito material e direito processual e da evolução metodológica desse último (supra n. 11); a propósito da aplicação da norma processual no tempo (supra n. 25); no tratamento da tutela que se contém não apenas no resultado final do processo, mas também no seu desenrolar (supra n. 39); e, como não poderia deixar de ser, no exame dos elementos conceituais de *processo* e, portanto, no seu confronto com o *procedimento* (supra n. 228).

É natural que assim tenha sido: a relação jurídica processual expressa o que há de substancial do processo. As normas que a regulam estabelecem o conteúdo dos vínculos existentes entre o autor, o Estado e o demandado. Ela é a disciplina positivada – e, em certa medida, mais concreta – do princípio do contraditório, que está previsto de forma genérica e abstrata na Constituição. Excetuadas normas puramente procedimentais ou de organização judiciária, todas as demais têm por objeto posições contidas na aludida relação. Dessa forma, o seu exame inaugura o estudo do direito processual e, ao mesmo tempo, corresponde ao que lhe é essencial: ele é o corpo de regras que disciplina os poderes, sujeições, faculdades, ônus e deveres do autor, do juiz, do réu e de todos os demais que, de alguma forma, intervêm na atividade desenvolvida pelo Estado para eliminar controvérsias mediante decisões adjudicadas.

O estudo da relação processual permite que o processo seja analisado com considerável rigor científico, quer porque funciona como *método*, quer principalmente porque permite analisar criticamente a forma pela qual o legislador regulou, de forma concreta, o exercício do poder ou do direito de ação, da defesa e do poder estatal. Quando são examinadas as posições jurídicas é possível avaliar se o modelo processual tende a ser liberal ou autoritário; se prestigia o escopo jurídico ou o social da jurisdição ou, ainda, como procura conciliá-los; se alarga poderes do juiz e exacerba ônus (princípio dispositivo) e deveres das partes, ou não, e por aí afora. Portanto, ainda que o estudo do direito processual – por seu caráter instrumental – não possa ser feito apenas «em laboratório» e de forma desvinculada da realidade da qual brota e para qual se dirige, o exame da relação jurídica processual permite – ao menos numa primeira abordagem – um exame relevante e puramente teórico.

254. Relação processual e contraditório. O estudo sistemático da relação processual – diversa da relação de direito material por seus sujeitos, objeto e pressupostos – permitiu superar a perspectiva metodológica (praxista) segundo a qual processo seria mero procedimento, isto é, mera sequência de atos. Mais adiante, a doutrina voltou a falar do processo como procedimento, mas para então designá-lo como *procedimento em contraditório*. Falou-se, em doutrina, na relação processual como «clichê» – dispensável.

Há pelo menos duas formas de se observar o fenômeno.

De um lado, são conciliáveis as concepções segundo as quais (i) processo é ente complexo composto por procedimento e relação jurídica processual e (ii) processo é procedimento em contraditório. Como já observado, as regras que disciplinam a relação processual são a expressão jurídica da exigência política de participação que resulta do contraditório. Elas ditam, de forma menos abstrata, de que forma há de se observar o contraditório, previsto genericamente na Constituição, isto é, de que maneira se dá a participação dos sujeitos que, ao término do processo, são os destinatários dos efeitos do provimento final. Por isso é que as regras legais não podem suprimir o contraditório, nem reduzi-lo de forma não razoável ou desproporcional.

De outro lado, a ideia segundo a qual processo é procedimento em contraditório – conquanto seja correta – tende a reduzir ou simplificar fenômeno que é consideravelmente mais complexo. Os vínculos estabelecidos entre os sujeitos do processo não se resumem ao exercício do contraditório, que não explica satisfatoriamente, por exemplo, o *poder* que é exercido pelo Estado (a gerar *sujeição* das partes) e os *deveres* das partes, especialmente de lealdade e de probidade; exceto se o conteúdo do princípio do contraditório for estendido para abarcar poderes do juiz e deveres (não faculdades ou ônus) das partes – o que, forçoso convir, acabaria por comprometer a exatidão que se espera do conceito.

Por outras palavras, *processo* é mais do que procedimento em contraditório, porque ele abarca outras posições jurídicas que não se afeiçoam à ideia de participação dos sujeitos parciais, destinatários da eficácia substancial do resultado do processo. Por essa razão é quando menos questionável – sob o ponto de vista metodológico – a extensão do conceito de processo para o âmbito dos negócios privados e, em especial para o âmbito contratual. A presença de um terceiro – que verdadeiramente ostente essa qualidade (se não imparcial, que haja de forma impessoal) – faz total diferença porque introduz a figura do poder e da correspondente sujeição; além de se ajustar melhor à ideia de contraditório como forma de influir no convencimento de outrem.

«Para ilustrar o que está dito acima, figure-se a hipótese de exclusão de sócio no âmbito extrajudicial. A lei civil brasileira assegura o direito de defesa àquele cujo afastamento se pretende, a ser observado pela sociedade e pela associação e seus integrantes. Contudo, diante da vontade da maioria pela exclusão e da perda da afeição societária entre sócios, é pertinente indagar: de que contraditório efetivo poder-se-ia falar nesse caso?»

255. Objeto da relação processual. Já se observou que o tratamento sistemático da relação processual está relacionado ao nascimento do Direito Processual como ramo autônomo. Distinta que é da relação material controvertida, ela tem objeto próprio, que se costuma designar como a *prestação jurisdicional*. Essa locução designa o objeto da decisão estatal pretendida, de declaração ou de atuação prática do direito; ou ainda de preservação da utilidade e da eficácia de uma daquelas espécies de decisão. Esse objeto também é referido pela palavra *provimento*, que designa o ato estatal pelo qual se materializa sua capacidade de decidir e de impor suas decisões. O objeto da relação processual é, nessa concepção, o objeto do julgamento que, por sua vez, é definido pelo pedido ou pretensão deduzida pelo autor, à luz dos respectivos fundamentos ou causa de pedir.

Eventualmente, o objeto do processo pode se limitar à produção de prova. Isso ocorre nos casos da assim denominada produção antecipada de prova que, embora condicionada no direito positivo à circunstância do perigo da demora (que poderia levar à perda da prova), vem sendo admitida pela doutrina independentemente desse requisito. Daí eventualmente se falar em ações probatórias autônomas ou, mais corretamente, em direito autônomo à prova.

Mas de forma coerente com o que foi dito sobre o conceito de tutela jurisdicional (supra n. 39), o objeto da relação processual não é apenas o *resultado* (declaração ou atuação prática do direito), mas igualmente os *meios* empregados para solução da controvérsia. Daí se entender a *prestação jurisdicional* não apenas como o ato final, mas como a atividade realizada para tanto. Por isso eventualmente se alude em doutrina ao *serviço jurisdicional* que o Estado tem que prestar como o objeto da relação processual.

Conforme considerações feitas a propósito da distinção entre direito material e direito processual (supra n. 9 e 10), ao regular a atividade – estatal ou privada – para a solução de conflitos, a norma processual também garante «bens da vida» materiais e imateriais (dentre esses, igualdade, liberdade, privacidade, intimidade, segurança).

256. Sujeitos da relação processual. A distinção entre relação processual e material está igualmente nos respectivos sujeitos, sob diferentes aspectos.

A relação processual conta necessariamente com um terceiro, que é o Estado, na pessoa do juiz. Ele é o sujeito imparcial. Por essa razão se afirma que os protagonistas do conflito são sujeitos parciais. Na relação processual, além disso, podem estar presentes outras pessoas que não propriamente os titulares da relação material controvertida. Para ilustrar, em certos casos é devida a intervenção do Ministério Público (CPC, art. 82) que atuará como fiscal da lei – na expressão latina, será *custos legis*. Apesar disso, o Ministério Público, conquanto seus membros estejam submetidos ao princípio da impessoalidade (CF, art. 37, *caput*), não é sujeito imparcial. Em outros casos, a lei processual permite a intervenção de um terceiro, como ocorre na assistência (CPC, arts. 50/55) ou nas formas de intervenção de terceiro (CPC, arts. 56 e seguintes).

Outro aspecto da distinção entre relação material e processual está no título jurídico pelo qual os sujeitos se apresentam numa e noutra. Enquanto na primeira as partes ostentam a qualificação que lhes cabe naquele plano (para ilustrar, no plano material há *marido* e *mulher*; *vendedor* e *comprador*; *locador* e *locatário*; *fornecedor* e *consumidor* e assim por diante), na relação processual eles são *autor* e *réu*, conforme quem figure no polo ativo ou passivo.

Os sujeitos parciais da relação processual são designados como *partes* (supra n. 212). O termo, em sentido mais restrito, designa o autor e o réu; em sentido mais abrangente, designa todo aquele que se encontra em contraditório perante o juiz. Costuma-se indicar que a qualidade de parte se adquire pela propositura da demanda, pela citação, pela sucessão ou pela intervenção. Nessa segunda concepção, são considerados partes, por exemplo, o Ministério Público quando se manifesta como fiscal da lei e quaisquer dos terceiros autorizados a intervir no processo entre outrem (que, ao ingressarem, perdem a qualidade de terceiros para se tornarem formalmente partes).

Parte é, assim, conceito estritamente processual e, por assim dizer, formal. Quem está em contraditório perante o juiz deve ser designado como tal, não sendo necessário buscar nexo no direito material para tanto. Isso quer dizer que não se confundem os conceitos de *parte* e de *parte legítima*: a legitimidade é ordinariamente colhida na relação material (ou na lei, se extraordinária) e, se é que não consiste em ponto diretamente ligado ao mérito da causa, é qualificada como uma das condições da ação. Isso quer dizer que, ainda que a parte seja manifestamente ilegítima, ela continua a ostentar a natureza de parte, até que seja excluída do processo. Considerações análogas podem ser feitas em relação ao interesse de agir.

Por isso, para ilustrar, é incorreta a dicção do art. 3.º do CPC, quando diz que para propor ou contestar é preciso interesse e legitimidade (supra n. 205 e 208): o réu adquire a qualidade de parte tão somente pela respectiva citação. Ainda que parte ilegítima, ele é parte, e, como tal, tem a faculdade e o ônus de contestar para, dentre outras providências, alegar ilegitimidade.

257. Segue: capacidade. Outro aspecto que aparta os sujeitos da relação material e processual está em como se qualifica sua *capacidade*, conceito que costuma ser incluído no rol dos pressupostos processuais, de que se fala mais adiante (infra n. 258).

Quando se pensa no *juiz*, que é o agente pelo qual se expressa o poder estatal, não se costuma falar propriamente em capacidade (conceito reservado aos sujeitos parciais). Em relação ao juiz, fala-se em investidura, independência, imparcialidade (que vai além do conceito de impessoalidade) e competência. Talvez até se pudesse afirmar que, na falta de um desses atributos, faltaria *capacidade* ao juiz. Mas isso não é usual, quiçá porque, no plano substancial, *capacidade* é requisito de validade dos negócios jurídicos (CC, art. 104), que considera sujeitos em usual relação de coordenação (e não propriamente de subordinação); ou talvez porque, à exceção da competência, os demais atributos vão além do que poderiam ser considerados como simples requisitos de validade.

> «Talvez investidura pudesse ser aproximada ao conceito de personalidade (supra n. 120) porque, sem aquela, uma pessoa não detém o poder que é próprio da jurisdição. Mas, quando se considera que o juiz é agente estatal, ele se despersonaliza e isso, dentre outros, impede que se trate o fenômeno sob tal ótica.»

Quanto aos sujeitos parciais, o tema da capacidade deve partir de conceitos colhidos no plano substancial. Primeiro, é preciso considerar que toda pessoa é dotada de *personalidade*, isto é, de aptidão para ser titular de posições jurídicas ativas e passivas na esfera civil (CC, art. 1.º). Isso naturalmente aproveita ao processo – que se insere na «ordem civil» aludida pelo dispositivo legal – e significa dizer que toda pessoa é apta a ser titular de posições jurídicas contidas na relação jurídica processual (titular de «direitos e deveres» na expressão do citado art. 1.º). Diz-se, assim, que toda e qualquer pessoa tem o que se qualifica como *capacidade de ser parte*.

«No caso do *nascituro*, o direito material reconhece que, embora a personalidade civil comece com o nascimento com vida, a lei «põe a salvo, desde a concepção» os respectivos direitos (art. 2.º); como ocorre no caso em que ele seja destinatário de doação, aceita por seu representante legal (CC, art. 542). No processo, isso significa que ele não pode ser parte. Isso é confirmado, dentre outras, pelas regras dos arts. 877/878 do CPC – que trata da posse em nome de nascituro – e constantes da Lei 11.804/2008 – que trata dos assim denominados alimentos "gravídicos".»

Portanto, ao menos como regra, não há uma personalidade processual distinta da personalidade civil. Mas, de forma excepcional, pode existir um divórcio entre o que a lei material considera como sujeitos de direito, de um lado, e o que a lei processual admite como tal, de outro. É o caso, particularmente, do *Espólio*, que congrega os direitos e obrigações transmitidos em razão da morte de pessoa natural (e que tende a ter existência transitória, cessando quando consumada a partilha ou adjudicação aos herdeiros e sucessores); da *Massa Falida*, que abarca os direitos e deveres do falido; e do *Condomínio*, que aglutina direitos dos condôminos, no caso de condomínio horizontal. Em todos esses casos fala-se que tais entes, ainda que desprovidos de personalidade jurídica, teriam personalidade «judiciária» porque poderiam ser titulares de posições na relação processual, embora assim não ocorra no plano substancial.

Há quando menos alguma impropriedade nessa terminologia. Não pode haver uma posição processual que dispense precedente personalidade, tal como definida pelo art. 1.º do CC. Por outro lado, pelo caráter instrumental do processo, não faria sentido que alguém – ou alguma entidade – fosse apenas titular de «direitos e deveres» na órbita processual, sem qualquer outra vinculação, quando menos indireta, com (afirmadas) posições jurídicas vigentes no plano substancial do ordenamento. Em todos os exemplos referidos, os entes representam – ou ao menos congregam – interesses de outrem: no Espólio, dos herdeiros e sucessores cujas participações na herança ainda não foram determinadas ou, ao menos, ainda não foram formalizadas; na Massa, dos credores do falido e, em alguma medida, do próprio falido; no Condomínio, dos condôminos. Em todos esses casos, parece mais exato dizer que a lei admite que, perante o Estado em processo judicial, haja representação – do Espólio, pelo inventariante, da Massa, pelo Administrador Judicial, e do Condomínio, pelo Síndico, isto é, alguém que fala em nome e por conta de terceiro; o que, forçoso convir, é algo um tanto diferente do conceito de personalidade.

«De outro lado, não é totalmente correto dizer que, no plano material, esses entes não possam ser sujeitos de direitos e obrigações. É pensar no âmbito tributário, pelo menos em relação ao Espólio que, para o Fisco, passa a ter existência própria, até que se consume a partilha.»

Além disso, o direito processual civil considera o conceito de *capacidade civil*, segundo os respectivos graus: capacidade plena, incapacidade absoluta e incapacidade relativa (CC, arts. 3.º e 4.º). Não se trata mais da titularidade do direito (ou de outra posição jurídica), mas do respectivo exercício. Há, nesse particular, correspondência entre lei material e processual, de tal sorte que a aptidão de exercício de direitos leva ao que se qualifica como *capacidade de estar em juízo* (CPC, art. 7.º). Assim, incapazes serão representados ou assistidos, conforme o caso (CPC, art. 8.º).

Finalmente, fala-se também em *capacidade postulatória*, que traduz a aptidão de concretamente apresentar manifestações e pleitos em juízo. Essa capacidade, por regra, é restrita ao advogado, limitadamente ao estagiário de direito (Lei 8.906/1994, art. 3.º, § 2.º), e ao Ministério Público. Isso quer dizer que, por regra, a parte – ainda que seja a titular das posições jurídicas processuais (e extraprocessuais também) – não se dirige diretamente aos órgãos integrantes do Poder Judiciário. Ela deve estar representada por advogado.

Usualmente, o advogado é *representante*: fala em nome e por conta de outrem, que é a parte (titular das posições jurídicas situadas no plano material); eventualmente, o advogado atua em causa própria, isto é, fala em nome e por direito próprio, sem a intermediação de outro interlocutor. Isso não quer dizer que o advogado – ainda que na qualidade de representante da parte – não possa ser titular de posições jurídicas autônomas em relação às da parte. Seus deveres éticos são próprios e, além disso, a verba honorária fixada em juízo, salvo convenção em contrário, a ele pertence (Lei 8.906/1994, art. 23).

> «Há também quem pretenda sustentar que o advogado – e não apenas a parte que representa – está sujeito às sanções pela litigância de má-fé. Isso é um sério equívoco, que desconsidera não apenas que o advogado fala em nome e por conta de outrem, mas configura ameaça concreta à liberdade de atuação do advogado em juízo, incompatível, portanto, com a regra inscrita nos arts. 133 da CF e 2.º, § 3.º, da Lei 8.906/1994, que estabelecem a inviolabilidade do advogado.»

Por exceção, a lei consente que a parte tenha capacidade postulatória e, portanto, manifeste-se em juízo sem a presença de advogado. É o que ocorre, de forma limitada, nos Juizados Especiais (Lei 9.099/1995, art. 9.º). A exigência, contudo, não deve ser vista como indevida limitação ao acesso à Justiça. Pelo contrário, a intervenção do profissional com conhecimento técnico facilita e aprimora o diálogo com o agente estatal. Norteada que seja pelos postulados da ética, a sua intervenção garante a observância do contraditório e, portanto, a prevalência do devido processo legal. Além disso, com o mesmo norte, a atuação desse profissional pode contribuir para formas de resolução das controvérsias por autocomposição.

258. Pressupostos da relação processual (ou pressupostos processuais): tentativa de delimitação. Costuma-se dizer que pressupostos processuais são requisitos de existência e de validade da relação processual; ou, por outra forma, requisitos para instauração e desenvolvimento válido da relação processual.

Aí reside a primeira dificuldade no trato do tema, que pode ser traduzida na seguinte indagação: tais pressupostos referem-se exclusivamente à *existência* do processo ou igualmente à sua *validade*? Eles abrangem a instauração e também o desenvolvimento do processo? Outra dúvida: são requisitos que dizem respeito às posições que integram a relação processual ou, diversamente, requisitos para a prática dos atos que integram o procedimento? Por outras palavras, trata-se de requisitos da relação processual, do procedimento ou de ambos?

> «Volta-se, mais uma vez, à dificuldade de se proceder à distinção entre a norma que regula o procedimento e a que disciplina a relação processual, isto é, uma das posições nela contidas (poder, sujeição, faculdade, ônus, dever). Conforme já foi destacado (supra n. 228), a separação entre uma coisa e outra é difícil, se não impossível: a cada posição exercitada por um dos sujeitos do processo dá-se a prática de um ato, com o nascimento de uma nova posição e nova prática de ato, e assim sucessivamente até o término do processo. Apenas para dar um exemplo: quando se diz que é pressuposto processual a propositura regular de uma demanda, está-se a pensar no ônus de alegação do autor ou na forma que deve ter o ato postulatório (petição inicial)? Para reforçar: as exigências contidas no art. 282 do CPC, afinal de contas, são apenas de natureza procedimental ou, mais do que isso, regulam o ônus de alegação do autor, que tem o encargo de dar ao ato inaugural aquele determinado conteúdo?»

Antes de dar resposta a tais indagações, convém lembrar que em doutrina há quem adote postura restritiva, de sorte a reduzir os pressupostos processuais a três: demanda regularmente deduzida, capacidade de quem a formula e investidura do seu destinatário. Diversamente, parte da doutrina propõe alargar o rol dos referidos pressupostos: regularidade procedimental e citação seriam pressupostos objetivos intrínsecos; coisa julgada, litispendência e perempção seriam objetivos extrínsecos; investidura, independência, imparcialidade, competência poderiam ser arrolados como subjetivos, referentes ao juiz; capacidade das partes seria também subjetivo e relativo às partes.

Por um lado, é realmente discutível a linha metodológica que busca expandir o rol dos pressupostos, com a identificação dos *intrínsecos*, *extrínsecos*, *objetivos*, *subjetivos*, *positivos*, *negativos* e por aí afora. Não que essa forma de ver o fenômeno seja incorreta. Contudo, a excessiva quantidade de desdobramentos que se pretenda fazer nessa matéria acaba por enveredar para temas específicos, que podem ser mais proveitosamente estudados em outros capítulos. A maior complexidade da classificação pode torná-la, paradoxalmente, menos útil. Para ilustrar, a *litispendência* – quando entendida como repetição de uma demanda já proposta (CPC, art. 301, § 1.º) – pode até ser vista como pressuposto processual negativo, na medida em que a pré-existência da demanda é impeditiva da renovação e, portanto, do julgamento de mérito que já se encontra submetido ao crivo do Poder Judiciário. Contudo, é preferível examiná-la ao ensejo da formação do processo (CPC, arts. 262 e seguintes) e, dentro desse aspecto, dos efeitos da citação (CPC, art. 219). Algo semelhante pode ser dito quanto ao fenômeno da *coisa julgada*, que em outro capítulo pode ser estudado de forma mais completa e sistemática.

> «Não é que os temas da «regularidade procedimental», citação, investidura, independência, imparcialidade, capacidade das partes não possam ser tratados sob um prisma genérico. O que se propõe é que cada um deles, ao invés de serem abordados sob a rubrica geral de "pressupostos processuais", o sejam em outros pontos específicos.»

Por outro lado, embora a perspectiva restritiva seja a mais desejável, algo diverso do que acima foi mencionado (como representativo dessa tendência) pode ser proposto. Assim, convém limitar os pressupostos processuais à instauração do processo. Não obstante a doutrina moderna realmente fale em pressupostos de instauração e de *desenvolvimento válido* do processo, esse segundo aspecto está mais diretamente ligado ao tema das *invalidades*. Portanto, conquanto se possa falar a cada passo da complexa e dinâmica relação processual em pressupostos processuais, mais uma vez o alargamento do conceito acaba por reduzir sua validade metodológica. Essa forma de ver as coisas pode ajudar a atenuar as dificuldades expostas acima: sejam os pressupostos processuais requisitos relativos à relação processual, sejam atinentes ao procedimento, restringi-los à instauração do processo remete todo o resto para o tema das *invalidades* (CPC, arts. 243/250); já consideravelmente complexo e repleto de incertezas.

Não se nega a relação (de oposição) que existe entre a categoria dos pressupostos processuais, de um lado, e do mérito da causa, de outro. Esse último não pode ser decidido se a relação instaurada perante o Estado para tal finalidade não for, ela própria, regular. Essa a razão pela qual se afirma que os pressupostos processuais são matéria de ordem pública e que sua ausência se resolve na extinção do processo sem resolução do mérito; o que, de resto decorre do texto legal (CPC, arts. 267, § 3.º, e 301, § 4.º).

Essa aventada impossibilidade de se dar ao processo seu fim normal (declaração do direito ou sua atuação prática), contudo, não ocorre sempre e automaticamente: na linha de raciocínio segundo a qual o pressuposto processual é um requisito de *validade* do processo, é preciso considerar toda a complexidade que a disciplina das invalidades tem. Ela não se resolve no simples enunciado de que se trata de matéria de ordem pública, mas leva em conta que vícios só impedem o julgamento do mérito em casos de comprometimento da finalidade do processo ou dos princípios que o inspiram. Bem ilustra esse quadro a circunstância de que na doutrina não há consenso sobre quais seriam as invalidades processuais cuja gravidade tão intensa autorizaria equiparação à inexistência.

Assim, em razão do caráter instrumental do processo (e, menos amplamente, da instrumentalidade das formas), mesmo a falta de um determinado requisito para a prática de certo ato processual pode não ser necessariamente um óbice para o julgamento do mérito; ou, por outro lado, pode não ser razão suficiente para invalidar uma sentença de mérito já proferida. A solução para tais situações não está exatamente na categoria dos requisitos de validade do ato. É possível até que determinado requisito reconhecidamente não esteja presente, mas que, à míngua de prejuízo, o ato tenha proporcionado o resultado para o qual estava programado; e que, portanto, seja tido como válido ou, por outro ângulo, que a irregularidade não seja um óbice ao julgamento do mérito (nem causa para sua invalidação). Tratar disso no campo dos pressupostos processuais seria dar a essa categoria uma amplitude que, na forma acima exposta, acabaria por esvaziá-la, confundida que acabaria com o tema da validade dos atos processuais.

É certo que, quando se fala em *instauração* do processo como referência para a categoria dos pressupostos processuais (deixando-se o mais para o campo mais amplo e complexo das *invalidades*), esbarra-se no tema da *existência* ou da *inexistência* do processo ou dos atos processuais. Isso é inevitável porque o estudo dos atos processuais – à semelhança do que ocorre no direito material – pode ser feito à luz do trinômio *existência, validade* e *eficácia.* Portanto, ao se pretender limitar a categoria dos pressupostos processuais aos requisitos para a instauração do processo; e, ao se pretender remeter o exame dos pressupostos de validade do processo para outro capítulo, é inevitável a aproximação do tema com o da existência e da inexistência dos atos processuais (ou do processo, visto em sua unidade). Mas desse tópico convém tratar em capítulo separado.

259. Segue: quais são os pressupostos processuais? Nesses limites e com tais justificativas, por pura opção metodológica é lícito reputar pressupostos processuais apenas aqueles essenciais para sua *instauração*. Os requisitos de validade dos atos processuais, em geral ou para atos específicos, devem ser tratados em capítulos próprios.

Primeiro, é indispensável haver dois sujeitos: o autor e o Estado, personificado pelo juiz – o que naturalmente pressupõe que ele seja um agente investido do poder jurisdicional (investidura). Sem isso não há como se estabelecer uma relação processual, ainda que linear. É certo que, ordinariamente, haverá a citação do réu, que passará a integrar o processo como terceiro sujeito, confirmando-se a máxima secular segundo a qual *judicium est actum trium personarum*. Mas mesmo que isso – eventual e excepcionalmente – não ocorra, o primeiro pressuposto de instauração do processo já está presente.

«No controle abstrato e concentrado de constitucionalidade (Lei 9.868/1999), confirma-se a assertiva acima, não obstante se falar em «processo objetivo» e apesar da relativamente restrita legitimação ativa para a propositura da demanda (art. 2.º). A lei prevê requisição de informações ao órgão do qual emanou a norma objeto do processo e, conquanto não admita a intervenção de terceiros, abre margem para a oitiva de «outros órgãos ou entidades» – posição referida como a de *amicus curiae*; além da oitiva do Ministério Público e da Advocacia Geral da União.»

É certo que, excepcionalmente, há processos instaurados de ofício (portanto, sem a provocação de um interessado). Mas, mesmo nesse caso, é de se supor que haja ao menos um destinatário do resultado do processo que se instaurou; o que é suficiente para confirmar o que foi dito acima.

Nessa linha de raciocínio, a citação do réu pode até ser incluída dentre os pressupostos processuais, entendidos como requisitos necessários para a instauração do processo. Para o réu não citado, o processo pode ser considerado até mesmo inexistente: ele não se vincula a decisão que afete negativamente sua esfera jurídica justamente porque não lhe foi dado participar. Mas ao menos no âmbito civil entende-se que ele está instaurado desde a propositura da demanda, mesmo antes do recebimento da inicial e apesar de seu eventual indeferimento. Ilustram bem a situação as hipóteses previstas nos arts. 296 e 285-A do CPC: há uma relação linear (não angular ou triangular), mas que já envolve autor e Estado. É o que basta para que se repute a relação processual instaurada e, portanto, um processo existente.

Segundo, é preciso um *objeto* mínimo que seja submetido ao Estado ou ao árbitro. Daí se falar na *demanda* – ato que resulta do exercício do direito ou poder de ação – como pressuposto processual. A assertiva é correta, mas comporta ressalvas: a) há processo ainda que o veículo da demanda (normalmente uma petição) não preencha os requisitos formais que a lei exige (CPC, art. 282, sem prejuízo de outras regras especiais); e b) a instauração ou atuação de ofício fora dos limites da demanda, conquanto seja repudiada pelo sistema (CPC, arts. 2.º, 128, 262 e 460), não afasta a existência do processo, podendo ter repercussão sobre a validade ou eficácia da decisão final.

Terceiro, o processo exige, ainda que também minimamente, uma *forma*. Não há processo gerado por «demanda» que alguém possa dirigir a um juiz informalmente no corredor do fórum, sem que haja a devida formalização do ato, do que depende inclusive a definição do sujeito e do objeto, tal como acima mencionado. A forma pública é essencial ao exercício da jurisdição e à instauração do processo; o que também vale, com as devidas adaptações para o processo arbitral, que não prescinde da forma.

Com isso, não se está a dizer que não haja pressupostos de validade do processo; nem que eles não devam ser verificados em todo o respectivo curso; ou que sua falta não deva ser conhecida de ofício pelo juiz, inclusive pelo tribunal, a quem a matéria de ordem pública se transfere pela via recursal (assim denominado efeito «translativo»). Apenas é preciso considerar que a efetividade do processo e seu papel instrumental temperam as exigências legais para a *validade* do processo, de tal sorte que, nessa medida, nem sempre a falta de um pressuposto processual de validade levará à extinção do processo sem resolução do mérito.

260. Utilidade metodológica da categoria dos pressupostos processuais. Na forma acima exposta, ao invés de se buscar uma categoria excessivamente genérica e abrangente, entende-se seja mais proveitoso examinar os pressupostos de cada um dos atos processuais. Poderá haver aspectos comuns a eles, mas isso não é suficiente para justificar a tentativa de encontrar pressupostos de validade universais, isto é, que possam abarcá-los todos e de forma útil.

Sem embargo disso, o reconhecimento dos pressupostos processuais – ainda que com a limitação e o enfoque acima preconizados – continua a ser um indispensável método para que o juiz exerça a cognição, com repercussões relevantes, dentre as quais, apenas para ilustrar, a separação entre juízo de admissibilidade e juízo de mérito; ou saber se determinado erro é processual (*error in procedendo*) ou se é erro de julgamento (*error in judicando*).

De forma análoga ao que se passa com as condições da ação (embora essas tenham ligação direta com a relação de direito material), o comando para que o juiz extinga o processo diante da falta de pressuposto processual (que não comporte regularização) continua a ser útil para o sistema. Isso por significar que não se tolera a pendência de processos aos quais se possa dar solução pronta. Portanto, subsiste a ideia de que os pressupostos configuram uma espécie de *filtro*. A técnica subsiste como ferramenta a serviço do devido processo legal, sob a ótica da garantia de duração em tempo razoável e, mais amplamente, da tutela jurisdicional – como foi dito em relação às condições da ação.

261. Pressupostos processuais e condições da ação. Costuma-se destacar em doutrina que essas duas categorias são espécies do gênero *requisitos de admissibilidade do julgamento do mérito* (supra n. 198 e 269).

Convém reiterar, contudo, que as assim denominadas condições da ação estão diretamente ligadas ao direito material; a ponto de estarem relacionadas por parte da doutrina ao mérito da causa (supra ns. 193 e 198). Já os pressupostos processuais são requisitos ligados ao processo, isto é, à relação processual e ao procedimento.

Portanto, também é oportuno relembrar que as hipóteses de extinção do processo sem resolução do mérito por falta de condição da ação não podem ser simplesmente equiparadas àquelas em que a extinção ocorre por falta de pressuposto processual. Nesse segundo caso, a eficácia da sentença é processual e a relação material controvertida permanece tal como existente. Isso quer dizer que a sentença terminativa fundada na ausência de pressuposto processual é, mais claramente, um ato que não define (ou resolve) a lide. Já no caso das condições da ação o mesmo não pode ser dito, justamente porque elas são aferidas a partir da relação material. Isso é relevante para determinar se a demanda pode ser reproposta (CPC, art. 268) e se cabe ação rescisória (CPC, art. 485).

262. Características da relação processual. A relação processual apresenta algumas características, que ajudam a explicar e a entender o respectivo conteúdo.

Diz-se que ela é *tríplice* porque envolve autor, juiz e réu. Mas essa configuração pode não ocorrer porque, nos casos de indeferimento da inicial, pode o processo vir a se extinguir sem que o réu, que figurou como parte na demanda, passe a figurar como parte no processo. Nesses casos, a relação processual é apenas linear, sem que chegue a se «angularizar» (ou «triangularizar») o liame. Talvez se pudesse dizer que a relação, eventualmente, remanesce «dúplice», mas essa terminologia não é usual (e nenhuma relação com isso tem a assim denominada «ação dúplice»).

Fala-se também que a relação processual é *complexa* porque envolve uma gama de posições jurídicas; a principiar do poder ou direito de ação, cujo exercício redunda na propositura de uma demanda. A partir daí sucedem-se posições, que ganham complexidade objetiva e subjetiva na medida em que intervêm os demais sujeitos (juiz, réu e algum outro, dentre os já mencionados); do que pode inclusive resultar ampliação do objeto do processo (como no caso de reconvenção).

Ainda, diz-se que ela é *dinâmica* ou *progressiva* porque se desenrola no tempo e evolui rumo ao resultado desejado do processo, conforme a situação carente de tutela. É esse dinamismo, conforme já foi dito, que justifica as regras de aplicação das normas processuais (novas) no tempo. Mais do que simplesmente se estender no tempo, a relação processual tende a se desenrolar perante órgãos diversos, conforme o grau de jurisdição. Isso quer dizer que ela é dinâmica não apenas porque avança, mas porque as posições que a integram tendem a ganhar contornos próprios nos diferentes momentos dessa evolução, com diferentes poderes, sujeições, faculdades, ônus e deveres.

Também se costuma destacar que a relação é marcada pela *unidade*, porque as posições jurídicas que a integram seriam coordenadas para obtenção de um objetivo, que é o provimento final – aquele pelo qual se declara ou atua praticamente o direito. É significativo observar que a unidade teleológica é comumente mais enfatizada pela doutrina quando trata do *procedimento*. Mas não há incompatibilidade entre uma coisa e outra. Pelo contrário, mais uma vez fica reforçada a constatação de que é difícil – se não impossível – desatrelar, de um lado, os atos que compõem o procedimento e, de outro, as posições jurídicas que estão à sua base (supra n. 228).

Essa unidade não chega ao ponto de afastar a regra que norteia a aplicação da lei processual nova, que se pauta pelo isolamento dos atos processuais (supra n. 26). Além disso, essa unidade não impede que o processo seja didaticamente dividido em fases, sendo usual – quando se pensa na atividade cognitiva – falar-se em fase postulatória, ordinatória, de instrução e decisória.

Finalmente, afirma-se que a relação processual tem natureza pública, ainda que privada a relação material controvertida. E assim ocorreria pela presença do Estado (na pessoa do juiz), que não está em posição de coordenação, mas sim como detentor do poder de colocar fim à controvérsia. Essa característica, dentre outros aspectos relevantes, é importante na interpretação das normas processuais (supra ns. 19 e 20).

Contudo, não é apenas e exatamente a presença do Estado que estabelece tal característica. Isso quer dizer que a relação processual deve ser considerada pública não apenas nos casos de jurisdição estatal, mas também nos casos de processo arbitral. Ainda que a arbitragem seja essencialmente fundada na vontade das partes e que os árbitros sejam juízes recrutados fora dos quadros estatais, não há dúvida de que eles exercem função pública, mediante poder de que são investidos pela lei. Eles estão sujeitos a cometer os mesmos crimes tipificados para juízes estatais (Lei 9.307/1996, art. 17) e, mais do que isso, sua decisão não só independe de prévia homologação como ainda está sujeita a limitado controle estatal (Lei 9.307/1996, arts. 18 e 33).

A circunstância de o árbitro não ter capacidade de consumar atos de força não significa que não tenha poder para determiná-los. E, de qualquer modo, a relação jurídica processual estabelecida na arbitragem, tanto quanto aquela estabelecida perante o Judiciário, é marcada pelo desequilíbrio que é próprio das relações de direito público. Portanto, afirmar a *natureza pública* do processo arbitral é apenas consequência natural do reconhecimento de que arbitragem é jurisdição, sem que daí se possa extrair qualquer desprestígio à vontade das partes, que é fundamento primeiro e mais relevante dessa forma de solução de controvérsias.

Bibliografia recomendada

ALVARO DE OLIVEIRA, Carlos Alberto. *Do formalismo no processo civil*. 3. ed. São Paulo: Saraiva, 2009.

ARRUDA ALVIM, José Manual de. *Manual de direito processual civil*. 13. ed. São Paulo: RT, 2010.

BARBOSA MOREIRA, José Carlos. *O novo processo civil brasileiro*. 29. ed. Rio de Janeiro: Forense, 2012.

_____. «Sobre pressupostos processuais». *Temas de direito processual*. 4ª série. Rio de Janeiro: Forense, 1989.

BÜLOW, Oskar. *La teoría de las excepciones procesales y los presupuestos procesales* (trad. Miguel Angel Rosas Lichtschein). Buenos Aires: El foro, s.d.

CABRAL, Antonio do Passo. *Nulidades no processo moderno*. 2. ed. Rio de Janeiro: Forense, 2010.

CALMON DE PASSOS, J. J. «Esboço de uma teoria das nulidades». *RePro*, vol. 56. São Paulo: 1989.

_____. *Esboço de uma teoria das nulidades aplicadas às nulidades processuais*. Rio de Janeiro: Forense, 2009.

CINTRA, Antonio Carlos de Araújo; DINAMARCO, Cândido Rangel; e GRINOVER, Ada Pellegrini. *Teoria geral do processo*. 29. ed. São Paulo: RT, 2013.

DALL'AGNOL JUNIOR, Antonio Janyr. *Comentários ao Código de Processo Civil*, vol. III. Porto Alegre: Lejus, 1985.

DIDIER, Fredie. *Pressupostos processuais e condições da ação*. São Paulo: Saraiva, 2005.

DINAMARCO, Cândido Rangel. *Instituições de direito processual civil*, vol. II, 6. ed. São Paulo: Malheiros, 2009.

FAZZALARI, Elio. *Istituzioni di diritto processuale*. 5. ed. Padova: Cedam, 1989.

GAJARDONI, *Flexibilização procedimental: um novo enfoque para o estudo do procedimento*. São Paulo: Atlas, 2008.

GOLDSCHMIDT, James. *Derecho procesal civil* (trad. Leonardo Priesto Castro). 2. ed. Barcelona: Labor, 1936.

KOMATSU, Roque. *Da invalidade no processo civil*. São Paulo: RT, 1989.

LACERDA. Galeno. *Despacho saneador*. 3. ed. Porto Alegre: Fabris, 1990.

LUHMANN, Niklas. *Legitimação pelo procedimento* (trad. Maria da Conceição Côrte-Real). Brasília: UnB, 1980.

MARCATO, Antonio Carlos. *Procedimentos especiais*. 15. ed. São Paulo: Atlas, 2013.

SICA, Heitor Vitor Mendonça. *Preclusão processual civil*. São Paulo: Atlas, 2006.

SILVA, Paula Costa e. *Acto e processo*. Coimbra: Editora Coimbra, 2003.

TESHEINER, José Maria. *Pressupostos processuais e nulidades no processo civil*. São Paulo: RT, 2000.

WAMBIER, Teresa Arruda Alvim. *Nulidades do processo e da sentença*. 5. ed. São Paulo: RT, 2004.

VIDIGAL, Luis Eulálio de Bueno. *Comentários ao Código de Processo Civil*, vol. VI. São Paulo: RT, 1974.

_____. *Da ação rescisória dos julgados*. São Paulo: Saraiva, 1948.

YARSHELL, Flávio Luiz. *Ação rescisória – juízos rescindente e rescisório*. São Paulo: Malheiros, 2005.

CTP • Impressão • Acabamento
Com arquivos fornecidos pelo Editor

EDITORA e GRÁFICA
VIDA & CONSCIÊNCIA

R. Agostinho Gomes, 2312 • Ipiranga • SP
Fone/fax: (11) 3577-3200 / 3577-3201
e-mail:grafica@vidaeconsciencia.com.br
site: www.vidaeconsciencia.com.br